Immobilienfinanzierung
und Verbraucherschutz

Christian Hertel · Hervé Edelmann

Immobilienfinanzierung und Verbraucherschutz

Dr. Christian Hertel
Dr. Hervé Edelmann
Stuttgart

ISBN 978-3-540-29746-8 Springer Berlin Heidelberg New York

Bibliografische Information der Deutschen Nationalbibliothek
Die Deutsche Nationalbibliothek verzeichnet diese Publikation in der Deutschen Nationalbibliografie; detaillierte bibliografische Daten sind im Internet über http://dnb.d-nb.de abrufbar.

Dieses Werk ist urheberrechtlich geschützt. Die dadurch begründeten Rechte, insbesondere die der Übersetzung, des Nachdrucks, des Vortrags, der Entnahme von Abbildungen und Tabellen, der Funksendung, der Mikroverfilmung oder der Vervielfältigung auf anderen Wegen und der Speicherung in Datenverarbeitungsanlagen, bleiben, auch bei nur auszugsweiser Verwertung, vorbehalten. Eine Vervielfältigung dieses Werkes oder von Teilen dieses Werkes ist auch im Einzelfall nur in den Grenzen der gesetzlichen Bestimmungen des Urheberrechtsgesetzes der Bundesrepublik Deutschland vom 9. September 1965 in der jeweils geltenden Fassung zulässig. Sie ist grundsätzlich vergütungspflichtig. Zuwiderhandlungen unterliegen den Strafbestimmungen des Urheberrechtsgesetzes.

Springer ist ein Unternehmen von Springer Science+Business Media

springer.de

© Springer-Verlag Berlin Heidelberg 2007

Die Wiedergabe von Gebrauchsnamen, Handelsnamen, Warenbezeichnungen usw. in diesem Werk berechtigt auch ohne besondere Kennzeichnung nicht zu der Annahme, dass solche Namen im Sinne der Warenzeichen- und Markenschutz-Gesetzgebung als frei zu betrachten wären und daher von jedermann benutzt werden dürften.

Herstellung: LE-TeX Jelonek, Schmidt & Vöckler GbR, Leipzig
Einbandgestaltung: WMX Design GmbH, Heidelberg

SPIN 11532316   64/3100YL - 5 4 3 2 1 0   Gedruckt auf säurefreiem Papier

Für Chiara Michelle und Anna-Marie

Vorwort

Es gibt kaum ein anderes, auch in den öffentlichen Medien diskutiertes Thema, das in jüngster Vergangenheit für mehr Unruhe in Rechtsprechung und Literatur gesorgt hat, als die Haftung der Kreditwirtschaft im Zusammenhang mit der Finanzierung steuerinduzierter Immobilien- und Fondsanlagen. Verstärkt wurde diese Tendenz durch eine nahezu zwei Jahre andauernde Rechtsprechungsdivergenz zweier Senate des Bundesgerichtshofs. Da sich die mit dem Investment verbundenen Erwartungen der Anleger – nicht zuletzt wegen des Mitte der 90-er Jahre einsetzenden Preisverfalls bei Wohn- und Geschäftshäusern - häufig nicht realisiert haben, lag und liegt es aus Sicht der Immobilienerwerber nahe, das jeweils finanzierende Kreditinstitut als den zumeist einzig noch verbleibenden finanzkräftigen Beteiligten in Anspruch zu nehmen.

Nachdem sich die Judikatur bereits frühzeitig festgelegt hatte, eine Bank wegen der Verletzung von Aufklärungspflichten nur unter engen Voraussetzungen zur Verantwortung zu ziehen, verlagerte sich die rechtliche Auseinandersetzung aufgrund der Vielzahl eingereichter Klagen in den letzten Jahren zunehmend auf eher formelle, die Wirksamkeit des Darlehensvertrages betreffende und zum Teil für den Praktiker kaum mehr nachvollziehbare Rechtsfragen. Betroffen hiervon sind das Haustürwiderrufsrecht, das Verbraucherkreditrecht, die Rechtsfigur des Einwendungsdurchgriffs sowie die Problematik der Wirksamkeit von Treuhändervollmachten. Ob die jüngste Rechtsprechung des BGH zum so genannten institutionalisierten Zusammenwirken diesen Trend ändert, bleibt abzuwarten.

Das Buch erörtert und analysiert sämtliche dieser, sich im Bereich der Bankenhaftung bei der Finanzierung von Immobilien- und Immobilienfonds stellenden Rechtsfragen. Unter dem Blickwinkel des Kreditvertragsrechts dürfen dabei neben den vorerwähnten Gesichtspunkten die sich insbesondere seit der Schuldrechtsreform stellende Verjährungsproblematik sowie die Berechtigung von Kreditinstituten, ein Aufhebungsentgelt zu verlangen, nicht unberücksichtigt bleiben. Besonderheiten existieren schließlich bei so genannten Tilgungsaussetzungsmodellen.

Die Autoren haben sich vorwiegend an der höchst- und obergerichtlichen Rechtsprechung orientiert, welche immer stärker durch die europäische Gesetzgebung und Judikatur beeinflusst wird.

Das Buch enthält schließlich eine umfangreiche, nach Instanzen und örtlicher Zuständigkeit gegliederte Rechtsprechungsübersicht, welche es dem Leser ermöglicht, Einblick in die Entscheidungsfindung „seiner" Gerichtsbarkeit zu nehmen.

Durch die überwiegend anhand von konkreten Rechtsprechungsfällen erörterten Problempunkte ist das Buch insbesondere für die tägliche Arbeit von Anwälten,

Syndici, Justitiaren und Richtern sowie Personen geeignet, die sich in der Praxis regelmäßig mit der Haftung von Banken bei Immobilienfinanzierungen auseinandersetzen.

Wir möchten uns bei all jenen ganz herzlich bedanken, die ihren Beitrag zur Realisierung dieses Buches geleistet haben. Dies gilt insbesondere für Frau Martina Popig, die uns bei der schreibtechnischen Erstellung des Manuskripts maßgeblich unterstützt hat.

Stuttgart, im Dezember 2006

Christian Hertel
Hervé Edelmann

Inhaltsverzeichnis

IMMOBILIENFINANZIERUNG UND VERBRAUCHERSCHUTZ

A. Ausgewählte Fragen aus dem Bereich des Verbraucherdarlehensrechts 3
I. Anwendungsbereich 3
II. Schriftform 4
III. Angaben nach § 492 Abs. 1 S. 5, Abs. 1a BGB 5
    1. Neuregelung 5
    2. Nettodarlehensbetrag/Höchstgrenze des Darlehens 5
    3. Gesamtbetrag der Teilzahlungen 5
    4. Art und Weise der Rückzahlung 7
    5. Zinsen und Kosten des Darlehens 8
        a. Allgmeines 8
        b. Vermittlungskosten 8
        c. „Packing" 8
        d. Haftung aus culpa in contrahendo 9
    6. Effektiver bzw. anfänglicher effektiver Jahreszins 9
    7. Kosten einer Restschuld- oder sonstigen Versicherung 10
    8. Zu bestellende Sicherheiten 11

B. Widerruf von Haustürgeschäften 13
I. Schwebende Wirksamkeit 13
II. Zuständiges Gericht 13
III. Unzulässigkeit der Feststellungsklage 14
IV. Beweislast 14
    1. Anscheinsbeweis 14
    2. Möglichkeit des „einfachen" Bestreitens 15
V. Haustürgeschäft und Gesellschaftsbeitritt 15
VI. Haustürgeschäft und Sicherheitenbestellungen 16
VII. Haustürgeschäftewiderruf und Vollmacht 17
VIII. Haustürgeschäft und Aufhebungsvertrag 18
IX. Verhältnis der Vorschriften über Haustürgeschäfte und Verbraucherkreditverträge 18
    1. Aktuelle Rechtslage 18
    2. Alte Rechtslage 19

X.	Maßgeblichkeit des Vertreters	21
XI.	Situationsbedingte Erfordernisse	22
XII.	Kausalität	23
XIII.	Zurechenbarkeit	25
	1. Frühere Sichtweise	25
	2. Aktuelle Sichtweise	26
XIV.	Vorhergehende Bestellung	27
XV.	Ausschlusstatbestand des § 312 Abs. 3 Nr. 3 BGB bzw. § 1 Abs. 2 Nr. 3 HWiG a.F.	28
XVI.	Ausschlusstatbestände des § 2 Abs. 1 Satz 4 HWiG a.F. sowie des § 355 Abs. 3 Satz 1 BGB a.F.	29
	1. Die jeweiligen Gesetzesänderungen	29
	2. Richtlinienkonforme Auslegung des § 2 HWiG a.F.	29
	3. Verfristung des Widerrufs nach § 355 Abs. 3 Satz 1 BGB a.F.	31
XVII.	Ausschluss des Widerrufsrechts durch ordnungsgemäße Belehrung	33
	1. Alte Rechtslage	33
	a) Drucktechnisch deutliche Gestaltung	33
	b) Unterschrift des Verbrauchers	33
	c) Hinweis auf Fristbeginn	34
	d) Inhalt der Belehrung	34
	e) „Einfache" und „Verbund"-Belehrung nach VerbrKrG a.F.	35
	2. Aktuelle Rechtslage	35
	a) Inhalt und Gestaltung der Belehrung	35
	b) Notwendigkeit einer Unterschrift	36
	c) Möglichkeit der Nachbelehrung	36
	d) Belehrung nach BGB-InfoV	37
XVIII.	Ausschluss des Widerrufsrechts durch Verfristung und Verwirkung	37
	1. Verfristung	37
	2. Verwirkung/unzulässige Rechtsausübung	38
XIX.	Rechtsfolgen des Widerrufs	39
	1. Widerruf ausschließlich der Beitrittserklärung	39
	2. Widerruf des Darlehensvertrages	40
	a) Grundsätzliches	40
	b) Anspruch der Bank	40
	c) Anspruch des Kreditnehmers	41
	d) Verrechnung der beiderseitigen Ansprüche	42
	e) Auswirkungen auf die Wirksamkeit des Erwerbsgeschäfts	42
	f) Rechtsfolgen bei Vorliegen eines Verbundgeschäfts	44
	g) Rechtsfolgen bei Nichtempfang des Darlehens	45
XX.	Empfang des Darlehens	45

XXI.	Realkreditvertrag gem. § 3 Abs. 2 Nr. 2 VerbrKrG a.F.	46
	1. Grundsätzliches	46
	2. Die Abhängigkeit des Darlehensvertrages von der Sicherung durch ein Grundpfandrecht	47
	3. „Übliche Bedingungen" i.S.v. § 3 Abs. 2 Nr. 2 VerbrKrG a.F.	49
XXII.	Realkreditvertrag und § 358 Abs. 3 Satz 3 BGB	50
XXIII.	Verbundene Geschäfte gem. § 9 Abs. 1 VerbrKrG a.F.	51
XXIV.	Verbundgeschäfte nach § 358 Abs. 3 Satz 1, 2 und 3 BGB	54
XXV.	Grundschuld und Widerruf	56
XXVI.	Wiedergabe der Rechtsprechungsentwicklung hinsichtlich der Rechtsfolgen eines verbundenen Geschäfts	56

C. Einwendungs- und Rückforderungsdurchgriff ... 59

I.	Grundsatz	59
II.	Ausschluss bei grundpfandrechtlicher Absicherung, Einschränkung bei Grundstücken oder grundstücksgleichen Rechten	59
III.	Schaffung des Rückforderungsdurchgriffs	61
IV.	Fortentwicklung des Rückforderungsdurchgriffsanspruchs	62
V.	Einschränkung des Einwendungs- und Rückforderungsdurchgriffsanspruchs	64
	1. Zu der in den Urteilen vom 25.04.2006 vorgenommenen Einschränkung	64
	2. Anfechtung des Darlehensvertrags bei Täuschung im Bereich des Erwerbsgeschäfts	66
	3. Anspruch aus Verschulden bei Vertragsschluss	66
VI.	Notwendigkeit der Kündigung	66
VII.	Notwendigkeit der Ergreifung von Maßnahmen im Verhältnis zu Dritten	67

D. Vertragsabschluss durch Dritte – Wirksamkeit von Vollmachten im Rahmen sog. Treuhandmodelle ... 69

I.	Anwendbarkeit des Rechtsberatungsgesetzes im Allgemeinen	70
II.	Anwendbarkeit des Rechtsberatungsgesetzes im Besonderen	71
	1. Erlaubnispflicht nach dem RBerG, wenn der Geschäftsführer der Treuhand-GmbH Rechtsanwalt ist	71
	2. Anwendbarkeit des RBerG bei geschlossenen Immobilienfonds in der Rechtsform der Gesellschaft bürgerlichen Rechts	72
III.	Auswirkungen auf die Vollmacht	75
IV.	Auswirkungen auf einen Zeichnungsschein	76
V.	Kreditgewährung als unerlaubte Rechtsbesorgung	77
VI.	Gutglaubensschutz	78

		1. Grundsätzliche Anwendbarkeit der §§ 172, 173 BGB 79
		2. Nachweis der Gutgläubigkeit 83
		3. Maßgeblicher Zeitpunkt für die Gutgläubigkeit 86
VII.	Duldungs- oder Anscheinsvollmacht 89
VIII.	Genehmigung 92
		1. Stillschweigende Genehmigung 93
		2. Ausdrückliche Genehmigung 93
		3. Genehmigung durch Aufhebungsvereinbarung oder vollständige Darlehensrückzahlung 95
		4. Bestätigung gem. § 141 BGB 95
IX.	Treu und Glauben 96
X.	Prozessvollmacht 97
XI.	Bereicherungsrechtliche Rückabwicklung 100
XII.	Haftung des Geschäftsbesorgers 102

E. Haftung der Bank wegen der Verletzung von Aufklärungspflichten 105

I. Haftung der Bank wegen der Verletzung eigener Aufklärungspflichten 105
  1. Grundsatz 105
  2. Individuelle Schutzbedürftigkeit des Kreditkunden 106
  3. Aufklärungspflichten im Einzelfall 107
      a. Überschreitung der Kreditgeberrolle 107
      b. Interessenkollision 108
      c. Schaffung eines Gefährdungstatbestandes 108
      d. Konkreter Wissensvorsprung 109
          aa. Grundsatz 109
          bb. Nachforschungspflicht der Bank 109
          cc. Unangemessenheit des Kaufpreises 110
          dd. Prüfung von Sicherheiten 111
          ee. Verkaufsprospekt 111
          ff. Innenprovision 111
  4. Aufklärungspflichten bei institutionalisiertem Zusammenwirken 112
      a. Rechtsprechung des BGH vom 16.05.2006 112
      b. Voraussetzungen im Einzelnen 113
          aa. Institutionalisiertes Zusammenwirken 113
          bb. Initiative für Kreditvertragsabschluss 114
          cc. Evidente Unrichtigkeit der Angaben 114
          dd. Arglistige Täuschung des Anlegers 115
          ee. Beweislastumkehr 115
      c. Anwendungsbereich 116
          aa. Nicht grundpfandrechtlich gesicherte Darlehen 116
          bb. Unrichtigkeit ergibt sich ausschließlich aus Prospekt 116
          cc. Vertreterwissen 117

	5. Aufklärungspflichten wegen nicht erfolgter Widerrufsbelehrung 118
	6. Beratungsvertrag 118
II.	Zurechnung des Verhaltens Dritter, insbesondere Finanzdienstleister und Immobilienmakler 119
	1. Erfüllungsgehilfe nach § 278 BGB 119
	2. Zurechnung der Pflichtverletzung 120
	3. Überlassung von Kreditantragsformularen 121
	4. Wissenszurechnung innerhalb eines Konzerns 122
III.	Prospekthaftung und Einwendungsdurchgriff 122
	1. Grundsätze der Prospekthaftung 122
	a. Prospekthaftung im engeren Sinne 122
	b. Prospekthaftung im weiteren Sinne 123
	2. Einwendungsdurchgriff 124

F. Rechtsprechung des II. und XI. Zivilsenats des BGH zur Finanzierung von Immobilienfonds 127

I. Allgemeines 127
II. Entscheidung des für das Bankrecht zuständigen XI. Zivilsenats des Bundesgerichtshofs vom 27.06.2000 128
III. Entscheidung des für das Gesellschaftsrecht zuständigen II. Zivilsenats des Bundesgerichtshofs vom 21.07.2003 129
IV. Entscheidungen des für das Gesellschaftsrecht zuständigen II. Zivilsenats des Bundesgerichtshofs seit dem 14.06.2004 130
   1. Kritik des XI. Zivilsenats 132
   2. Kritik des V. Zivilsenats 133
   3. Kritik der obergerichtlichen Rechtsprechung 133
V. Entscheidungen des für das Bankrecht zuständigen XI. Zivilsenats des Bundesgerichtshofs vom 25.04.2006 135

G. Endfällige Darlehen kombiniert mit Tilgungsersatzmitteln 137

I. Abgrenzung, Definition und Arten 137
II. Darlehenstilgung durch Lebensversicherung mit geringerer Überschussbeteiligung 138
   1. Darlehensvertrag mit eindeutiger Risikozuweisung 138
   2. Darlehensvertrag ohne explizite Risikozuweisung 139
   3. Darlehensvertrag mit unklarer Risikozuweisung 140
III. Schadensersatzansprüche 142
   1. Beratungs- und Aufklärungspflichten im Allgemeinen 142
   2. Aufklärung über steuerliche Nachteile 144
   3. Besondere Aufklärungs- und Beratungspflichten bei Tilgungsersatzdarlehen 144
   4. Umfang des zu ersetzenden Schadens 147
   5. Fazit 148

IV.	Gesamtbetragsangabe nach § 492 Abs. 1 S. 5 Nr. 2 BGB	149
	1. Tilgungsersatzdarlehen mit festen Konditionen (echte Abschnittsfinanzierung)	149
	2. Tilgungsersatzdarlehen mit veränderlichen Bedingungen (unechte Abschnittsfinanzierung)	149
	3. Wie hat eine Angabe des Tilgungsersatzes im Rahmen von § 492 Abs. 1 S. 5 Nr. 2 BGB zu erfolgen?	151
V.	Kosten einer Restschuld- oder sonstigen Versicherung gem. § 492 Abs. 1 S. 5 Nr. 6 BGB	151
VI.	Zinsfestschreibung, Tilgungsersatz und Aufhebungsentgelt	152

H. Vorfälligkeitsentschädigung ... 153

I.	Definition/Allgemeines	153
II.	Voraussetzungen	154
III.	Unverbrauchtes Disagio als unselbständiger Rechnungsposten der Vorfälligkeitsentschädigung	154
IV.	Berechnungsmethoden	155
	1. Aktiv-Aktiv-Methode	155
	a. Konkrete Variante	156
	b. Abstrakte Variante	156
	2. Aktiv-Passiv-Methode	156
	3. Vertragsfreiheit	157
V.	Schuldrechtsreform	157
VI.	Fehlende Berechtigung, eine Vorfälligkeitsentschädigung zu verlangen	158
	1. Zumutbarer Austausch von Sicherheiten	158
	2. Tilgungsersatz durch Lebensversicherung	158
	3. Anspruch auf Rückführung eines Bauspardarlehens ohne Entrichtung eines Vorfälligkeitsentgelts	159
	4. Gleichzeitige Aufnahme eines höheren Neukredits	159
	5. Kein Anspruch auf Vorfälligkeitsentschädigung ohne Regelung im Aufhebungsvertrag über die vorzeitige Ablösung eines Darlehens	159
VII.	Ordentliches Kündigungsrecht des Darlehensnehmers nach § 489 Abs. 1 Nr. 2 und 3 BGB (früher § 609a BGB a.F.)	160
VIII.	Vorfälligkeitsentschädigung und (enge) Sicherungszweckerklärung	160
IX.	Aufhebungsentgelt bei vorausgegangener Grundschuldfreigabe	160

J. Verjährung ... 163

I.	Allgemeines	163
II.	Verjährung im Verbraucherdarlehensrecht	164
III.	Überleitungsvorschriften	164

IV.	Verjährung von Ansprüchen gegen Bürgen	167
V.	Verjährung von Rückabwicklungsansprüchen bei Darlehensverträgen nach einem durch eine Haustürsituation ausgelösten Widerruf	168
IV.	Verjährung von bereicherungsrechtlichen Ansprüchen im Zusammenhang mit der Rückabwicklung steuerinduzierter Treuhandmodelle	170
VII.	Verjährung persönlicher Haftungsübernahmen mit Zwangsvollstreckungsunterwerfung im Rahmen einer Grundschuldbestellung	171
VIII.	Verjährung von Ansprüchen auf Abgabe von Zwangsvollstreckungsunterwerfungserklärungen	172
IX.	Verjährung und verbundenes Geschäft	174
X.	Verjährung von Ansprüchen im Zusammenhang mit der Verletzung von Aufklärungspflichten	175
	1. Allgemeines	175
	2. Kenntnis/grob fahrlässige Unkenntnis	176
	3. Prospekthaftungsansprüche	176
	4. Institutionalisiertes Zusammenwirken	177
	5. Beratungsvertrag	177

RECHTSPRECHUNGS- UND LITERATURÜBERSICHT

K.	**Rechtsprechungsübersicht**	**181**
I.	EuGH-Urteile	181
II.	Entscheidungen des BVerfG	182
III.	Neue BGH-Entscheidungen	182
IV.	Neue obergerichtliche Rechtsprechung	199
V.	Neue landgerichtliche Entscheidungen	231
VI.	Neue amtsgerichtliche Entscheidungen	245
L.	**Literatur zur Bankenhaftung bei Immobilienfinanzierungen**	**247**

Immobilienfinanzierung und Verbraucherschutz

A. Ausgewählte Fragen aus dem Bereich des Verbraucherdarlehensrechts

I. Anwendungsbereich

Verbraucherdarlehensverträge im Sinne des Gesetzes sind entgeltliche Darlehensverträge zwischen einem Unternehmer (§ 14 BGB) als Darlehensgeber und einem Verbraucher (§ 13 BGB) als Darlehensnehmer (§ 491 Abs. 1 BGB). Ausnahmeregelungen vom Anwendungsbereich finden sich in § 491 Abs. 2, 3 BGB.

Für Immobiliardarlehensverträge (Legaldefinition in § 492 Abs. 1a S. 2 BGB) hat das Schuldrechtsmodernisierungsgesetz einige richtungsweisende Änderungen mit sich gebracht. Im Vergleich zum alten Recht (§ 3 Abs. 2 Nr. 2 VerbrKrG a.F., § 491 Abs. 3 Nr. 1) sind sie seit 01.08.2002 (OLGVertÄndG) auch nach dem Verbraucherdarlehensrecht widerrufsfähig (§§ 495, 355 BGB); auf die Frage, ob eine Haustürsituation vorliegt, kommt es deshalb nicht an. Die Grundsätze des verbundenen Geschäfts finden über § 358 Abs. 3 S. 3 BGB – wenngleich nur eingeschränkt – Anwendung. Die Angabe eines Gesamtbetrages ist allerdings bei Immobiliardarlehensverträgen wie bisher nicht erforderlich (§ 492 Abs. 1a S. 1 BGB). Auch bei der Behandlung von Verzugszinsen und der Anrechnung von Teilleistungen genießen sie nach wie vor einen Sonderstatus (§ 497 Abs. 4 BGB); bemerkenswert ist in diesem Zusammenhang die Feststellung, dass die in § 497 Abs. 3 S. 3 BGB geregelte Verjährungshemmung bis zu zehn Jahren in § 497 Abs. 4 BGB nicht erwähnt wurde, also auch bei nach der Gesetzesreform abgeschlossenen Immobiliardarlehensverträgen zur Anwendung kommt.

Die Vorschriften der §§ 491 bis 506 BGB gelten auch für natürliche Personen, die sich ein Darlehen, einen Zahlungsaufschub oder eine sonstige Finanzierungshilfe für die Aufnahme einer gewerblichen oder selbständigen beruflichen Tätigkeit gewähren lassen oder zu diesem Zweck einen Ratenlieferungsvertrag schließen, es sei denn, der Nettodarlehensbetrag oder Barzahlungspreis übersteigt € 50.000,–. (§ 507 BGB). Im Gegensatz zur vormaligen Regelung (§§ 1 Abs. 1 S. 2, 3 Abs. 1 Nr. 2 VerbrKrG a.F.) muss der Darlehensnehmer beweisen, dass er Existenzgründer ist bzw. das Darlehen für die Aufnahme seiner gewerblichen oder selbständigen beruflichen Tätigkeit bestimmt ist, um in den Genuss der §§ 491 ff. BGB zu gelangen.

Unternehmer- (§ 14 BGB) und nicht Verbraucherhandeln (§ 13 BGB) liegt schon dann vor, wenn das streitgegenständliche Geschäft im Zuge der Aufnahme einer gewerblichen oder selbständigen beruflichen Tätigkeit (sog. Existenzgründung) geschlossen wird[1].

II. Schriftform

Verbraucherdarlehensverträge sind schriftlich abzuschließen (§ 492 Abs. 1 BGB). Wie bisher ist der Abschluss der Vertrages in elektronischer Form ausgeschlossen (§§ 492 Abs. 1 S. 2 BGB, 4 Abs. 1 S. 3 VerbrKrG a.F.)

Eine mit Darlehensvertrag überschriebene Vereinbarung, aus welcher ausdrücklich hervorgeht, dass Zinssatz und anfänglicher Zinsbindungszeitraum noch vereinbart werden sollen (wovon auch die weiteren Pflichtangaben nach § 4 VerbrKrG a.F. abhängen), stellt noch keinen verbindlichen Darlehensvertrag dar, der von den Vorschriften für Verbraucherdarlehensverträge (§§ 491 ff. BGB) bereits erfasst wäre. Vielmehr ist diese dahin auszulegen (§§ 133, 157 BGB), dass die Vertragsparteien sich einen Vertragsabschluss bis zur schriftlichen Festlegung der noch offenen Punkte vorbehalten[2].

Die Frage des Zustandekommens eines Darlehensvertrags regelt sich nicht nach dem Verbraucherdarlehensrecht. Sie ist von der Frage eines Formverstoßes der vertraglichen Vereinbarung im Hinblick auf § 492 Abs. 1 BGB zu trennen[3]. Zwar führt das Fehlen einer formgültigen Annahmeerklärung als Fehler der Schriftform insgesamt zur Nichtigkeit der Kreditvereinbarung gem. § 6 Abs. 1 1. Alt. VerbrKrG a.F., wenn diese Erklärung dem Erklärungsempfänger nicht zugeht (§ 130 Abs. 1 BGB).[4] Eine Erleichterung des Vertragsschlusses, die der Rationalisierung im Massenverkehr dient, lässt sich allerdings trotz Formbedürftigkeit der nach § 130 Abs. 1 BGB zugangsbedürftigen Annahmeerklärung dadurch erreichen, dass der Darlehensnehmer nach § 151 S. 1 BGB auf den Zugang der Annahmeerklärung verzichtet; ein solcher Verzicht ist auch bei formbedürftigen Rechtsgeschäften zulässig[5] und kann im Rahmen allgemeiner Geschäftsbedingungen erklärt werden.

Das Angaben- und Schriftformerfordernis umfasst auch Vollmachten, die ein Darlehensnehmer zum Abschluss eines Verbraucherdarlehensvertrages erteilt. Nur Prozessvollmachten und notariell beurkundete Vollmachten sind hiervon ausgenommen (§ 492 Abs. 4 BGB). Die Regelung ist Konsequenz einer BGH-Entscheidung vom 24.04.2001[6]. Danach ist die Vollmacht gem. § 167 Abs. 2 BGB grundsätzlich formfrei; dies gilt nach Ansicht des BGH auch für die Formerfordernisse des § 4 VerbrKrG a.F.

---

[1] BGH BKR 2005, 358.
[2] OLG Karlsruhe BKR 2006, 378.
[3] OLG Karlsruhe BKR 2006, 378.
[4] BGH WM 2006, 217 mit Anmerkung Medicus in: EWiR § 6 VerbrKrG a. F. 1/06, 283.
[5] Ulmer in: Münchener Kommentar, § 492 Rdnr. 32 m. w. N.
[6] BGH WM 2001, 1024.

III. Angaben nach § 492 Abs. 1 S. 5, Abs. 1a BGB

1. Neuregelung

Die seit 01.01.2002 geltende Fassung in § 492 Abs. 1 S. 5 Nr. 1 – 7 BGB entspricht im Wesentlichen dem Regelungsinhalt des § 4 Abs. 1 S. 5 Nr. 1a – g VerbrKrG a.F. Neu aufgenommen wurde der Abs. 1a (Immobiliardarlehensverträge). Im Übrigen wurde die Bezeichnung „Verbraucherkredit" durch den Begriff „Verbraucherdarlehen" ersetzt.

2. Nettodarlehensbetrag/Höchstgrenze des Darlehens

Der bei Fest- und Ratenkrediten in Betracht kommende Nettodarlehensbetrag ist der – bei entsprechender Weisung des Darlehensnehmers auch an einen Dritten – auszuzahlende Darlehensbetrag (Legaldefinition in § 491 Abs. 2 Nr. 1 BGB), ggf. unter Abzug eines Disagios. Er bildet gleichzeitig die Basis für die Berechnung des Effektivzinses.

Der Nettodarlehensbetrag errechnet sich wie folgt:

      Darlehensbetrag
./. Disagio
./. Bearbeitungskosten
./. sonstige Kosten, die bei der Auszahlung unmittelbar einbehalten werden
./. Vermittlungsprovision (soweit diese auszuweisen ist)
./. Risikoversicherung (wenn mitfinanziert und unmittelbar einbehalten)
      Nettodarlehensbetrag

Ist – wie z.B. bei der Einräumung eines Kreditrahmens – keine Vollauszahlung vorgesehen, tritt an die Stelle des Nettodarlehensbetrages die Höchstgrenze des Darlehens. Bei Überziehungskrediten gem. § 493 BGB (§ 492 BGB findet hier keine Anwendung) ist die Angabe der Höchstgrenze des Darlehens obligatorisch.

3. Gesamtbetrag der Teilzahlungen

Der Gesamtbetrag errechnet sich wie folgt:

+ Summe aller Zins- und Tilgungsleistungen
+ Disagio
+ Bearbeitungskosten
+ Sonstige Kosten für z.B. Sicherheitenbestellung, von der Bank verlangte Restschuldversicherung, Risikolebensversicherung
+ Vermittlungsprovision (falls auszuweisen)
     Gesamtbetrag

Zur Angabe des Gesamtbetrages gehören grundsätzlich auch Tilgungsersatzmittel[7]. Bei der Berechnung wird die Vollauszahlung bei Vertragsbeginn unterstellt, so dass Bereitstellungsprovision bzw. Nichtabnahmeentschädigung nicht anzugeben sind.

Das Gesetz unterscheidet 3 Fälle:

– Gesamtbetrag steht bei Abschluss des Darlehensvertrages für die gesamte Laufzeit der Höhe nach fest (Zinsfestschreibung entspricht Darlehenslaufzeit).

– Bei Darlehen mit veränderlichen Bedingungen ist der Gesamtbetrag auf Grundlage der bei Abschluss des Vertrages maßgeblichen Darlehensbedingungen anzugeben (hypothetischer Gesamtbetrag). Unter den Begriff „veränderliche Bedingungen" fallen nicht nur Darlehensverträge mit variablen Zinsen, sondern auch solche, bei denen die Zinsfestschreibung kürzer ist als die Gesamtlaufzeit des Darlehens (sog. unechte Abschnittsfinanzierung); darauf, dass es sich um hypothetische Angaben handelt, sollte hingewiesen werden. Die Angabepflicht besteht unabhängig davon, ob die Zinskonditionen einvernehmlich oder einseitig (§ 315 BGB) neu festgesetzt werden[8].

– Die Angabe des Gesamtbetrages ist schließlich nicht notwendig, wenn lediglich eine Kreditlinie (§ 493 BGB) oder ein Kreditrahmen zugesagt wird, der Verbraucher also die Möglichkeit einer revolvierenden Inanspruchnahme hat.

Bei Immobiliendarlehensverträgen (Legaldefinition in § 492 Abs. 1a S. 2 BGB) ist kein Gesamtbetrag anzugeben.

§ 492 Abs. 1 S. 5 Nr. 2, Abs 1b BGB verpflichtet nur zur Angabe des Gesamtbetrages aller vom Verbraucher zu erbringenden Leistungen, nicht hingegen zu dessen Aufschlüsselung in die monatlich zu entrichtenden Zins- und Tilgungsleistungen. Der eindeutige Wortlaut der Vorschrift lässt auch keine erweiternde Auslegung im Sinne des Art. 1 Nr. 4 der Verbraucherkreditänderungsrichtlinie vom 22.02.1990 (90/88/EWG) zu[9].

Bei einer so genannten unechten Abschnittsfinanzierung besteht gem. § 4 Abs. 1 S. 4 Nr. 1 b, S. 2 VerbrKrG a.F. eine Pflicht zur Angabe des Gesamtbetrags aller vom Verbraucher zu erbringenden Leistungen.

Bei Bestehen einer engen Verbindung zwischen Darlehens- und Ansparvertrag bedarf es der Angabe des Gesamtbetrags aller vom Verbraucher zu erbringenden Leistungen nach § 4 Abs. 1 S. 4 Nr. 1b VerbrKrG a.F. auch bei endfälligen Verbraucherkrediten, die bei Fälligkeit zumindest zum Teil mittels einer in der Zwischenzeit angesparten Kapitallebensversicherung abgelöst werden sollen. Die Annahme einer solchen engen Verbindung setzt voraus, dass Zahlungen auf den

---

[7] BGH ZIP 2004, 1445; ZIP 2002, 391; OLG Karlsruhe ZIP 2004, 946.
[8] Peters WM 1994, 1405.
[9] BGH WM 2004, 2436.

Ansparvertrag aus der Sicht des Verbrauchers wirtschaftlich regelmäßigen Tilgungsleistungen an den Kreditgeber gleichstehen[10].

Ermäßigt sich bei einer sogenannten unechten Abschnittsfinanzierung der Zinssatz wegen Fehlens der gem. § 4 Abs. 1 S. 5 Nr. 1b, S. 2 VerbrKrG a.F. erforderlichen Angabe des Gesamtbetrags aller vom Verbraucher zu erbringenden Leistungen im Kreditvertrag nach § 6 Abs. 2 S. 2 VerbrKrG a.F., so erstreckt sich die Ermäßigung auf die gesamte Vertragslaufzeit[11].

Ist eine Kapitallebensversicherung mit einem Darlehensvertrag in der Weise verbunden, dass die Versicherungssumme der Kapitallebensversicherung der Tilgung des endfälligen Darlehens dienen soll, hat der Darlehensnehmer aus § 6 Abs. 2 S. 3 VerbrKrG a.F. gegen den Darlehensgeber weder einen Anspruch auf Erstattung bereits gezahlter Lebensversicherungsprämien noch einen Freistellungsanspruch hinsichtlich künftig fällig werdender Lebensversicherungsprämien, wenn die Höhe der Prämien für die Kapitallebensversicherung nicht als Kosten einer sonstigen Versicherung im Darlehensvertrag angegeben ist[12].

Nach der bis 30. April 1993 gültigen Fassung des § 4 VerbrKrG besteht bei einer so genannten unechten Abschnittsfinanzierung keine Pflicht zur Angabe des Gesamtbetrags aller vom Verbraucher zu erbringenden Leistungen (Abgrenzung zu Senatsurteil v. 08.06.2004 – XI ZR 150/03 und v. 14.09.2004 – XI ZR 11/04)[13].

§ 3 Abs. 2 Nr. 2 VerbrKrG a.F. ist im Hinblick auf eine Angabe nach § 4 Abs. 1 S. 4 Nr. 1b VerbrKrG a.F. nicht teleologisch zu reduzieren[14].

Nichtigkeit nach § 6 Abs. 1 VerbrKrG a.F. besteht nur dann, wenn die in § 4 Abs. 1 S. 4 Nr. 1b S. 2 VerbrKrG a.F. vorgeschriebene Angabe des Gesamtbetrags aller vom Verbraucher zur Tilgung des Kredits sowie zur Zahlung der Zinsen und sonstigen Kosten zu entrichtenden Teilzahlungen völlig fehlen. Allein die Unrichtigkeit von Pflichtangaben vermag eine solche Nichtigkeit nicht zu begründen[15]. Die erforderliche Gesamtbetragsangabe fehlt allerdings, wenn der Kreditvertrag nur den für die Zeit der Zinsfestschreibung zu erbringenden Betrag und den danach noch bestehenden Restkredit, nicht aber die für die Gesamtlaufzeit des Vertrages zu erbringenden Zahlungen ausweist[16].

4. Art und Weise der Rückzahlung

Ist Teilzahlung vereinbart, sind Betrag, Anzahl und Fälligkeit der Raten anzugeben; nicht notwendig ist allerdings die Beifügung eines Tilgungsplans.

---

[10] BGH WM 2004, 1542.
[11] BGH WM 2004, 2306.
[12] BGH WM 2005, 415.
[13] BGH ZIP 2005, 521.
[14] OLG München WM 2005, 1986.
[15] BGH WM 2006, 1066, 1068.
[16] BGH WM 2006, 1003.

Fehlt es an einer Vereinbarung über die Rückzahlung (wie z.B. bei Kontokorrentkrediten), sind die Modalitäten der Vertragsbeendigung (Fristablauf, Kündigung) zu benennen. Streitig ist, ob die gesetzlichen Kündigungsrechte wie § 489 BGB aufgenommen werden müssen.

5. Zinsen und Kosten des Darlehens

a. Allgmeines

Neben dem Nominalzins sind alle Kosten anzugeben, die im Zusammenhang mit der Darlehensaufnahme stehen und betragsmäßig bekannt sind (z.B. Bearbeitungskosten, Tax-/Schätzkosten, Kosten für die Kontoführung des Darlehenskontos, sog. Forward-Prämie). Soweit die Kosten betragsmäßig nicht feststehen oder aber nicht an die Bank zu zahlen sind, sollte auf das Bestehen solcher Kosten hingewiesen werden.

Kosten, die erst im Verlauf des Darlehens entstehen (z.b. Kosten für die Sicherheitenfreigabe, Verzugszinsen), sind nicht anzugeben.

§ 6 Abs. 2 S. 4 VerbrKrG a.F. gewährt dem Darlehensnehmer keinen Anspruch auf Neuberechnung der geleisteten Teilzahlungen unter Aufschlüsselung der jeweiligen Zins- und Tilgungsanteile, sondern verpflichtet die Bank nur zur Neuberechnung der Höhe der Teilzahlungen unter Berücksichtigung der auf 4% p.a. herabgeminderten Zinsen[17].

b. Vermittlungskosten

Eine Courtage, die der Kreditnehmer direkt an den Kreditvermittler zahlt, ist dann anzugeben, wenn der Vermittler auch im Interesse der Bank eingeschaltet wird. Erbringt der Vermittler hingegen Sonderleistungen ausschließlich für den Kreditnehmer oder ist der Bank die Beauftragung des Vermittlers nicht bekannt, bedarf es keiner diesbezüglichen Angabe. So gehört die Finanzierungsvermittlungsprovision bei Steuersparmodellen nicht in den Darlehensvertrag[18].

c. „Packing"

Das ist die Vergütung der Bank, diese an den Vermittler für die Zuführung entrichtet, und die an den Darlehensnehmer in Form eines Zinszuschlages weitergleitet wird. Sie ist anzugeben, wenn aufgrund dessen zu Lasten des Darlehensnehmers ein Zinsaufschlag vorgenommen worden ist. Entscheidend ist unter anderem, ob die Zinsmarge ohne Einschaltung des Vermittlers geringer ausgefallen wäre.

---

[17] BGH BKR 2006, 378.
[18] BGH ZIP 2004, 209; WM 2003, 1710; OLG Karlsruhe WM 2001, 356; OLG Brandenburg WM 2000, 2191.

Ein Verstoß gegen die Angabepflicht wird zwar gem. § 494 Abs. 2 S. 1 BGB durch eine Darlehensauszahlung geheilt, die Kosten werden jedoch gem. § 494 Abs. 2 S. 3 BGB nicht geschuldet[19].

d. Haftung aus culpa in contrahendo

Die Zahlung einer Provision durch die kreditgebende Bank an den Verhandlungsvertreter des Darlehensnehmers hinter dessen Rücken begründet zumindest eine Schadensersatzpflicht aus culpa in contrahendo. Wenn der Darlehensnehmer den Darlehensvertrag im Falle einer Aufklärung über die Provisionszahlung nicht abgeschlossen hätte, ist dem Darlehensnehmer der hierdurch entstandene Schaden zu ersetzen, d.h. er ist so zu stellen, als ob der Darlehensvertrag nicht abgeschlossen worden wäre[20].

Hat die Bank mit dem Vermögensverwalter eines Kunden eine Vereinbarung über die Beteiligung des Verwalters an ihren Provisionen und Depotgebühren geschlossen, so ist sie verpflichtet, dies gegenüber dem Kunden offenzulegen. Wird die Offenlegungspflicht verletzt, können Schadensersatzansprüche des Kunden nicht unter dem Gesichtspunkt des Schutzzwecks der verletzten Pflicht eingeschränkt werden[21].

Die Schadensersatzpflicht beschränkt sich aber auf den Darlehensvertrag und schlägt grundsätzlich nicht auf das finanzierte Geschäft durch.

Eine Schadensersatzpflicht besteht allerdings dann nicht, wenn die Bank einen im Darlehensvertrag als Bearbeitungskosten ausgewiesenen Betrag von 0,5% der Darlehenssumme ohne Kenntnis des Darlehensnehmers an den Finanzierungsvermittler bezahlt. Eine vergleichbare Gefährdung der Interessen des Darlehensnehmers wie beim Vermögensverwalter des Kunden wird hierdurch nämlich nicht geschaffen. Denn der Vermittler ist lediglich als Makler tätig; hingegen besteht kein Vertragsverhältnis, aufgrund dessen er ähnlich einem Vermögensverwalter die Wahrnehmung der Interessen des Darlehensnehmers – zumal als Hauptleistungspflicht – schuldet[22].

6. Effektiver bzw. anfänglicher effektiver Jahreszins

Der effektive Jahreszins soll die jährliche Gesamtbelastung des Darlehensnehmers in einem Prozentsatz des Nettodarlehensbetrages ausdrücken (vgl. Legaldefinition in § 492 Abs. 2 S. 1 BGB mit Verweis auf § 6 (früher § 4) PAngV).

Der Berechnung des Effektivzinses liegen folgende Komponenten zugrunde:

---

[19] OLG München WM 2001, 1215.
[20] BGH WM 2001, 457.
[21] BGH WM 2001, 297.
[22] BGH WM 2003, 2328; 2003, 1686.

- Nominalzins
- Disagio
- Bearbeitungsgebühr
- Kreditvermittlungskosten
- Kosten der Restschuldversicherung
- Tilgungsfreie Räume
- Tilgungshöhe
- Zahlungstermine
- Höhe der Restschuld

Keine Berücksichtigung finden hingegen Bereitstellungszinsen, Kosten, die mit der Besicherung zusammenhängen, allgemeine Kontoführungsgebühren sowie Aufwendungen, die zusätzlich bei Verzug entstehen können (z.B. Mahnkosten).

Prämien für eine Kapitallebensversicherung, die der Tilgung eines endfälligen Darlehens dienen soll, sind bei der Berechnung des effektiven Jahreszinses des Kredits im Sinne von § 4 Abs. 2 S. 2 VerbrKrG a.F. gemäß § 4 Abs. 3 Nr. 5 Preisangabenverordnung a.F. nicht zu berücksichtigen[23].

Ist die Änderung des Zinssatzes oder anderer preisbestimmender Faktoren vorgesehen, ist der anfängliche effektive Jahreszins anzugeben. Außerdem ist mitzuteilen, unter welchen Voraussetzungen preisbestimmende Faktoren geändert werden können (Sanktion: § 494 Abs. 2 S. 5 BGB).

Bei vor Inkrafttreten des VerbrKrG a.F. abgeschlossenen Darlehensverträgen findet im Rahmen einer Zinsanpassung nach 1991 § 4 Abs. 1 S. 5 Nr. 1 e VerbrKrG a.F. keine Anwendung, soweit kein neues Kapitalnutzungsrecht eingeräumt wird, d.h. eine unechte Abschnittsfinanzierung vorliegt[24].

7. Kosten einer Restschuld- oder sonstigen Versicherung

Dazu gehören nach hM neben einer Risikolebensversicherung und Restschuldversicherung auch die als Tilgungsersatz dienende Kapitallebensversicherung (im einzelnen streitig)[25]. Anzugeben sind neben der Versicherungsprämie die sonstigen, sich aus dem Abschluss der Versicherung ergebenden Kosten. Nicht angegebene Kosten werden gem. § 494 Abs. 2 S. 3 BGB nicht geschuldet.

---

[23] BGH WM 2005, 415, LG Bonn ZIP 2004, 2276.
[24] OLG Köln ZIP 1999, 21.
[25] LG Leipzig BKR 2004, 372; Bohner WM 2001, 2227.

8. Zu bestellende Sicherheiten

Es sind alle Sicherheiten, die dem Verbraucherdarlehen dienen sollen, konkret anzugeben. Streitig ist, ob dem Gebot der hinreichenden Bestimmtheit der zu bestellenden Sicherheiten Rechnung getragen wird, wenn auf die entsprechenden Sicherungsklauseln in den AGB's (vgl. Pfandrechtsklausel gem. Ziff. 14 AGB-Banken = Ziff. 21 AGB-Sparkassen sowie Nachbesicherungsanspruch gem. Ziff. 13 AGB-Banken = Ziff. 22 AGB-Sparkassen) hingewiesen wird. Nr. 13 Abs. 2 S. 5 AGB-Banken trägt dem Bestimmtheitserfordernis allerdings dadurch Rechnung, dass bei Krediten, die unter das Verbraucherdarlehensrecht fallen, ein Anspruch auf Bestellung oder Verstärkung von Sicherheiten nur besteht, soweit die Sicherheiten im Darlehensvertrag angegeben sind.

§ 492 Abs. 1 S. 5 Nr. 7 VerbrKrG regelt nur die schuldrechtliche Verpflichtung, die benannte Sicherheit zu bestellen; d.h., dass das dingliche Vollzugsgeschäft gesondert zu erfolgen hat.

Die Rechtsfolgen ergeben sich aus § 494 Abs. 2 S. 6 BGB (kein Anspruch auf Bestellung der Sicherheit, soweit der Nettodarlehensbetrag EURO 50.000,-- nicht übersteigt).

Sicherheiten, die entgegen § 492 Abs. 1 S. 5 Nr. 7 BGB nicht in der auf Abschluss eines Verbraucherdarlehensvertrages gerichteten Erklärung des Verbrauchers angegeben sind und daher gem. § 494 Abs. 2 S. 6 BGB vom Kreditgeber nicht verlangt werden dürfen, ihm vom Verbraucher aber gleichwohl bestellt werden, können nicht nach bereicherungsrechtlichen Vorschriften herausverlangt werden[26].

Diese Frage ist im einzelnen streitig. Der Vergleich mit § 214 Abs. 2 S. 1 BGB (Verjährung) und § 656 Abs. 1 S. 2 BGB (Heiratsvermittlung) hinkt insoweit, als § 494 Abs. 2 S. 6 BGB eine entsprechende Regelung gerade nicht enthält.

---

[26] OLG Dresden ZIP 2001, 1531.

B. Widerruf von Haustürgeschäften

I. Schwebende Wirksamkeit

Anders als nach der alten gesetzlichen Regelung, nach welcher der Vertrag bis zum Verstreichen der Widerrufsfrist schwebend unwirksam war[27], ist der Vertrag nunmehr bis zu dessen Widerruf als schwebend wirksam anzusehen[28].

II. Zuständiges Gericht

Während § 7 HWiG a.F. für Klagen aus Geschäften im Sinne des Haustürwiderrufsgesetzes einen ausschließlichen Gerichtsstand am Wohnsitz des Kunden oder dessen gewöhnlichen Aufenthaltsorts zur Zeit der Klageerhebung begründete, eröffnet die diese Norm ablösende Vorschrift des § 29c ZPO, welche auch für bis zum Zeitpunkt ihres Erlasses (01.01.2002) abgeschlossene Haustürgeschäfte gilt, dem Verbraucher die Möglichkeit, den Unternehmer auch am allgemeinen oder am besonderen Gerichtsstand zu verklagen; durch dieses Wahlrecht wird die prozessuale Situation des Verbrauchers verbessert[29]. Für Klagen des Unternehmers gegen den Verbraucher begründet § 29c Abs. 1 Satz 2 ZPO hingegen einen ausschließlichen Gerichtsstand. An diesen ausschließlichen Gerichtsstand am Wohnsitz des Verbrauchers ist der Unternehmer nach § 29c Abs. 2 ZPO i.V.m. §§ 33 Abs. 1 und 2, 40 Abs. 2 Nr. 2 ZPO nur bei Erhebung einer Widerklage nicht gebunden[30].

§ 29c ZPO ist weit auszulegen. Daher erfasst diese Norm ohne Rücksicht auf die Anspruchsgrundlage alle Klagen, mit denen Ansprüche geltend gemacht werden, die auf ein Haustürgeschäft i.S. der §§ 1 Abs. 1 HWiG a.F., 312 BGB zurückgeführt werden können. Demgemäß erstreckt sich die Anwendung des § 29c Abs. 1 ZPO auch auf alle Folgeansprüche aus Haustürgeschäften, insbesondere auf Ansprüche, die sich aus der Schlechterfüllung solcher Geschäfte, aus Verschulden bei Vertragsschluss oder aus Delikt ergeben[31].

---

[27] Vgl. BGH Urteil v. 16.10.1995, Az. II ZR 298/94 JZ 1996, 575.
[28] Lwowski/Wunderlich ZInsO 2005, 57; Schwab ZGR 2004, 861, 890.
[29] Fischer, in Bülow/Artz, Handbuch Verbraucherprivatrecht, 2005, 17. Kapitel Rn. 9 ff, S. 506.
[30] Vollkommer, in Zöller, ZPOKomm, 25. Auflage § 29c Nr. 7 u. 10.
[31] BGH WM 2003, 605, 606 f.

Trotz dieses weiten Anwendungsbereiches des § 29c ZPO bleibt der Verbraucher verpflichtet, substantiiert darzulegen, dass er Ansprüche geltend macht, die sich auf ein Haustürgeschäft zurückführen lassen. Liegt ein solcher schlüssiger Vortrag des Verbrauchers nicht vor, kann eine Zuständigkeit nach § 29c ZPO nicht begründet werden[32].

III. Unzulässigkeit der Feststellungsklage

Da für eine Feststellungsklage im Allgemeinen dann kein Raum ist, wenn eine Leistungsklage möglich ist, die das Rechtsschutzinteresse des Klägers ebenso wahren würde, müssen Ansprüche, die sich aus einem Widerruf nach dem Haustürwiderrufsgesetz ergeben, im Wege der Leistungsklage geltend gemacht werden. Eine Feststellungsklage ist in diesem Zusammenhang auch dann unzulässig, wenn sich Unsicherheiten über die Reichweite der Folgen eines Widerrufs ergeben[33].

IV. Beweislast

Dem Verbraucher obliegt die Beweislast sowohl für die Vertragsanbahnung in einer der in § 1 Abs. 1 Nr. 1 bis 3 HWiG a.F. bzw. § 312 Abs. 1 Nr. 1 bis 3 BGB genannten Situationen als auch für die Kausalität[34] zwischen Haustürsituation und Vertragsabschluss[35].

1. Anscheinsbeweis

Liegt zwischen Haustürsituation und Vertragsabschluss nur eine kurze Zeitspanne, ist im Regelfall zugunsten des Verbrauchers nach den Grundsätzen des Beweises des ersten Anscheins vom Vorliegen der Kausalität auszugehen[36]. Überschreitet allerdings diese Zeitspanne die Einwochenfrist, dürfte angesichts des Umstandes, dass die europäische Richtlinie selbst die Bedenkfrist für den Wi-

---

[32] So auch LG Berlin, Beschluss v. 28.11.2005, Az. 21a O 431/05; LG Berlin, Beschluss v. 15.06.2005, Az. 21a O 308/05; LG Hagen, Beschluss v. 20.12.2005, Az. 8 O 442/04; LG Koblenz, Beschluss v. 13.10.2005, Az. 15.O.420/04; LG Detmold, Beschluss v. 14.11.2005, Az. 1 O 390/04; LG München I, Beschluss v. 11.03.2005, Az. 4 O 18039/04.

[33] LG Stuttgart, Urteil v. 30.08.2002, Az. 7 O 267/02, BKR 2002, 954, 955 f.

[34] Vgl. hierzu Punkt B XII.

[35] Zur Beweislast vgl. Ulmer in MünchKomm, 4. Auflage, § 312 Rn. 31 und 89; Werner in Staudinger, 2001, § 1 HWiG Rn. 71, 117 u. 151 ff; Münscher in Finanz Colloquium Heidelberg, Fehlgeschlagene Immobilienkapitalanlagen, S. 19; BGH Urteil v. 16.01.1996, Az. 11 ZR 116/95, BGHZ 131, 385, 392 = NJW 1996, 926, 928.

[36] Ulmer in MünchKomm, 4. Auflage, § 312, Rn. 89; Werner in Staudinger, 2001, Rn. 71.

derruf auf einen Zeitraum von höchstens sieben Tagen begrenzt[37], der Anscheinsbeweis dem Verbraucher nicht mehr zugute kommen[38]. Jedenfalls nimmt die Indizwirkung bei zunehmendem zeitlichen Abstand ab[39].

2. Möglichkeit des „einfachen" Bestreitens

Obliegt aber die Darlegungs- und Beweislast für das Vorliegen einer Haustürsituation sowie für deren Kausalität für den späteren Vertragsabschluss dem Verbraucher und handelt es sich dabei wie üblich um Ereignisse aus dem eigenen Wahrnehmungsbereich des Verbrauchers, dann hat die finanzierende Bank das Recht, das behauptete Vorliegen der Haustürsituation mit Nichtwissen zu bestreiten. Denn ein substantiiertes Bestreiten kann vom Prozessgegner nur dann gefordert werden, wenn der Beweis dem Behauptenden nicht möglich oder nicht zumutbar ist, während der Bestreitende alle wesentlichen Tatsachen kennt und es ihm zumutbar ist, nähere Angaben zu machen[40]. Um eine solche die Auferlegung eines substantiierten Bestreitens rechtfertigende Ausnahmesituation geht es aber denknotwendig in den vorliegenden Fällen gerade nicht, da Vorliegen und Kausalität einer Haustürsituation in der Regel ausschließlich dem eigenen Wahrnehmungsbereich des Verbrauchers zuzuordnen sind.

V. Haustürgeschäft und Gesellschaftsbeitritt

Zur Eröffnung der Anwendungsbereiche setzen sowohl § 1 Abs. 1 HWiG a.F. als auch § 312 Abs. 1 BGB das Vorliegen einer auf den Abschluss eines Vertrages, welcher eine entgeltliche Leistung zum Gegenstand hat, gerichteten Willenserklärung des Verbrauchers voraus.

---

[37] Vgl. Art. 5 Abs. 1 der Richtlinie 85/577/EWG des Rates v. 20.12.1995 betreffend den Verbraucherschutz im Falle von außerhalb von Geschäftsräumen geschlossenen Verträgen („Haustürgeschäfte-Richtlinie").

[38] Ulmer, in MünchKomm, 4. Auflage, § 312, Rn. 32; offen gelassen in BGH Urteil v. 09.05.2006, Az. XI ZR 119/05, ZIP 2006, 1238, 1239; ähnlich auch BGH Urteile v. 09.05.2006, Az. XI ZR 2/05, 31/05, 114/05, 120/05, 158/05, 377/04.

[39] BGH, Urteil v. 09.05.2006, Az. XI ZR 119/05, ZIP 2006, 1238, 1239; BGH, Urteil v. 16.01.1996, Az. 11 ZR 116/95, BGHZ 131, 385, 392; Werner in Staudinger, 2001, Rn. 71.

[40] So BGH Urteil v. 18.11.2003, Az. XI ZR 332/02, WM 2004, 27, 31 m. Anm. Roth WuB I G 5. – 6.04 u. Joswig EWiR § 794 ZPO 1/04, 151; a.A. BGH Urteil v. 14.03.2005, Az. II ZR 405/02 S. 5, welcher in dem konkreten Fall (allerdings) der finanzierenden Bank eine Erkundigungspflicht in Bezug auf die Umstände, unter denen der Darlehensvertrag der Parteien angebahnt wurde aufbürdet, weil die Bank sich bei Abschluss dieses Vertrages die Tätigkeit des Vermittlers zunutze gemacht hat; so wohl auch BGH Urteil v. 25.10.2004, Az. II ZR 395/02 S. 4 f.; vgl. Münscher, a.a.O., Fehlgeschlagene Kapitalanlagen, 2002, S. 19, welcher die Beweislast analog der Frage der Zurechenbarkeit der Haustürsituation nach § 123 BGB lösen will.

Obwohl im Grundsatz anerkannt ist, dass Beitrittserklärungen zu Gesellschaften oder Vereinen nicht den Abschluss eines Vertrags über eine entgeltliche Leistung, sondern ein auf den Erwerb der Mitgliedschaft gerichtetes organisationsrechtliches Rechtsgeschäft darstellen[41] und obwohl der Bundesgerichtshof in seiner Timesharing-Entscheidung im Genossenschaftsmodell die Anwendbarkeit des Haustürwiderrufsgesetzes verneint hat[42], ist zwischenzeitlich in der Rechtsprechung des Bundesgerichtshofs anerkannt, dass das Haustürwiderrufsgesetz bzw. § 312 BGB auf die unmittelbare und mittelbare Beteiligung eines Anlegers an einem geschlossenen Immobilienfonds Anwendung findet[43].

VI. Haustürgeschäft und Sicherheitenbestellungen

Das Haustürwiderrufsgesetz sowie § 312 BGB sind sowohl auf Sicherungsabreden, die auf die Bestellung einer Grundschuld gerichtet sind[44], als auch auf Sicherungsabreden, die die Bestellung eines Pfandrechts oder eines anderen akzessorischen Sicherungsrechts zum Inhalt haben, anwendbar[45]. Dass die Hauptschuld dabei dem Verbraucherdarlehensrecht unterliegt oder in einer Haustürsituation begründet wurde, ist unerheblich[46]. Auch auf die Bürgschaft findet das Haustürwiderrufsgesetz bzw. § 312 BGB Anwendung, wobei es, anders als früher[47], nicht mehr darauf ankommt, ob die verbürgte Hauptforderung ein Verbraucherdarlehen ist oder in einer Haustürsituation begründet wurde[48]. Schließlich kann auch eine Sicherungszweckerklärung als Haustürgeschäft widerrufen werden[49].

---

[41] Vgl. Edelmann DB 2001, 2434, 2435 Fußnote 2 m.w.N.

[42] BGH WM 1997, 533 m. Anm. van Look WuB IV D § 5 HWiG § 1.97.

[43] BGH Urteil v. 02.07.2001, Az. II ZR 304/00; WM 2001, 1464 = BGHZ 148, 201 m. Anm. Littbarsky LM H.10/201, HWiG Nr. 38; Louven BB 2001, 1807; Renner DStR 2001, 1988; Edelmann DB 2001, 2434; Schäfer JZ 2002, 249; Mankowski WuB IV D. § 1 HWiG 1.01; Allmendinger EWiR § 3 HWiG 1/01, 919; BGH Urteil v. 18.10.2004, Az. II ZR 352/02, WM 2004, 2491 m. Anm. Münscher WuB IV D. § 2 HWiG 1.05; so auch Kindler ZGR 2006, 167, 171 f.m.w.N.; a.A. noch der II. Zivilsenat des BGH in seinem Nichtannahmebeschluss v. 10.12.2001, Az. II ZR 255/01 zu OLG Karlsruhe WM 2003, 182 u. WM 2003, 1218, wo noch der Entgeltcharakter der Einlageleistung und damit die Gleichstellung des Fondsbeitritts mit einem Vertrag über eine entgeltliche Leistung abgelehnt wurde; so auch Habersack ZIP 2001, 327, 328; ders. ZIP 2001, 353, 355; Wagner NZG 2000, 169 ff.

[44] BGH Urteil v. 26.09.1995, Az. XI ZR 199/94, BGHZ 131, 1, 4 = WM 1995, 2027.

[45] BGH Urteil v. 10.01.2006, Az. XI ZR 196/05, ZIP 2006, 363, 364.

[46] BGH Urteil v. 10.01.2006, Az. XI ZR 196/05, ZIP 2006, 363, 364.

[47] BGH Urteil v. 14.05.1998, Az. XI ZR 56/95, NJW 1998, 2356.

[48] BGH, Urteil v. 10.01.2006, Az. XI ZR 196/05, ZIP 2006, 363, 364.

[49] OLG Hamm WM 2005, 2370, 2379; OLG Dresden BKR 2003, 114, 116.

VII. Haustürgeschäftewiderruf und Vollmacht

Da die Vollmacht als einseitige Willenserklärung weder einen „Vertrag" i.S.v. § 312 BGB noch eine „auf Abschluss eines Vertrages" gerichtete Willenserklärung i.S.v. § 1 HWiG a.f. darstellt, und da die Vollmachtserteilung darüber hinaus auch nicht eine „entgeltliche Leistung" i.S.v. § 312 BGB und § 1 HWiG a.F. zum Inhalt hat, kann sie entgegen einer zum Teil in der Literatur vertretenen Rechtsauffassung[50] nicht als Haustürgeschäft i.S.v. § 312 BGB bzw. § 1 HWiG a.f. gesehen werden[51].

Etwas anderes ergibt sich auch nicht aus der Haustürgeschäfte-Richtlinie 85/577/EWG des Rates vom 20.12.1985 betreffend den Verbraucherschutz im Falle von außerhalb von Geschäftsräumen geschlossenen Verträgen. Denn bereits die Erwägungsgründe 3 und 5 der Richtlinie zeigen, dass diese lediglich für Verträge und für einseitige Verpflichtungserklärungen des Verbrauchers Anwendung findet; hierunter fällt die Vollmacht nicht, da sie keine Verpflichtung des Verbrauchers begründet, an ein Unternehmen eine bestimmte Leistung zu erbringen. Entsprechendes lässt sich auch aus Art. 1 Nr. 4 der Richtlinie entnehmen, wonach diese auch für Vertragsangebote des Verbrauchers gilt, sofern der Verbraucher gegenüber dem Gewerbetreibenden durch sein Angebot gebunden ist. Denn die einseitige Vollmachtserteilung stellt weder ein Angebot an einen Dritten dar noch vermag die Vollmacht irgendeine Bindung des Verbrauchers an ein Angebot zu begründen.

Verbraucherschutzerwägungen rechtfertigen keine andere Sichtweise. Denn der Vollmachtgeber ist durch die Norm des § 168 BGB weitergehender geschützt als der Verbraucher, der in einer Haustürsituation einen Vertrag abschließt. Nach § 168 Satz 2 BGB kann der Vollmachtgeber nämlich die Erteilung der Vollmacht jederzeit frei widerrufen, ohne dass es auf das Vorliegen weiterer Voraussetzungen wie z.B. eine Haustürsituation ankommt.

Bei sog. Altverträgen, für welche die Vorschrift des § 2 Abs. 1 Satz 4 HWiG nach wie vor Geltung entfaltet[52], kommt hinzu, dass von der erteilten Vollmacht

---

[50] Ulmer in MünchKomm, 4. Auflage, § 312 Rn. 27; Thüsing in Staudinger, 2005, § 312 Rn. 42; Hoffmann ZIP 1999, 1586, 1588; offen in Grüneberg in Palandt, § 312 Rn. 5.

[51] LG Frankfurt Urteil v. 05.10.2006, Az. 2-27 O 155/05 S. 10; LG Frankfurt Urteil v. 29.09.2006, Az. 2-27 O 356/05 S. 8; LG Frankfurt Urteil v. 22.09.2006, Az. 2-20 O 355/05 S. 5; LG Frankfurt, Urteil v. 29.06.2006, Az. 2-14 O 105/06 S. 8; LG Frankfurt Urteil v. 02.06.2006, Az. 2-05 O 480/05 S. 11; Werner in Staudinger, 2001, § 1 HWiG Rn. 6 ff; Masuch ZIP 2001, 143, 146; offen gelassen in BGH WM 2000, 1247, 1249 f. m. Anm. Sänger WuB IV D. § 1 HWiG 5.00 und Klaas EWiR § 1 HWiG 3/00, 871; BGH WM 2000, 1250, 1252 m. Anm. Büchler EWiR § 166 BGB 3/00, 1027; Edelmann BB 2000 1594; Möller ZIP 2002, 333, 336 u. 341; offen gelassen auch in OLG Karlsruhe WM 2001, 2002, 2003.

[52] Gem. Art. 229 § 9 Abs. 1 Satz 2 i.V.m. Art. 229 § 5 Satz 1 EGBGB handelt es sich hierbei um alle Haustürgeschäfte, die vor dem 31.12.2001 abgeschlossen wurden; so auch BGH Urteil v. 13.06.2006, Az. XI ZR 94/05 WM 2006, 1995, 1996; bei Dauerschuldverhältnissen gilt bei diesen Verträgen wegen Art. 229 § 5 Satz 2 EGBGB § 355 Abs. 3 BGB a.F.; so auch Ulmer MünchKomm, 4. Auflage § 355 Rn. 56 a.E.; entsprechend BGH Urteil v. 23.01.2003, Az. III ZR 54/02, S. 7. f.

längst durch den Abschluss des Vertrages für den Vollmachtgeber Gebrauch gemacht wurde mit der Folge, dass das Widerrufsrecht gem. § 2 Abs. 1 Satz 4 HWiG a.F. einen Monat nach Abschluss des Vertrages durch den Vertreter erloschen ist[53].

Selbst wenn die Regelungen über Haustürgeschäfte auf die Vollmacht Anwendung finden sollten, würde der Vertragspartner des Vertretenen bei Vorliegen der Vollmachtsurkunde oder einer Ausfertigung hiervon Gutglaubensschutz nach §§ 171, 172 BGB genießen. Der Widerruf einer Vollmachtserklärung hätte folglich nur Wirkung für die Zukunft, eine Rückwirkung ex tunc käme hingegen nicht in Betracht. Dessen ungeachtet kann die Bank bei Vorlage einer notariell beurkundeten Vollmacht aufgrund § 1 Abs. 2 Nr. 3 HWiG a.F. bzw. § 312 Abs. 3 Nr. 3 BGB davon ausgehen, dass ein Widerrufsrecht nicht besteht[54]. Im Übrigen müsste sich der Verbraucher den von ihm durch die Erteilung der Vollmacht gesetzten Anschein nach den bei Anweisungsfällen im Bereicherungsrecht geltenden Grundsätzen zurechnen lassen[55].

VIII. Haustürgeschäft und Aufhebungsvertrag

In der Rechtsprechung ist anerkannt, dass der das Arbeitsverhältnis beendende Aufhebungsvertrag, auch wenn dieser am Arbeitsplatz abgeschlossen wurde, kein Haustürgeschäft i.S.v. § 312 BGB bzw. § 1 HWiG a.F. ist[56]. Entsprechendes dürfte für jegliche Beendigungsvereinbarung und ähnlich gelagerte Vergleichsabschlüsse gelten.

IX. Verhältnis der Vorschriften über Haustürgeschäfte und Verbraucherkreditverträge

1. Aktuelle Rechtslage

Aufgrund der Vorgaben des Europäischen Gerichtshofs in seinem sog. Heininger-Urteil v. 13.12.2001[57], wonach der nationale Gesetzgeber gehindert ist, das Wider-

---

[53] So wohl BGH Urteil v. 14.10.2003, Az. XI ZR 134/02, NJW 2004, 154, 156 = WM 2003, 2328 m. Anm. Bülow WuB I G 2 § 6 VerbrKrG 1.04; Mues EWiR § 6 VerbrKrG 1/04, 255; ähnlich OLG Hamm WM 2005, 2378, 2379 f. für die Verpflichtung zur Bestellung einer Sicherungsgrundschuld.

[54] BGH Urteil v. 02.05.2000, Az. XI ZR 150/99, WM 2000, 1250, 1252 = BGHZ 144, 223 m. Anm. Edelmann BB 2000, 1594, Büchler EWiR § 166 BGB 3/2000; Saenger WuB IV D. § 1 HWiG 5.00; BGH Urteil v. 02.05.2000, Az. XI ZR 108/99 WM 2000, 1247, 1249.

[55] Ähnlich BGH WM 2006, 1194, 1197 f.m.w.N.

[56] BAG Urteil v. 27.11.2003, Az. 2 AZR 135/03 NJW 2004, 2401, 2404 f.

[57] EuGH Urteil v. 13.12.2001 Rs. C-481/99, WM 2001, 2434 m. Anm. Hoffmann ZIP 2002, 145; Fischer ZfIR 2002, 19; Frisch BKR 2002, 84; Edelmann BKR 2002, 80; Kulke ZBB 2002, 33; Staudinger NJW 2002, 653; Reich/Rörig EuZW 2002, 87; Sauer

rufsrecht bei Fehlen einer ordnungsgemäßen Belehrung nach sechs Monaten (§ 355 Abs. 3 BGB a.F.) bzw. nach einem Jahr (§ 7 Abs. 2 Satz 3 VerbrKrG a.F.) nach Vertragsabschluss erlöschen zu lassen, musste der Gesetzgeber die Vorschriften über das Widerrufsrecht neu fassen.

Nach der nunmehr geltenden Gesetzeslage ist das Widerrufsrecht bei Haustürgeschäften gem. § 312a BGB ausgeschlossen, wenn dem Verbraucher nach anderen Vorschriften, insbesondere nach § 355 BGB i.V.m. § 495 BGB das Widerrufsrecht bei Verbraucherdarlehensverträgen zusteht. Anders als nach den alten gesetzlichen Regelungen der § 3 Abs. 2 Nr. 2 VerbrKrG a.f. bzw. § 491 Abs. 3 Nr. 1 BGB a.F. i.V.m. § 5 Abs. 2 HWiG a.f. bzw. 312a BGB a.F., wonach ein Widerrufsrecht bei grundpfandrechtlich abgesicherten Verbraucherkrediten gänzlich ausgeschlossen war, besteht nun ein Widerrufsrecht nach § 355 BGB grundsätzlich sowohl für grundpfandrechtlich abgesicherte (sog. Realkredite) wie auch für nicht grundpfandrechtlich abgesicherte Darlehen (sog. Personalkredite). Damit kann sich nach aktueller Gesetzeslage das sich bei sog. Altverträgen aufgrund des Ausschlusses des Widerrufsrechts bei Realkrediten ergebende Problem der richtlinienkonformen Auslegung des § 5 Abs. 2 HWiG a.F. bzw. des § 312a BGB a.F. nicht mehr stellen.

2. Alte Rechtslage

Nachdem der Europäische Gerichtshof in seinem vorstehend erwähnten Heininger-Urteil vom 13.12.2001[58] entschieden hatte, dass der Ausschluss des Widerrufsrechts für grundpfandrechtlich abgesicherte Kredite mit der europäischen Haustürgeschäfte-Richtlinie unvereinbar und dass eine Befristung des Widerrufsrechts im Falle einer unterbliebenen oder nach Art. 4 der Richtlinie nicht ordnungsgemäßen Belehrung unzulässig ist, sah sich der Bundesgerichtshof entgegen seiner zuvor vertretenen eigenen Auffassung[59] sowie entgegen zahlreicher Stimmen in Literatur[60] und Rechtsprechung[61] verpflichtet, § 5 Abs. 2 HWiG a.F. richtlinienkonform dahingehend auszulegen, dass Kreditverträge dann nicht zu den die Anwendbarkeit des Haustürwiderrufsgesetzes ausschließenden Geschäften nach dem Verbraucherkreditgesetz gehören, wenn das Verbraucherkreditgesetz dem Kunden kein gleich weit reichendes Widerrufsrecht einräumt wie das Haustürwiderrufsge-

---

BB 2002, 431; Wagner BKR 2002, 194; Schlüter DZWiR 2002, 96; Hochleitner/Wolf/Großerichter WM 2002, 529; Pieckenbrock/Schulze WM 2002, 521; Roth WuB IV D. § 5 HWiG 1.02; Pfeiffer EWiR Art. 1 RL 85/577/EWG 1/02, 261; Fischer DB 2002, 727; Habersack/Mayer WM 2002, 253; Felke MDR 2002, 225; Reiter/Methner VuR 2002, 90; Rott VuR 2002, 49; Strube VuR 2002, 55.

[58] EuGH WM 2001, 2434.

[59] BGH Beschluss v. 29.11.1999, Az. XI ZR 91/99, WM 2000, 26, 27.

[60] Von Heymann/Annertzok BKR 2002, 234; Habersack/Mayer WM 2002, 253; Edelmann BKR 2002, 82; Hochleitner/Wolf/Großerichter WM 2002, 529; Sauer BB 2002, 431; Roth WuB IV D. § 5 HWiG 1.02.

[61] LG München BKR 2002, 230 sowie WM 2002, 285; OLG Bamberg WM 2002, 537.

setz[62]. Diese Rechtsprechung soll entgegen einer nicht unberechtigt geäußerten Kritik in der Literatur[63] und Rechtsprechung[64] selbst auf Personalkredite, bei denen die Banken in der Vergangenheit zwar den Verbraucher nicht nach dem Haustürwiderrufsgesetz, jedoch gesetzestreu nach dem Verbraucherkreditgesetz belehrt haben, Anwendung finden; dies obwohl das europäische Recht eine solche Auslegung weder fordert noch gebietet[65].

Da das Verbraucherkreditgesetz für grundpfandrechtlich abgesicherte Kredite kein Widerrufsrecht vorsah und die für Personalkredite im Verbraucherkreditgesetz vorgesehene Widerrufsbelehrung nicht derjenigen nach dem Haustürwiderrufsgesetz entsprach, kann der Kreditnehmer aufgrund der richtlinienkonformen Auslegung nunmehr bei sog. Altverträgen seine auf Abschluss des Kreditvertrages gerichtete Willenserklärung sowohl bei Personal- als auch bei Realkrediten vorbehaltlich einer etwaig eingreifenden Verwirkung oder Verfristung[66] nach dem Haustürwiderrufsgesetz widerrufen, soweit die weiteren Voraussetzungen für einen solchen Widerruf vorliegen[67].

---

[62] BGH Urteil v. 09.04.2002, Az. XI ZR 91/99 WM 2002, 1181 = BGHZ 150, 248 m. Anm. Bülow/Artz WuB IV D. § 5 HWiG 2.02; Fischer DB 2002, 1266; Ulmer ZIP 2002, 1080; Wilhelm DB 2002, 1307; Rothe BKR 2002, 575; Rörig MDR 2002, 894; Pap/Sauer ZfIR 2002, 523; Derleder ZBB 2002, 202; Lange EWiR § 1 HWiG a.F. 1/02; Koch WM 2002, 1593; Edelmann BKR 2003, 99; bestätigt durch BGH WM 2005, 1408; BGH WM 2005, 295; BGH Urteil v. 13.09.2004, Az. II ZR 372/02, 373/02, 383/02, 384/02, 392/02 sowie 393/01; BGH WM 2005, 1579 m. Anm. Allmendinger EWiR § 1 HWiG a.F. 1/05, 79; BGH WM 2004, 172; BGH WM 2003, 64; BGH WM 2002, 2501 = BGHZ 152, 331 m. Anm. Edelmann WuB IV D. § 3 HWiG 1.03; BGH WM 2003, 61; BGH WM 2002, 2409 sowie BGH WM 2002, 1218 = BGHZ 150, 264; OLG Stuttgart WM 2005, 972, 973 und WM 2005, 981, 984.

[63] Münscher BKR 2005, 86, 88; ders. WuB IV D. § 5 HWiG 2.05; ders. in Finanz Colloquium, Fehlgeschlagene Immobilienkapitalanlagen, 2002, S. 9; Lwowski/Wunderlich ZInsO 2005, 57, 63; Peters WM 2005, 456; ders. WuB IV.D § 5 HWiG 1.05; Peters/Ivanova WM 2003, 55, 57; Wolf BKR 2002, 614, 615; Pap/Sauer ZfIR 2002, 523, 524 f.; Thume/Edelmann BKR 2005, 477, 482; Edelmann/Krümmel BKR 2003, 99; Hochleitner/Wolf/Großerichter WM 2002, 529.

[64] OLG Schleswig Holstein WM 2005, 1173, 1178 m. Anm. Edelmann BKR 2005, 394; OLG Schleswig WM 2004, 1959, 1963 f.; LG Ravensburg WM 2004, 1033 m. Anm. Buck WuB IV D. § 5 HWiG 1.04; OLG Hamburg WM 2002, 1289, 1294 f.

[65] OLG Schleswig WM 2005, 1173, 1178; OLG Schleswig WM 2004, 1959, 1963 f.; LG Ravensburg WM 2004, 1033; Peters WM 2005, 456; Edelmann BKR 2005, 394.

[66] Vgl. hier OLG Stuttgart, Vorlagebeschluss v. 02.10.2006, Az. 6 U 8/06 WM 2006, 1997, 1999 f. = ZIP 2006, 1943 wo aufgeführt wird, dass es nur schwer vorstellbar ist, dass das Widerrufsrecht jahre-, jahrzehnte- oder gar jahrhundertelang über Generationen hinweg bestehen bleibt; zur Anwendbarkeit der Sechs-Monats-Frist des § 355 Abs. 3 BGB a.F. vgl. weiter unter Punkt B. XVI.

[67] Da es sich beim Widerrufsrecht um ein Gestaltungsrecht handelt mit der Folge, dass das Recht auf Widerruf der Verjährung nicht unterliegt – vgl. hierzu OLG Stuttgart Beschluss v. 02.10.2006, Az. 6 U 8/06 WM 2006, 1997, 2000 – besteht das Risiko, dass dem Verbraucher ein ewiges Recht auf Widerruf zusteht; vgl. hierzu Edelmann BKR 2002, 80.

Diese durch den Bundesgerichtshof erfolgte und insbesondere bei Personalkrediten mit dem Wortlaut, der gesetzgeberischen Intention sowie dem Sinn und Zweck der Vorschrift des § 5 Abs. 2 HWiG a.F. kaum zu vereinbarende richtlinienkonforme Auslegung des § 5 Abs. 2 HWiG a.F. stellt nach Auffassung des Oberlandesgerichts Stuttgart keinen Verstoß gegen das verfassungsrechtliche Rückwirkungsverbot dar[68]. Den finanzierenden Banken kann insoweit auch kein Vertrauensschutz für die Vergangenheit gewährt werden[69].

Trotz vorstehend dargestellter richtlinienkonformer Auslegung des § 5 Abs. 2 HWiG a.F. hat der Bundesgerichtshof klargestellt, dass in den Fällen, in denen ein Realkreditvertrag i.S.d. § 3 Abs. 2 Nr. 2 VerbrKrG a.F. zugleich die Voraussetzungen eines Geschäfts i.S.d. § 1 Abs. 1 HWiG a.F. erfüllt, eine Anwendung der Gerichtsstandsregelung des § 7 Abs. 1 HWiG nicht in Betracht kommt[70].

X. Maßgeblichkeit des Vertreters

Hat der Anleger einem Treuhänder eine Vollmacht erteilt, ihn bei Abschluss der für den Erwerb der Immobilie oder der für die Beteiligung am Immobilienfonds erforderlichen Verträge zu vertreten, kommt es nach zwischenzeitlich anerkannter Rechtsprechung des Bundesgerichtshofs allein darauf an, ob sich der Vertreter/Treuhänder bei Abschluss des Darlehensvertrages oder der anderweitigen Verträge in einer Haustürsituation befand. Nicht entscheidend ist hingegen, ob sich der Vertretene bei Vollmachtserteilung in einer Haustürsituation befunden hat[71]. Diese Rechtsauffassung ist sowohl unter verfassungsrechtlichen[72] als auch unter europarechtlichen Gesichtspunkten[73] unbedenklich.

---

[68] So OLG Stuttgart WM 2005, 972, 974; OLG Stuttgart WM 2005, 981, 985; OLG Stuttgart, Urteil v. 14.03.2005, Az. 6 U 203/04, S. 21 f.

[69] So BGH WM 2005, 1408; BGH WM 2004, 1579, 1581; BGH BKR 2002, 570, 573 = WM 2002, 1181; a.A. Münscher WuB IV D. § 5 HWiG 2.05.

[70] BGH Urteil v. 09.04.2002, Az. XI ZR 32/99, WM 2002, 1218 = BGHZ 150, 264 m. Anm. Bülow/Artz WuB IV D. § 7 HWiG 1.02.

[71] BGH WM 2006, 853 m. Anm. von Sethe BKR 2006, 248; BGH WM 2005, 127 m. Anm. Medicus EWiR § 3 VerbrKrG 1/05, 231; Jungmann WuB IV A. § 172 BGB 1.05; Schmidt-Lademann LMK 2005, 33; BGH WM 2004, 417, 420 m. Anm. Loritz WuB IV A. § 172 BGB 2.04; BGH WM 2003, 2328 m. Anm. Bülow WuB I G 2 § 6 VerbrKrG 1.04; Mues EWiR § 6 VerbrKrG 1/04, 255; BGH WM 2003, 1064, 1065 m. Anm. Wolf LMK 2003, 138; Heussen EWiR Art. 1 § 1 RBerG 8/03, 1103; van Look WuB VIII D. Art. 1 § 1 RBerG 3.04.

[72] BVerfG WM 2003, 2370, 2371.

[73] BGH WM 2006, 853, 854.

XI. Situationsbedingte Erfordernisse

Der Anleger muss durch die Haustürsituation gem. § 1 HWiG a.F. bzw. § 312 BGB in eine Lage gebracht worden sein, in der er in seiner Entschließungsfreiheit beeinträchtigt war, den ihm später angebotenen Vertrag zu schließen oder davon Abstand zu nehmen. Dabei muss die Haustürsituation nicht die einzige, nicht einmal die entscheidende Ursache für den späteren Vertragsabschluss darstellen. Es genügt vielmehr Mitursächlichkeit. Insofern ist ausreichend, dass die Kontaktaufnahme in der Haustürsituation einen unter mehreren Beweggründen für den Vertragsabschluss bildet und ohne sie der spätere Vertrag nicht oder nicht so, wie geschehen, zustande gekommen wäre[74].

Für die Annahme von Verhandlungen im Sinne des Haustürwiderrufsgesetzes bzw. des § 312 BGB genügt daher jedes werbemäßige Ansprechen eines Kunden sowie jede anbieterinitiierte Kontaktaufnahme, die auf einen späteren Vertragsschluss zielt[75]. So ist ausreichend, dass ein Mitbewohner des Kunden bei diesem eine Finanzanalyse vorgenommen, zugleich einen Termin in den Räumen des Unternehmens vereinbart und nach dessen Durchführung die Antragsformulare zum Kunden gebracht hat,[76] wo dieser sie dann unterzeichnete. Auch genügt es, wenn die Vermittlerin die wirtschaftliche Situation der Kunden mit dem Ziel einer Verbesserung ihrer finanziellen Verhältnisse erforscht und einen Ordner Unterlagen der Kunden mitnimmt[77]. Ein allgemeines, auf kein bestimmtes Geschäft bezogenes Beratungsgespräch ist demgegenüber nicht ausreichend[78]. Es kommt nicht darauf an, ob die mündlichen Verhandlungen überraschend und/oder anbieterinitiiert erfolgen[79].

Das Merkmal der Privatwohnung erfasst auch Fallgestaltungen, in denen eine von dem Direktvertreiber gewonnene Privatperson ihre Wohnung als Verhandlungsort zur Verfügung stellt[80]. Auch die Privatwohnung des Unternehmers oder der für ihn handelnden Personen kann in den Anwendungsbereich des Haustürwiderrufsgesetzes bzw. des § 312 BGB fallen, wenn der Verbraucher sie zu einem

---

[74] BGH Urteil v. 15.04.2004, Az. II ZR 410/02 S. 7; BGH WM 2004, 2491 m. Anm. Münscher WuB IV D. § 2 HWiG 1.05; BGH WM 2004, 1579 m. Anm. Allmendinger EWiR § 1 HWiG a.F. 1/05, 79 u. Peters WuB IV D. § 5 HWiG 1.05; BGH WM 2004, 521, 523 m. Anm. Medicus EWiR § 1 HWiG a.F. 1/04, 389 u. Mankowski WuB IV D. § 1 HWiG 2.04.

[75] BGH NJW 1996, 926, 928 = BGHZ 131, 385 „Securenta" m. Anm. Sonnenhohl WuB I F. 1a. – 13.96; OLG Stuttgart Urteil v. 22.05.06, Az. 6 U 208/05 S. 10.

[76] BGH ZIP 1996, 1943, 1944; OLG Stuttgart Urteil v. 22.05.2006, Az. 6 U 208/05 S. 10.

[77] BGH NJW-RR 2005, 180, 181; OLG Stuttgart Urteil v. 22.05.2006, Az. 6 U 208/05 S. 10.

[78] OLG Stuttgart Urteil v. 22.05.2006, Az. 6 U 208/05 S. 10.

[79] OLG Stuttgart WM 2005, 972.

[80] BGH ZIP 2005, 67, 68 = WM 2005, 124 m. Anm. Roth WuB IV D. § 1 HWiG 1.05.

Privatbesuch aufsucht[81]. Dies gilt selbst dann, wenn dem Verbraucher das Bewusstsein, geschäftlichen Kontakt aufzunehmen, fehlt[82]. Sucht der Kunde die Privatwohnung seines Vertragspartners hingegen zum Zwecke von Vertragsverhandlungen auf, ist eine Haustürsituation ausgeschlossen[83]. Trotz Verabredung des Besuchs in einer Gaststätte ist eine Haustürsituation dann nicht gegeben, wenn Vermittler und Verbraucher sich kennen und die Verabredung in der gemeinsamen Stammkneipe stattfindet[84]. Eine Haustürsituation ist auch dann zu verneinen, wenn ein Ehegatte dem anderen Partner in der ehelichen Wohnung auf Veranlassung des Vertragsgegners eine Vertragserklärung zur Unterschrift vorlegt; dies deshalb, weil ein solcher Ehegatte nicht als Verhandlungsgehilfe des anderen Teils unbestellt in die häusliche Sphäre eindringt[85]. Etwas anderes gilt aber, wenn der nahe Verwandte allgemein werbend für den Vertragsgegner tätig ist und den nahen Angehörigen in dessen Privatwohnung deshalb mit dem Vorschlag zum Vertragsabschluss überrascht[86]. Von einer für die Bejahung einer Haustürsituation typischen situativen Überrumpelung kann wiederum dann nicht ausgegangen werden, wenn die Ehefrau auf Bitte ihres Ehemannes aus der gegenüber liegenden Privatwohnung in die Geschäftsräume gerufen wird, um dort eine zur Absicherung eines Geschäftskredits von der Bank geforderte Verpfändungserklärung zu unterzeichnen[87]. Eine telefonische Kontaktaufnahme ohne nachfolgenden Hausbesuch genügt nicht zur Begründung einer Haustürsituation[88].

XII. Kausalität

Ein Widerrufsrecht nach § 312 Abs. 1 BGB bzw. nach § 1 HWiG a.F. setzt grundsätzlich voraus, dass der Verbraucher durch eine Haustürsituation zu dem Vertragsabschluss bestimmt worden ist. Entscheidend hierbei ist, ob nach den Umständen des Einzelfalles bei Abgabe der Erklärung das Überraschungsmoment noch fortwirkt und der Verbraucher in seiner Entschließungsfreiheit beeinträchtigt ist. Ein enger zeitlicher Zusammenhang zwischen Vertragsverhandlung und Abgabe der Willenserklärung ist nicht erforderlich. Bei zunehmendem zeitlichen

---

[81] OLG Stuttgart ZIP 2004, 891, 895.
[82] BGH Urteil v. 13.06.2006, Az. XI ZR 432/04, ZIP 2006, 1626, 1627 f. m.w.N.
[83] BGH, ZIP 2006, 1626, 1627; BGH NJW 2000, 3498 f. = WM 2000, 1260.
[84] OLG Schleswig WM 2005, 607, 609; zur Ansprache im Hotel u. Café vgl. LG Mannheim NJW-RR 1990, 1359 u. AG Freising NJW-RR 88, 1326; zur Ansprache in der Hotelhalle OLG Frankfurt WM 1994, 1730.
[85] BGH NJW 1996, 191.
[86] BGH NJW 1996, 3414.
[87] BGH Urteil v. 10.01.2006, Az. XI ZR 169/05 NJW 2006, 845, 846 f.
[88] BGH WM 2004, 1579.

Abstand entfällt jedoch die Indizwirkung für die Kausalität[89]. Ob sich der Darlehensnehmer daher auch bei einem größeren zeitlichen Abstand zwischen mündlicher Verhandlung und Vertragsabschluss noch in einer Haustürsituation befindet, ist eine Frage der Würdigung des Einzelfalles[90]. Dabei ist streitig, ab welcher konkreten Zeitspanne von einer Kausalität zwischen Haustürsituation und Darlehensvertragsabschluss nicht mehr ausgegangen werden kann[91]. Berücksichtigt man, dass das europäische Recht dem Verbraucher eine Bedenkfrist von höchstens einer Woche einräumt[92] und bedenkt man weiterhin, dass bereits nach wenigen Tagen der Bedenk- und Überlegungszeit schwerlich noch davon gesprochen werden kann, dass der Verbraucher überrumpelt und zu einem unüberlegten Geschäftsabschluss veranlasst wurde, spricht viel dafür, die Kausalität bei einem Zeitraum von 2 – 3 Wochen grundsätzlich abzulehnen.

Darüber hinaus ist anerkannt, dass die Kausalität zwischen Haustürsituation und Darlehensvertragsabschluss dann unterbrochen wird, wenn dazwischen die

---

[89] BGH Urteil v. 13.06.2006, Az. XI ZR 94/05, Rn. 15; BGH-Urteile v. 09.05.2006 ZIP 2006, 1238, Az. XI ZR 2/05, 114/05, 120/05, 158/05, 377/04; OLG Thüringen ZIP 2006, 946, 947.

[90] BGH Urteil v. 13.06.2006, Az. XI ZR 94/05 Rn. 15; BGH WM 2003, 483, 484 m. Anm. Medicus EWiR § 1 HWiG a.F. 3/03, 481 u. Mankowski WuB IV D. § 1 HWiG 6.03; BGH WM 2003, 918, 921 m. Anm. Schönfelder WuB VIII D. Art. 1 § 1 RBerG 6.03 u. Frisch EWiR Art. 1 § 1 RBerG 6/03, 1049; BGH WM 2003, 1370, 1372 m. Anm. Nassall WuB IV D. § 1 HWiG 7.03 u. Wagner EWiR § 280 BGB 4/03, 899.

[91] Vgl. hierzu BGH-Urteil v. 09.05.2006, Az. XI ZR 119/05, ZIP 2006, 1238, 1239, wo offen gelassen wird, ob der Anscheinsbeweis schon nach einer Woche entfällt; BGH-Urteil v. 20.05.2003, Az. XI ZR 248/02, WM 2003, 1370/1371 f. – 3 Wochen –; BGH-Urteil v. 18.03.2003, Az. XI ZR 188/02, WM 2003, 918/920 – 3 ½ Monate –; BGH-Urteil v. 22.10.2003, Az. IV ZR 398/02, WM 2003, 2372 – 21 Tage –; OLG Karlsruhe Urteil v. 18.07.2006, Az. 17 U 259/05 ZIP 2006, 2074 – 3 Wochen u. not. Beitritt – OLG Karlsruhe Urteil v. 30.06.2006, Az. 17 U 261/05 S. 8; Wegfall der Indizwirkung bei mehr als 3 Wochen; dies insbesondere dann, wenn vor Abschluss des DV not. Beurkundungstermin; OLG Frankfurt, Urteil v. 21.10.2003, Az. 9 U 121/01, ZIP 2004, 260/262 – ca. 8 Monate –; KG Urteil v. 03.05.2005, Az. 4 U 128/04, S. 8 – 6 Wochen – ; OLG Schleswig, Urteil v. 02.12.2004, Az. 5 U 108/03, WM 2005, 607/608 f. – 4 Wochen –; OLG Stuttgart, Urteil v. 21.12.2005, Az. 9 U 65/05 S. 17 – 3 Wochen –; OLG Hamburg, Urteil v. 28.06.2005, Az. 8 U 67/04 S. 14 – 5 Wochen u. notarielle Beurkundung des KV –; OLG Thüringen, Urteil v. 28.03.2006, Az. 5 U 742/05, ZIP 2006, 946, 947 – 2,5 Monate –; LG Heilbronn, Urteil v. 06.04.2006, Az. 6 O 387/05, Ha S. 14 ff – 5 Wochen –, wo darauf hingewiesen wird, dass nach einer engen Auffassung der Anscheinsbeweis bei einem Zeitraum von 3 – 4 Tagen als unterbrochen angesehen wird (Löwe BB 86, 821/824) und dass andere hierfür einen Abstand von mehr als 1 Woche ausreichen lassen (MünchKomm. 3. Aufl. § 1 HWiG Rn. 17 u. 4. Aufl. § 312 Rn. 32); LG Berlin, Urteil v. 08.03.2006, Az. 21a O 145/05 – 6 Wochen –; LG Passau, Urteil v. 19.05.2006, Az. 4 O 1229/05 S. 6 – 1 Monat –; LG Deggendorf Urteil v. 18.01.2006, Az. 2 O 82/04 WM 2006, 770.

[92] Vgl. hierzu oben Punkt B IV Nr. 1.

notarielle Beurkundung des Erwerbsgeschäfts erfolgt[93]. Von einem Fortwirken der Haustürsituation bei Darlehensvertragsabschluss kann auch dann nicht die Rede sein, wenn dem Anleger vor Darlehensvertragsabschluss hinsichtlich des Erwerbsgeschäfts eine ordnungsgemäße Widerrufsbelehrung erteilt wurde und er von seinem Widerrufsrecht keinen Gebrauch macht[94].

XIII. Zurechenbarkeit

1. Frühere Sichtweise

Die Frage, ob die durch einen Dritten herbeigeführte Haustürsituation der finanzierenden Bank zugerechnet werden kann, wurde früher vom Bundesgerichtshof unter Heranziehung der für die Zurechnung einer arglistigen Täuschung nach § 123 Abs. 2 BGB entwickelten Grundsätze beantwortet[95]. Das Handeln des Vermittlers wurde der Bank nur dann zugerechnet, wenn diese es kannte oder kennen musste. Dabei war es für das Vorliegen einer fahrlässigen Unkenntnis ausreichend, dass die Umstände des Falles den Erklärungsempfänger veranlassen mussten, sich zu erkundigen, auf welchen Umständen die ihm übermittelte Willenserklärung beruht[96]. Eine solche fahrlässige Unkenntnis konnte jedoch nicht schon dann angenommen werden, wenn die Bank Kenntnis davon hatte, dass die Eigentumswohnung nicht von einer Privatperson, sondern von einer gewerblich tätigen

---

[93] So wohl auch BGH Urteil v. 13.06.2006, Az. XI ZR 94/05 Rn. 15; BGH Urteil v. 20.05.2003, Az. XI ZR 248/02 WM 2003, 1370, 1372; so jedenfalls OLG Thüringen, Urteil v. 28.03.2006, Az. 5 U 742/05, ZIP 2006, 946/947; OLG Thüringen, Urteil v. 13.01.2004, Az. 5 U 1713/02 u. 5 U 250/03, OLGR 2005, 238; bestätigt durch BGH-Beschluss v. 23.11.2004, Az. XI ZR 27/04, BKR 2005, 82; so schon OLG Thüringen, Urteil v. 18.05.2004, Az. 5 U 893/03; OLG Stuttgart, Urteil v. 21.12.2005, Az. 9 U 65/05, S. 18; OLG Braunschweig, Urteil v. 26.05.2005, Az. 8 U 3/04 u.H.a. Beschluss v. 26.04.2005, Az. 8 W 11/05; OLG Schleswig, Urteil v. 02.12.2004, Az. 5 U 108/03, WM 2005, 607/609; LG Heilbronn, Urteil v. 06.04.2006, Az. 6 O 387/05 Ha S. 17 f.; LG Berlin, Urteil v. 08.03.2006, Az. 21a O 145/05 S. 6 LG Deggendorf Urteil v. 18.01.2006, Az. 2 O 823/04, WM 2006, 770; offen gelassen KG Urteil v. 03.05.2005, Az. 4 U 128/04, S. 11; a.A. KG Beschluss v. 06.01.2005, Az. 4 W 43/04 S. 4; OLG Stuttgart, Urteil v. 29.06.1999, Az. 6 U 169/98, ZIP 99, 2005/2007.

[94] So wohl BGH ZIP 2006, 1238, 1239; KG Urteil v. 03.05.2005, Az. 4 U 128/04 S. 8 f.; KG WM 2005, 2218, 2221; Oechsler NJW 2006, 1399, 1400.

[95] BGH ZIP 2005, 67, 68 f.; WM 2005, 124 m. Anm. Reiff EWiR § 312 BGB 2/05, 381 u. Roth WuB IV D. § 1 HWiG 1.05; BGH WM 2005, 295 m. Anm. Münscher WuB IV D. § 5 HWiG 2.05; BGH WM 2004, 521 m. Anm. Medicus EWiR § 1 HWiG a.F. 1/04, 389 u. Mankowski WuB IV D. § 1 HWiG 2.04; BGH WM 2003, 61 m. Anm. Frisch EWiR § 1 HWiG a.F. 1/03, 167; Rörig ZIP 2003, 26 u. Roth WuB IV D. § 1 HWiG 3.03.

[96] BGH ZIP 2005, 67, 69 m. Anm. Reiff EWiR § 312 BGB 2/05, 381 u. Roth WuB IV D. § 1 HWiG 1.05.

Bauträgergesellschaft über einen Vermittler verkauft und der Darlehensvertrag über ihn vermittelt wurde[97]. Eine Haustürsituation wurde unter Heranziehung der Grundsätze gem. § 123 Abs. 2 BGB der Bank allerdings dann zugerechnet, wenn die Unterzeichnung des Kreditnehmers unter der Privatanschrift erfolgte und das Vertriebsunternehmen keine Filiale am Wohnort des Kreditnehmers hatte[98]. Eine Zurechenbarkeit wurde auch dann angenommen, wenn das Kreditinstitut in das Vertriebssystem, z.b. durch Überlassung der Darlehensvertragsformulare, eingebunden war[99]. Streitig war unter der Heranziehung der zu § 123 Abs. 2 BGB entwickelten Grundsätze die Frage, ob die Bank sich selbst dann die Haustürsituation zurechnen lassen musste, wenn sie sich aufgrund der damals bestehenden Gesetzeslage, insbesondere bei Personalkrediten, keine Gedanken über eine Belehrung nach dem Haustürwiderrufsgesetz machen musste, weil sie selbst bei Kenntnis der Haustürsituation eine Widerrufsbelehrung für Haustürgeschäfte nicht zu erteilen hatte[100]. Streitig war auch, ob eine Zurechnung der Haustürsituation allein wegen Vorliegens eines verbundenen Geschäfts erfolgen kann[101].

2. Aktuelle Sichtweise

Nachdem der Europäische Gerichtshof in seinem Urteil vom 25.10.2005 „Crailsheimer Volksbank"[102] festgehalten hat, dass die Zurechenbarkeit der Haustürsituation nicht davon abhängig gemacht werden kann, dass der Gewerbetreibende wusste oder hätte wissen müssen, dass der Vertrag in einer Haustürsituation i.S.v. Art. 1 der Haustürgeschäfte-Richtlinie geschlossen wurde, scheint der Bundesgerichtshof die Zurechenbarkeit der Haustürsituation bereits dann bejahen zu wollen, wenn eine Haustürsituation objektiv besteht[103]. Allerdings hat der Bundesgerichtshof in seinem Urteil vom 20.06.2006 Zweifel dahingehend geäußert, ob

---

[97] BGH WM 2004, 521; BGH WM 2004, 27, 32; BGH ZIP 2003, 22, 25 = WM 2003, 61.

[98] BGH Urteil v. 15.11.2004, Az. II ZR 410/02 S. 7; a.A. OLG Bamberg WM 2005, 593, nur wenn die Geschäftspraktiken des Vermittlers zuverlässig erkennbar sind.

[99] BGH Urteil v. 15.11.2004, Az. II ZR 410/02 S. 7; BGH WM 2005, 124; BGH Urteil v. 13.09.2004, Az. II ZR 393/01 S. 6; BGH WM 2004, 1521.

[100] Gegen die Zurechenbarkeit in solchen Fällen Lwowski/Wunderlich ZInsO 2005, 57, welche die Zurechnung der Haustürsituation in einem solchen Fall für „mehr als abwegig" halten; Edelmann BB 2004, 1648, 1649; OLG Köln Urteil v. 23.03.2005, Az. 13 U 126/04 S. 12; KG WM 2005, 596, 601 f.; für Zurechenbarkeit BGH WM 2005, 1408, 1409 m. kritischer Anm. Medicus EWiR § 5 HWiG a.F. 1/05, 893.

[101] So OLG Stuttgart ZIP 2004, 891; OLG Stuttgart WM 2005, 972, 975 f.; OLG Stuttgart WM 2005, 982, 984.

[102] EuGH Rs. C-229/04 WM 2005, 2086.

[103] BGH Urteil v. 20.06.2006, Az. XI ZR 224/05 Rn. 13 f.; BGH Urteil v. 25.04.2006, Az. XI ZR 193/04 WM 2006, 1003, 1008; BGH Urteil v. 12.12.2005, Az. II ZR 327/04 WM 2006, 220 m. Anm. Thume/Edelmann WuB IV D. § 1 HWiG 1.06; BGH WM 2006, 674, 675.

der kreditgebenden Bank eine Haustürsituation auch dann nach rein objektiven Kriterien zugerechnet werden kann, wenn der Vermittler das Kreditgeschäft ausschließlich im Auftrag des von ihm in einer Haustürsituation geworbenen Anlegers vermittelt hat[104]. Es ist somit davon auszugehen, dass der Bundesgerichtshof zukünftig die Haustürsituation nicht nur davon abhängig macht, dass diese objektiv vorliegt. Denn selbst nach dem den Rechtsprechungswandel auslösenden Urteil des Europäischen Gerichtshofs soll nur in den Fällen, in denen ein Dritter im Namen und für Rechnung des Gewerbetreibenden in die Aushandlung oder den Abschluss eines Vertrages eingeschaltet wird und der Vertrag selbst in einer Haustürsituation abgeschlossen wurde, die Zurechenbarkeit allein nach objektiven Kriterien erfolgen. Gerade dies dokumentiert aber, dass selbst die Haustürgeschäfterichtlinie für die Zurechenbarkeit einer Haustürsituation ein bestimmtes Näheverhältnis zwischen Bank und Darlehensvermittler zwingend vorschreibt[105].

XIV. Vorhergehende Bestellung

Ausweislich des § 312 Abs. 3 Nr. 1 BGB sowie des § 1 Abs. 2 Nr. 1 HWiG a.F. steht dem Anleger ein Widerrufsrecht bei vorhergehender Bestellung nicht zu. Von einer das Widerrufsrecht ausschließenden, vom Unternehmer (finanzierende Bank) zu beweisenden Bestellung kann dann nicht ausgegangen werden, wenn sich der Kunde im Verlauf eines nicht von ihm veranlassten Telefonanrufs des Anbieters mit einem Hausbesuch einverstanden erklärt. Das gilt auch dann, wenn der Kunde vorher auf einer Werbeantwortkarte um Zusendung von Prospekten gebeten und dabei seine Telefonnummer zwecks Rückruf angegeben hat[106]. Eine vorhergehende Bestellung kann nicht schon alleine durch den Umstand begründet werden, dass der Kunde sich bei einem nicht von ihm veranlassten Telefongespräch mit einem Hausbesuch auf Nachfrage des Vertreters einverstanden erklärt oder eine Einladung von sich aus ausspricht[107]. Die Bestellung zu einer allgemeinen Informationserteilung oder zur Werbepräsentation erfüllt ebenfalls nicht den Tatbestand der vorhergehenden Bestellung. Die Vorschrift setzt vielmehr eine

---

[104] BGH Urteil v. 20.06.2006, Az. XI ZR 224/05 Rn. 15.

[105] Gegen das alleinige Abstellen auf das Vorliegen einer objektiven Haustürsituation Rösler/Sauer ZfIR 2006, 666, 669, welche meinen, dass für die Zurechnung nach wie vor eine besondere Nähebeziehung zwischen Bank und Darlehensvermittler insofern erforderlich ist, dass der Vermittler von der Bank im Rahmen einer ihr gegebenen Weisungsbefugnis zur Vertragsanbahnung eingeschaltet wurde und seine Vermittlungstätigkeit auch zweckgerichtet für diese entfaltete; ein besonderes Näheverhältnis fordern auch Thume/Edelmann WuB IV D. § 1 HWiG 1.06, S. 320; vgl. auch Thume/Edelmann BKR 2005, 477, 479; Müller-Ibold/Käseberg WM 2005, 1592, 1593; Hofmann BKR 2005, 487, 490.

[106] BGH Urteil v. 25.10.1989, Az. VIII ZR 345/88, BGHZ 109, 127.

[107] BGH Urteil v. 25.10.1989, Az. VIII ZR 345/88, BGHZ 109, 127, 128.

Einladung zu einem Hausbesuch zur Führung von Vertragsverhandlungen voraus[108]. Von einer Bestellung ist auch dann nicht auszugehen, wenn der Gewerbetreibende den Kunden in seiner Wohnung aufsucht, um einen bereits geschlossenen Vertrag abzuwickeln und es dabei zu erneuten Vertragsverhandlungen kommt[109]. Bezieht sich die vorangegangene Bestellung auf ein konkretes Geschäft, kann eine Haustürsituation nicht vorliegen; der Wunsch nach Beratung über Kapitalanlagen im Allgemeinen soll hierfür allerdings nicht ausreichen[110]. Von einer ein Widerrufsrecht ausschließenden Bestellung ist trotz Verabredung des Besuchs in einer Gaststätte dann auszugehen, wenn Vermittler und Verbraucher sich kennen und die Verabredung in der gemeinsamen Stammkneipe getroffen wurde[111]. Ob von einer vorhergehenden Bestellung auch dann ausgegangen werden kann, wenn sich der Verbraucher auf einer Messe beim Aussteller über das Produkt informiert und im Anschluss an dieses Informationsgespräch um einen Hausbesuch bittet, damit ihm ein konkretes Angebot unterbreitet wird, hängt im Wesentlichen von Inhalt und Intensität des Informationsgesprächs ab[112].

XV. Ausschlusstatbestand des § 312 Abs. 3 Nr. 3 BGB bzw. § 1 Abs. 2 Nr. 3 HWiG a.F.

Der Ausschlusstatbestand des § 312 Abs. 3 Nr. 3 BGB bzw. § 1 Abs. 2 Nr. 3 HWiG a.F. greift nur bei notarieller Beurkundung und nicht auch bei notarieller Beglaubigung ein[113]. § 1 Abs. 2 Nr. 3 HWiG a.F. bzw. § 312 Abs. 3 Nr. 3 BGB ist wegen des klaren Wortlauts nicht richtlinienkonform auslegungsfähig und verstößt auch nicht gegen europäisches Recht[114]. Daher ist der notariell beurkundete

---

[108] BGH Urteil v. 25.10.1989, Az. VIII ZR 345/88 BGHZ 109, 127, 128.

[109] BGH Urteil v. 19.11.1998, Az. VII ZR 424/97 NJW 1999, 575, 576.

[110] Münscher in Finanz Colloquium, Fehlgeschlagene Immobilienkapitalanlagen, 2002, S. 18 u.H.a. LG München BKR 2003, 806, 807 sowie OLG Karlsruhe BKR 2003, 26 zur provozierten Bestellung.

[111] OLG Schleswig WM 2005, 607, 609 f. u.H.a. OLG Frankfurt WM 2004, 1730 – Hotelhalle – sowie auf LG Mannheim NJW-RR 1990 1359 f. u. AG Freising NJW-RR 1988, 1326 – Hotel oder Café.

[112] Für Bestellung OLG Stuttgart Urteil v. 30.01.1998, Az. 2 U 193/97 MDR 1998, 956; gegen Bestellung OLG Stuttgart, Urteil v. 12.05.1989, Az. 2 U 162/88 NJW-RR 1989, 956.

[113] BGH Urteil v. 18.10.2004, Az. II ZR 352/02, WM 2004, 2491, 2492.

[114] BGH WM 2005, 1520 m. Anm. Münscher BKR 2005, 500; BGH ZIP 2005, 1361, 1364 = WM 2005, 1698 m. Anm. Aigner EWiR § 242 BGB 3/05, 417; BGH WM 2004, 372, 376 m. Anm. Mues EWiR § 172 BGB 1/04, 421; Basty LMK 2004, 106; BGH WM 2004, 417, 420 m. Anm. Loritz WuB IV A. § 172 BGB 2.04; BGH BKR 2003, 636, 638 m. Anm. Münscher WuB VIII D. Art. 1. § 1 RBerG 2.04 u. Lange EWiR Art. 1 § 1 RBerG 2/04, 133.

Beitritt zu einem geschlossenen Immobilienfonds nicht wegen eines etwaig gegebenen Fortwirkungszusammenhangs zwischen Haustürsituation und notarieller Beurkundung widerruflich[115]. Gleiches gilt für eine notariell beurkundete Vollmacht[116].

XVI. Ausschlusstatbestände des § 2 Abs. 1 Satz 4 HWiG a.F. sowie des § 355 Abs. 3 Satz 1 BGB a.F.

1. Die jeweiligen Gesetzesänderungen

Nach der früher geltenden Norm des § 2 Abs. 1 Satz 4 HWiG a.f. bzw. des § 2 HWiG i.V.m. § 361a BGB a.f. erlosch das Widerrufsrecht des Kunden bei unterbliebener Belehrung „erst einen Monat nach beiderseits vollständiger Erbringung der Leistung".

Diese Norm wurde zunächst im Zuge der Schuldrechtsmodernisierung durch Gesetz v. 26.11.2001 (SMG) durch die Norm des § 355 Abs. 3 Satz 1 BGB a.F. dahingehend neu gefasst, dass alle Verbraucherwiderrufsrechte spätestens sechs Monate nach Vertragsabschluss erlöschen[117]. Aufgrund der durch das Heininger-Urteil des Europäischen Gerichtshofs vom 13.12.2001[118] aufgezeigten europarechtlichen Bedenken gegen diese Ausschlussfrist wurde § 355 Abs. 3 BGB im Zuge des OLG-Vertretungsänderungsgesetzes vom 23.07.2002 (OLG-VertrÄndG) durch einen neuen Satz 3 ergänzt, wonach das Widerrufsrecht dann nicht innerhalb der Sechs-Monats-Frist gem. § 355 Abs. 3 Satz 1 BGB erlischt, wenn der Verbraucher nicht ordnungsgemäß belehrt wurde[119].

2. Richtlinienkonforme Auslegung des § 2 HWiG a.F.

Der Bundesgerichtshof hat bisher die Frage der Vereinbarkeit des § 2 HWiG a.F. mit den europarechtlichen Vorgaben stets unbeantwortet gelassen. Dieser vertritt in ständiger Rechtsprechung die Rechtsauffassung, der Ausschluss des Widerrufsrechts in § 2 Abs. 1 Satz 4 HWiG a.F. sei angesichts des eindeutigen Gesetzes-

---

[115] So OLG Thüringen (OLG Jena) ZIP 2006, 1526, 1527; OLG Karlsruhe ZIP 2004, 946, 950 = OLGR 2004, 60; Edelmann BKR 2002, 801, 805; a.A. OLG Stuttgart Urteil v. 30.03.1999, Az. 6 U 141/98 WM 1999, 2306, 2308 m. Anm. Hertel EWiR § 1 HWiG 2/99, 565; Edelmann BB 1999, 1455, Frings BB 99, 2366; OLG Karlsruhe OLGR 2002, 272; Grüneberg in Palandt, 65. Auflage, § 312 Rn. 31 m.w.N.

[116] BGH Urteil v. 21.06.2005, Az. XI ZR 88/04, WM 2005, 1520 m. Anm. Münscher BKR 2005, 500; BGH Urteil v. 29.04.2003, Az. XI ZR 201/02 m. Anm. Münscher WuB VIII D. Art. 1 § 1 RBerG 2.04.

[117] Zur Übergangsregelung vgl. Art. 229 § 5 EGBGB.

[118] WM 2001, 2434.

[119] Zur Übergangsregelung vgl. Art. 229 § 9 EGBGB.

wortlauts einer richtlinienkonformen Auslegung nicht zugänglich[120]. Entgegen der Auffassung des Oberlandesgerichts Stuttgart kann daher § 2 Abs. 1 Satz 4 HWiG a.f. aufgrund seines eindeutigen Gesetzeswortlautes auch dann nicht in der Weise richtlinienkonform ausgelegt werden, wenn unter „beiderseits vollständiger Erbringung der Leistung" im Falle des Vorliegens eines Verbundgeschäfts zwischen Darlehens- und Erwerbsvertrag die vollständige Leistungserbringung beider Verträge zu verstehen ist[121].

Soweit das OLG Stuttgart in diesem Zusammenhang auf eine vermeintlich anders lautende Kommentierung von Herrn Habersack verweist[122], so wird übersehen, dass diese Kommentierung zum Verbraucherkreditgesetz und nicht zu § 2 HWiG a.F. erfolgte und dort zudem im Zusammenhang mit der Verbundregelung des § 9 VerbrKrG a.F. i.V.m. § 7 Abs. 2 Satz 3 VerbrKrG a.F. steht. Da weder das HWiG a.F., – anders aber das VerbrKrG a.f. sowie die Verbraucherkreditrichtlinie – noch die Haustürgeschäfterichtlinie Regelungen über das Verbundgeschäft enthalten[123], kann einer zur Auslegung einer Verbundregelung ergangenen Kommentierung keinerlei Aussagegehalt für Normen des HWiG a.F. entnommen werden. Daher verwundert es auch nicht, dass die insoweit zu § 2 HWiG a.F. ergangenen Kommentierungen einen entsprechenden Hinweis nicht enthalten[124].

Streitig im Zusammenhang mit § 2 Abs. 1 Satz 4 HWiG a.f. war darüber hinaus die Frage, wann bei einem Fondsbeitritt von einer beiderseits vollständigen Erbringung der Leistung gesprochen werden kann. Entgegen einer in der Literatur[125] und Rechtsprechung[126] vertretenen Rechtsauffassung, welche die Erbringung der Gesellschaftereinlage einerseits und die Verschaffung des Gesellschaftsanteils andererseits als beiderseitige Leistungserbringung i.S.v. § 2 HWiG a.F. angesehen hatte, entschied der für das Gesellschaftsrecht zuständige II. Zivilsenat des Bundesgerichtshofs, dass der erfolgte Beitritt zur Fondsgesellschaft sowie die Erbringung der Gesellschafterleistung für eine vollständige Leistungserbringung nicht

---

[120] BGH Urteil v. 14.10.2003, Az. XI ZR 134/02, WM 2003, 2328, 2331; BGH Beschluss v. 18.01.2005, Az. XI ZR 54/04 S. 4; BGH Beschluss v. 18.01.2005, Az. XI ZR 66/04 S. 4; so auch LG Bonn ZIP 2002, 981, 983; Pap/Sauer ZfIR 2002, 523, 525; Edelmann BKR 2002, 801, 805 m.w.N. auf die Rechtsprechung in Fn. 34.

[121] A.A. OLG Stuttgart, Vorlagebeschluss an den Europäischen Gerichtshof v. 02.10.2006, Az. 6 U 8/06 WM 2006, 1997 = ZIP 2006, 1943; ebenso LG Koblenz Urteil v. 26.01.2006, Az. 3 O 348/05 S. 11 f.

[122] OLG Stuttgart WM 2006, 1997, 1999 Rn. 23 u.H.a. Habersack in MünchKomm, 3. Aufl. § 9 VerbrKrG Rn. 53.

[123] Vgl. Edelmann BKR 2004, 172, 174.

[124] Vgl. Ulmer in MünchKomm § 2 Rn. 9, 2. u. 3. Auflage; Staudinger, Stand 2001, § 2 HWiG Rn. 20.

[125] Pap/Sauer ZfIR 2002, 523, 525; Edelmann BKR 2002, 801, 805.

[126] OLG München ZIP 2003, 338, 341; OLG Schleswig Urteil v. 06.06.2002, Az. 5 U 193/00 S. 15; OLG Schleswig Urteil v. 21.02.2002, Az. 5 U 196/00 S. 16 f.

ausreicht, sondern hierzu vielmehr auch die Erlangung der mit der Beteiligung angestrebten wirtschaftlichen Vorteile gehöre, wie z.B. die Auszahlung von Gewinnanteilen sowie die Zuweisung der steuerlich relevanten Verluste[127]. Hieraus wird teilweise hergeleitet, dass beim Fondsbeitritt eine beiderseits vollständige Leistungserbringung erst dann vorliegt, wenn die Gesellschaftsbeteiligung beendet und abgewickelt ist[128].

3. Verfristung des Widerrufs nach § 355 Abs. 3 Satz 1 BGB a.F.

Auf vorstehende, soeben dargestellte Probleme im Zusammenhang mit § 2 Abs. 1 Satz 4 HWiG a.F. bzw. § 2 HWiG i.V.m. § 361a Abs. 1 BGB a.F. dürfte es jedenfalls für Darlehensverträge, die vor dem 01.01.2002 abgeschlossen und nicht vor diesem Zeitpunkt vollständig zurückgeführt wurden (sog. Altdauerschuldverhältnisse) und bei denen die Parteien nicht rechtzeitig eine Rechtswahlvereinbarung getroffen haben[129], nicht mehr ankommen. Denn bei diesen besteht für den Verbraucher die Möglichkeit des Widerrufs spätestens mit Ablauf des 30.06.2003 nicht mehr[130]. Dies beruht auf Folgendem:

Mit Gesetz zur Modernisierung des Schuldrechts vom 26.11.2001 (SMG) wurde § 2 HWiG i.V.m. § 361a Abs. 1 BGB a.F. bzw. § 2 Abs. 1 Satz 4 BGB a.F. durch die Norm des § 355 Abs. 3 Satz 1 BGB a.F. ersetzt. Danach erlosch das Widerrufsrecht auch bei unterbliebener oder fehlerhafter Belehrung nach sechs Monaten. Ausweislich der Übergangsregelung zum SMG, der Norm des Art. 229 § 5 Satz 2 EGBGB, gilt für alle Dauerschuldverhältnisse, die vor dem 01.01.2002 entstanden sind, in Abweichung zu Art. 229 § 5 Satz 1 EGBGB ab dem 01.01.2003 nur noch das neue Recht des BGB und damit auch § 355 Abs. 3 Satz 1 BGB a.F. in der Fassung des SMG[131].

Nachdem der Europäische Gerichtshof in seiner Heininger-Entscheidung vom 13.12.2001[132] klargestellt hatte, dass eine Befristung des Widerrufsrechts im Falle einer unterbliebenen oder fehlerhaften Belehrung europarechtswidrig ist, wurde dem § 355 Abs. 3 Satz 1 BGB a.F. durch das OLG-Vertretungsänderungsgesetz vom 23.07.2002 ein Satz 3 beigefügt, wonach die Sechsmonats-Ausschlussfrist des § 355 Abs. 3 Satz 1 BGB bei nicht ordnungsgemäßer Widerrufsbelehrung

---

[127] BGH Urteil v. 18.10.2004, Az. II ZR 352/02, WM 2004, 2491, 2492 m. Anm. Münscher WuB IV D. § 2 HWiG 1.05.

[128] OLG Stuttgart, Beschluss v. 02.10.2006, Az. 6 U 8/06 WM 2006, 1997, 2000.

[129] Zur Rechtswahlvereinbarung vgl. Schaffelhuber WM 2005, 765, 771.

[130] So Schaffelhuber WM 2005, 765, 771; so wohl auch Ulmer in MünchKomm, 4. Auflage, § 3 155 Rn. 56 a.E.

[131] So auch BAG Urteil v. 27.11.2003, Az. II AZR 135/03 NJW 2004, 2401, 2403; BGH Urteil v. 23.01.2003, Az. III ZR 54/02 S. 8; Fuchs URL: http://delegibus.com/2004, 6 pdf. S. 6 f.; Schaffelhuber WM 2005, 765, 767.

[132] EuGH WM 2001, 2434.

nicht gilt. Ausweislich der Übergangsregelung zum OLG-Vertretungsänderungsgesetz, der Norm des Art. 229 § 9 Abs. 1 Satz 2 EGBGB, soll dieser neue Satz 3 rückwirkend nur für solche Haustürgeschäfte gelten, welche nach dem 31.12.2001 abgeschlossen wurden. Für alle früheren Haustürgeschäfte bleibt es somit bei der Anwendbarkeit des § 355 Abs. 3 Satz 1 BGB in der Fassung des SMG mit der Folge des Fortbestehens der Sechsmonats-Ausschlussfrist[133]. Da wiederum, wie oben ausgeführt, nach der Überleitungsvorschrift zum SMG § 355 Abs. 3 Satz 1 BGB a.F. für Altverträge, welche vor dem 31.12.2001 abgeschlossen wurden, ab dem 01.01.2003 galt, wäre die Sechsmonats-Ausschlussfrist des § 355 Abs. 3 Satz 1 BGB a.F. am 30.06.2003 abgelaufen mit der Folge, dass ein bis dahin bestehendes und nicht ausgeübtes Widerrufsrecht nicht mehr besteht.

Entgegen einer zum Teil in der Literatur ohne[134] Begründung vertretenen Auffassung kann dieses Ergebnis auch nicht mit einer richtlinienkonformen Auslegung korrigiert werden, da § 355 Abs. 3 Satz 1 BGB a.f. auf Grund seines eindeutigen Wortlautes nicht richtlinienkonform auslegungsfähig ist[135] und der Gesetzgeber zudem in Kenntnis einer etwaigen Europarechtswidrigkeit der aufgenommenen Befristung bei Haustürgeschäften § 355 Abs. 3 Satz 1 BGB a.F. erlassen hat[136]. Dies gilt umso mehr, als der Gesetzgeber bei Erlass des OLG-Vertretungsänderungsgesetzes am 23.07.2002 bewusst nur eine Rückwirkung der Anwendbarkeit des neu eingefügten Satzes 3 in § 355 Abs. 3 BGB auf Verträge beschränkt hat, die nach dem 31.12.2001 abgeschlossen wurden.

---

[133] Ulmer in MünchKomm, 4. Auflage, § 355 Rn. 56 a.E.; Schaffelhuber WM 2005, 765, 767.

[134] Heinrichs, in Palandt, 65. Auflage Art. 229 § 9 Rn. 2 EGBGB; Staudinger NJW 2002, 653, 655, welcher zu Unrecht meint, es könne dem Gesetzgeber nicht unterstellt werden, er habe bewusst einen Richtlinienverstoß in Kauf genommen; wie hier auch Schaffelhuber WM 2005, 765, 769 u. 770; Grüneberg, in Palandt, § 355 Rn. 21, 65.

[135] Habersack in MünchKomm, 4. Auflage, Art. 229 § 9 Rn. 3; Ulmer in MünchKomm, 4. Auflage, § 355 Rn. 56; Schaffelhuber WM 2005, 765, 770.

[136] Vgl. hierzu Edelmann BKR 2002, 801 f.; Münscher in Münscher/Rösler/Lang, Praktiker-Handbuch Baufinanzierung, 2004, S. 246 ff; in diesem Zusammenhang wird darauf hingewiesen, dass die Schlussanträge des Generalanwalts Léger in der Heininger-Angelegenheit Rs C-481/99 am 12.07.2001 erfolgten, das BGB in der Fassung des Schuldrechtsmodernisierungsgesetzes vom 26.11.2001 am 02.01.2002 in Kenntnis der möglichen Europarechtswidrigkeit bekannt gemacht wurde und dass das BGB bereits am 23.03.2002 mit Art. 4 des Gesetzes zur Änderung des Seemannsgesetzes und anderer Gesetze ohne Änderung des § 358 BGB a.F. erneut geändert wurde und dass bis zum Erlass des den § 355 Abs. 3 Satz 1 BGB a.F. abändernden OLG Vertretungsänderungsgesetzes am 23.07.2002 das BGB nochmals am 09.04., 26.06., 15.07. und 19.07.2002 mehrfach geändert wurde, ohne dass man es aufgrund der bekannten europarechtlichen Bedenken gegen § 355 Abs. 3 Satz 1 BGB a.F. für notwendig hält, dieses zu ändern.

XVII. Ausschluss des Widerrufsrechts durch ordnungsgemäße Belehrung

1. Alte Rechtslage

a) Drucktechnisch deutliche Gestaltung

Nach § 2 Abs. 1 Satz 2 HWiG a.F. musste der Verbraucher durch eine drucktechnisch deutlich gestaltete und von ihm unterschriebene schriftliche Belehrung über sein Recht zum Widerruf belehrt werden, wobei die Belehrung Angaben über Namen und Anschrift des Widerrufsempfängers sowie über den Fristbeginn enthalten und den Verbraucher vollständig, zutreffend und unmissverständlich über die Voraussetzungen seines Widerrufsrechts informieren musste[137]. Für die Beurteilung der Frage, ob eine Widerrufsbelehrung deutlich gestaltet ist, kommt es dabei allein auf den Zeitpunkt an, zu dem der Verbraucher von der Belehrung anlässlich ihrer Aushändigung und gegebenenfalls Unterzeichnung Kenntnis nehmen kann[138].

Von einer „drucktechnisch deutlichen Gestaltung" kann dann nicht die Rede sein, wenn die Belehrung sich nur durch Verwendung größerer Absätze und eines etwas geringeren Randabstandes bei im Übrigen gleichem Schriftbild abhebt[139]. Das Erfordernis der Aushändigung einer drucktechnisch deutlich gestalteten Widerrufsbelehrung wurde auch dann nicht als erfüllt angesehen, wenn die Belehrung in der dem Kunden überlassenen Vertragsdurchschrift zwar mit grauer Farbe unterlegt, die sonstige Gestaltung aber gegen eine Hervorhebung gerichtet ist[140].

b) Unterschrift des Verbrauchers

Die Unterschrift des Verbrauchers unter die schriftliche Widerrufsbelehrung muss nicht auf dem ihm zum dauerhaften Verbleib ausgehändigten Exemplar der Belehrung erfolgen, sondern kann auch auf ein anderes Exemplar gesetzt werden, welches der Kreditgeber behält[141].

---

[137] Vgl. hierzu BGH Urteil v. 17.12.1992, Az. I ZR 73/91, BGHZ 121, 52 = WM 1993, 589; BGH Urteil v. 25.04.1996, Az. X ZR 139/94 NJW 1996, 1964, 1965; BGH Urteil v. 11.04.2002, Az. I ZR 306/99, WM 2002, 1352, wonach die Postfachadresse ausreichend ist; BGH Urteil v. 18.10.2004, Az. II ZR 352/02 WM 2004, 2491, 2492 m. Anm. Münscher WuB IV D. § 2 HWiG 1.05.

[138] BGH Urteil v. 31.10.2002, Az. I ZR 132/00, WM 2003, 204=NJW-RR 2003, 1481.

[139] BGH Urteil v. 27.04.1994, Az. VIII ZR 223/93 NJW 1994, 1800, 1801, wo ergänzend darauf hingewiesen ist, dass eine Hervorhebung durch Sperrschrift, Unterstreichung, Einrahmung, Verwendung einer anderen Drucktype, durchgezogene Linie nicht erfolgt ist; vgl. zur drucktechnischen Hervorhebung auch BGH Urteil v. 28.01.2004, Az. IV ZR 58/03 NJW-RR 2004, 751, 752 f.

[140] LG Gießen MDR 2000, 693, 694.

[141] BGH Urteil v. 05.11.1997, Az. VIII ZR 351/96, NJW 1998, 540.

c) Hinweis auf Fristbeginn

Was den Hinweis auf den Fristbeginn anbelangt, so wurde die Formulierung „Fristbeginn mit Aushändigung dieser Urkunde" für zulässig erachtet[142]. Als unzulässig wurde jedoch die Verwendung des Zusatzes „Datum des Poststempels" angesehen[143]. Entsprechendes gilt für die Formulierung Fristbeginn „ab heute"[144]. Als unzureichend wurde auch die Verwendung der Formulierung „ab Unterzeichnung" angesehen[145]. Eine Datumsangabe, die nicht in der Reihenfolge Tag/Monat/Jahr, sondern ohne Trenninterpunktion genau umgekehrt in der Folge Jahr/Monat/Tag gehalten ist, wurde ebenfalls als nicht ordnungsgemäß angesehen.[146] Dem Deutlichkeitsgebot entspricht eine Belehrung auch dann nicht, wenn ausgeführt ist, der Lauf der Frist beginne „nicht jedoch, bevor die auf Abschluss des Vertrags gerichtete Willenserklärung vom Auftraggeber abgegeben wurde"[147].

Wird beim Verbraucher aufgrund einer unklar formulierten Belehrung ein Fehlverständnis über den Lauf der Widerrufsfrist nach dem Haustürwiderrufsgesetz begründet, lässt dies kein zeitlich unbegrenztes Widerrufsrecht entstehen. Vielmehr verschiebt die unklare Belehrung den Fristbeginn nur auf den spätest möglichen Zeitpunkt, der durch die Auslegungsvarianten der Belehrung begründet wird[148].

d) Inhalt der Belehrung

Was den Inhalt der Belehrung nach dem Haustürwiderrufsgesetz anbelangt, so war in § 2 Abs. 1 Satz 1 HWiG a.F. vorgegeben, dass die Belehrung keine anderen Erklärungen enthalten darf und dass diese vom Kunden zu unterschreiben ist. Demgemäß wird vertreten, dass in die Widerrufsbelehrung nur Zusätze aufgenommen werden dürfen, die den Inhalt weiter verdeutlichen, nicht aber Erklärungen, die einen eigenen Inhalt aufweisen und weder für das Verständnis noch für die Wirksamkeit der Belehrung von Bedeutung sind[149].

---

[142] OLG Rostock Urteil v. 25.06.1997, Az. 6 U 541/96, OLGR 1997, 277.
[143] OLG Oldenburg Urteil v. 09.03.2006, Az 1 U 134/05 BB 2006, 1077.
[144] BGH Urteil v. 27.04.1994, Az. VIII ZR 223/93 NJW 1994, 1800.
[145] BGH Urteil v. 18.04.2005, Az. II ZR 224/04, wo darauf hingewiesen wird, dass eine Belehrung dann fehlerhaft ist, wenn aufgrund der Anordnung der Unterschrift auf dem Vertragsformular, das zugleich die Belehrung enthält, unklar ist, ob die Widerrufsfrist mit der Unterzeichnung durch den Verbraucher, mit der Gegenzeichnung durch den Unternehmer oder mit der Aushändigung der Urkunde an den Verbraucher zu laufen beginnt; vgl. auch BGH Urteil v. 18.10.2004, Az. II ZR 352/02 WM 2004, 2491 = NJW-RR 2005, 180, 181; NJW-RR 2005, 1217, 1218.
[146] OLG Koblenz NJW 1994, 2099.
[147] BGH Urteil v. 04.07.2002, Az. I ZR 55/00, NJW 2002, 3396.
[148] OLG Celle Urteil v. 16.07.2004, Az. 9 U 15/04 WM 2005, 737, 742.
[149] Lwowski/Wunderlich ZInsO 2005, 57, 58 m.w.N. zum Inhalt der Belehrung.

e) „Einfache" und „Verbund"-Belehrung nach VerbrKrG a.F.

Wurde der Verbraucher bei einem Verbraucherkredit i.S.d. VerbrKrG a.F. durch das Kreditinstitut entsprechend der Regelung des § 5 Abs. 2 HWiG a.F. ausschließlich entsprechend den Vorgaben des § 7 Abs. 3 VerbrKrG a.F. belehrt, so ist anerkannt, dass diese Belehrung im Hinblick auf die Vorgaben in § 2 Abs. 1 Satz 3 HWiG a.F. nicht den Anforderungen an eine Widerrufsbelehrung nach dem Haustürwiderrufsgesetz genügt. Denn die Belehrung nach dem Verbraucherkreditgesetz enthält „andere Erklärungen" als in § 2 HWiG a.F. vorgegeben[150]. Demgegenüber dürfte eine „Verbundbelehrung"[151] i.S.v. § 7 Abs. 3 VerbrKrG a.F., welche einen in § 2 HWiG a.F. nicht vorgesehenen Hinweis darauf enthält, dass im Falle des Widerrufs des Darlehensvertrages auch der Beitrittsvertrag nicht wirksam zustande kommt, den Anforderungen gem. § 2 Abs. 1 Satz 3 HWiG a.F. genügen[152].

2. Aktuelle Rechtslage

a) Inhalt und Gestaltung der Belehrung

Nach der nunmehr geltenden Norm des § 355 Abs. 2 BGB muss dem Verbraucher – wie bei jedem Verbrauchervertrag – eine deutlich gestaltete Belehrung über sein Widerrufsrecht in Textform mitgeteilt werden. Diese Belehrung muss enthalten:

- Das Bestehen des Widerrufsrechts als solches,
- den Beginn der Widerrufsfrist,
- die Dauer der Widerrufsfrist (grundsätzlich 2 Wochen, bei nachträglicher Belehrung 1 Monat),

---

[150] BGH Urteil v. 14.06.2004, Az. II ZR 385/02, WM 2004, 1527, 1528 m. Anm. Frisch EWiR § 1 HWiG a.F. 2/04, 857; BGH Urteil v. 14.06.2004, Az. II ZR 395/01, WM 2004, 1521 = ZIP 2004, 1402, 1404; BGH Urteil v. 31.01.2005, Az. II ZR 200/03 ZIP 2005, 565; BGH Urteil v. 08.06.2004, Az. XI ZR 167/02 WM 2004, 1579; BGH Urteil v. 18.11.2003, Az. XI ZR 322/01 ZIP 2004, 209, 214 = WM 2004, 172; BGH Urteil v. 12.11.2002, Az. XI ZR 3/01, WM 2003, 61, 63 m. Anm. Frisch EWiR § 1 HWiG a.F. 1/03, 167, Roth WuB IV D. § 1 HWiG 3.03, Rörig ZIP 2003, 26; OLG Stuttgart WM 2005, 972; OLG Karlsruhe ZIP 2003, 109, 111; OLG Hamburg WM 2002, 1289, 1294; A.A. noch BGH Urteil v. 27.06.2000, Az. XI ZR 210/99 WM 2002, 1687, 1688; OLG Oldenburg BKR 2002, 731, 736; Lwowski/Wunderlich ZinsO 2005, 57, 61 u. 63; Münscher BKR 2003, 86, 88; Peters WM 2005, 456.

[151] Zur Frage, ob aufgrund einer solchen Belehrung von einem Verbundgeschäft auszugehen ist, vgl. BGH Urteil v. 23.09.2003, Az. XI 135/02, WM 2003, 2232, 2234 – wohl verneinend – und LG München BKR 2003, 806, 807 – bejahend –.

[152] So wohl BGH Urteil v. 25.04.2006, Az. XI ZR 193/04, WM 2006, 1003, 1005; so wohl auch OLG Stuttgart OLGR 2004, 202; OLG Stuttgart WM 2005, 972; OLG Bremen Urteil v. 11.05.2006, Az. 2 U 8/06 S. 7 ff; a.A. BGH Urteil v. 14.06.2004, Az. II ZR 385/02, WM 2004, 1527, 1528.

- den Hinweis, dass die Frist durch rechtzeitige Absendung des Widerrufs gewahrt wird (§ 355 Abs. 1 Satz 2 2. HS BGB),

- die Form des Widerrufs, also den Hinweis, dass für den Widerruf keine Begründung erforderlich ist und diese in Textform gem. § 126d BGB ausgeübt werden kann (§ 355 Abs. 1 Satz 2 1. HS BGB),

- Name und Anschrift des Widerrufsempfängers.

Darüber hinaus muss die Belehrung einen Hinweis auf Besonderheiten enthalten, die für den Fristbeginn gelten, also beispielsweise darauf, dass nach § 355 Abs. 2 Satz 3 BGB bei einem schriftlich abzuschließenden Vertrag die Widerrufsfrist nicht zu laufen beginnt, bis dem Verbraucher auch die Vertragsunterlagen zur Verfügung gestellt wurden. Weiterhin muss die Belehrung für Haustürgeschäfte über die Vorgaben des § 355 BGB hinaus gem. § 312 Abs. 2 BGB auch auf die Rechtsfolgen des Widerrufs gem. § 357 Abs. 2 u. 3 BGB hinweisen.

Die Widerrufsbelehrung gilt dem Verbraucher gegenüber nur dann als mitgeteilt i.S.v. § 355 Abs. 2 Satz 1 BGB, wenn die Belehrung diesem für die Dauer der Widerrufsfrist verbleibt. Fehlt es daran, beginnt die Frist erst zu laufen, wenn der Verbraucher die Vertragsunterlagen mit der Belehrung dauerhaft zurück erhält[153].

Was die inhaltliche Gestaltung sowie die Einhaltung des Deutlichkeitsgebots anbelangt, so gelten die vorstehend zur alten Rechtslage erfolgten Ausführungen entsprechend.

b) Notwendigkeit einer Unterschrift

Bei der Neuregelung des § 355 BGB ist zu beachten, dass eine Unterschrift des Verbrauchers nicht mehr erforderlich ist[154]. Allerdings empfiehlt es sich nach wie vor, zu Beweiszwecken die Unterschrift des Verbrauchers einzuholen.

c) Möglichkeit der Nachbelehrung

Neu an der Regelung des § 355 BGB ist weiter, dass der Verbraucher bei nicht erteilter oder nicht ordnungsgemäß erteilter Belehrung nach § 355 Abs. 2 Satz 2 BGB nachbelehrt werden kann. Dies gilt sowohl für Altverträge, bei denen ursprünglich der Verbraucher die Widerrufsbelehrung unterzeichnen musste, als auch für Neuverträge. Dabei gilt abweichend von der in § 355 Abs. 1 Satz 2 BGB enthaltenen Zwei-Wochen-Frist eine Ein-Monats-Frist (§ 355 Abs. 2 Satz 2 BGB)[155].

---

[153] OLG Koblenz ZIP 2002, 1979.

[154] Vgl. Grüneberg, in Palandt, BGB-Kommentar, 65. Aufl. 2006, § 355 Rn. 19; Martis/Meinhof, MDR 2004, 4, 6 und 4, 11.

[155] Zu europarechtlichen Bedenken hinsichtlich der Nachbelehrung vgl. Tonner BKR 2002, 856, 858 und OLG Stuttgart, Beschluss v. 02.10.2006, Az. 6 U 8/06 WM 2006, 1997, 2000 = ZIP 2006, 1943.

d) Belehrung nach BGB-InfoV

Im Zusammenhang mit der Neuregelung des § 355 BGB ist ferner zu berücksichtigen, dass das Bundesjustizministerium von der ihm in Art. 245 EGBGB eingeräumten Ermächtigung durch Erlass der BGB-Informationspflichten-Verordnung (BGB-InfoV) Gebrauch gemacht und in § 14 Abs. 1 BGB-InfoV aufgenommen hat, dass die Belehrung über das Widerrufsrecht dann den Anforderungen des § 355 Abs. 2 BGB nebst den diese Norm ergänzenden Vorschriften des BGB genügt, wenn das Muster der Anlage 2 in Textform verwendet wird.

Auch wenn durch Art. 3 Abs. 2 des am 08.12.2004 in Kraft getretenen Gesetzes zur Änderung der Vorschriften über Fernabsatzverträge bei Finanzdienstleistungen[156] das Muster für die Widerrufsbelehrung neu gefasst wurde und hierzu die Auffassung vertreten wird, dass durch die Neubekanntmachung des Belehrungsmusters § 14 BGB-InfoV nunmehr selbst Gesetzesrang hat, empfiehlt es sich im Hinblick auf die nach wie vor bestehenden rechtlichen Bedenken hinsichtlich der Wirksamkeit der Musterbelehrung nach der BGB-InfoV[157], bis zur endgültigen Klärung der Frage der Wirksamkeit der Musterbelehrung nach der BGB-InfoV kritisch mit den dort enthaltenen Vorgaben an die Widerrufsbelehrung umzugehen[158].

XVIII. Ausschluss des Widerrufsrechts durch Verfristung und Verwirkung

1. Verfristung

Während ursprünglich eine analoge Anwendung der Einjahresfrist des § 7 Abs. 2 Satz 3 VerbrKrG a.F. auch für die Befristung des Widerrufsrechts nach dem Haustürwiderrufsgesetz in Betracht gezogen wurde[159], hat dies der Bundesgerichtshof im Anschluss an die Heininger-Entscheidung des Europäischen Gerichtshofs[160] im Hinblick darauf, dass eine Verfristung des Widerrufsrechts unter europarechtlichen Gesichtspunkten nicht mehr möglich ist, abgelehnt[161].

---

[156] Gesetz v. 02.12.2004, BGBl. I, 3102; Regierungsentwurf, BT-Drucksache 15/2946; Beschlussempfehlung u. Bericht des Rechtsausschusses BT-Drucksache 15/3483.

[157] Vgl. hierzu LG Halle, BB 2006, 1817, in welchem die Musterbelehrung nach der BGB InfoV als nichtig angesehen und wegen der grundsätzlichen Bedeutung der Frage der Wirksamkeit des § 14 Abs. 1 BGB InfoV und seiner Anlage 2 die Revision zugelassen wurde.

[158] Vgl. zu den kritischen Stimmen Grüneberg in Palandt, 65. Auflage, BGB-InfoV 14 Rn. 5 u. 6 m.w.N.

[159] Vgl. die Hinweise bei Frisch/Münscher, Haftung bei Immobilienanlagen, 2002, Rn. 660.

[160] EuGH WM 2001, 2434.

[161] BGH Urteil v. 18.10.2004, Az. II ZR 352/02, WM 2004, 2491, 2492 m. Anm. Münscher WuB IV D. § 2 HWiG 1.05; BGH Urteil v. 02.07.2001, Az. II ZR 304/00, WM 2001, 1464 m. Anm. Mankowski WuB IV D. § 1 HWiG 1.01; Allmendinger EWiR § 3

2. Verwirkung/unzulässige Rechtsausübung

In diesem Zusammenhang hat der Bundesgerichtshof in einem Fall, in dem es allein um den Widerruf einer Gesellschaftsbeteiligung nach dem Haustürwiderrufsgesetz ging, festgehalten, dass dann, wenn eine ordnungsgemäße Belehrung über den Fristbeginn nicht erfolgt ist, der Verbraucher seine Beitrittserklärung auch noch nach Ablauf von 10 Jahren widerrufen kann[162].

In einer weiteren Entscheidung, in welcher es ebenfalls um den Widerruf der Gesellschaftsbeteiligung ging, hat der Bundesgerichtshof unter Hinweis auf vorstehendes Urteil ausgeführt, dass die bloße Dauer zwischen Gesellschaftsbeitritt und dessen Widerruf (ca. 3 ½ Jahre) weder die Erhebung des Einwandes der unzulässigen Rechtsausübung noch die Erhebung des Einwandes der Verwirkung rechtfertigt[163].

Darüber hinaus hat der Bundesgerichtshof in einem die Rückabwicklung eines Realkreditvertrages betreffenden Urteil, in welchem dem Verbraucher keine ordnungsgemäße Belehrung nach dem Haustürwiderrufsgesetz erteilt wurde, entschieden, dass dem vom Verbraucher erklärten Widerruf weder der Einwand der Verwirkung noch der Einwand der unzulässigen Rechtsausübung entgegen steht[164].

Schließlich hat der Bundesgerichtshof in einem Fall, in welchem es um den nach 12 Jahren nach Darlehensvertragsabschluss erfolgten Widerruf eines Personalkredits ging und in welchem der Verbraucher in der Zwischenzeit unter gleichzeitiger Unterzeichnung einer Widerrufsbelehrung nach dem Verbraucherkreditgesetz sein Darlehen umgeschuldet hatte, festgehalten, dass eine Verwirkung oder Verfristung des Widerrufsrechts nach dem Haustürwiderrufsgesetz schon deswegen nicht in Betracht kommt, weil der betroffene Darlehensnehmer erst durch die Heininger-Entscheidung des Europäischen Gerichtshofs vom 13.12.2001[165] von seiner Berechtigung zum Widerruf nach dem Haustürwiderrufsgesetz erfuhr[166].

Auf der anderen Seite wird sowohl in der Literatur[167] als auch in der Rechtsprechung[168] vielfach die Rechtsauffassung vertreten, dass insbesondere in den Fällen,

---

HWiG 1/01, 919; Littbarski LM H.10/2001 HWiG Nr. 38; Renner DStR 2001, 1988; Edelmann DB 2001, 2434.

[162] BGH Urteil v. 02.07.2001, Az. II ZR 304/00, WM 2001, 1464 = BGHZ 148, 201 m. Anm. Edelmann DB 2001, 2434.

[163] BGH Urteil v. 18.10.2004, Az. II ZR 352/02, WM 2004, 2491, 2494 m. Anm. Münscher WuB IV D. § 2 HWiG 1.05.

[164] BGH Urteil v. 20.05.2003, Az. XI ZR 448/02 WM 2003, 1370, 1371 m. Anm. Wagner EWiR § 280 BGB 4/03, 899 u. Nassall WuB IV D. § 1 HWiG 7.03.

[165] WM 2001, 2434.

[166] BGH Urteil v. 15.11.2004, Az. II ZR 375/02 ZIP 2005, 67, 69 = WM 2005, 124 m. Anm. Reiff EWiR § 312 BGB 2/05, 381 u. Roth WuB IV D. § 1 HWiG 1.05.

[167] Vgl. Lwowski/Wunderlich ZinsO 2005, 57, 61; Münscher in Finanz Colloquium Heidelberg, 2004, Fehlgeschlagene Immobilienkapitalanlagen S. 22 sowie in Frisch/Münscher, Haftung bei Immobilienanlagen, 2002, Rn. 661 ff; Westermann ZIP 2002, 189, 198; Felke MDR 2002, 225, 227.

in denen der Verbraucher eine Widerrufsbelehrung nach dem Verbraucherkreditgesetz unterzeichnet hat und in welchen er seinen Darlehensverpflichtungen über einen längeren Zeitraum anstandslos nachgekommen ist, von einer Verwirkung des Widerrufsrechts des Verbrauchers ausgegangen werden muss. Verwirkung wird auch vielfach in den Fällen bejaht, in denen der Darlehensnehmer sein Darlehen schon seit längerem vollständig und vorbehaltlos abgelöst hat[169]. Schließlich wird als nur schwer vorstellbar angesehen, dass das Widerrufsrecht jahre-, jahrzehnte- oder gar jahrhundertelang über Generationen hinweg vererbbar fortbestehen bleiben soll[170].

XIX. Rechtsfolgen des Widerrufs

1. Widerruf ausschließlich der Beitrittserklärung

Widerruft der Kreditnehmer lediglich seine Beitrittserklärung zu einem geschlossenen Immobilienfonds, so ist anerkannt, dass dies zur Anwendbarkeit der Grundsätze über die fehlerhafte Gesellschaft führt, mit der Folge, dass der Widerrufende lediglich einen Anspruch auf Zahlung eines etwaigen Abfindungs-/Auseinandersetzungsguthaben hat, Zug um Zug gegen Übertragung der Gesellschaftsbeteiligung; ihm steht jedoch kein Anspruch auf Rückgewähr der gezahlten Einlagen zu[171]. Ebenso wenig entfällt eine noch nicht erfüllte Einlageschuld[172].

---

[168] OLG Karlsruhe OLGR 2004, 60, 62; OLG Karlsruhe ZIP 2003, 202, 207 = WM 2003, 1218; OLG Stuttgart BKR 2002, 828, 833; OLG Stuttgart OLGR 2002, 317, 322; OLG Stuttgart ZIP 2002, 1885, 1888; OLG Bamberg Beschluss v. 27.09.2004, Az. 4 U 148/04 WM 2005, 593, 596; OLG Bamberg Urteil v. 28.11.2000, Az. 5 U 39/00, EWiR § 1 HWiG 1/01, 79 (Jork), rechtskräftig durch Nichtannahmebeschluss des Bundesgerichtshofs v. 16.10.2001, Az. XI ZR 68/01; OLG München WM 2001, 680, 682 f.; OLG Hamm WM 1999, 1057, 1059; OLG Braunschweig NJW-RR 2000, 63, 65 sowie die Hinweise bei Frisch/Münscher, Haftung bei Immobilienanlagen, 2002, Rn. 660.

[169] So wohl OLG Stuttgart, Beschluss v. 02.10.2006, Az. 6 U 8/06 WM 2006, 1997, 1999 f.; so auch OLG München Urteil v. 27.03.2006, Az. 19 U 5845/05 WM 2006, 1292; OLG Bamberg Beschluss v. 21.09.2006, Az. 4 U 145/06; LG Dortmund Urteil v. 06.01.2006, Az. 3 O 176/04, ZIP 2006, 385 – nur Leitsatz –.

[170] OLG Stuttgart, a.a.O., WM 2006, 1997, 1999 f., wo als möglicher Umstandsmoment i.S.d. Verwirkung der Umstand in Betracht gezogen wird, dass die Bank ihre Unterlagen entsprechend den handelsrechtlichen Vorschriften vernichtet hat; so auch OLG München in der vorangegangenen Fußnote.

[171] BGH Beschluss v. 27.06.2006, Az. II ZR 218/04 ZIP 2006, 1388; BGH Urteil v. 15.02.2005, Az. XI ZR 396/03, WM 2005, 1698, 1701 = ZIP 2005, 1361; BGH Urteil v. 31.01.2005, Az. II ZR 200/03 ZIP 2005, 565, 567; BGH Urteil v. 21.07.2003, Az. II ZR 387/02 BGHZ 156, 46, 53 = ZIP 2003, 1592, 1595; BGH Urteil v. 02.07.2001, Az. II ZR 304/00 ZIP 2001, 1464, 1465 f. = BGHZ 148, 201.

In diesem Zusammenhang ist darauf hinzuweisen, dass Anspruchsgegner bei einer Rückabwicklung i.S.v. § 3 Abs. 1 HWiG auch im Falle einer lediglich mittelbaren Beteiligung eines Anlegers an einer Publikums-BGB-Gesellschaft die BGB-Gesellschaft selbst ist und dass ein etwaiger Rückgewähranspruch gegenüber der Gesellschaft auch gegenüber den einzelnen Gesellschaftern geltend gemacht werden kann[173].

Darüber hinaus ist festzuhalten, dass aufgrund vorstehender Ausführungen derjenige Kreditnehmer, der allein seinen Gesellschaftsbeitritt gem. § 1 Abs. 1 HWiG a.F. widerruft, dem Kreditgeber bei Vorliegen eines verbundenen Geschäfts zwischen Beitritts- und Darlehensgeschäft lediglich seinen Abfindungs- bzw. Auseinandersetzungsanspruch entgegen halten kann, ihm weitergehenden Rechte somit nicht zustehen[174].

2. Widerruf des Darlehensvertrages

a) Grundsätzliches

Wird der Darlehensvertrag widerrufen, sind die Parteien des Darlehensvertrages grundsätzlich verpflichtet, dem anderen Teil die empfangenen Leistungen zurück zu gewähren, wobei die Verpflichtungen Zug um Zug zu erfüllen sind[175].

b) Anspruch der Bank

Der Kreditnehmer ist daher verpflichtet, der Kredit gebenden Bank den Nettokreditbetrag zuzüglich marktüblicher Zinsen zurück zu bezahlen[176]. Die Berufung auf den Wegfall der Bereicherung ist dem Darlehensnehmer verwehrt[177]. Ein Anspruch

---

[172] BGH Urteil v. 31.01.2005, a.a.O., ZIP 2005, 565, 567; BGH Urteil v. 21.07.2003, a.a.O., BGHZ 156, 46, 53.

[173] BGH Urteil v. 02.07.2001, Az. II ZR 304/00, WM 2001, 1464, 1465 = BGHZ 148, 201.

[174] BGH Urteil v. 31.01.2005, Az. II ZR 200/03, ZIP 2005, 565, 567.

[175] BGH Urteil v. 16.05.2006, Az. XI ZR 6/04 WM 2006, 1194, 1196 m. Anm. Rösler EWiR § 1 HWiG a.F. 2/06 u. Kern BKR 2006, 345; BGH Urteil v. 21.03.2006, Az. XI ZR 204/03 ZIP 2006, 846, 847; BGH Urteile v. 18.11.2003, Az. XI ZR 322/01 WM 2004, 171, 176 u. Az. XI ZR 332/02 WM 2004, 27, 31; BGH Urteil v. 28.10.2003, Az. XI ZR 263/02 WM 2003, 2410; BGH Urteil v. 15.07.2003, Az. XI ZR 162/00 ZIP 2003, 1741, 1744; Urteil v. 26.11.2002, Az. XI ZR 10/00 WM 2003, 64, 66; BGH Urteil v. 12.11.2002, Az. XI ZR 47/01, BGHZ 152, 331, 336, 338 = WM 2002, 2501 m. Anm. Edelmann WuB IV D. § 3 HWiG 1.03 u. Lindner ZIP 2003, 67.

[176] BGH Urteil v. 20.06.2006, Az. XI ZR 224/05 Rn. 20; OLG Dresden Urteil v. 15.11.2002, Az. 8 U 2987/01, BKR 2003, 114, 121 f.; Edelmann WuB IV D. § 3 HWiG 1.03 sowie die in der vorangegangenen Fußnote erwähnten BGH-Urteile.

[177] Münscher in Frisch/Münscher, Haftung bei Immobilienanlagen, 2002, Rn. 665.

auf Bearbeitungskosten oder auf das von der Darlehenssumme in Abzug gebrachte Disagio besteht nicht[178].

In welcher konkreten Höhe der Rückzahlungsanspruch des Kreditgebers zu verzinsen ist, ist streitig. Teilweise wird dem Kreditgeber ein Anspruch in Höhe des im Darlehensvertrag vereinbarten Vertragszinses zugebilligt, soweit dieser marktüblich ist[179]. Andere wiederum räumen dem Kreditinstitut unabhängig vom Vertragszins einen Anspruch auf marktübliche Verzinsung ein[180]; dabei soll sich die marktübliche Verzinsung nach den in den Monatsberichten der Deutschen Bundesbank zu Hypothekarkrediten ausgewiesenen Zinssätzen sowie den entsprechenden Sätzen der EWU-Zinsstatistik der Deutschen Bundesbank richten[181]. In diesem Zusammenhang wird schließlich die Auffassung vertreten, der marktübliche Zinssatz müsse aus Verbraucherschutzerwägungen heraus durch den vereinbarten Vertragszins begrenzt werden[182].

c) Anspruch des Kreditnehmers

Der Kreditnehmer kann wiederum sämtliche in der Vergangenheit aus eigenen Mitteln erbrachte Zins- und Tilgungsleistungen vom Kreditinstitut zurück verlangen. Zudem steht dem Kreditnehmer ein Anspruch auf marktübliche Verzinsung der von ihm auf das Darlehen gezahlten und dem Kreditinstitut zur Nutzung zur Verfügung gestellten Raten zu[183].

---

[178] BGH Urteil v. 20.06.2006, Az. XI ZR 224/05 Rn. 20; BGH Urteil v. 12.11.2002, Az. XI ZR 47/01 WM 2002, 2501, 2503; Münscher BKR 2003, 86, 90.

[179] Pap/Sauer ZfIR 2002, 523, 526 u.H.a. § 346 Abs. 2 BGB; Edelmann WuB IV D. § 3 HWiG 1.03, welcher im Hinblick darauf, dass die Finanzierung von Immobilien und Immobilienfondsanteilen nicht ohne weiteres einer bestimmten in der Bundesbankstatistik aufgeführten Kreditart zugeordnet werden können, den Vertragszins als marktüblichen Zinssatz zugrundelegt; ähnlich OLG Dresden, Urteil v. 15.11.2002, Az. 8 U 2987/01 BKR 2003, 114, 122, wenn der Vertragszins dem marktüblichen Zinssatz entspricht; zur Differenzierung für die zugrunde zu legende Verzinsung zwischen dem Zeitraum von Valutierung bis Widerruf und dem Zeitraum vom Widerruf bis zur Rückzahlung vgl. Meinhardt/Klein BKR 2003, 234, 236.

[180] Meinhardt/Klein BKR 2003, 234, 236; Knott WM 2003, 49, 54; Edelmann BKR 2002, 80, 83; Münscher in Finanz Colloquium Heidelberg, Fehlgeschlagene Immobilienkapitalanlagen, 2004, S. 27 f., welcher darauf hinweist, dass die marktübliche Verzinsung des Darlehensnettobetrages auf Basis des Effektivzinssatzes erfolgen müsse, weil ansonsten eine doppelte Benachteiligung der Bank erfolgt.

[181] Lwowski/Wunderlich ZInsO 2005, 57, 61; Knott WM 2003, 49, 54; Münscher BKR 2003, 86, 90.

[182] Meinhardt/Klein BKR 2003, 234, 236.

[183] BGH Urteil v. 12.11.2002, Az. XI ZR 47/01, WM 2002, 2501, 2502 = BGHZ 152, 331; BGH Urteil v. 15.07.2003, Az. XI ZR 162/00, ZIP 2003, 1741, 1744; a.A. noch BGH Urteil v. 02.07.2001, Az. XI ZR 304/00 WM 2001, 1464, 1466 = BGHZ 148, 201 m. Anm. Edelmann DB 2001, 2434, wo eine Verzinsung abgelehnt wurde; kritisch auch Münscher BKR 2003, 86, 91 u. Edelmann WuB IV D. § 3 HWiG 1.03.

Welcher Zinssatz dem Kreditnehmer hinsichtlich seines Rückzahlungsanspruchs einzuräumen ist, ist ebenfalls streitig. Teilweise wird derjenige Zinssatz zugrunde gelegt, den der Kreditnehmer bei einer allgemein üblichen Geldanlage ansonsten erlangt hätte[184]. Andere wiederum wollen den Zinssatz nach demjenigen Zinssatz bemessen, zu dem die Bank die eingehenden Gelder wieder anlegen kann bzw. genutzt hat[185]. Wiederum andere wollen aus Gleichbehandlungserwägungen heraus dem Kreditnehmer die selbe Verzinsung einräumen wie dem Darlehensgeber, weswegen auch hier auf die durchschnittlichen Monatszinssätze auf Hypothekarkredite auf Wohnungsgrundstücke ohne Laufzeit abgestellt wird[186].

d) Verrechnung der beiderseitigen Ansprüche

Grundsätzlich ist eine Verrechnung zwischen dem Rückzahlungsanspruch des Kreditnehmers in Bezug auf die bereits erbrachten Zinsleistungen mit dem Anspruch des Kreditgebers auf Zahlung des Nutzungsentgelts möglich. Demgemäß steht dem Anspruch des Darlehensnehmers auf Rückzahlung erbrachter Zinsen die dolo-agit-Einrede gem. § 242 BGB entgegen[187]. Jedenfalls kann das Kreditinstitut gegenüber dem Zins- und Tilgungsrückzahlungsanspruch des Darlehensnehmers mit seinem Gegenanspruch aufrechnen[188]. Das Oberlandesgericht Dresden ist sogar der Auffassung, dass im Hinblick auf die bestehende Verrechnungslage dem Darlehensnehmer ein Anspruch auf Verzinsung der gezahlten Raten nur dann zusteht, wenn dem Rückzahlungsanspruch des Darlehensnehmers entweder gar kein oder nur ein geringerer Anspruch der Bank auf Nutzungsentschädigung gegenüber steht, etwa wegen entfallender Tilgungsanteile oder weil der Vertragszins höher als der nun geschuldete marktübliche Zins ist[189].

e) Auswirkungen auf die Wirksamkeit des Erwerbsgeschäfts

Widerruft der Darlehensnehmer seine auf Abschluss des Darlehensvertrages gerichtete Willenserklärung nach den Grundsätzen für Haustürgeschäfte, berührt dies grundsätzlich nicht die Wirksamkeit des finanzierten Immobilien- oder Immobilienanteilserwerbs. Vielmehr bleibt der Darlehensnehmer auch bei verlust-

---

[184] Staudinger/Werner, BGB, 1998, § 3 HWiG Rn. 53; Edelmann WuB IV D. § 3 HWiG 1.03.

[185] Lindner ZIP 2003, 67.

[186] Lwowski/Wunderlich ZinsO 2005, 57, 63; OLG Karlsruhe Urteil v. 23.12.2005, Az.13 U 56/02 WM 2006, 676, 681; Knott WM 2003, 49, 50.

[187] So auch Staudinger/Werner, 1998, § 3 HWiG Rn. 8; Edelmann BKR 2002, 801, 802.

[188] So auch Münscher in Finanz Colloquium Heidelberg, Fehlgeschlagene Immobilienkapitalanlagen, 2004, S. 27; Pap/Sauer ZfIR 2002, 523, 526; Kern WM 2002, 1593, 1595.

[189] OLG Dresden Urteil v. 15.11.2002, Az. 8 U 2987/01, BKR 2003, 114, 121; so wohl auch Wallner BKR 2003, 92, 97.

reichen Geschäften verpflichtet, das an ihn ausbezahlte Darlehen zuzüglich Nutzungsentgelt an das Kreditinstitut zurückzubezahlen[190]. Dies ist mit dem Schutzzweck des Haustürwiderrufsgesetzes vereinbar. Denn das Widerrufsrecht dient dem Zweck, die rechtsgeschäftliche Entscheidungsfreiheit des Kunden zu gewährleisten, indem es ihm die Möglichkeit einräumt, sich von einem aufgrund einer – mit einem Überraschungsmoment verbundenen – Haustürsituation geschlossenen Vertrag zu lösen. Es dient jedoch nicht dem Ziel, das wirtschaftliche Risiko der Verwendung des Darlehens vom Darlehensnehmer auf den Darlehensgeber abzuwälzen. Das Verwendungsrisiko bleibt vielmehr beim Darlehensnehmer; andernfalls würde er besser stehen als ein Anleger, der den Immobilien- oder Immobilienanteilserwerb aus eigenen Mitteln finanziert hat[191].

Diese vom Bundesgerichtshof in ständiger Rechtsprechung anerkannte Rechtsfolge ist mit den europarechtlichen Vorgaben, insbesondere bei grundpfandrechtlich abgesicherten Krediten (Realkrediten), vereinbar[192].

Eine andere Beurteilung der Rechtsfolgen eines Haustürgeschäftewiderrufs ist nach anerkannter Rechtsprechung des Bundesgerichtshofs dann geboten, wenn der Darlehensnehmer den Kredit nicht empfangen hat[193] oder der Darlehensvertrag und das finanzierte Geschäft ein verbundenes Geschäft[194] bilden[195].

---

[190] BGH Urteil v. 12.11.2002, Az. XI ZR 3/01 WM 2003, 61 m. Anm. Frisch EWiR § 1 HWiG a.F. 1/03, 167; BGH Urteil v. 10.09.2002, Az. XI ZR 151/99 WM 2002, 2409 m. Anm. Sauer BB 2003, 227; BGH Urteil v. 09.04.2002, Az. XI ZR 91/99 WM 2002, 1181, 1186 m. Anm. Paap/Sauer ZfIR 2002, 523 u. Edelmann BKR 2003, 99.

[191] BGH Urteil v. 27.01.2004, Az. XI ZR 37/03 WM 2004, 620, 623; BGH Urteil v. 13.06.2006, Az. XI ZR 432/04, ZIP 2006, 1626, 1628.

[192] BGH Urteil v. 16.05.2006, Az. XI ZR 6/04 WM 2006, 1194 m. Anm. Rösler EWiR § 1 HWiG a.F. 2/06 u. Kern BKR 2006, 345 unter Berücksichtigung der Urteile des Gerichtshof der Europäischen Gemeinschaften vom 25.10.2005, Az. Rs. C-350/03 (WM 2005, 2079) und Rs. C-229/04 (WM 2005, 2086) m. Anm. Thume/Edelmann BKR 2005, 477; vgl. auch die weiteren Urteile des BGH v. 16.05.2006, Az. XI ZR 15/04, XI ZR 26/04, XI ZR 48/04, XI ZR 63/04, XI ZR 92/04; XI ZR 104/04, XI ZR 111/04 sowie XI ZR 400/03.

[193] Vgl. zum Empfang weiter unten Punkt B. XX.

[194] Vgl. zum verbundenen Geschäft die Punkte B. XXIII.

[195] BGH Urteil v. 13.06.2006, Az. XI ZR 432/04 ZIP 2006, 1626, 1628; BGH Urteil v. 25.04.2006, Az. XI ZR 193/04 WM 2006, 1003, 1005; BGH Urteil v. 14.06.2004, Az. II ZR 385/02 WM 2004, 1527 m. Anm. Frisch EWiR § 1 HWiG a.F. 2/04, 857 u. Peters WuB IV D. § 5 HWiG 1.05; BGH Urteil v. 23.09.2003, Az. XI ZR 135/02 WM 2003, 2132; BGH Beschluss v. 23.09.2003, Az. XI ZR 325/02 WM 2003, 2186 m. Anm. Frisch EWiR § 3 HWiG a.F. 4.03, 1195 u. Schmidt-Kessel WuB IV D. § 3 HWiG 1.04; BGH Beschluss v. 16.09.2003, Az. XI ZR 447/02, WM 2003, 2184; BGH Urteil v. 26.11.2002 Az. XI ZR 10/00 WM 2003, 64, 66; BGH Urteil v. 12.11.2002, Az. XI ZR 47/01 WM 2002, 2501=BGHZ 152, 331 m. Anm. Lindner ZIP 2003, 67 u. Edelmann WuB IV D. § 3 HWiG 1.03.

f) Rechtsfolgen bei Vorliegen eines Verbundgeschäfts

Stellen der Darlehensvertrag und das finanzierte Geschäft ein verbundenes Geschäft dar, hat dies zur Folge, dass der Widerruf des Darlehensvertrages zugleich auch der Wirksamkeit des finanzierten Geschäfts entgegen steht. In diesem Fall erfordert der Zweck der gesetzlichen Widerrufsregelungen, wonach dem Kunden innerhalb einer angemessenen Überlegungsfrist frei und ohne Furcht vor finanziellen Nachteilen die Entscheidung ermöglicht werden soll, ob er an seinen Verpflichtungserklärungen festhalten will oder nicht, eine Auslegung des § 3 HWiG dahin, dass dem Darlehensgeber nach dem Widerruf kein Zahlungsanspruch gegen den Darlehensnehmer in Höhe des Darlehenskapitals zusteht. Die Rückabwicklung hat in diesem Falle vielmehr unmittelbar zwischen dem Kreditgeber und dem Partner des finanzierten Geschäfts zu erfolgen[196].

Für das Verhältnis zwischen Kreditgeber und Kreditnehmer hat dies zur Folge, dass das finanzierende Kreditinstitut dem Kreditnehmer alle von ihm aufgrund des Darlehensvertrages erbrachten Zins- und Tilgungsleistungen zurück zu erstatten hat, soweit diese aus seinem eigenen Vermögen und nicht aus den Erträgen der Immobilienanlage stammen[197]. Darüber hinaus hat das finanzierende Kreditinstitut etwaige ihm abgetretene Rechte aus Kapitallebensversicherungen sowie anderweitiger Sicherheiten an den Kreditnehmer zurück zu übertragen[198]. Steuervorteile muss sich der Kreditnehmer nicht anrechnen lassen[199]. Ob neben Zins- und Tilgungsleistungen auch Lebensversicherungsprämien als aufgrund der Darlehensverträge gezahlt zu gelten haben und daher von der Bank ebenfalls zurückzuzahlen sind, soll davon abhängig sein, ob der Abschluss der zur Tilgung des Festkredits bestimmten und dem Kreditinstitut als Sicherheit abgetretenen Kapitallebensversicherung eine Voraussetzung für die Darlehensgewährung gewesen ist[200]. Im Gegenzug hat der Kreditnehmer dem Kreditinstitut lediglich den mit dem Darlehen finanzierten Fondsanteil bzw. die mit dem Darlehen erworbene Immobilie zur Verfügung zu stellen[201].

---

[196] BGH Urteil v. 13.06.2006, Az. XI ZR 432/04 ZIP 2006, 1626, 1628 f.; BGH Urteil v. 25.04.2006, Az. XI ZR 193/04 WM 2006, 1003, 1005 sowie die weiteren in der vorangegangenen Fußnote aufgeführten BGH-Urteile.

[197] BGH Urteil v. 15.11.2004, Az. II ZR 375/02 ZIP 2005, 67, 69; Urteil v. 15.11.2004, Az. II ZR 386/02 S. 8; BGH Urteil v. 14.06.2004, Az. II ZR 395/01 ZIP 2004, 1402, 1404 = WM 2004, 1521 m. Anm. Peters WuB IV D. § 5 HWiG 1.05.

[198] BGH Urteil v. 15.11.2004, Az. II ZR 375/02 ZIP 2005, 67, 69; BGH Urteil v. 14.06.2004, Az. II ZR 395/01 ZIP 2004, 1402, 1404.

[199] BGH Urteil v. 18.10.2004, Az. II ZR 352/02 WM 2004, 2491, 2494 m. Anm. Münscher WuB IV D. § 2 HWiG 1.05; BGH Urteil v. 14.06.2004, Az. II ZR 385/02 WM 2004, 1527, 1529.

[200] Für diesen Fall bejahend BGH Urteil v. 15.11.2004, Az. II ZR 386/02 S. 8, allerdings nur für den Rückforderungsdurchgriff.

[201] BGH Urteil v. 15.11.2004, Az. II ZR 375/02 ZIP 20051, 67, 69, rechtskräftig.

Da das Kreditinstitut insoweit vom Kreditnehmer die Rückzahlung der Darlehensvaluta nebst marktüblicher Verzinsung nicht mehr verlangen kann, sich vielmehr wegen dieses Anspruchs mit den damit verbundenen Ausfallrisiken an die Fondsgesellschaft halten muss, steht dem Kreditnehmer gegenüber dem Kreditinstitut kein Anspruch auf Verzinsung der von ihm an das Kreditinstitut erbrachten Zahlungen zu. Andernfalls wäre der Kreditnehmer zu Unrecht bevorteilt[202].

Die von der Rechtsprechung entwickelten Grundsätze zur fehlerhaften Gesellschaft stehen vorstehender Rechtsfolge auch bei der Finanzierung von Immobilienfondsanteilen nicht entgegen. Denn Zweck der Grundsätze der fehlerhaften Gesellschaft ist es, im Interesse des Rechtsverkehrs an der Erhaltung einer Haftungsgrundlage und im Interesse der Gesellschafter an der Bewahrung der geschaffenen Werte der Gesellschaft für die Vergangenheit Bestandsschutz zu gewähren. Dieser Zweck wird nicht tangiert, wenn der Gesellschafter nicht den Gesellschaftsbeitritt, sondern den zu seiner Finanzierung geschlossenen Darlehensvertrag widerruft[203].

Wenn der Kreditnehmer ausschließlich den Widerruf seines Beitritts erklärt, beschränken sich die Rechtsfolgen eines solchen Widerrufs auch bei Vorliegen eines Verbundgeschäfts zwischen Darlehensvertrag und finanziertem Geschäft allein darauf, dass der Widerrufende einen Anspruch auf Zahlung des Abfindungsguthabens hat[204].

Auch bei Vorliegen eines verbundenen Geschäfts steht die bisherige Rechtsprechung des Bundesgerichtshofs im Einklang mit den europäischen Vorgaben sowie den bisher ergangenen Urteilen des Gerichtshofs der Europäischen Gemeinschaften[205].

g) Rechtsfolgen bei Nichtempfang des Darlehens

Entsprechende Rechtsfolgen wie beim Verbundgeschäft dürften eintreten, wenn der Kreditnehmer das Darlehen nicht empfangen hat.

XX. Empfang des Darlehens

Wann ein Darlehen i.S.v. § 3 HWiG a.F. bzw. i.S.d. §§ 312, 355, 346 BGB als empfangen gilt, richtet sich nach der zu § 607 Abs. 1 BGB a.F. ergangenen Rechtsprechung. Danach hat der Darlehensnehmer den Darlehensbetrag auch dann

---

[202] OLG Stuttgart Urteil v. 14.03.2005, Az. 6 U 203/04 S. 28 ff, rechtskräftig.
[203] BGH Urteil v. 13.06.2006, Az. XI ZR 432/04 ZIP 2006, 1626, 1629 f.; BGH Urteil v. 25.04.2006, Az. XI ZR 193/04 WM 2006, 1003, 1006.
[204] BGH Beschluss v. 27.06.2006, Az. II ZR 218/04 ZIP 2006, 1388; BGH Urteil v. 13.06.2006, Az. XI ZR 432/04 ZIP 2006, 1626, 1630; BGH Urteil v. 25.04.2006, Az. XI ZR 193/04 WM 2006, 1003, 1006; BGH Urteil v. 31.01.2005, Az. II ZR 200/03 WM 2005, 547, 549; vgl. auch oben Punkt B. XIX Nr. 1.
[205] BGH Urteil v. 13.06.2006, Az. XI ZR 432/04 ZIP 2006, 1626, 1630.

empfangen, wenn der von ihm als Empfänger benannte Dritte das Geld vom Darlehensgeber erhalten hat, es sei denn, der Dritte ist nicht überwiegend im Interesse des Darlehensnehmers, sondern sozusagen als „verlängerter Arm" des Darlehensgebers tätig geworden[206]. Dementsprechend gilt ein Darlehen auch dann als empfangen, wenn der Kreditgeber es vereinbarungsgemäß an einen Dritten ausbezahlt[207]. Entgegen einer früher vertretenen Rechtsauffassung steht dem Empfang des Darlehens die Verbundenheit von Darlehensvertrag und finanziertem Geschäft nicht entgegen[208]. Auch der Europäische Gerichtshof ist in seinem Urteil v. 25.10.2005 ausdrücklich davon ausgegangen, dass von einem Empfang der Darlehensvaluta durch den Kreditnehmer selbst dann auszugehen ist, wenn das Kreditinstitut auf Weisung des Verbrauchers die Darlehensvaluta unmittelbar an den Verkäufer der Immobilie bezahlt[209].

XXI. Realkreditvertrag gem. § 3 Abs. 2 Nr. 2 VerbrKrG a.F.

1. Grundsätzliches

Nach § 3 Abs. 2 Nr. 2 VerbrKrG a.F. findet u.a. die Vorschrift über Verbundgeschäfte gem. § 9 VerbrKrG a.F. auf Realkredite, d.h. auf Kreditverträge, nach denen der Kredit von der Sicherung durch ein Grundpfandrecht abhängig gemacht und zu für grundpfandrechtlich abgesicherte Kredite und deren Zwischenfinanzierung üblichen Bedingungen gewährt wurde, keine Anwendung.

Liegt ein Realkreditvertrag i.S.v. § 3 Abs. 2 Nr. 2 VerbrKrG a.F. mit der Folge vor, dass die Grundsätze über das Verbundgeschäft keine Anwendung finden, bleibt nach vorstehenden Ausführungen zu den Rechtsfolgen des Widerrufs bei Haustürgeschäften der Kreditnehmer, da er selbst grundsätzlich das Verwendungs- sowie das wirtschaftliche Risiko seiner Kapitalanlageentscheidung trägt, gegenüber dem das Kapitalanlagegeschäft finanzierenden Kreditinstitut zur Rückzah-

---

[206] BGH Urteil v. 16.05.2006, Az. XI ZR 6/04 WM 2006, 1194, 1198; BGH Urteil v. 25.04.2006, Az. XI ZR 29/05 WM 2006, 1008, 1012; BGH Urteil v. 25.04.2006, Az. XI ZR 219/04 WM 2006, 1060, 1064; BGH Urteil v. 21.03.2006, Az. XI ZR 304/03 ZIP 2006, 846, 847.

[207] So schon BGH Urteil v. 12.11.2002, Az. XI ZR 47/01 BGHZ 152, 331, 337=WM 2002, 2501 m. Anm. Edelmann WuB IV D. § 3 HWiG 1.03; BGH Urteil v. 12.06.1997, Az. IX ZR 110/96 WM 1997, 1658, 1659; BGH Urteil v. 25.04.1985, Az. III ZR 27/84 WM 1985, 993, 994 m. Anm. von Heymann WuB I E 1.-24.85; BGH Urteil v. 17.01.1985, Az. III ZR 135/83 WM 1985, 221, 223 = BGHZ 93, 264.

[208] BGH Urteil v. 16.05.2006, Az. XI ZR 6/04 WM 2006, 1194, 1198; BGH Urteile v. 25.04.2006, Az. XI ZR 29/05 WM 2006, 1008, 1012 f.; Az. XI ZR 219/04 WM 2006, 1060, 1064; Az. XI ZR 193/04 WM 2006, 1003, 1007; Az. XI ZR 106/05 WM 2006, 1067, 1068 f.

[209] EuGH Urteil v. 25.10.2005, Rs. C-350/03 WM 2005, 2079, 2085; so auch BGH Urteil v. 16.05.2006, Az. XI ZR 6/04 WM 2006, 1194, 1198.

lung der Darlehensvaluta einschließlich des Nutzungsentgelts verpflichtet[210]. Der Umstand, dass der Verbraucher bei Realkrediten ohne Rücksicht auf sein finanzielles Leistungsvermögen „auf einen Schlag" das Darlehen zurückzahlen muss und ein Widerruf des Darlehensvertrages deshalb für ihn im Allgemeinen wirtschaftlich wenig oder gar nicht interessant sein dürfte, ist mit den europarechtlichen Vorgaben vereinbar und entspricht auch der Rechtsauffassung des Gerichtshofs der Europäischen Gemeinschaften[211]. Soweit ein Einwendungsdurchgriff wegen § 3 Abs. 2 Nr. 2 VerbrKrG a.F. ausgeschlossen ist, kommt jedenfalls im Anwendungsbereich des § 1 VerbrKrG a.F. ein Rückgriff auf die von der Rechtsprechung zum Abzahlungsgesetz aus § 242 BGB hergeleiteten Grundsätze zum Einwendungsdurchgriff ebenfalls nicht in Betracht[212]. Insofern kommt es für die Rechtsfolgen bei einem Widerruf nach den Grundsätzen für Haustürgeschäfte ganz entscheidend darauf an, ob von einem Realkredit i.S.v. § 3 Abs. 2 Nr. 2 VerbrKrG a.F. auszugehen ist.

2. Die Abhängigkeit des Darlehensvertrages von der Sicherung durch ein Grundpfandrecht

Diesbezüglich ist zunächst festzuhalten, dass entgegen der bisher vom II. Zivilsenat des Bundesgerichtshofs in seinen Urteilen vom 14.06.2004[213] sowie vom 21.03.2005[214] vertretenen Rechtsauffassung die Norm des § 3 Abs. 2 Nr. 2 VerbrKrG a.F. gleichermaßen sowohl für die Finanzierung eines Immobilienfondsbeitritts als auch für die Finanzierung eines Grundstückserwerbs gilt; denn

---

[210] BGH Urteil v. 16.05.2006, Az. XI ZR 6/04 WM 2006, 1194, 1196; BGH Urteil v. 21.03.2006, Az. XI ZR 204/03 ZIP 2006, 846, 847; Urteil v. 18.11.2003, Az. XI ZR 322/01 WM 2004, 172, 176; BGH Urteil v. 26.11.2002, Az. XI ZR 10/00 WM 2003, 64, 66; BGH Urteil v. 12.11.2002, Az. XI ZR 47/01 BGHZ 152, 331, 336 ff = WM 2002, 2501 m. Anm. Edelmann WuB IV D. § 3 HWiG 1.03.

[211] BGH Urteil v. 16.05.2006, Az. XI ZR 6/04 WM 2006, 1194, 1196; u.H.a. EuGH, Urteil v. 25.10.2005, Rs. C-350/03, WM 2005, 2079 – Schulte – und EuGH, Urteil v. 25.10.2005, Rs. C-229/04, WM 2005, 2086 – Crailsheimer Volksbank – BGH Urteil v. 21.03.2006, Az. XI ZR 204/03 ZIP 2006, 846, 847.

[212] BGH-Urteil v. 16.05.2006, Az. XI ZR 48/04, Rn. 24; BGH-Urteil v. 16.05.2006, Az. XI ZR 6/04 WM 2006, 1194, 1196; BGH-Urteil v. 27.01.2004, Az. XI ZR 37/03, WM 2004, 620/622; OLG Schleswig, Urteil v. 02.12.2004, Az. 5 U 108/03, WM 2005, 607/610; OLG Düsseldorf, Urteil v. 16.12.2004, Az. I-6 U 44/04, WM 2005, 881/886; OLG Hamm, Urteil v. 13.06.2005, Az. 5 U 34/05, WM 2005, 2378/2381; OLG Frankfurt, Beschluss v. 22.02.2006, Az. 9 W 5/06, BKR 1006, 156/157; KG Urteil v. 08.11.2005, Az. 4 U 175/04 S. 16; OLG Stuttgart Urteil v. 21.12.2005, Az. 9 U 65/05 S. 19; Lwowski/Wunderlich, ZInsO 2005, 5/11; Wolf/Großerichter, ZfIR 2005, 1/4.

[213] BGH Urteil v. 14.06.2004, Az. II ZR 393/02 BGHZ 159, 294, 307 f. = WM 2004, 1529; Az. II ZR 407/02 WM 2004, 1536, 1540.

[214] BGH Urteil v. 21.03.2005, Az. II ZR 411/02 WM 2005, 843, 844.

nach Wortlaut, Begründung und Zweck des § 3 Abs. 2 Nr. 2 VerbrKRG a.f. ist ohne Belang, welchem Zweck der Kredit dienen soll[215]. Nach dem klaren Wortlaut des § 3 Abs. 2 Nr. 2 VerbrKrG a.f. kommt es für dessen Anwendbarkeit nur darauf an, ob die Kreditgewährung nach dem Inhalt des Darlehensvertrages von der Sicherung durch ein Grundpfandrecht abhängig gemacht wurde. Ob der Kreditnehmer selbst Sicherungsgeber ist, ist daher ebenso ohne Belang wie der Zeitpunkt der Bestellung der Sicherheit. Demnach liegt eine grundpfandrechtliche Absicherung des Kredits auch dann vor, wenn der Darlehensnehmer das Grundpfandrecht nicht selbst bestellt, sondern ein bereits bestehendes Grundpfandrecht (teilweise) übernimmt oder revalutiert[216]. Darüber hinaus stellt der eindeutige Wortlaut des § 3 Abs. 2 Nr. 2 VerbrKrG a.f. nicht auf die tatsächliche Bestellung des Grundpfandrechts, sondern auf die schuldrechtliche Verpflichtung dazu ab[217]. Insofern ist für die Anwendbarkeit von § 3 Abs. 2 Nr. 2 VerbrKrG a.f. irrelevant, ob das Grundpfandrecht tatsächlich bestellt wurde[218].

Von einer grundpfandrechtlichen Absicherung ist auch dann auszugehen, wenn der Wert der Immobilie niedriger ist als der Betrag der bestellten Grundschuld. Der Kredit muss nicht vollständig grundpfandrechtlich abgesichert sein. Es muss auch nicht der Beleihungsrahmen der §§ 11, 12 HypBG eingehalten werden. Von einem Realkredit kann allerdings dann nicht mehr gesprochen werden, wenn die Voraussetzungen des § 18 Abs. 2 VerbrKrG a.f. vorliegen (Umgehungsverbot), etwa weil nur ein nicht wesentlicher Teil des Kredits grundpfandrechtlich abgesichert ist[219]. Die Anwendbarkeit des § 3 Abs. 2 Nr. 2 VerbrKrG a.f. setzt nicht voraus, dass das Grundpfandrecht den Kreditbetrag vollständig abdeckt. Insofern

---

[215] BGH Urteil v. 20.06.2006, Az. XI ZR 224/05 Rn. 18; BGH Urteil v. 25.04.2006, Az. XI ZR 29/05 WM 2006, 1008, 1011; BGH Urteil v. 25.04.2006, Az. XI ZR 219/04 WM 2006, 1060, 1066.

[216] BGH Urteil v. 20.06.2006, Az. XI ZR 224/05 Rn. 17; BGH Urteile v. 25.04.2006, Az. XI ZR 29/05 WM 2006, 1008, 1010 f. u. XI ZR 219/04 WM 2006, 1060, 1065 f.; BGH Urteil v. 18.01.2005 Az. XI ZR 201/03 WM 2005, 375, 376; BGH Urteil v. 09.11.2004, Az. XI ZR 315/03 WM 2005, 72, 74; BGH Urteil v. 26.10.2004, Az. XI ZR 255/03 BGHZ 161, 15, 26 f. = WM 2005, 127; KG WM 2005, 596, 604; OLG Schleswig WM 2005, 607, 608; OLG Düsseldorf WM 2005, 881, 886; OLG Köln WM 2005, 792; Lwowski/Wunderlich ZInsO 2005, 11; Wolf/Großerichter ZfIR 2005, 1, 4 f.

[217] BGH Urteil v. 20.06.2006, Az. XI ZR 224/05 Rn. 17; BGH Urteile v. 25.04.2006, Az. XI ZR 29/05 WM 2006, 1008, 1011 u. Az. XI ZR 219/04 WM 2006, 1060, 1065.

[218] BGH Urteil v. 18.01.2005, Az. XI ZR 201/03 WM 2005, 375; BGH Urteil v. 09.11.2004, Az. XI ZR 315/03 WM 2005, 72, 74; BGH Urteil v. 26.10.2004, Az. XI ZR 255/03 ZIP 2005, 69, 73 = WM 2005, 127 = BGHZ 161, 15.

[219] BGH Urteil v. 18.11.2003, Az. XI ZR 322/01 ZIP 2004, 209, 212 = WM 2004, 172; BGH Urteil v. 15.07.2003, Az. XI ZR 162/00 ZIP 2003, 1741, 1743; BGH Urteil v. 18.03.2003, Az. XI ZR 422/01 WM 2003, 916; BGH Beschluss v. 05.02.2002, Az. XI ZR 327/01 WM 2002, 588, 589; BGH Urteil v. 18.04.2000, Az. XI ZR 193/99 WM 2000, 1245 m. Anm. Frisch EWiR § 3 VerbrKrG 1/2000, 699, Bruchner WuB I G 5.-14.00 sowie Edelmann DB 2000, 1400.

steht beispielsweise die zusätzliche Absicherung von Ansprüchen aus anzusparenden Bausparverträgen oder Kapitallebensversicherungen der Anwendbarkeit des § 3 Abs. 2 Nr. 2 VerbrKrG a.f. nicht entgegen[220]. § 3 Abs. 2 Nr. 2 VerbrKrG a.F. ist schließlich anwendbar, wenn nicht bereits der Abschluss des Kreditvertrages, sondern erst die tatsächliche Gewährung des Kredits von der Sicherung durch ein Grundpfandrecht abhängig gemacht ist[221].

3. „Übliche Bedingungen" i.S.v. § 3 Abs. 2 Nr. 2 VerbrKrG a.F.

Für die Beantwortung der Frage, wann ein Kredit zu für grundpfandrechtlich abgesicherte Darlehen üblichen Bedingungen vergeben ist, kommt es maßgeblich auf die Zinshöhe und die sonstigen Darlehenskonditionen an[222]. Als Vergleichsmaßstab werden dabei die Monatsberichte der Deutschen Bundesbank herangezogen[223]. In diesem Zusammenhang ist in Rechtsprechung und Literatur anerkannt, dass das Darlehen dann zu für grundpfandrechtlich abgesicherte Kredite üblichen Bedingungen gewährt ist, wenn sich die vereinbarten Zinssätze innerhalb der in den Bundesbankstatistiken angeführten Streubreiten bewegen[224]. Auf der anderen Seite ist anerkannt, dass nicht jedes Darlehen, bei welchem die vereinbarten Konditionen die in den Monatsberichten der Deutschen Bundesbank ausgewiesenen Zinssätze überschreiten, aus der Privilegierung des § 3 Abs. 2 Nr. 2 VerbrKrG herausfällt[225]. In einem solchen Fall ist vielmehr unter Berücksichtigung des Gesamtbildes der Kreditbedingungen sowie unter Einholung eines Sachverständigengutachtens[226] besonders zu prüfen, ob es sich ungeachtet der Überschreitung der in der Bundesbankstatistik genannten Konditionen um ein zu für grundpfand-

---

[220] BGH Beschluss v. 05.02.2002, Az. XI ZR 327/01 WM 2002, 588, 589; BGH Urteil v. 18.03.2003, Az. XI ZR 422/01 WM 2003, 916; BGH Urteil v. 18.11.2003, Az. XI ZR 322/01 WM 2004, 172.

[221] BGH Urteil v. 22.01.2002, Az. XI ZR 31/01 WM 2002, 536 = ZIP 2002, 476; a.A. KG WM 2001, 2204 wenn das Grundpfandrecht erst für die Auszahlung des Kredits zu bestellen ist.

[222] BGH Urteil v. 18.04.2000, Az. XI ZR 193/99 WM 2000, 1245 m. Anm. Bruchner WuB I G 5.-14.00; Frisch EWiR § 3 VerbrKRG 1/2000, 699 u. Edelmann DB 2000, 1400; BGH Urteil v. 25.04.2006, Az. XI ZR 219/04 WM 2006, 1060, 1066; BGH Urteil v. 18.03.2003, Az. XI ZR 422/01 WM 2003, 916, 917=ZIP 2003, 894, 896; BGH Urteil v. 07.11.2000, Az. XI ZR 27/00 WM 2001, 20, 21 f. = BGHZ 146, 5.

[223] Kessal-Wulf, in Staudinger, 2004, § 358 Rn. 50 sowie die BGH-Urteile aus der vorangehenden Fußnote.

[224] BGH Urteil v. 22.06.1999 Az. XI ZR 316/98 WM 1999, 1555; OLG Karlsruhe WM 2001, 245, 251; OLG Stuttgart WM 2000, 292, 300.

[225] So schon OLG Stuttgart OLGR 1999, 300, 303 f.; OLG Stuttgart WM 2000, 1190, 1191; OLG Köln WM 2000, 2139, 2145; OLG München WM 2000, 130, 133; LG Stuttgart WM 2000, 1103, 1105.

[226] BGH Urteil v. 18.03.2003, Az. XI ZR 422/01, WM 2003, 916, 918; OLG Karlsruhe ZIP 2004, 2423, 2426.

rechtlich abgesicherte Kredite üblichen Bedingungen gewährtes Darlehen handelt[227]. Ein Kredit soll daher nur aus der Privilegierung herausfallen können, wenn der vereinbarte Effektivzinssatz wesentlich von der Streubreite der maßgeblichen Monatsberichte der Bundesbank abweicht[228] oder die Zinssätze des Realkredits denjenigen für Personalkredite entsprechen oder darüber liegen[229]. Letztlich muss daher für das Eingreifen des § 3 Abs. 2 Nr. 2 VerbrKrG a.F. nur gewährleistet sein, dass der Vertragszins unter demjenigen für nicht dinglich gesicherte Personalkredite bleibt[230]; Dies dürfte allerdings nur dann gelten, wenn sich der vereinbarte Vertragszins nach Einholung eines Sachverständigengutachtens in Bezug auf das konkret zu finanzierende Objekt als nicht mehr üblich i.S.v. § 3 Abs. 2 Nr. 2 VerbrKRG a.F. erweist.

XXII. Realkreditvertrag und § 358 Abs. 3 Satz 3 BGB

Anders als in § 3 Abs. 2 Nr. 2 VerbrKrG a.F. noch geregelt, werden die in § 358 BGB normierten Grundsätze über das Verbundgeschäft bei Realkrediten nicht grundsätzlich ausgeschlossen. Vielmehr gilt der nunmehr für Immobiliendarlehensverträge (Realkredite) neu geschaffene Ausnahmetatbestand des § 492 Abs. 1a BGB nur noch für das Gesamtbetragsangabeerfordernis. Für die Anwendbarkeit der Verbundregelung des § 358 Abs. 3 S. 3 BGB kommt es daher nur noch darauf an, ob der Kredit dem Erwerb „eines Grundstücks- oder eines grundstücksgleichen Rechts" dient. Damit kommt es für die Frage der Widerrufsfolgen eines Haustürgeschäfts bei neuen, der Vorschrift des § 358 BGB unterfallenden Darlehensverträgen nur noch darauf an, ob diese entsprechend den Vorgaben in § 358 Abs. 3 BGB als mit dem Erwerbgeschäft verbunden anzusehen sind.

---

[227] Die grundpfandrechtliche Absicherung bejahend BGH Urteil v. 18.11.2003, Az. XI ZR 322/01 ZIP 2004, 209, 213, Überschreitung um 0,4 Prozentpunkte; zweifelnd BGH Urteil v. 25.04.2006, Az. XI ZR 219/04 WM 2006, 1060, 1066 bei einem Effektivzinssatz, welcher um 1,67 % bzw. 2,36 % über den Durchschnittszinssätzen und um 1,93 % bzw. 1,23 % höher lag als der jeweils höchste Wert der Streubreite; ebenso BGH Urteil v. 18.03.2003, Az. XI ZR 422/01 WM 2003, 916, 918 bei Überschreitung v. 0,86 % bzw. 1,8 %; § 3 Abs. 2 Nr. 2 bejahend; OLG Karlsruhe ZIP 2004, 2423, 2425; OLG Celle WM 2005, 691, 692, Überschreitung um 0,18 Prozentpunkten; KG WM 2005, 596, 604, Überschreitung um 0,21 Prozentpunkten; OLG Schleswig WM 2005, 607, 608, Überschreitung um 0,6 Prozentpunkten.

[228] BGH Urteil v. 18.03.2003, Az. XI ZR 422/01 WM 2003, 916, 917; OLG Stuttgart, OLGR 1999, 300, 303 f.; LG Stuttgart WM 2000, 1103, 1105.

[229] Urteil des OLG Karlsruhe v. 17.12.1998, Az. 12 U 198/98, ähnlich OLG München WM 2000, 130, 133; OLG Köln Urteil v. 06.09.2006, Az. 13 U 193/03 S. 13 f., wo der vereinbarte Zinssatz die Obergrenze für Hypothekarkredite um 3,32 bzw. 4,71 Punkten überschritt und die Untergrenze die Streubreite für Ratenkredite erreichte.

[230] OLG Stuttgart OLGR 1999, 300, 303 f.; OLG Stuttgart WM 2000, 1190, 1191; LG Stuttgart WM 2000, 1388, 1392; Rössler, DB 1999, 2297, 2299.

XXIII. Verbundene Geschäfte gem. § 9 Abs. 1 VerbrKrG a.F.

Wann nach alter Rechtlage von einem verbundenen Geschäft bei Immobilienfinanzierungsverträgen auszugehen ist, richtet sich nach § 9 Abs. 1 VerbrKrG a.F. Zu dieser Norm hat der Bundesgerichtshof in seinem Urteil v. 25.04.2006 festgehalten, dass eine wirtschaftliche Einheit im Sinne der Verbundregelung des § 9 Abs. 1 Satz 2 VerbrKrG a.F. dann unwiderleglich vermutet wird, wenn der Kreditvertrag nicht aufgrund eigener Initiative des Kreditnehmers zustande kommt, sondern deshalb, weil der Vertriebsbeauftragte des Anlagevertreibers dem Interessenten zugleich mit den Anlageunterlagen einen Kreditantrag des Finanzierungsinstituts vorgelegt hat, welches sich zuvor dem Anlagevertreiber gegenüber zur Finanzierung bereit erklärt hatte[231]. Was wiederum das Vorliegen eines Verbundgeschäfts anbelangt, so verweist der XI. Zivilsenat des Bundesgerichtshofs in vorstehend angesprochener Entscheidung auf folgende, für die Bejahung eines verbundenen Geschäfts maßgeblichen Kriterien:

– Bestehen einer ständigen Geschäftsbeziehung zwischen Bank und Anlagevertreiber

– Abgabe einer allgemeinen Finanzierungszusage im Vorfeld des Vertriebs der Anlage

– Aushandlung der Darlehensbedingungen im Vorfeld der Einleitung des Vertriebs

– Einverständnis mit dem Vertriebssystem des Fondsbetreibers

– Anbahnung und Vorbereitung des Darlehensvertragsabschlusses bis zur Unterschriftsreife durch den Fondsinitiator bzw. den Vertrieb

– Überlassung von Darlehensvertragsformularen an den Vertrieb

Auf der anderen Seite ist schon seit jeher anerkannt, dass die Bejahung eines verbundenen Geschäfts mehr voraussetzt als nur die reine Zweckbindung des Darlehens und dass eine wirtschaftliche Einheit im Sinne eines verbundenen Geschäfts nur dann angenommen werden kann, wenn sich der Darlehensgeber nicht mit seiner Finanzierungsrolle begnügt, sondern Funktionen des Verkäufers im Zusammenwirken mit diesem in einer Art und Weise sowie in einem Umfang wahrnimmt, dass die Berufung auf die rechtliche Selbständigkeit des Darlehensvertrages gegen Treu und Glauben verstößt[232].

Darüber hinaus entspricht es der ständigen Rechtsprechung des Bundesgerichtshofs, dass ein Realkreditvertrag und das finanzierte Grundstücksgeschäft grundsätzlich nicht als zu einer wirtschaftlichen Einheit verbundene Geschäfte anzusehen sind. Denn bei einem Immobilienkauf weiß auch der rechtsunkundige

---

[231] BGH Urteil v. 25.04.2006, Az. XI ZR 193/04 WM 2006, 1003.
[232] BGH Urteil v. 19.05.2000, Az. V ZR 322/98 ZIP 2000, 1098, 1099 = WM 2000, 1287.

und geschäftsunerfahrene Laie, dass Kreditgeber und Immobilienverkäufer in der Regel verschiedene Personen sind[233].

Da die Annahme bzw. Ablehnung des Vorliegens eines Verbundgeschäfts vielfach von den jeweiligen Besonderheiten des Einzelfalls abhängig ist, werden nachfolgend Beispiele aufgeführt, in denen jeweils das Verbundgeschäft entweder bejaht oder verneint wurde:

– Ein verbundenes Geschäft liegt in der Regel vor, wenn sich die Fondsgesellschaft und die finanzierende Bank derselben Vertriebsorganisation bedienen, z.B. durch Überlassung der Vertragsformulare der Bank an den Vertrieb oder durch Verwendung der Selbstauskunftsformulare oder der Bonitätsunterlagen des Vertriebsunternehmens[234].

Diese Sichtweise überzeugt jedoch nicht, da anerkannt ist, dass die Bank allein durch die Überlassung von Darlehensvertragsunterlagen ihre ausschließliche Kreditgeberrolle nicht überschreitet[235].

– Ein Sichbedienen in vorstehendem Sinne ist auch dann anzunehmen, wenn die Vermittlung der Finanzierung nicht durch den Anlagevermittler selbst, sondern durch einen in seinem Auftrag tätigen Finanzierungsvermittler erfolgt[236].

– Finanziert eine Bank lediglich die Erwerbsnebenkosten, wird der Kaufpreis für den Erwerb der Immobilie darüber hinaus durch eine Drittbank finanziert und enthält der „Nebenkosten-Kreditvertrag" zudem keine Zweckbestimmung, dann kann eine Verbundenheit zwischen dem allein zur Finanzierung der Nebenkosten aufgenommenen Darlehen sowie dem Erwerbsgeschäft nicht angenommen werden[237].

---

[233] BGH Urteil v. 18.01.2005, Az. XI ZR 201/03 WM 2005, 375, 376; BGH Urteil v. 09.11.2004, Az. XI ZR 315/03 WM 2005, 72, 73 f.; BGH Urteil v. 26.10.2004, Az. XI ZR 255/03 ZIP 2005, 69, 73 = WM 2005, 127; BGH Urteil v. 09.04.2002, Az. XI ZR 91/99 WM 2002, 1181 = BGHZ 150, 248 m.j.w.N. auf weitere Entscheidungen seit BGH Urteil v. 18.09.1970, Az. V ZR 174, 67 WM 1970, 1362, 1363.

[234] BGH Urteil v. 31.01.2005, Az. II ZR 200/03 ZIP 2005, 565, 566; BGH Urteil v. 14.06.2004, Az. II ZR 393/02 WM 2004, 1529 = ZIP 2004, 1394, 1396; BGH Urteil v. 14.06.2004, Az. II ZR 395/01 ZIP 2004, 1402, 1405; BGH Urteile v. 15.11.2004, Az. II ZR 386/02, S. 6 u. Az. II ZR 410/02, S. 9; BGH Urteil v. 21.07.2003, Az. II ZR 387/02 WM 2003, 1762 = ZIP 2003, 1592, 1594 m. Anm. Fischer DB 2003, 2062; Tonner WuB I E 2. § 9 VerbrKrG 2.03; Tiedtke DB § 705 BGB 1/04, 172; Schäfer JZ 2004, 258 ff; Bülow LMK 2003, 221.

[235] OLG Stuttgart Urteil v. 08.01.2001, Az. 6 U 57/00 ZIP 2001, 692, 694; zweifelnd auch OLG Bamberg Beschluss v. 27.09.2005, Az. 4 U 148/04 WM 2005, 593, 596, welches ein Verbundgeschäft nur bei planmäßigem und arbeitsteiligem Zusammenwirken annehmen möchte.

[236] BGH Urteil v. 31.01.2005, Az. II ZR 200/03 ZIP 2005, 565, 566 = WM 2005, 547; BGH Urteil v. 28.06.2004, Az. II ZR 373/00 ZIP 2004, 1543, 1544 = WM 2004, 1675.

[237] OLG Stuttgart Urteil v. 29.12.2004, Az. 9 U 148/04 S. 13.

- Zwar ist der zeitliche Abschluss von Kauf- und Darlehensvertrag ein Indiz für ein verbundenes Geschäft. Allerdings kann auch die nachträgliche Verbindung von Kauf- und Darlehensvertrag die Anwendung der Grundsätze über das Verbundgeschäft rechtfertigen[238].

- Der Treuhandvertrag und der vom Treuhänder für den Treugeber abgeschlossene Darlehensvertrag zur Finanzierung eines Immobilienfondsanteils bilden keine wirtschaftliche Einheit[239].

- Der Verbundenheit zwischen Darlehensvertrag und Erwerb der Fondsanteile soll nicht die vollständige Ablösung des Darlehens sowie die hierdurch beendete Geschäftsbeziehung entgegenstehen[240].

- Der Verbundenheit der Geschäfte steht nicht entgegen, dass das ursprüngliche Darlehen hausintern durch Abschluss eines neuen Darlehensvertrages abgelöst wurde oder eine Umschuldung nach Ablauf der Zinsfestschreibungszeit erfolgte[241].

- Der Umstand, dass die in einem Kreditvertrag enthaltene Widerrufsbelehrung eine Belehrung über verbundene Geschäfte enthält, genügt für sich allein für die Bejahung der Verbundenheit von Darlehensvertrag und Erwerbsgeschäft nicht[242].

- Ein verbundenes Geschäft liegt nicht vor, wenn die Kredit gebende Bank dem Darlehensnehmer vor Abschluss des Kreditvertrages einen unmissverständlichen Hinweis dahingehend erteilt, dass das Darlehen unabhängig vom Erwerbsakt gewährt wird[243].

- Der Umstand, dass eine Bank ihre Kreditformulare für jedermann zum Herunterladen im Internet zur Verfügung stellt, reicht für die Annahme der Verbundenheit nicht aus[244].

---

[238] BGH Urteil v. 18.03.2003, Az. XI ZR 422/01 WM 2003, 916, 917.

[239] BGH Urteil v. 02.05.2000, Az. XI ZR 108/99 WM 2000, 1247, 1250.

[240] OLG Stuttgart Urteil v. 26.09.2005, Az. 6 U 92/05 ZIP 2005, 2152, 2153 f; dies ist bedenklich, da die Verweigerung der Rückzahlung des Darlehens aufgrund bestehender Einwendungen aus dem Verbundgeschäft nach den gesetzlichen Vorschriften des § 9 Abs. 2 VerbrKrG a.F. bzw. des § 359 Abs. 1 BGB den Fortbestand des Darlehensvertrages und damit die Nichtrückzahlung des Darlehens voraussetzt.

[241] BGH Urteil v. 15.11.2004, Az. II ZR 375/02 ZIP 2005, 67, 68 = WM 2005, 124; ähnlich bereits BGH Urteil v. 27.09.2004, Az. II ZR 321/03 S. 6, wonach der Annahme eines verbundenen Geschäfts der Abschluss eines Anschlussfinanzierungsvertrags nicht entgegensteht; vgl. auch BGH Urteil v. 18.11.2003, Az. XI ZR 322/01 ZIP 2004, 209, 214 = WM 2004, 172.

[242] BGH Urteil v. 23.09.2003, Az. XI ZR 135/02 WM 2003, 2232, 2234; a.A. wohl Habersack in MünchKomm, 4. Auflage § 358 Rn. 71.

[243] BGH WM 2002, 2501, 2503; BGH NJW 1992, 2560.

[244] LG Hamburg WM 2005, 1026.

– Die Voraussetzungen eines verbundenen Geschäfts sind nicht bereits dadurch erfüllt, dass der Anlagevermittler zugleich den Kreditvertrag eingefädelt und sich dabei der Abschlussformulare des Kreditinstituts bedient hat. Vielmehr bedarf es in einem solchen Fall eines irgendwie gearteten strukturierten Zusammenwirkens von Vertriebsorganisation und Bank[245].

– Ob die Grundsätze über das Verbundgeschäft auch vor Erlass des Verbraucherkreditgesetztes, also vor 1991, allein im Anwendungsbereich des Haustürwiderrufsgesetzes Anwendung finden, wird mit der Begründung in Frage gestellt, das Haustürwiderrufsgesetz kenne im Gegensatz zum Verbraucherkreditgesetz keine Verbundgeschäfte. Im Übrigen enthalte auch die Haustürgeschäfterichtlinie keine Regelungen, welche die Heranziehung der Grundsätze über Verbundgeschäfte vorschreibe[246].

XXIV. Verbundgeschäfte nach § 358 Abs. 3 Satz 1, 2 und 3 BGB

Nach § 358 Abs. 3 Satz 1 BGB sind ein Vertrag über die Lieferung einer Ware oder die Erbringung einer anderen Leistung und ein Verbraucherdarlehensvertrag dann verbunden, wenn das Darlehen ganz oder teilweise der Finanzierung des anderen Vertrages dient und beide Verträge eine wirtschaftliche Einheit bilden.

Eine wirtschaftliche Einheit in diesem Sinne ist wiederum nach § 358 Abs. 3 Satz 2 BGB dann anzunehmen, wenn der Unternehmer selbst die Gegenleistung des Verbrauchers finanziert oder im Falle der Finanzierung durch einen Dritten, wenn sich der Darlehensgeber bei der Vorbereitung oder dem Abschluss des Verbraucherdarlehenvertrages der Mitwirkung des Unternehmers bedient.

Bei einem finanzierten Erwerb eines Grundstücks oder eines grundstücksgleichen Rechts ist demgegenüber eine wirtschaftliche Einheit nur dann anzunehmen,

– wenn der Darlehensgeber selbst das Grundstück oder das grundstücksgleiche Recht verschafft oder

– wenn er über die Zurverfügungstellung von Darlehen hinaus den Erwerb des Grundstücks oder grundstücksgleichen Rechts durch Zusammenwirken mit dem Unternehmer fördert, indem er sich dessen Veräußerungsinteressen ganz oder teilweise zu eigen macht, bei der Planung, Werbung oder Durchführung des Projekts Funktionen des Veräußerers übernimmt oder den Veräußerer einseitig begünstigt.

---

[245] OLG Bamberg WM 2005, 593, 596.

[246] Lwowski/Wunderlich ZInsO 2005, 5, 12; gegen die Heranziehung der Grundsätze über das Verbundgeschäft im Rahmen des Haustürwiderrufsgesetzes vgl. auch OLG Stuttgart, Urteile v. 29.07.2002, Az. 6 U 87/02 BKR 2002, 828, 832 und Az. 6 U 40/02 ZIP 2002, 1885, 1890; Edelmann BB 2004, 1648, 1649; a.A. BGH Urteil v. 14.06.2004, Az. II ZR 395/01 BGHZ 159, 280 = WM 2004, 1521.

Im Hinblick darauf, dass § 358 Abs. 3 Satz 3 BGB ausdrücklich von einem finanzierten Erwerb eines Grundstücks oder eines grundstücksgleichen Rechts spricht, wird man den Beitritt zu einer Immobilienfondsgesellschaft, auch wenn das Gesellschaftsvermögen im Wesentlichen aus Grundstücken besteht, nicht hierunter fassen können[247].

Da § 358 Abs. 3 Satz 3 BGB nicht nach der Art des Darlehensvertrages (Personal- oder Realkredit), sondern nach dem Zweck des Darlehens differenziert, gilt § 358 Abs. 3 Satz 3 BGB in gleicher Weise für Personal- und für Realkredite[248].

Durch die Verwendung des Wortes „nur" in § 358 Abs. 3 Satz 3 BGB steht fest, dass es sich hierbei um eine abschließende Aufzählung der Tatbestände handelt, in denen bei der Finanzierung des Erwerbs eines Grundstücks oder eines grundstücksgleichen Rechts von einer wirtschaftlichen Einheit auszugehen ist[249].

Was die beiden in § 358 Abs. 3 Satz 3 BGB geregelten Grundtatbestände des „Verschaffens" und der „Rollenüberschreitung" anbelangt, so wird man, was letzteren anbelangt, an die Rechtsprechung des Bundesgerichtshofs zur Rollenüberschreitung im Zusammenhang mit der Beurteilung des Vorliegens von Schadensersatzansprüchen anknüpfen können. Beim Tatbestand des „Verschaffens" wird man im Hinblick auf die Anknüpfung an die in § 433 Abs. 1 Satz 1 BGB geregelte Verschaffungspflicht des Verkäufers davon ausgehen müssen, dass der Tatbestand nur dann erfüllt ist, wenn die finanzierende Bank selbst Eigentümerin des Grundstücks oder des grundstücksgleichen Rechts ist[250]. Denn nur dann kann von einem Verschaffen i.S.v. § 433 Abs. 1 Satz 1 BGB gesprochen werden. Jegliche andere erweiternde Auslegung würde zu erheblichen Abgrenzungsschwierigkeiten führen. Insbesondere dürfte es schwierig werden zu bestimmen, ab welcher Intensität einer initiierenden oder vermittelnden Tätigkeit der Bank von einem Verschaffen i.S.d. § 358 Abs. 3 Satz 3 BGB gesprochen werden kann.

---

[247] Wie hier Kessal-Wulff, in Staudinger 2004, § 358 BGB Rn. 51; Habersack, in Münch-Komm, 4. Auflage § 358 Rn. 51; Bülow/Artz, Heidelberger Kommentar zum Verbraucherkreditrecht, 6. Auflage, § 495 Rn. 246.

[248] Grüneberg in Palandt, 65. Auflage § 358 Rn. 14; Bülow/Artz, a.a.O., § 495 Rn. 245; a.A. wohl Habersack, in MünchKomm, 4. Auflage § 358 Rn. 51.

[249] So auch Kessal-Wulff, in Staudinger 2004, § 358 Rn. 52; Habersack, in MünchKomm, 4. Auflage, § 358 Rn. 54.

[250] A.A. Grüneberg, in: Palandt, 65. Aufl. § 358 Rn. 15 u. Bülow/Artz, Verbraucherkreditrecht, 2005, Rn. 251 S. 273, welche der Auffassung sind, dass der Verschaffenstatbestand auch dann erfüllt ist, wenn Veräußerer eine Tochtergesellschaft ist oder wenn der Darlehensgeber den Erwerb vom Eigentümer initiiert und gleichsam als dessen Anbieter auftritt.

XXV. Grundschuld und Widerruf

Die einer Grundschuld mit persönlicher Haftungsübernahme und Unterwerfung unter die sofortige Zwangsvollstreckung zugrunde liegende Sicherungsabrede erfasst bei einer weiten Sicherungszweckerklärung auch Rückgewähransprüche des Kreditgebers aus § 3 HWiG a.F.[251]

XXVI. Wiedergabe der Rechtsprechungsentwicklung hinsichtlich der Rechtsfolgen eines verbundenen Geschäfts

Der XI. Zivilsenat des Bundesgerichtshofs hatte bereits im Jahre 1996 entschieden, dass dann, wenn Darlehensvertrag und finanziertes Geschäft als wirtschaftliche Einheit anzusehen sind, der Widerruf der Darlehensvertragserklärung gem. § 1 HWiG a.F. auch zur Unwirksamkeit des finanzierten Geschäfts führt. Gleichzeitig entschied der Bundesgerichtshof, dass dem Darlehensgeber in einem solchen Fall kein Anspruch gegen den Darlehensnehmer auf Rückzahlung des dem Partner des finanzierten Geschäfts zugeflossenen Darlehensbetrages zusteht, sondern ein unmittelbarer Bereicherungsanspruch gegen den Geschäftspartner des Darlehensnehmers[252].

Dieser Rechtsprechung des Bundesgerichtshofs folgten zunächst in der Regel die Ober- und Untergerichte. So entschied beispielsweise das Oberlandesgericht Stuttgart noch am 15.01.2001:

Bilden der Beitritt zu einem als Gesellschaft bürgerlichen Rechts verfassten geschlossenen Immobilienfonds und das Finanzierungsdarlehen eine wirtschaftliche Einheit, führt der Widerruf des Darlehens nach § 1 Abs. 1 Satz 1 HWiG auch zur Unwirksamkeit des Beitritts. Der Darlehensnehmer schuldet deshalb der Bank weder die Rückzahlung des Darlehens noch die Abtretung seines Gesellschaftsanteils. Dies gilt auch bei notarieller Beurkundung des Beitritts[253].

Erst nachdem der II. Zivilsenat des Bundesgerichtshofs im Jahre 2001 entschieden hatte, dass der Widerruf einer Beteiligung an einem geschlossenen Immobilienfonds aufgrund der auch in diesem Bereich anwendbaren Grundsätze über die fehlerhafte Gesellschaft lediglich dazu führt, dass der Gesellschafter seine

---

[251] BGH Urteil v. 16.05.2006, Az. XI ZR 6/04 WM 2006, 1194, 1996; BGH Urteil v. 28.10.2003, Az. XI ZR 263/02 WM 2003, 2410, 2411; BGH Urteil v. 26.11.2002, XI ZR 10/00 WM 2003, 64, 66.

[252] BGH Urteil v. 17.09.1996, Az. XI ZR 164/94 BGHZ 133, 254 = WM 1996, 2100 = NJW 1996, 3414.

[253] OLG Stuttgart Urteil v. 15.01.2001, Az. 6 U 35/00 m. Anm. Habersack ZIP 2001, 327 u. Armbrüster EWiR § 1 HWiG 3/01, 769; so schon OLG Stuttgart Urteil v. 30.03.1999, Az. 6 U 141/98 WM 1999, 2305 m. Anm. Hertel EWiR § 1 HWiG 2/99, 565 u. Edelmann BB 1999, 1455.

Beteiligung nur für die Zukunft (ex nunc) beenden kann mit der Folge, dass ihm bei Widerruf seiner Beitrittserklärung lediglich ein Abfindungsanspruch gegen die Fondsgesellschaft zusteht[254], gingen die Gericht dazu über, den Darlehensnehmer für verpflichtet anzusehen, der finanzierenden Bank die Darlehensvaluta einschließlich eines Nutzungsentgelts zurück zu bezahlen. Im Gegenzug sollte der Darlehensnehmer gegenüber der Bank keinen Anspruch auf Zahlung bereits erbrachter Zinsleistungen erhalten[255]. So hielt beispielsweise das OLG Stuttgart in seinem Urteil vom 29.07.2002, Az. 6 U 87/02 fest:

Der Darlehensnehmer ist bei Widerruf seines Darlehens verpflichtet, der Bank die Darlehensvaluta sowie ein Nutzungsentgelt zu erstatten. Im Gegenzug hierzu hat er gegenüber der Bank einen Anspruch auf Zahlung bereits erbrachter Zinsleistungen (Aufgabe der bisherigen Senatsrechtsprechung)[256].

Als dann der II. Zivilsenat in seinem Urteil v. 21.07.2003 im Zusammenhang mit dem Einwendungs- und Rückforderungsdurchgriff entschied, dass der Darlehensnehmer gegenüber der finanzierenden Bank die Rückzahlung des Kredits gem. § 9 Abs. 3 VerbrKrG insoweit verweigern kann, als ihm infolge der fristlosen Kündigung seiner Beteiligung an der Fondsgesellschaft gegen diese ein Abfindungsanspruch zusteht[257], wurden diese vom II. Zivilsenat des Bundesgerichtshofs entwickelten Grundsätze auch auf den Widerruf des Darlehensvertrages nach dem Haustürwiderrufsgesetz angewendet mit der Folge, dass die Bank sich bei Vorliegen eines verbundenen Geschäfts das Abfindungsguthaben auf ihren Rückzahlungsanspruch anrechnen lassen musste[258]. So entschied beispielsweise das Oberlandesgericht Stuttgart in seinem Urteil vom 09.03.2004, Az. 6 U 166/03:

Die Rückabwicklung des nach dem Haustürwiderrufsgesetz widerrufenen Darlehensvertrags erfolgt entsprechend dem Urteil des II. Zivilsenats des Bundesgerichtshofs vom 21.07.2003 (II ZR 387/02, ZIP 2003, 1592 = NJW 2003, 2821) in der Weise, dass der Kreditnehmer zur Rückzahlung der Darlehensvaluta einschließlich einer marktüblichen Verzinsung verpflichtet ist. Angesichts der Grundsätze der fehlerhaften Gesellschaft kann der Anleger (anders als in den vom XI. Zivilsenat des Bundesgerichtshofs durch Urteile vom 17.09.1996 entschiedenen Verfahren XI ZR 164/95 und 197/95, veröffentlicht in ZIP 1996, 1940 = NJW 1996, 3414 und ZIP 1996, 1943 = NJW 1996, 3416) die Rückzahlung nicht gänzlich verweigern. Die Bank muss sich jedoch den Wert des dem Anleger gegen die

---

[254] BGH Urteil v. 02.07.2001, Az. II ZR 304/00 BGHZ 147, 201 = WM 2001, 1464 m. Anm. Edelmann DB 2001, 2434.

[255] OLG Stuttgart Urteil v. 29.07.2002, Az. 6 U 87/02, BKR 2002, 828, 833 f. m. Besprechungsbeitrag Edelmann BKR 2002, 801 ff; OLG Stuttgart Urteil v. 29.07.2002, Az. 6 U 40/01 ZIP 2002, 1885, 1890.

[256] BKR 2002, 828.

[257] BGH Urteil v. 21.07.2003, Az. II ZR 387/02 BGHZ 156, 46 = ZIP 2003, 1592, 1594 = WM 2003, 1762.

[258] OLG Stuttgart Urteil v. 09.03.2004, Az. 6 U 166/03 ZIP 2004, 891, 898.

Gesellschaft bürgerlichen Rechts zustehenden Abfindungsguthaben zum Zeitpunkt des Widerrufs anrechnen lassen[259].

Bei dieser Rechtsprechung verblieb es wiederum nicht lange. Denn in Abänderung seiner in vorstehend erwähntem Urteil v. 21.07.2003 vertretenen Rechtsauffassung stellte sich der II. Zivilsenat des Bundesgerichtshofs in seinen Urteilen vom 14.06.2004[260] auf den Standpunkt, dass der Darlehensnehmer dem Rückzahlungsanspruch der Bank nicht nur seinen Abfindungsanspruch gegenüber der Fondsgesellschaft bei einem Verbundgeschäft entgegen halten kann, sondern dass der Kreditnehmer Zug um Zug gegen Übertragung des Fondsanteils von der Bank sämtliche an diese erbrachten Zins- und Tilgungsleistungen zurückverlangen kann, ohne selbst zur Rückzahlung der Darlehensvaluta verpflichtet zu sein[261]. Dieser Rechtsprechung des II. Zivilsenats hat sich der XI. Zivilsenat des Bundesgerichtshofs nunmehr in seinem Urteil vom 25.04.2006[262] angeschlossen und klargestellt:

Wenn der nach § 1 Abs. 1 HWiG widerrufene Darlehensvertrag und der finanzierte Fondsbeitritt ein verbundenes Geschäft i.S.v. § 9 Abs. 1 VerbrKrG bilden, erfordert der Zweck der gesetzlichen Widerrufsregelung, dass dem Darlehensgeber nach Widerruf kein Zahlungsanspruch gegen den Darlehensnehmer zusteht. Die Rückabwicklung hat in diesem Falle unmittelbar zwischen dem Kreditgeber und dem Partner des finanzierten Geschäfts zu erfolgen (Bestätigung von BGHZ 133, 254 ff = WM 1996, 2100).

Damit führte die Rechtsprechungsentwicklung hinsichtlich der Rechtsfolgen beim Widerruf eines mit dem Erwerbsgeschäft verbundenen Darlehens zurück zu den anfänglich dargestellten Rechtsfolgen entsprechend der Securenta-Rechtsprechung des XI. Zivilsenats des Bundesgerichtshofs aus dem Jahr 1996.

---

[259] ZIP 2004, 891 f. = OLGR 2004, 244.

[260] BGH Urteil v. 14.06.2004, Az. II ZR 395/01 BGHZ 159, 280 = WM 2004, 1521 u. Az. II ZR 385/02 WM 2004, 1527.

[261] So auch OLG Stuttgart Urteil v. 23.11.2004, Az. 6 U 76/04 WM 2005, 981 u. OLG Stuttgart Urteil v. 23.04.2004, Az. 6 U 82/03 WM 2005, 972.

[262] BGH Urteil v. 25.04.2006, Az. XI ZR 193/04 WM 2006, 1003, 1006.

C. Einwendungs- und Rückforderungsdurchgriff

I. Grundsatz

Nach § 9 Abs. 3 VerbrKrG a.F. kann der Verbraucher die Rückzahlung des Kredits verweigern, soweit Einwendungen aus dem verbundenen Kaufvertrag ihn gegenüber dem Verkäufer zur Verweigerung seiner Leistung berechtigen.

Gem. § 359 BGB kann der Verbraucher wiederum die Rückzahlung des Darlehens verweigern, soweit Einwendungen aus dem verbundenen Vertrag ihn gegenüber dem Unternehmer, mit dem er den verbundenen Vertrag geschlossen hat, zur Verweigerung seiner Leistung berechtigen. Dabei ist zwischenzeitlich anerkannt, dass § 9 Abs. 3 VerbrKrG a.F. und demgemäß auch § 359 BGB auf Kredite zur Finanzierung des Erwerbs einer Fondsbeteiligung anwendbar ist und sich nicht nur auf Fälle beschränkt, die dem Grundmodell des kaufrechtlichen Leistungsaustauschs entsprechen[263].

II. Ausschluss bei grundpfandrechtlicher Absicherung, Einschränkung bei Grundstücken oder grundstücksgleichen Rechten

Soweit Darlehen betroffen sind, welche von der Sicherung durch ein Grundpfandrecht abhängig gemacht und zu für grundpfandrechtlich abgesicherte Kredite

---

[263] BGH-Urteil v. 31.01.2005, Az. II ZR 200/03 ZIP 2005, 565; BGH-Urteil v. 15.11.2004, Az. II ZR 386/02, S. 5 f.; BGH-Urteil v. 11.10.2004, Az. II ZR 322/03, S. 6; BGH-Urteile v. 14.06.2004, Az. II ZR 393/02, WM 2004, 1529, ZIP 2004, 1394/1396 u. Az. II ZR 395/01, ZIP 2004, 1402/1405; BGH-Urteil v. 21.07.2003, Az. II ZR 387/02, WM 2003, 1762=ZIP 2003, 1592; a.A. BGH-Urteil v. 20.01.1997, Az. II ZR 105/96, NJW 1997, 1069/1070 für den Vereins- und/oder Genossenschaftsbeitritt; OLG Karlsruhe, Urteil v. 28.08.2002, Az. 6 U 14/02, ZIP 2003, 202/203; OLG Koblenz, Urteil v. 05.09.2002, Az. 5 U 1886/01, WM 2002, 2456/2459; OLG Dresden, Urteil v. 28.05.2001, Az. 8 U 498/01, WM 2002, 1881/1884; OLG Stuttgart, Urteil v. 29.07.2002, Az. 6 U 40/02, ZIP 2002, 1885/1891; Krümmel/Sauer, EWiR 2003, 169/170; Tiedtke, EWiR 2004, 177/178; Wallner, BKR 2003, 92/94 f.: derslb. BKR 2003, 799 f.; Balzer WuB I G 5.-9.03; Westermann ZIP 2002, 189/199 ff u. ZIP 2002, 240/245 ff; Edelmann, DB 2000, 2590 f.; derslb. BB 2000, 1855/1856; derslb. BKR 2002, 801/804.

üblichen Bedingungen gewährt wurden[264], ist die Heranziehung der Grundsätze über den Einwendungsdurchgriff gem. § 3 Abs. 2 Nr. 2 VerbrKrG a.F. sowie gem. § 491 Abs. 3 Nr. 1 BGB a.F. ausgeschlossen[265].

Ein Rückgriff auf die Grundsätze des Einwendungsdurchgriffs ist in diesen Fällen auch nicht über den „Umweg" des § 242 BGB möglich[266].

Europarechtliche Erwägungen, insbesondere auch die Verbraucherkreditrichtlinie 87/100/EWG des Rates vom 22.12.1986, rechtfertigen keine andere Sichtweise[267].

Nach der neuen, das Verbundgeschäft nunmehr regelnden Norm des § 358 BGB gilt dieser Ausschluss der Grundsätze über den Einwendungs- und Rückforderungsdurchgriff bei Realkreditverträgen nicht mehr. Denn anders als noch bei § 3 Abs. 2 Nr. 2 VerbrKrG a.F. differenziert § 358 Abs. 3 BGB nicht nach der Art des Darlehensvertrages (Personal- oder Realkredit). Maßgeblich ist vielmehr allein der Verwendungszweck des Darlehens[268]. Damit können nach neuem Recht auch der Realkreditvertrag und der damit zu finanzierende Immobilienerwerb verbundene Geschäfte i.S.v. § 358 BGB sein mit der Folge, dass auch beim Realkreditvertrag die Grundsätze des Einwendungs- und Rückforderungsdurchgriffs zur Anwendung gelangen können[269]. Allerdings ist zu berücksichtigen, dass ein Verbundgeschäft bei einem finanzierten Erwerb eines Grundstücks oder eines grundstücksgleichen Rechts nur in den engen, abschließend in § 358 Abs. 3 Satz 3 BGB aufgeführten Fällen, welche von ihren Tatbestandsmerkmalen an die von der Rechtsprechung des Bundesgerichtshof zur Haftung der Bank bei der Verletzung von Aufklärungspflichten anknüpfen, angenommen werden kann[270], so dass jedenfalls bei diesen Darlehen, bei welchen es sich in der Regel auch um Realkreditver-

---

[264] Vgl. hierzu oben B. XXII.
[265] BGH Urteil v. 09.04.2002, Az. XI ZR 91/99 BGHZ 150, 248 = NJW 2002, 1881, 1884 = WM 2002, 1181 m. Anm. Pap/Sauer ZfIR 2002, 523; Edelmann BKR 2003, 99; vgl. auch BGH Urteil v. 19.05.2000, Az. V ZR 322/98 ZIP 2000, 1098, 1099 = WM 2000, 1287 m. Anm. Münscher WuB I E 2. § 9 VerbrKrG 4.01.
[266] BGH Urteile v. 16.05.2006, Az. XI ZR 6/04 WM 2006, 1194, 1196 f. sowie Kern BKR 2006, 345; Az. XI ZR 48/04 Rn. 24; BGH Urteil v. 27.01.2004, Az. XI ZR 37/03 WM 2004, 620, 622.
[267] BGH Urteil v. 16.05.2006, Az. XI ZR 6/04 WM 2006, 1194, 1197 u.H.a. die Urteile des EuGH v. 25.10.2005, Az. Rs C-350/03 WM 2005, 2079 u. Rs C-229/04 WM 2005, 2086; zu diesen Urteilen des EuGH vgl. Sauer BKR 2006, 26; Lang/Rösler WM 2006, 513; Piekenbrock WM 2006, 466; Freitag WM 2006, 61; Thume/Edelmann BKR 2005, 477 m.j.w.N.
[268] Vgl. oben die Punkte B. XII. und XIV.
[269] Ob und inwiefern bei der Auslegung der Vorschrift des § 358 BGB die frühere jahrzehntelange Rechtsprechung unterschiedlicher Senate des Bundesgerichtshofs berücksichtigt werden wird, wonach der Realkreditvertrag und das finanzierte Grundstücksgeschäft grundsätzlich nicht als verbundene Geschäfte anzusehen sind – vgl. hierzu Punkt B. XIII. –, bleibt abzuwarten.
[270] Vgl. Punkt B. XIV.

III. Schaffung des Rückforderungsdurchgriffs

Das Leistungsverweigerungsrecht gem. § 9 Abs. 3 VerbrKrG a.F. bzw. § 359 BGB hat der II. Zivilsenat des Bundesgerichtshofs in einem Urteil v. 21.07.2003 zu einem Rückforderungsdurchgriffsrecht erweitert[271]. Zur Rechtfertigung und Begründung dieser „Innovation"[272] wurde vom II. Zivilsenat des Bundesgerichtshofs besonders hervorgehoben, dass die Gewährung des Rückforderungsdurchgriffs zu einem „gerechten" Ergebnis führe, weil der Bank lediglich das Insolvenzrisiko aufgebürdet werde, das Anlagerisiko wiederum allein beim Verbraucher verbleibe. Dies sei auch sachgerecht, da das Verbraucherkreditgesetz den Verbraucher nicht vor allen Folgen einer fehlerhaften Kapitalanlage schützen wolle. Zudem könne ein Verbraucher, der eine Beteiligung über einen Kredit finanziert, nach dem Grundgedanken des § 9 VerbrKrG a.F. nicht gegenüber einem Anleger, welcher seine Fondsbeteiligung durch Eigenmittel finanziert, privilegiert werden. Dem Anleger könne daher das Anlagerisiko nicht abgenommen werden[273].

Diese neue Rechtsprechung des II. Zivilsenats des Bundesgerichtshofs hatte zur Folge, dass der Kreditnehmer dem Rückzahlungsanspruch der die Beteiligung finanzierenden Bank den ihm gegenüber der Fondsgesellschaft zustehenden Abfindungsanspruch entgegenhalten konnte[274]. Dies wiederum führte dazu, dass der Kreditnehmer lediglich in Höhe seines Abfindungsanspruchs berechtigt war, dem finanzierenden Kreditinstitut Einwendungen entgegen zu halten. Soweit sein Abfindungsanspruch gegenüber der Fondsgesellschaft geringer ausfiel als der Rückzah-

---

[271] BGH Urteil v. 21.07.2003, Az. II ZR 387/02 BGHZ 156, 46 ff = WM 2003, 1762 = ZIP 2003, 1592; gegen einen Rückforderungsdurchgriff: Wallner BKR 2004, 367/371; Schwab ZGR 2004, 861/883 ff; Wolf/Großerichter ZfIR 2005, 41/45 ff; dieselben in WM 2004, 1993 ff; Ehricke, WuB IV A. § 172 BGB 3.05; OLG Schleswig, Urteil v. 02.06.2005, Az. 5 U 162/01, WM 2005, 1173 ff m. Beitrag Edelmann BKR 2005, 394; LG Heilbronn Urteil v. 06.04.2006, Az. 6 O 387/05 Ha S. 22; LG Berlin Urteil v. 08.03.2006, Az. 21 a O 145/05 S. 9.

[272] Schäfer JZ 2004, 258, 260.

[273] BGH Urteil v. 21.07.2003, Az. II ZR 387/02 BGHZ 156, 46 = ZIP 2003, 1592, 1595 = WM 2003, 1762.

[274] Vgl. BGH, Urteil v. 21.07.2003, Az. XI ZR 387/02, WM 2003, 1762, ZIP 2003, 1592/1595; OLG Köln, Urteil v. 24.03.2004, Az. 13 U 123/03, WM 2005, 557/559; vgl. Kindler, ZGR 2006, 167, 174, welcher zu Recht darauf hinweist, dass es bei streng akzessorischem Verständnis des Widerrufs- und Einwendungsdurchgriffs ausgeschlossen ist, gegenüber der Bank einen Rückzahlungsanspruch geltend zu machen, der im Verhältnis zur Gesellschaft wegen der Lehre von der fehlerhaften Gesellschaft überhaupt nicht besteht.

lungsanspruch der finanzierenden Bank, blieb der Kreditnehmer nach wie vor verpflichtet, an die finanzierende Bank die Differenz zwischen Abfindungs- und Darlehensrückzahlungsanspruch zu zahlen. Insoweit verfügte er über keinerlei Einwendungen i.S.v. § 9 Abs. 3 VerbrKrG a.F.[275]

Der Bundesgerichtshof stellte darüber hinaus fest, dass die Bank die Darlegungs- und Beweislast für das Bestehen und die Höhe des ihr gegen den Verbraucher noch zustehenden Anspruchs trägt. Deshalb ist sie auch hinsichtlich der Höhe des zu berücksichtigenden Abfindungsguthabens des Anlegers darlegungs- und beweispflichtig[276].

IV. Fortentwicklung des Rückforderungsdurchgriffsanspruchs

Ohne auf diese die Schaffung des Rückforderungsdurchgriffsanspruchs tragenden Argumente einzugehen, entschied der II. Zivilsenat des Bundesgerichtshofs in seinen Urteilen vom 14.06.2005, dass der Verbraucher im Wege des Rückforderungsdurchgriffs analog § 9 Abs. 2 Satz 4 VerbrKrG a.f. der finanzierenden Bank gegenüber nicht nur seinen etwaigen Anspruch gegen den Partner des Hauptgeschäfts, welcher in dem Anspruch auf Zahlung des Abfindungsguthabens gegen die Fondsgesellschaft besteht, entgegen halten kann, sondern darüber hinaus auch alle Ansprüche, die ihm gegenüber Prospektverantwortlichen, Gründungsgesellschaftern, maßgeblichen Betreibern, Managern etc. zustehen[277]. Damit hatte der II. Zivilsenat des Bundesgerichtshofs im Wege der Rechtsfortbildung die Norm des § 9 Abs. 2 Satz 4 VerbrKrG a.F. zu einem verschuldensunabhängigen Schadensersatzanspruch des Verbrauchers gegen die Bank fortentwickelt und damit dem Verbraucher die Möglichkeit eröffnet, das von ihm zur Erlangung von Steuervorteilen bewusst eingegangene wirtschaftliche Anlagerisiko auf die Bank abzuwälzen.

---

[275] So auch Westermann ZIP 2002, 240, 244 und Pap/Sauer ZfIR 2002, 523, 527.

[276] BGH Urteil v. 21.07.2003, a.a.O., ZIP 2003, 1592, 1596.

[277] BGH Urteil v. 14.06.2004, Az. II ZR 393/02 BGHZ 159, 294 = WM 2004, 1529 m. Anm. Lorenz LMK 2004, 153; BGH Urteil v. 14.06.2004, Az. II ZR 395/01 BGHZ 159, 280 = ZIP 2004, 1402, 1406 = WM 2004, 1521 m. Anm. Peters WuB IV D. § 5 HWiG 1.05; Leich LMK 2004, 202; Schlachter RIW 2004, 708; Derleder EWiR § 9 VerbrKrG 8/04, 1109; BGH Urteil v. 14.06.2004, Az. II ZR 374/02 ZIP 2004, 1407, 1408 m. Anm. Pfeifer EWiR § 358 BGB 1/05, 159 u. Doehner/Hoffmann ZIP 2004, 1884; vgl. auch BGH Urteil v. 31.01.2005, Az. II ZR 200/03 ZIP 2005, 565/566; BGH Urteil v. 15.11.2004, Az. II ZR 386/02, S. 7., a.A. Kindler, ZGR 2006, 167, 172 ff, welcher zu Recht darauf hinweist, dass schon der nach dem Tatbestand von § 358 Abs. 3 S. 1 BGB/§ 9 Abs. 1 Satz 1 VerbrKrG erforderliche Finanzierungszusammenhang bei Einbeziehung beliebiger Dritter fehlt und dass diese Rechtsfortbildung vom Normzweck der Figur des verbundenen Geschäfts, lediglich vor Aufspaltungsrisiken zu schützen, nicht gedeckt ist und der Anleger dann besser steht als bei einem einheitlichen Geschäft.

Nach diesen Grundsätzen konnte der Kreditnehmer der Bank gegenüber beispielsweise einwenden bzw. geltend machen:

- der Beitritt zur Immobiliengesellschaft verstoße gegen das Rechtsberatungsgesetz[278],
- gegen die Gründungsgesellschafter sei ein Strafurteil ergangen[279]
- ihm stünde ein Schadensersatzanspruch gegen die Gründungsgesellschafter zu, weil er von diesen durch bewusste Täuschung über die fehlende Werthaltigkeit der vom Mietgaranten übernommenen Mietgarantie zum Fondsbeitritt veranlasst wurde[280].
- gegenüber dem Initiator sei ein Strafurteil ergangen, in welchem festgestellt wurde, dass der Fondsprospekt die Anschaffungs- und Herstellungskosten um mehr als die Hälfte überhöht auswies. Dabei spiele es keine Rolle, ob die Täuschung durch den Prospekt oder durch den für die Fondsbetreiberseite tätigen Vermittler erfolgte. Auch sei es irrelevant, ob der Vermittler insoweit bös- oder gutgläubig war[281].
- Falschangaben im Prospekt hinsichtlich der Vertriebsprovisionen, selbst wenn diese unstreitig nicht von der Fondsgesellschaft selbst gezahlt wurden, sondern vom Initiator. Nach Auffassung des Gerichts habe nämlich in dem konkreten Fall eine wirtschaftliche Identität zwischen Fondsgesellschaft und Initiator vorgelegen[282]. In diesem Zusammenhang wurde auch die Rechtsprechung zum Schutzzweck der Norm bzw. zum konkreten inneren Zusammenhang zwischen Pflichtverletzung und Schaden für nicht anwendbar erklärt[283].

Der Kreditnehmer konnte sich auf das Bestehen von Ansprüchen gegenüber Dritten unabhängig davon berufen, ob die Kündigung des Fondsbeitritts rechtzeitig erfolgt und/oder unwirksam war[284].

Der Umstand, dass der Darlehensvertrag z.B. nach § 6 VerbrKrG nichtig ist, stand einem Rückforderungsdurchgriffsanspruch nicht entgegen[285].

---

[278] OLG Karlsruhe, Urteil v. 15.09.2004, Az. 19 U 170/03, wo auf den Gesichtspunkt der Grundsätze über die fehlerhafte Gesellschaft nicht eingegangen wird.
[279] OLG Dresden, Urteil v. 23.03.2005, Az. 8 U 2262/04.
[280] OLG Dresden, Urteil v. 23.03.2005, Az. 8 U 2262/04.
[281] BGH-Urteil v. 31.01.2005, Az. II ZR 200/03, ZIP 2005, 565/566; vgl. auch BGH-Urteil v. 25.10.2004, Az. II ZR 373/01; BKR 2005, 73.
[282] OLG Stuttgart, Urteil v. 26.09.2005, Az. 6 U 92/05 S. 15.
[283] OLG Stuttgart, Urteil v. 26.09.2005, Az. 6 U 92/05 S. 19.
[284] BGH-Urteil v. 21.07.2003, Az. II ZR 387/02, BGHZ 156, 46/53 ZIP 2003, 1592/1594 f.; BGH-Urteile v. 14.06.2004, Az. II ZR 374/02, ZIP 2004, 1407/1408 f.; BGH-Urteil v. 15.11.2004, Az. II ZR 386/02, S. 6; BGH-Urteil v. 31.01.2005, Az. II ZR 200/03, ZIP 2005, 565.

Weiter wurde teilweise vertreten, dass dem Rückforderungsdurchgriff auch nicht das so genannte „Windhundrennen" oder das „in einem Boot sitzen"-Argument entgegen steht[286].

Ob der Geltendmachung des Rückforderungsdurchgriffsanspruchs der Umstand zuwider läuft, dass das Darlehen seit langem getilgt oder vollständig abgelöst wurde, war bzw. ist streitig[287].

V. Einschränkung des Einwendungs- und Rückforderungsdurchgriffsanspruchs

1. Zu der in den Urteilen vom 25.04.2006 vorgenommenen Einschränkung

Die Einräumung eines derart weitgehenden Einwendungs- und Rückforderungsdurchgriffsanspruchs wurde durch die Entscheidung des für das Bankrecht zuständigen XI. Zivilsenats des Bundesgerichtshofs vom 25.04.2006[288] erheblich eingeschränkt.

Der Senat stellte fest, dass dann, wenn der Darlehensnehmer durch falsche Angaben zum Erwerb einer Fondsbeteiligung bewogen wurde, er bei Vorliegen eines verbundenen Geschäfts auch der die Fondsbeteiligung finanzierenden Bank seine Ansprüche gegen die Fondsgesellschaft entgegen halten und die Rückzahlung des Kredits verweigern kann, soweit ihm gegen die Fondsgesellschaft ein Abfindungsanspruch zusteht[289]. Folgte somit der XI. Zivilsenat des Bundesgerichtshofs den vom II. Zivilsenat in dem vorstehend unter Punkt C III. erwähnten Urteil vom 21.07.2003 aufgestellten Grundsätzen.

---

[285] BGH-Urteil v. 21.03.2005, Az. II ZR 411/02, WM 2005, 843/845.

[286] Vgl. Schwab ZGR 2004, 861/877; a.A. für das Verhältnis zwischen Kapitalanleger und Fondsgesellschaft OLG Stuttgart Urteil v. 29.07.2002, Az. 6 U 87/02 BKR 2002, 828, 831 f.; OLG Stuttgart OLGR 2001, 332, 337; OLG München ZIP 2000, 2295, 2302; OLG Celle ZIP 1999, 1128, 1129; OLG Frankfurt Urteil v. 05.04.2006, Az. 7 U 54/05.

[287] Gegen Rückforderungsdurchgriff LG Würzburg Urteil v. 06.01.2006, Az. 3 O 176/05 S. 8 f. unter Hinweis darauf, dass entsprechende Ansprüche des DN aufgrund der Ablösung verwirkt sind, Hinweis auf OLG Bamberg WM 2005, 593 f.; LG Stuttgart, Urteil v. 23.05.2005, Az. 21 O 26/05 S. 5.; LG Stuttgart, Urteil v. 27.07.2005, Az. 8 O 619/04, S. 9, wo darauf hingewiesen wird, dass die Gewährung eines über die Rückforderung der an den Vertragspartner geleisteten Zahlungen hinausgehenden Anspruchs von der richterlichen Rechtsfortbildungskompetenz nicht mehr gedeckt sei; a.A. OLG Stuttgart, Urteil v. 26.09.2005, Az. 6 U 92/05, S. 11 unter Hinweis darauf, dass Sinn und Zweck des § 9 VerbrKrG auch die Erschwerung der Verschuldung des Verbrauchers ist.

[288] BGH Urteil v. 25.04.2006, Az. XI ZR 106/05 WM 2006, 1066.

[289] BGH Urteil v. 25.04.2006, Az. XI ZR 106/05 WM 2006, 1066, 1070; BGH Urteil v. 21.07.2003, Az. II ZR 387/02 BGHZ 156, 46, 50, 51 = WM 2003, 1762; BGH Urteil v. 23.09.2003, Az. XI ZR 135/02 WM 2003, 2232.

V. Einschränkung des Einwendungs- und Rückforderungsdurchgriffsanspruchs

Die Geltendmachung weiterer Ansprüche im Rahmen des Einwendungsdurchgriffs lehnte der XI. Zivilsenat jedoch ab und stellte sich insoweit gegen die Rechtsprechung des II. Zivilsenats vom 14.06.2004 (vgl. Punkt C. IV.). Insbesondere soll der Darlehensnehmer etwaige ihm gegen Gründungsgesellschafter, Fondsinitiatoren, maßgebliche Betreiber, Manager und Prospektherausgeber zustehenden Ansprüche dem Rückzahlungsverlangen der finanzierenden Bank nicht entgegenhalten können[290].

Ob damit dem Kreditnehmer zugleich die vom II. Zivilsenat des Bundesgerichtshofs in den Urteilen vom 14.06.2004[291] sowie in den späteren Entscheidungen[292] eingeräumten weitergehenden Rückforderungsdurchgriffsrechte ebenfalls versagt bleiben, wurde bislang nicht eindeutig entschieden. Gegen die Gewährung solcher Ansprüche spricht der Umstand, dass der XI. Zivilsenat des Bundesgerichtshofs in seinem Urteil v. 25.04.2006[293] ausdrücklich festhielt, dass dem Kreditnehmer unter Berufung auf die Grundsätze über den Einwendungsdurchgriff nur die in dem Urteil des II. Zivilsenats des Bundesgerichtshofs vom 21.07.2003[294] eingeräumten Rechte zustehen. Dort wiederum hatte der Bundesgerichtshof aber gerade klargestellt, dass die Grundsätze über den Einwendungs- und Rückforderungsdurchgriff lediglich dazu führen, dass der Kreditnehmer unter Heranziehung der Regelungen über die fehlerhafte Gesellschaft nur in Höhe seines Abfindungsanspruchs gegen die Fondsgesellschaft von seinem Darlehensanspruch der finanzierenden Bank gegenüber befreit wird[295]. Hinzu kommt, dass der XI. Zivilsenat des Bundesgerichtshofs dem Kreditnehmer die nachfolgend wiedergegebenen „neuen" Ansprüche eingeräumt hat, so dass vieles dafür spricht, dass weitergehende Ansprüche dem Kreditnehmer nicht mehr zustehen.

---

[290] BGH Urteil v. 25.04.2006, Az. XI ZR 106/05 WM 2006, 1066, 1070; a.A. BGH Urteil v. 14.06.2004, Az. II ZR 395/01 BGHZ 159, 280, 291 f. = WM 2004, 1521; BGH Urteil v. 14.06.2004, Az. II ZR 393/02 BGHZ 159, 294, 312 f. = WM 2004, 1529; BGH Urteil v. 14.06.2004, Az. II ZR 374/02 WM 2004, 1525, 1526; BGH Urteil v. 28.06.2004, Az. II ZR 373/00 WM 2004, 1675; BGH Urteil v. 25.10.2004, Az. II ZR 373/01 BKR 2005, 73, 74; BGH Urteil v. 06.12.2004, Az. II ZR 394/02 WM 2005, 295, 297 m. Anm. Münscher WuB IV D. § 5 HWiG 2.05, wobei der II. Zivilsenat des BGH gegenüber dem XI. Zivilsenat des BGH erklärt hat, an seiner diesbezüglichen abweichenden Rechtsauffassung nicht mehr festzuhalten, vgl. hierzu BGH Urteil v. 25.04.2006, Az. XI ZR 106/05 WM 2006, 1066, 1070.

[291] Zu diesen Urteilen vgl. WM 2004, 1518 ff.

[292] Vgl. hierzu die im BGH Urteil v. 25.04.2006, Az. XI ZR 106/05 WM 2006, 1066, 1070 Rn. 28 aufgeführten Urteile.

[293] BGH WM 2006, 1060, 1070 Rn. 28.

[294] BGHZ 156, 46, 50, 51 = WM 2003, 1762.

[295] Vgl. hierzu auch OLG Köln Urteil v. 24.03.2004, Az. 13 U 123/03 WM 2005, 557/559 und Kindler ZGR 2006, 167, 174.

2. Anfechtung des Darlehensvertrags bei Täuschung im Bereich des Erwerbsgeschäfts

Nach Auffassung des XI. Zivilsenats des Bundesgerichtshofs erschöpfen sich die Rechte des Kapitalanlegers und Darlehensnehmers bei dessen arglistiger Täuschung durch einen Vermittler über die Fondsbeteiligung und einem verbundenen Geschäft nicht in den soeben unter Punkt C V. Nr. 1 genannten Rechten gegen die Fondsgesellschaft, die der Darlehensnehmer der Kredit gebenden Bank entgegen halten kann. Vielmehr ist der Anleger nach Ansicht des Bundesgerichtshofs berechtigt, den mit dem Anlagevertrag (Erwerbsgeschäft) verbundenen Darlehensvertrag als solchen nach § 123 BGB anzufechten, wenn die Täuschung auch für dessen Abschluss kausal war; von einer solchen Kausalität wird man wegen der wirtschaftlichen Einheit von Anlagegeschäft und Kreditvertrag regelmäßig ausgehen müssen[296].

3. Anspruch aus Verschulden bei Vertragsschluss

Anstelle der Anfechtung auch des Darlehensvertrages kann der über die Fondsbeteiligung getäuschte Kapitalanleger und Darlehensnehmer, etwa wenn die Anfechtungsfrist des § 124 Abs. 1 BGB verstrichen ist oder wenn es ausnahmsweise an der notwendigen Arglist fehlt, bei einem verbundenen Vertrag im Falle eines Vermögensschadens weiter einen Schadensersatzanspruch aus Verschulden bei Vertragsschluss gegen das das Darlehen gewährende Kreditinstitut geltend machen. Zur Vermeidung eines unvertretbaren Wertungswiderspruchs sei es nach Ansicht der Rechtsprechung bei einem verbundenen Geschäft geboten, der Bank nicht nur die arglistige Täuschung des Fonds- und Kreditvermittlers über die Fondsbeteiligung, sondern auch ein darin liegendes vorsätzliches Verschulden bei Vertragsschluss zuzurechnen[297].

VI. Notwendigkeit der Kündigung

Der Darlehensnehmer kann der finanzierenden Bank seine auf die Grundsätze des Einwendungs- und Rückforderungsdurchgriffs gestützten Ansprüche gegenüber der Fondsgesellschaft nur dann entgegenhalten, wenn er seine Fondsbeteiligung kündigt[298]. Das Kündigungsrecht kann der Darlehensnehmer im Falle eines verbundenen Geschäfts bereits dadurch ausüben, dass er als getäuschter Anleger dem Finanzierungsinstitut mitteilt, er sei durch Täuschung zum Erwerb der Beteiligung veranlasst worden; er muss dem Kreditinstitut dabei zugleich die Übernahme

---

[296] BGH Urteil v. 25.04.2006, Az. XI ZR 106/05 WM 2006, 1066, 1070.
[297] BGH Urteil v. 25.04.22006, Az. XI ZR 106/05 WM 2006, 1066, 1070.
[298] BGH Urteil v. 25.04.2006, Az. XI ZR 106/05 WM 2006, 1066, 1070.

seines Gesellschaftsanteils anbieten. Eine rechtsgestaltende Erklärung gegenüber dem Partner des Hauptgeschäfts ist somit nicht mehr erforderlich[299].

Das Recht zur fristlosen Kündigung der Beteiligung unterliegt nicht der Verjährung, sondern allenfalls der Verwirkung. Der Darlehensnehmer ist folglich nicht gehalten, die Kündigung innerhalb einer bestimmten Frist nach Kenntniserlangung von dem Mangel geltend zu machen. Das Kündigungsrecht ist jedoch verwirkt, wenn sich die Gesellschaft wegen der Untätigkeit des getäuschten Anlegers über einen gewissen Zeitraum hinweg (Zeitmoment) bei objektiver Beurteilung darauf einrichten durfte und tatsächlich auch eingerichtet hat, dass der Anleger von seinem Recht zur Kündigung keinen Gebrauch macht (Umstandsmoment) und die verspätete Geltendmachung folglich gegen den Grundsatz von Treu und Glauben verstößt[300].

VII. Notwendigkeit der Ergreifung von Maßnahmen im Verhältnis zu Dritten

Der Kapitalanleger kann der finanzierenden Bank Ansprüche aus seiner Anlagebeteiligung darüber hinaus nur dann entgegen halten, wenn die jeweiligen Ansprüche nicht bereits verjährt sind. Insofern ist er grundsätzlich verpflichtet, verjährungsunterbrechende bzw. hemmende Maßnahmen gegenüber Dritten zu ergreifen[301].

---

[299] BGH Urteil v. 14.06.2004, Az. II ZR 392/01 WM 2004, 1518, 1520; BGH Urteil v. 21.07.2003, Az. II ZR 387/02 BGHZ 156, 46 = WM 2003, 1762, 1784; a.A. noch BGH Urteile v. 27.06.2000, Az. XI ZR 174/99 NJW 2000, 3358, 3360 = WM 2000, 1685 u. Az. XI ZR 210/99 NJW-RR 2000 1576, 1577 = WM 2000, 1687, wobei der XI. Zivilsenat auf Anfrage des II. Zivilsenats erklärt hat, an dieser abweichenden Rechtsauffassung nicht mehr festzuhalten, vgl. hierzu BGH Urteil v. 21.07.2003, Az. II ZR 387/02 BGHZ 156, 46 = ZIP 2003, 1592, 1595 = WM 2003, 1762.

[300] BGH Urteil v. 21.07.2003, Az. II ZR 387/02 BGHZ 156, 46, 53 = ZIP 2003, 1592, 1594 f. = WM 2003, 1762.

[301] OLG Schleswig Urteil v. 02.06.2005, Az. 5 U 162/01 WM 2005, 1173, 1177 f., welches zu Recht darauf hinweist, dass es mit den Grundsätzen von Treu und Glauben nicht in Einklang zu bringen wäre, wenn es dem Darlehensnehmer gestattet wäre, seine Ansprüche gegen die Initiatoren und Gründer verjähren zu lassen, sich selbst aber bei der Bank schadlos zu halten und dieser dann die verjährten Ansprüche entsprechend § 255 BGB abzutreten.; LG Heilbronn Urteil v. 06.04.2006, Az. 6 O 387/05 Ha S. 23; LG Köln Urteil v. 30.08.2005, Az. 3 O 595/04 S. 23; a.A. KG Urteil v. 28.06.2005, Az. 4 U 77/03 WM 2005, 2218 = ZIP 2006, 366; LG Stuttgart Urteil v. 27.07.2005, Az. 8 O 619/04 S. 8; so wohl auch OLG Stuttgart Urteil v. 26.09.2005, Az. 6 U 52/05 ZIP 2005, 2152, 2156.

D. Vertragsabschluss durch Dritte – Wirksamkeit von Vollmachten im Rahmen sog. Treuhandmodelle

Besonderer Beliebtheit erfreuten sich – vor allem Anfang/Mitte der 90-er Jahre – Anlagemodelle, die sich dadurch auszeichneten, dass der künftige Erwerber einer Eigentumswohnung oder eines Fondsanteils eine dritte Person (Treuhänder) im Rahmen eines Geschäftsbesorgungsvertrages beauftragte und umfangreich bevollmächtigte, sämtliche im Zusammenhang mit dem Erwerb und der Unterhaltung des Anlageobjekts stehende Verträge in seinem Namen abzuschließen. Darunter fiel nicht nur der Abschluss des Immobilienkaufvertrages bzw. – beim Erwerb von Fondsanteilen – des Gesellschaftsbeitrittsvertrages. Regelmäßig von der Vollmacht umfasst waren auch die Vornahme bzw. der Abschluss nachfolgender Rechtsgeschäfte: Finanzierungsvermittlungsverträge, Darlehensvereinbarungen, Sicherheitenverträge, Verwalterverträge, Miet- und Mietgarantieverträge, Eröffnung, Führung und Auflösung von Konten bei Kreditinstituten. Als Treuhänder fungierten in vielen Fällen juristische Personen, deren Namensbezeichnung auf eine steuerberatende Tätigkeit der Gesellschaft schließen ließ (z.B. „Steuerberatungsgesellschaft XY GmbH").

Während Rechtsprechung und Literatur über die bis dato höchstrichterlich noch nicht entschiedene Frage diskutierten, ob eine Vollmacht, mittels derer ein Verbraucherkreditvertrag abgeschlossen wird, dem Angabenerfordernis des VerbrKrG a.F. genügen muss[302], rückte durch eine Entscheidung des IX. Zivilsenats des BGH vom 28.09.2000[303] das bislang in diesem Zusammenhang kaum beachtete und heute – insbesondere aus europäischer Sicht – nicht unumstrittene Rechtsberatungsgesetz (RBerG) aus dem Jahre 1935 in den Mittelpunkt des juristischen Interesses[304]. Ein Notar wurde wegen einer Amtspflichtverletzung bei einer Beurkundung auf Schadensersatz in Anspruch genommen, weil er das Angebot auf Abschluss eines Geschäftsbesorgungsvertrages einschließlich Vollmacht wegen eines Verstoßes gegen das RBerG nicht hätte beurkunden dürfen.

---

[302] Nunmehr geklärt, vgl. BGH WM 2001, 1024; 2001, 1663.
[303] BGH WM 2000, 2443.
[304] BVerfG ZIP 2002, 624; NJW 2000, 1251.

I. Anwendbarkeit des Rechtsberatungsgesetzes im Allgemeinen

Nach Art. 1 § 1 Abs. 1 RBerG darf die geschäftsmäßige Besorgung fremder Rechtsangelegenheiten einschließlich der Rechtsberatung und der Einziehung fremder oder zu Einziehungszwecken abgetretener Forderungen – ohne Unterschied zwischen haupt- und nebenberuflicher oder entgeltlicher und unentgeltlicher Tätigkeit – nur von Personen betrieben werden, denen dazu von der zuständigen Behörde die Erlaubnis erteilt worden ist. Von der Erlaubnispflicht werden Tätigkeiten erfasst, die darauf gerichtet und geeignet sind, konkrete fremde Rechtsverhältnisse zu gestalten; dies ist insbesondere dann der Fall, wenn die Verträge von einem Geschäftsbesorger im Namen eines Dritten abgeschlossen werden. Ob der Geschäftsbesorger dabei einen inhaltlichen Gestaltungsspielraum hat oder ob er allgemein verwendete Vertragsformulare benutzt, ist unerheblich[305].

Im Lichte des Art. 12 GG bedarf es einer sorgfältigen Prüfung, ob eine angebotene Dienstleistung als Besorgung fremder Rechtsangelegenheiten oder nur als kaufmännische Hilfeleistung von untergeordneter Bedeutung einzuordnen ist[306]. Über solche einfachen Dienstleistungen gehen nach Ansicht des BGH die Tätigkeiten des Geschäftsbesorgers durch die Vielzahl der abzuschließenden Verträge und des damit verbundenen mannigfaltigen Beratungsbedarfs hinaus[307].

Nach Art. 1 § 5 Nr. 1 RBerG bedarf es keiner behördlichen Erlaubnis, wenn kaufmännische oder sonstige gewerbliche Unternehmer für ihre Kunden rechtliche Angelegenheiten erledigen, die mit einem Geschäft ihres Gewerbebetriebs in unmittelbarem Zusammenhang stehen. Dabei muss es sich um eine Hilfs- oder Nebentätigkeit handeln, die sich im Rahmen der eigentlichen Berufsaufgabe vollzieht und deren Zweck dient, ohne dass sie untergeordnet zu sein braucht. Die Rechtsbesorgung darf jedoch nicht selbständig neben die anderen Berufsaufgaben treten oder gar im Vordergrund stehen[308]. Die Ausnahmeregelung setzt demnach voraus, dass der Unternehmer überhaupt zwei Geschäfte besorgt, und zwar ein zu seiner eigentlichen Berufsaufgabe gehörendes Hauptgeschäft, das keine Rechtsbesorgung darstellt, und ein notwendiges Hilfsgeschäft, das an sich nach Art. 1 § 1 Abs. 1 RBerG erlaubnispflichtig ist. Wird die Besorgung fremder Rechtsangelegenheiten als Hauptgeschäft oder einziges Geschäft betrieben, so entfällt, wenn die notwendige Erlaubnis fehlt, ohne weiteres die Möglichkeit einer Anwendung des Art. 1 § 5 RBerG[309].

---

[305] BGH WM 2000, 2443, 2444; NJW 1987, 3003, 3004; BGHZ 38, 71, 75; 48, 12, 19.
[306] BVerfG BB 2003, 1751; ZIP 2002, 2048; NJW 1998, 3482 f.; OLG München WM 2002, 2460.
[307] BGH WM 2000, 2443, 2445.
[308] BGH WM 2000, 2443, 2445; 1978, 33; 1988, 26.
[309] BGH WM 2000, 2443, 2445; NJW 1987, 3005.

In seinem Urteil vom 28.09.2000 hatte sich der BGH auf den Standpunkt gestellt, dass der zwischen dem Erwerber und dem Treuhänder einer steuerbegünstigten Immobilienanlage geschlossene Geschäftsbesorgungsvertrag wegen eines Verstoßes gegen das RBerG nach Art. 1 § 1 Abs. 1 RBerG i.V.m. § 134 BGB unwirksam ist, nachdem eine entsprechende behördliche Erlaubnis nicht vorlag[310]. Diese Ansicht entspricht mittlerweile der ständigen Rechtsprechung des BGH sowie der hM in der Literatur[311].

II. Anwendbarkeit des Rechtsberatungsgesetzes im Besonderen

1. Erlaubnispflicht nach dem RBerG, wenn der Geschäftsführer der Treuhand-GmbH Rechtsanwalt ist

Nach Ansicht des BGH bedarf eine GmbH, die rechtsberatend tätig wird, auch dann einer Erlaubnis nach dem RBerG, wenn ihr Geschäftsführer als Anwalt zugelassen ist[312]. Das Urteil verwundert deshalb, weil nach Art. 1 § 3 Ziff. 2 RBerG die Berufstätigkeit u.a. der Rechtsanwälte sowie der Rechtsanwaltsgesellschaften, die durch im Rahmen ihrer beruflichen Befugnisse handelnde Personen tätig werden, durch das RBerG nicht berührt wird. Der BGH begründet dies damit, dass Vertragspartner und Treuhänder nicht der Rechtsanwalt selbst war, sondern die GmbH, welche wiederum über keine Erlaubnis zur Rechtsbesorgung verfügte. Bei eventuellen Vertragsverletzungen hafte nämlich lediglich die juristische Person, während bei einer Direktmandatierung der Anwalt persönlich für Versäumnisse einzustehen habe. Im Erlaubnisverfahren überprüfe die Zulassungsbehörde nicht nur Eignung, Sachkunde und Zuverlässigkeit der von der juristischen Person namentlich zu benennenden ausübungsberechtigten natürlichen Personen, sondern prüfe auch die Zuverlässigkeit, insbesondere die wirtschaftlichen Verhältnisse, der juristischen Peson selbst[313].

Diese Auffassung überzeugt bereits dann nicht, wenn die Vermögensverhältnisse der GmbH über jeden Zweifel erhaben sind; falls darüber hinaus die GmbH eine entsprechende Haftpflichtversicherung abgeschlossen hat, dürfte eine Berufung auf die wirtschaftlichen Verhältnisse nur noch dann in Betracht kommen, wenn die GmbH nicht mehr in der Lage ist, die Versicherungsbeiträge zu erbringen.

---

[310] BGH WM 2000, 2443, 2446.

[311] BGH ZfIR 2001, 123 mit Anmerkung Bruchner, S. 128; BGH BKR 2004, 236, 237; BGH WM 2004, 1221, 1223, dazu Schwintowski in EWiR 2004, 95; BGH WM 2004, 1227, 1228; BGH WM 2004, 1230, 1231, dazu Mues in EWiR 2005, 61; BGH ZIP 2005, 69, 72, dazu Medicus in EWiR 2005, 231; BGH WM 2005, 72, 73; BGH ZIP 2005, 521, 522, dazu Madaus in EWiR 2005, 365; BGH WM 2004, 2349, 2352.

[312] BGH ZIP 2005, 896, 897; dazu Kleine-Cosack in EWiR 2005, 515.

[313] BGH ZIP 2005, 896, 897; Taupitz JZ 1994, 119, 1106; NJW 1995, 369.

Das Kernproblem liegt jedoch im RBerG selbst. Wie *Kleine-Cosack* zu Recht feststellt, liegt der vorrangige Zweck des RBerG im Schutz des Rechtssuchenden vor unqualifizierter Rechtsberatung. Folglich besteht nach seiner Ansicht gerade kein Erlaubnisvorbehalt, wenn im konkreten Fall ein Schutzbedürfnis zu verneinen ist[314]. Zudem ist erkennbar geworden, dass die Rechtsprechung mittlerweile einen Kurswechsel eingeleitet und zum Teil bereits vollzogen hat, wonach statt der bisherigen exzessiven formellen Auslegung einer inhaltlichen Abwägung (Berufsfreiheit versus qualifizierte Rechtsberatung) der Vorzug zu geben ist[315].

Wenn deshalb eine GmbH, vertreten durch einen zugelassenen Rechtsanwalt als Geschäftsführer, durch genau diesen Rechtsanwalt Rechtsberatung erteilt, ist ein Schutzbedürfnis für das Erfordernis einer Erlaubnis nicht gegeben, weil nicht erkennbar ist, warum die Rechtsberatung schlechter sein soll, nur weil Vertragspartner des Rechtssuchenden nicht der Anwalt selbst, sondern die von ihm vertretene GmbH ist.

2. Anwendbarkeit des RBerG bei geschlossenen Immobilienfonds in der Rechtsform der Gesellschaft bürgerlichen Rechts

Nach dem Inhalt vieler Gesellschaftsverträge bei geschlossenen Immobilienfonds besteht der Zweck solcher, häufig aus steuerrechtlichen Erwägungen gegründeter Gesellschaften – meist in Form einer GbR – im Erwerb, der Sanierung und dem Halten von Grundbesitz oder grundstücksgleicher Rechte bzw. im Erwerb der wirtschaftlichen Stellung eines Eigentümers von Grundbesitz und deren Bebauung, wirtschaftliche Nutzung etc. Aus steuerlichen Gründen wurden dabei häufig die Investitionen hinsichtlich Erwerb und Sanierung getrennt behandelt; dies war insbesondere für Anlagen in Berlin interessant. So konnten Kosten der Dachgeschossausbauten gem. § 14a BerlinFG mit bis zu 50% im Jahr der Fertigstellung und in den beiden Folgejahren abgeschrieben werden. Nach § 14b BerlinFG konnten die Kosten der Modernisierungsmaßnahmen im Jahr der Beendigung der Modernisierungsmaßnahmen und in den beiden folgenden Jahren mit bis zu 50% und der Restwert in den folgenden 5 Jahren in gleichen Raten abgeschrieben werden. Die regelmäßig über einen Treuhänder abgewickelte Finanzierung baute dabei auf zwei Säulen auf. Zum einen erhielt der Gesellschafter ein Einzeldarlehen zum Zwecke des Erwerbs der Gesellschaftsbeteiligung an sich (Beitritt des Gesellschafters in die Gesellschaft); mit der Summe dieser Gelder erwarb die BGB-Gesellschaft die Altsubstanz. Zum anderen nahm die Gesellschaft ein Darlehen auf, um die Sanierung vornehmen zu können.

Das OLG Brandenburg sieht in der umfassenden Geschäftsbesorgung einer GmbH für einen geschlossenen Immobilienfonds in der Rechtsform der GbR

---

[314] Kleine-Cosack NJW 2003, 3009, 3011; BB 2003, 1737.
[315] Kleine-Cosack NJW 2003, 3009; BVerfG NJW 2002, 2531; NJW 1998, 3481; ZIP 2002, 449; NJW 2002, 2531; BGH NJW 2002, 2879; NJW 2003, 819.

selbst dann keinen Verstoß gegen das Rechtsberatungsgesetz, wenn die GmbH nicht selbst Gesellschafter der GbR ist (Prinzip der Fremdorganschaft)[316]. Nach Ansicht des BGH, der die Beschwerde gegen die Nichtzulassung der Revision zurückgewiesen hat, ist die Treuhänderin insoweit als Geschäftsführerin der BGB-Gesellschaft und damit außerhalb des Anwendungsbereiches des RBerG tätig geworden[317]. Der Darlehensvertrag mit der GbR ist selbst dann nicht nichtig, wenn als Vertreter der wegen Verstoßes gegen das RBerG hinsichtlich des Einzeldarlehens nicht wirksam bevollmächtigte Treuhänder für den Fonds handelt, soweit das Darlehen nur dem Gesellschaftszweck dient[318]. Hintergrund ist dabei die Überlegung, dass eine BGB-Gesellschaft, deren Geschäfte ein nicht zum Kreis der Gesellschafter zählender Dritter führt, zwar nicht dem gesetzlichen Regeltyp entspricht, aber rechtlich zulässig ist. Das Verbot der Fremdorganschaft stehe nur einem Ausschluss aller Gesellschafter von Geschäftsführung und Vertretung und deren Übertragung auf Dritte entgegen. Damit vereinbar sei es aber, dass die Gesellschafter im Gesellschaftsvertrag einen Dritten, wenn sie nur selbst die organschaftliche Geschäftsführungs- und Vertretungsbefugnis behalten, in weitem Umfange mit Geschäftsführungsmaßnahmen betrauen und ihm eine umfassende Vollmacht erteilen[319]. Daraus folgt, dass das RBerG dann nicht anwendbar ist, wenn der „Dritte" in Wahrnehmung organschaftlicher Geschäftsführungs- und Vertretungsbefugnisse handelt, weil er dann keine Besorgung fremder Rechtsangelegenheiten i.S.d. Art. 1 § 1 RBerG vornimmt. Eine Personenvereinigung, wie eine Gesellschaft bürgerlichen Rechts, ist nur handlungsfähig, wenn natürliche Personen für sie handeln. Bestellt diese jemanden, für sie Rechtsangelegenheiten vorzunehmen, so ist dies keine fremde Tätigkeit, auch wenn es nicht eine eigene Angelegenheit der handelnden natürlichen Person ist. Die handelnde Person ist demnach wie ein Angestellter der Gesellschaft zu behandeln[320].

Mittlerweile findet das Rechtsberatungsgesetz nach fast einhelliger Auffassung der Obergerichte und des BGH von vorn herein keine Anwendung auf Personen, die für eine Gesellschaft bürgerlichen Rechts in deren Auftrag diejenigen Geschäfte tätigen, die zur Erreichung des Gesellschaftszwecks notwendig und erforderlich sind. Dies gilt unabhängig davon, ob der Handelnde Gesellschafter ist oder

---

[316] OLG Brandenburg WM 2005, 463; OLG Düsseldorf, Beschluss vom 20.05.2005, 16 U 150/04, S. 2; im Ergebnis auch OLG München, Urt. vom 06.05.2005, Az. 19 U 4265/03, das den Abschluss von Darlehensverträgen in Konstellationen der vorliegenden Art generell nicht als unerlaubte Rechtsberatung ansieht, weil allein durch den Abschluss des Darlehensvertrages die unerlaubte Rechtsberatung in keiner Weise gefördert wird (vgl. auch BGH NJW-RR 2003, 1203).

[317] BGH, Beschluss vom 21.12.2004, Az. XI ZR 313/03; BGH WM 2005, 1520; Schimansky WM 2005, 2209, 2210.

[318] KG WM 2005, 549; BGH WM 2005, 1698.

[319] BGH WM 1982, 583; 1982, 40.

[320] LG Berlin, Urteil vom 30.03.2004, Az. 4a O 133/03; LG Berlin, Urteil vom 16.06.2005, Az. 4a O 45/05; LG Berlin, Urteil vom 29.06.2005, Az. 21a O 62/05.

nicht[321]. Abgesehen davon, dass es hier nicht – wie vom RBerG verlangt – um die Wahrnehmung fremder Rechtsangelegenheiten, sondern um die Umsetzung organschaftlicher Vertretungsregelungen und damit um die Verfolgung eigener Rechtsangelegenheiten geht, wird nach Ansicht des BGH außer Acht gelassen, dass der Vertrag, durch den eine GbR einem Nichtgesellschafter umfassend die Aufgaben der Geschäftsführung überträgt, im Schwerpunkt nicht auf die Besorgung von Rechtsangelegenheiten, sondern auf die Wahrung wirtschaftlicher Belange gerichtet ist[322].

Im Ergebnis steht der Gesellschafter deshalb vor dem Problem, dass die ausschließlich in seinem Namen abgeschlossene, dem Gesellschaftsbeitritt dienende Darlehensvereinbarung unwirksam sein kann, der von der Gesellschaft bürgerlichen Rechts aufgenommene Kredit aber keinen Wirksamkeitsbedenken begegnet, obwohl ein und dieselbe Person als Vertreter aufgetreten ist.

Die Rechtsprechung des BGH zur Anwendbarkeit des Rechtsberatungsgesetzes auf Vertretungsorgane einer Gesellschaft bürgerlichen Rechts ist nicht unbedenklich, im Ergebnis allerdings richtig. In seiner grundlegenden Entscheidung vom 29.01.2001 hat sich der BGH statt der bisher vorherrschenden Doppelverpflichtungstheorie der sog. Akzessorietätstheorie zugewandt[323]. Die Haftung der Gesellschafter einer Gesellschaft bürgerlichen Rechts bezieht sich analog § 128 HGB auf grundsätzlich alle Verbindlichkeiten der Gesellschaft gegenüber Dritten; soll diese Außenhaftung eingeschränkt werden, bedarf es grundsätzlich einer Individualvereinbarung mit dem entsprechenden Gläubiger[324]. Wenn aber die Geschäftsführung einer GbR die Gesellschafter über die Akzessorietätstheorie, also quasi automatisch, auch mit ihrem persönlichen Vermögen binden kann, ohne dass die Haftung auf das Gesellschaftsvermögen beschränkt bleibt, stellt sich die Frage, ob die Geschäftsführung dann nicht doch fremde Rechtsangelegenheiten im Sinne des RBerG besorgt[325]. Dies muss wohl verneint werden, nachdem der Immobilienfonds-GbR mittlerweile eine eigene Rechts- und Parteifähigkeit besitzt[326]. Folglich ist auch eine Unterscheidung nach der Rechtsform der Immobiliengesellschaft (z.B. GmbH als echte juristische Person oder BGB-Gesellschaft als Personenvereinigung) nicht mehr entscheidend dafür, ob tatsächlich fremde oder im Wege der organschaftlichen Vertretung eigene Rechtsangelegenheiten besorgt werden.

---

[321] BGH WM 2005, 1698, 1700; 1982, 583; KG WM 2005, 549; Ulmer in: Münchener Kommentar, BGB, 4. Aufl., 2005, § 709 Rdr. 6 m. w. N.

[322] BGH ZIP 2006, 1622, 1624; anders Ulmer ZIP 2005, 1341, 1343 f.).

[323] BGH ZIP 2001, 330; dazu Prütting in: EWiR 2001, 341; BGH ZIP 1999, 1755; 2002, 851; 2003, 664; 2003, 899; 2001, 1364; Ulmer ZIP 2003, 1113.

[324] Ulmer ZIP 2003, 1113, 1122.

[325] Vgl. hierzu auch OLG Schleswig WM 2006, 1384 m. Anm. Hertel WuB IV A. § 779 BGB 1.06.

[326] Aigner in: EWiR 2005, 417 m. w. N.

III. Auswirkungen auf die Vollmacht

Die Rechtsprechung des IX. Zivilsenats[327] hatte der III. Zivilsenat insoweit übernommen und weiter vertieft, als sich aus der Nichtigkeit des Geschäftsbesorgungsvertrages zugleich die Unwirksamkeit der umfassenden Vollmacht ergebe, da es mit dem Zweck des Verbots nach dem RBerG unvereinbar sei, die gesetzlich missbilligte Tätigkeit zu Ende zu führen und den Rechtsuchenden auf Schadensersatzansprüche zu verweisen[328]. Dabei sei es ohne Belang, dass es sich bei einer Vollmacht um ein einseitiges empfangsbedürftiges Rechtsgeschäft handelt und dass sich das Verbot nicht gegen den Vollmachtgeber richtet. Die Anwendbarkeit des § 139 BGB ließ der Senat offen.

Die Linie des XI. Zivilsenats des BGH war zunächst gekennzeichnet von zwei Entscheidungen vom 18.09.2001 sowie vom 14.05.2002[329]. Im Gegensatz zum III. Senat führte der XI. Senat aus, dass die Nichtigkeit des Treuhandvertrages nicht ohne weiteres die der Treuhänderin erteilten Vollmacht umfasst. Vielmehr komme es entscheidend darauf an, ob die Vollmacht mit dem Grundgeschäft nach dem Willen der Parteien zu einem einheitlichen Rechtsgeschäft im Sinne von § 139 BGB verbunden war.

Der Rechtsprechung, wonach eine eventuelle Nichtigkeit des Geschäftsbesorgungsvertrages die erteilte Vollmacht zum Abschluss des Darlehensvertrages nicht umfasst, hatte sich zunächst auch das OLG München angeschlossen[330]. Wenn nämlich die Anwendbarkeit des § 139 BGB nach dem Willen der Vertragspartner durch eine salvatorische Klausel ausgeschlossen worden sei, wird die durch die Zusammenfassung von Grundgeschäft und Vollmacht in einer Urkunde bestehende Vermutung des Einheitlichkeitswillens[331] durch die ausdrückliche Erklärung der Parteien widerlegt.

Mittlerweile besteht allerdings Einigkeit aller Senate des BGH darin, dass die nach § 134 BGB gegebene Nichtigkeit neben dem Treuhandvertrag auch die zur Ausführung der übertragenen Geschäftsführung erteilte Vollmacht erfasst[332]. Denn das Verbot unerlaubter Rechtsberatung soll die Rechtssuchenden vor einer unsachgemäßen Erledigung ihrer rechtlichen Angelegenheiten schützen und im Interesse einer reibungslosen Abwicklung des Rechtsverkehrs fachlich ungeeignete oder unzuverlässige Personen von der geschäftsmäßigen Besorgung fremder

---

[327] BGH WM 2000, 2443.

[328] BGH WM 2001, 2260 mit Anm. Maaß in: WuB VIII D. Art. 1 § 1 RBerG 2.02; Derleder ZfIR 2002, 1 ff; Ganter WM 2001, 195.

[329] BGH WM 2001, 2113 mit Anm. Balzer in: WuB VIII D. Art. 1 § 1 RBerG 5.02; BGH WM 2002, 1273 mit Anm. R. Koch in: WuB I G 5. –5.02.

[330] BGH WM 2002, 2460 mit Anm. Hertel in: WuB VIII D. Art. 1 § 1 RBerG 3.03.

[331] BGH WM 2001, 2113, 2115.

[332] BVerfG NJW 2002, 1190; BGH WM 2003, 1064; 2003, 918; 2004, 1529; 2004, 1536; OLG Düsseldorf WM 2005, 881.

Angelegenheiten fernhalten[333]. Dieser Zweckrichtung liefe es nach Ansicht der Rechtsprechung zuwider, dem Rechtsberater – trotz Unwirksamkeit des zugrunde liegenden Geschäftsbesorgungsvertrages – die rechtliche Befugnis zu belassen, seine gesetzlich missbilligte Tätigkeit zu Ende zu führen und in bindender Weise Rechtsgeschäfte zu Lasten seiner durch die Verbotsnormen geschützten Auftraggeber abzuschließen. Nur bei Unwirksamkeit auch der Vollmacht kann ein sachgemäßer, dem Ziel des Gesetzes entsprechender Schutz erreicht werden[334].

Die Argumentation überzeugt nur teilweise. Wenn es nach dem RBerG in erster Linie darum geht, die unsachgemäße Erledigung rechtlicher Angelegenheiten durch fachlich ungeeignete oder unzuverlässige Personen zu verhindern, dann fragt sich, warum eine GmbH, die durch einen als Anwalt zugelassenen und als solchen auch tätigen Geschäftsführer vertreten wird, eine schlechtere Rechtsberatung abliefert als der Anwalt selbst[335]. Zudem ist die Vollmacht für sich allein betrachtet eine einseitige empfangsbedürftige, vom Vollmachtgeber abzugebende Willenserklärung, die nicht deshalb unwirksam wird, weil der Empfänger dieser Willenserklärung (Treuhänder) keine behördliche Erlaubnis nach Art. 1 § 1 Abs. 1 RBerG besitzt. Die aktuelle Rechtsprechung des BGH würde sich schließlich über den Willen der Parteien hinwegsetzen, wenn diese durch eine sog. salvatorische Klausel eine Verknüpfung der Wirksamkeit von Vollmacht und Treuhand- bzw. Geschäftsbesorgungsvertrag ausdrücklich nicht wünschen[336].

IV. Auswirkungen auf einen Zeichnungsschein

Im Zusammenhang mit der Beteiligung an kreditfinanzierten Fondsmodellen kommt es häufig vor, dass die Anlageinteressenten neben dem mit einer umfangreichen Vollmacht zugunsten des Treuhänders ausgestatteten Geschäftsbesorgungsvertrag einen sogenannten Zeichungsschein unterschreiben, mit dem er den Treuhänder beauftragt, für ihn den Beitritt zur Fondsgesellschaft zu bewirken. Diese Zeichnungsscheine enthalten nicht selten – ebenfalls zu Gunsten des Treuhänders – Vollmachten zum Abschluss des Finanzierungsdarlehens. Nach Ansicht des BGH verstoßen derartige Vollmachten nicht gegen das Rechtsberatungsgesetz, weil sie nicht den Abschluss eines ganzen Bündels von Verträgen mit mannigfaltigem rechtlichen Beratungsbedarf zum Gegenstand haben[337]. Kern und Schwerpunkt liege hier überwiegend auf wirtschaftlichem Gebiet, nämlich der Eigenkapitalbeschaffung der Gesellschafter, während die rechtliche Seite der Angelegenheit nicht im Vordergrund stehe.

---

[333] BGH WM 2003, 2372; 2003, 2375; BVerfG NJW 2002, 1190.
[334] BGH WM 2003, 1064; 2003, 918.
[335] BGH ZIP 2005, 896.
[336] So auch Ganter WM 2001, 195.
[337] BGH Urteil v. 10.10.2006 Az. XI ZR 265/05 Rn. 18 ff. u. 24f.; BGH WM 2006, 1008; OLG München ZIP 2005, 1592.

Ob die Vollmacht im Zeichnungsschein von der Nichtigkeit des Geschäftsbesorgungsvertrages sowie der darin enthaltenen Bevollmächtigung erfasst wird hängt von §139 BGB ab[338]. Dabei ist zu berücksichtigen, dass das parallele Nebeneinander mehrerer gleich lautender Vollmachten, wovon eine unwirksam und die andere wirksam ist von den Vorschriften des Stellvertretungsrechts nicht ausgeschlossen ist[339]. Ob mit Blick auf § 139 BGB ein einheitliches Rechtsgeschäft[340] vorliegt, muss schon mangels Vorliegens eines entsprechenden Einheitlichkeitswillens bezweifelt werden, wenn der Zeichnungsschein mit „Auftrag und Vollmacht" überschrieben ist und tatsächlich ausdrücklich die Erteilung einer Vollmacht zur Aufnahme eines Finanzierungskredites enthält. Anderenfalls würde einer solchen Vollmachtserteilung jeglicher Sinngehalt genommen werden[341].

Wenn also mehrere Vollmachten vorliegen, von denen die eine gegen das Rechtsberatungsgesetz verstößt, die andere aber nicht, kann es auf die Frage der Gutgläubigkeit der Bank im Zusammenhang mit den Vorschriften der §§ 171, 172 BGB[342] nicht mehr ankommen. Es ist deshalb für die Wirksamkeit des Darlehensvertrages auch nicht entscheidend, ob der kreditgewährenden Bank zum Zeitpunkt des Vertragsabschlusses der Zeichnungsschein im Original oder in Durchschrift vorlag.

V. Kreditgewährung als unerlaubte Rechtsbesorgung

Die Kreditgewährung durch die finanzierende Bank als solche stellt grundsätzlich keine zu einer Nichtigkeit gem. § 134 BGB führende Beteiligung an einer unerlaubten Rechtsbesorgung dar, selbst wenn der Vertrag von dem unzulässig tätigen Rechtsbesorger als Vertreter abgeschlossen wurde[343]. Denn ein enger Zusammenhang zwischen der unerlaubten Rechtsbesorgung und den durch sie zustande gebrachten Verträgen mit Dritten liegt in der Natur der Sache. Anders als durch den Geschäftsbesorgungsvertrag, der den Rechtsbesorger zu der unerlaubten Tätigkeit verpflichtet, und durch die Vollmacht, die die unerlaubte Rechtsbesorgung durch Vertretung ermöglicht, wird durch den Abschluss eines Kreditvertrages die unerlaubte Rechtsbesorgung in keiner Weise gefördert. Dass sich die so abgeschlosse-

---

[338] BGH Urteil v. 10.10.2006 Az. XI ZR 265/05 Rn. 18ff. u. 24 f.; noch offengelassen in BGH WM 2006, 1008.
[339] OLG München ZIP 2005, 1592.
[340] Palandt, Bürgerliches Gesetzbuch, 65. Auflage, 2006, § 139 Rdnr. 5.
[341] BGH WM 2006, 1008; der XI. Zivilsenat wendet sich damit ausdrücklich gegen die Rechtsprechung des II. Zivilsenats in BGHZ 159, 294, 303.
[342] Vgl. hierzu VII., VIII.
[343] BGH ZIP 2003, 1644; WM 1998, 923, 924; 2004, 1127, 1129.

nen Rechtsgeschäfte als Folge der unzulässigen Rechtsbesorgung darstellen, genügt allein nicht, um sie als nach § 134 BGB nichtig anzusehen.[344].

Eine Nichtigkeit kommt allerdings dann in Betracht, wenn der Dritte, dessen Verträge mit dem Auftraggeber von dem Rechtsbesorger vermittelt oder von diesem als Vertreter des Auftraggebers abgeschlossen werden, in einer Weise mit dem Rechtsbesorger zusammenarbeitet, dass seine Tätigkeit als Beteiligung an der unerlaubten Rechtsbesorgung angesehen werden muss[345]. Dies hatte der BGH bei den sog. Unfallhilfefällen[346] angenommen, weil sich die Zusammenarbeit zwischen Mietwagenunternehmer, Bank und Rechtsanwalt insgesamt als eine unzulässige Rechtsbesorgung, nämlich die Entlastung der Unfallgeschädigten von der Schadensabwicklung dargestellt hat. Die steuerinduzierte Immobilienfinanzierung hingegen verstößt per se nicht gegen das Rechtsberatungsgesetz, demzufolge auch nicht der Abschluss eines Kreditvertrages als Teilstück hiervon[347].

VI. Gutglaubensschutz

Die Entscheidung des IX. Zivilsenats des BGH vom 28.09.2000[348] hatte in der Kreditwirtschaft ein nicht unbeachtliches Echo ausgelöst, wenngleich das Urteil ausschließlich Ansprüche des Erwerbers gegenüber dem die Treuhändervollmacht beurkundenden Notar betraf. Erstmals wies *Ganter*[349] darauf hin, dass zugunsten des Kreditinstituts die Vorschriften der §§ 172, 173 BGB eingreifen, wenn sich der Geschäftsbesorger gegenüber dem Kreditinstitut vor Abschluss der Kredit- und Kreditsicherungsverträge unter Vorlage der Vollmachtsurkunde legitimiert. Freilich gilt dies nur für vor der Veröffentlichung des BGH-Urteils vom 28.09.2000 abgeschlossene Kredit- und Kreditsicherungsverträge.

Ganter[350] – wie auch die zeitlich nachfolgende BGH-Judikatur – begründet seine Ansicht damit, dass ein Kreditinstitut nicht hellsichtiger sein musste als ein Notar, dem der IX. Zivilsenat zugute gehalten hat, er habe bei der Beurkundung

---

[344] BGH ZIP 2004, 1644, 1646; 1990, 670, 676f, dazu Michalski in: EWiR 1990, 605; Sack in: Staudinger, BGB, 13. Aufl., 1996, § 134 Rdnr. 5.

[345] BGH WM 1998, 923, 924.

[346] BGHZ 61, 317, 321 ff; BGH WM 1976, 100, 102f.; 1978, 1062, 1063 f.; ZIP 2003, 1608, 1609; dort hatten Banken Unfallopfern Darlehen gegen Zession sämtlicher Ersatzansprüche aus den Unfällen gewährt; gleichzeitig beteiligten sie sich im Wege eines organisierten Zusammenwirkens mit Mietwagenunternehmern und Rechtsanwälten an einem Verfahren, das auf die vollständige Entlastung der Geschädigten von der Schadensabwicklung hinauslief.

[347] BGH ZIP 2003, 1644, 1647.

[348] BGH WM 2000, 2443.

[349] Ganter WM 2001, 195, 196.

[350] Ganter WM 2001, 195, 196.

nicht ernsthaft an eine Erlaubnispflicht nach den Vorschriften des Rechtsberatungsgesetzes denken müssen[351].

Diese Aussage ist in der Sache zwar richtig. So soll der Notar gem. § 4 BeurkG die Beurkundung u.a. ablehnen, wenn seine Mitwirkung bei Handlungen verlangt wird, mit denen erkennbar unerlaubte Zwecke verfolgt werden. Bestehen Zweifel, ob das Geschäft dem Gesetz entspricht, sollen die Bedenken mit den Beteiligten erörtert werden (§ 17 Abs. 2 S. 1 BeurkG). Auf die erforderlichen behördlichen Genehmigungen (Erlaubnis nach dem Rechtsberatungsgesetz) soll der Notar hinweisen. Auch wenn es sich hier allesamt um sog. Soll-Vorschriften handelt und zudem der Notar die Gefahr der Unwirksamkeit gem. Art 1 § 1 Abs. 1 RBerG, § 134 BGB vor dem 28.09.2000 nicht erkennen musste, so steht doch fest, dass Kreditinstitute diesen Belehrungs- und Prüfungspflichten nicht ausgesetzt waren und sind.

Doch das genaue Gegenteil dieser a majore ad minum-Argumentation, nämlich eine eklatante Schlechterstellung der Banken gegenüber Notaren, ist mittlerweile in der Praxis vorzufinden. Dies ist auf die dem deutschen Zivilrecht immanente Beweislastverteilung zurückzuführen. Soweit es nämlich um Schadensersatzansprüche gegen den Notar geht, muss der Geschädigte das Verschulden des Schädigers nachweisen; das wird ihm regelmäßig nicht gelingen. Geht es hingegen um die Frage, ob sich der Vertragspartner des wegen der nichtigen Vollmacht unwirksamen Rechtsgeschäfts auf die Gutglaubensvorschriften der §§ 172, 173 BGB berufen kann, so muss dieser den Beweis antreten, dass ihm zum Zeitpunkt des Geschäftsabschlusses eine Originalvollmacht vorlag; bedenkt man zudem, dass der Abschluss der Kreditverträge, um die es konkret geht, zum Teil über 20 Jahre zurückliegt, d.h. zum Beweis geeignete Unterlagen (z.B. wegen des Ablaufs handelsrechtlicher Aufbewahrungsfristen) bzw. Zeugenaussagen nicht mehr zur Verfügung stehen, ist nachzuvollziehen, wie schwer es zum Teil ist, diesen Beweis in tatsächlicher Hinsicht zu führen.

1. Grundsätzliche Anwendbarkeit der §§ 172, 173 BGB

Hat sich der Geschäftsbesorger gegenüber dem Kreditinstitut vor Abschluss der Kredit- und Kreditsicherungsverträge unter Vorlage der Vollmachtsurkunde legitimiert, greift nach mittlerweile gefestigter Rechtsprechung zugunsten des Kreditinstitutes die Vorschrift des § 172 BGB ein, falls die Bank die Unwirksamkeit der Vollmacht weder kannte noch kennen musste[352]. Dabei kommen die Vorschriften auch dann zur Anwendung, wenn die umfassende Bevollmächtigung der Geschäftsbesorgerin unmittelbar gegen Art. 1 § 1 Abs. 1 RBerG verstößt und deshalb

---

[351] BGH WM 2000, 2443.
[352] BGH ZfIR 2005, 584; WM 2004, 1227, 1228; 2004, 1230, 1232; 2005, 72, 75; 2003, 1064, 1065 f.; 2003, 1710, 1711; BKR 2003, 942, 945; WM 2003, 2328, 2333; 2004, 417, 421; 2004, 1127; 2003, 2375, 2379; vgl. auch Seidel WM 2006, 1614 ff.

gem. § 134 BGB von Anfang an nichtig ist[353]. Einem gutgläubigen Dritten kann also die Nichterteilung oder die Unwirksamkeit der Vollmacht nicht entgegengehalten werden. Im Jahre 1992 konnte die finanzierende Bank im Rahmen eines Steuersparmodells den auf einem Verstoß gegen das Rechtsberatungsgesetz beruhenden Mangel einer notariell beurkundeten und vorgelegten Treuhändervollmacht nicht kennen[354]. Dies gilt auch in den Fällen, in denen die Vollmacht einer Steuerberatungsgesellschaft erteilt worden war[355] oder in denen die Vollmacht eine Ermächtigung zur Vertretung gegenüber Gerichten und Behörden enthielt[356].

Die Vorlage einer Ausfertigung der Vollmachtsurkunde ist dabei eine geeignete objektive Rechtsscheingrundlage[357]. Die Erteilung einer Vollmacht ist, auch wenn sie in einem Vertragsantrag enthalten ist, eine selbstständige, einseitige empfangs-, aber nicht annahmebedürftige Willenserklärung[358]. Auf die Ausfertigung der notariell beurkundeten Annahme des Vertragsantrags durch die Geschäftsbesorgerin kommt es daher nicht an. Die der Geschäftsbesorgerin erteilte Vollmacht, die den Abschluss von Darlehensverträgen umfasst, ist regelmäßig auch ohne Hinzuziehen der Stammurkunde bzw. des Geschäftsbesorgungsvertrages verständlich und ausreichend bestimmt[359].

Das OLG Celle[360] hatte es einem Kreditinstitut in einer Entscheidung vom 05.02.2003 verwehrt, sich auf die Vorschriften der §§ 172, 173 BGB zu berufen, weil die Bank an der gesetzwidrigen Tätigkeit der Geschäftsbesorgerin mitgewirkt habe; somit kannte sie die Konzeption derartiger Anlagemodelle einschließlich des Geschäftsbesorgungsvertrages. Zudem ergab sich nach Ansicht des Senats der Verstoß gegen Art. 1 § 1 RBerG und damit der Mangel der Vertretungsmacht aus der Vollmachtsurkunde selbst, da in dieser die unwiderrufliche und allumfassende Bevollmächtigung niedergelegt war. Diese Entscheidung wurde vom BGH mit Urteil vom 16.03.2004 aufgehoben[361]. Eine etwaige Mitwirkung der Bank an der unerlaubten Rechtsbesorgung schließt den Gutglaubensschutz nach §§ 171 ff BGB nicht aus, wenn der Verstoß gegen das Rechtsberatungsgesetz seinerzeit von den

---

[353] BGH WM 2005, 1520, 1522; 2004, 2349, 2352; 2005, 1598, 1599. An dieser mittlerweile gefestigten Rechtsprechung hält der XI. Zivilsenat (WM 2005, 127, 130 f.; 2005, 72, 73 ff) auch unter Berücksichtigung der Entscheidungen des II. Zivilsenats vom 14.06.2004 (WM 2004, 1529, 1531; 2004, 1536, 1538) fest (ebenso BGH WM 2005, 828, 831; 2005, 1764, 1766).

[354] BGH WM 2005, 72.

[355] BGH WM 2005, 828.

[356] BGH BKR 2005, 319.

[357] BGH WM 2004, 1127, 1128.

[358] Schramm in: Münchener Kommentar, BGB, 4. Aufl., 2001, § 167 Rdnr. 4.

[359] BGH WM 2004, 1127, 1128.

[360] OLG Celle VuR 2003, 181 m. Anm. Nittel VuR 2003, 184.

[361] BGH WM 2004, 1127.

Beteiligten nicht zu erkennen war[362]. Nach §§ 172 Abs. 2, 173 BGB werde der gute Glaube an den gemäß §§ 171, 172 BGB gesetzten Rechtsschein geschützt, wenn der Vertragspartner den Mangel der Vertretungsmacht bei der Vornahme des Rechtsgeschäfts nicht kennt oder kennen muss. Außerdem kommt es nach Ansicht des BGH nicht auf die Kenntnis oder das Kennenmüssen der den Mangel der Vertretungsmacht begründenden Umstände an, sondern auf die Kenntnis oder das Kennenmüssen des Mangels der Vertretungsmacht selbst[363]. Den vor dem Jahr 2000 ergangenen Entscheidungen des BGH konnte nichts entnommen werden, was für einen Verstoß eines umfassenden Treuhand- und Geschäftsbesorgungsvertrages und der mit ihm verbundenen Vollmacht des Treuhänders gegen Art. 1 § 1 RBerG i.V.m. § 134 BGB gesprochen hätte[364]. Im Übrigen ist den Treuhändervollmachten regelmäßig nicht zu entnehmen, dass die Geschäftsbesorgerin über keine Rechtsberatungserlaubnis verfügt.

Häufig wird eingewandt, ein Kreditinstitut mit eigener Rechtsabteilung sei nicht schutzwürdig, weil dessen Juristen das Erfordernis einer Rechtsberatungserlaubnis hätten erkennen können. Abgesehen davon, dass eine solche Betrachtungsweise zu eher zufälligen Ergebnissen führen würde, weil nicht jede Bank eine eigene Rechtsabteilung unterhält, ist auch in diesem Zusammenhang zu konstatieren, dass ein Banksyndikus nicht klüger sein muss als ein Notar, dem ein entsprechendes Verschulden nicht angelastet wird[365]. Zwar darf sich ein Vertragspartner rechtlichen Bedenken, die sich gegen die Wirksamkeit der Vollmacht ergeben, nicht verschließen. Dabei sind an eine Bank, die über juristisch versierte Fachkräfte wie eine Rechtsabteilung verfügt, strengere Sorgfaltsanforderungen zu stellen als an einen juristisch nicht vorgebildeten Durchschnittsbürger[366]. Allerdings dürfen auch im Rahmen des § 173 BGB die Anforderungen an eine Bank nicht überspannt werden. Der Vorwurf fahrlässigen Verhaltens kann der Bank danach nur gemacht werden, wenn sie aus den ihr vorgelegten Unterlagen den rechtlichen Schluss ziehen musste, dass die Vollmacht unwirksam war[367]. Dies war vor dem Jahr 2000 jedoch nicht der Fall, da der Treuhandvertrag und die zu seiner Durchführung erteilte Vollmacht einer damals weit verbreiteten und seinerzeit nicht angezweifelten Praxis entsprachen.

Nach Ansicht des für das Gesellschaftsrecht zuständigen II. Zivilsenats des BGH scheidet eine Rechtsscheinsvollmacht bei einem kreditfinanzierten Beitritt

---

[362] BGH WM 2004, 417, 421.
[363] BGH WM 2005, 828, 832; 2003, 1710, 1712; 2004, 417, 421.
[364] BGH WM 2001, 2113, 2115; 2002, 1273, 1275; ZIP 2003, 1692, 1696; WM 2003, 1710, 1712; 2004 417, 421; 2004, 1127, 1128.
[365] BGH WM 2000, 2443.
[366] BGH WM 2006, 1008, Rdnr. 29; 2005, 828, 821; 1985, 10, 11; 1985, 596, 597.
[367] BGH WM 2005, 828, 832; 2005, 72, 75.

zu einem Immobilienfonds bei bestimmten Vertriebsmodellen von vornherein aus, wenn ein verbundenes Geschäft i.S.d. § 9 VerbrKrG a.F. vorliegt[368].

Dieser Ansicht kann schon deshalb nicht gefolgt werden, weil der Einwendungsdurchgriff nach § 9 VerbrKrG und die Frage, ob jemand im Sinne der §§ 172 ff BGB Gutglaubensschutz genießt, rechtsdogmatisch nichts miteinander zu tun haben. Zudem ist der Treuhänder eines Steuersparmodells nach Maßgabe der §§ 171 Abs. 1, 172 Abs. 1 BGB trotz Nichtigkeit seiner Vollmacht wegen Verstoßes gegen das Rechtsberatungsgesetz auch gegenüber dem Verkäufer und Initiator des Modells vertretungsbefugt, wenn der Erwerber durch einen Notar über Bedeutung und Tragweite der Vollmacht besonders belehrt worden ist[369]. Wenn aber der Gutglaubensschutz beim Vertrag zwischen Verkäufer und Erwerber der Immobilienanlage zur Anwendung kommt, dann wäre es widersprüchlich, genau diesen Schutz der Bank unter Hinweis auf den Verbundtatbestand zu verweigern; denn bei dem Kaufvertrag handelt es sich gerade um diejenige Vereinbarung, welche dem finanzierenden Institut über § 9 VerbrKrG a.F. soll entgegengehalten werden dürfen.

Mittlerweile hat sich auch der XI. Zivilsenat ausdrücklich gegen die vom II. Zivilsenat vertretene Rechtsauffassung gewandt[370]. Danach ist § 9 Abs. 1 VerbrKrG a.F. für die Rechtsscheinhaftung eines Kreditnehmers aufgrund der Erteilung einer nichtigen Vollmacht rechtlich ohne Bedeutung. Weder regele diese Vorschrift Vertretungsfragen, noch stehe sie systematisch in einem Zusammenhang mit den Vertretungsregelungen der §§ 164 ff BGB. Die Rechtsscheinhaftung des Vertretenen bestimme sich vielmehr ausschließlich nach §§ 171 ff BGB sowie nach den Grundsätzen der Anscheins- und Duldungsvollmacht, die den schutzwürdigen widerstreitenden Interessen des Vertretenen einerseits und des Vertragspartners andererseits abschließend und angemessen Rechnung trage[371].

Ein Kreditinstitut kann sich auch dann auf den Rechtsschein einer wirksamen Bevollmächtigung eines Geschäftsbesorgers berufen, wenn das Vertrauen der Bank in den Bestand der Vollmacht darauf beruht, dass sie einem Notar bei der notariellen Beurkundung einer Grundschuld vorlag, dieser das Vorliegen der Vollmacht ausdrücklich in seiner Verhandlungsniederschrift aufgenommen und deren Ausfertigung zusammen mit einer Abschrift der Vollmacht dem Kreditinstitut zugeleitet hat[372].

---

[368] BGH ZIP 2004, 1394, dazu Doehner/Hoffmann ZIP 2004, 1884 und Koller in: EWiR 2004, 827; BGH WM 2004, 1536, 1538, dazu Häublein in: EWiR 2004, 941; dagegen jedenfalls für den Bereich kreditfinanzierter Grundstücksgeschäfte der XI. Zivilsenat des BGH ZIP 2005, 69, 72; 2005, 110.

[369] BGH WM 2004, 2349 (V. Zivilsenat) in Abgrenzung zu BGH WM 2004, 1523 (II. Zivilsenat).

[370] BGH WM 2006, 1008, Rdnr. 26.

[371] BGH WM 2006, 1008, Rdnr. 26; 2005, 1764, 1766.

[372] BGH BKR 2006, 246.

2. Nachweis der Gutgläubigkeit

Der abgeschlossene Kreditvertrag gilt als wirksam zustande gekommen, wenn dem Kreditinstitut spätestens bei Abschluss entweder das Original oder eine Ausfertigung der Vollmachtsurkunde vorlag[373].

Beruft sich die Bank auf die Rechtsscheinsgrundsätze der §§ 171 ff BGB, muss sie zunächst das Vorliegen des Vollmachtsoriginals (bzw. der Ausfertigung) nachweisen; eine beglaubigte Abschrift der Vollmachtsurkunde reicht hingegen nicht aus, um den Beweisanforderungen zu genügen[374]. Das finanzierende Institut ist zudem dafür beweispflichtig, dass die Urkunde zum Zeitpunkt des Kreditvertragsabschlusses vorlag. Dieses in der Praxis nicht ganz einfache Unterfangen, welches um so mehr zum Problem wird, je länger der Kreditvertragsabschluss zurückliegt, wird noch dadurch erschwert, dass die tatrichterliche Beweiswürdigung im Einzelfall – je nach Ansicht des konkret mit der Sache befassten Gerichts – höchst unterschiedlich ausfallen kann. Befindet sich auf der Vollmachtsurkunde ein Eingangsstempel oder existiert ein – mit einem solchen Eingangsstempel – versehenes Schreiben, dem der konkrete Vertretungsnachweis beigefügt ist, kann der Beweis noch recht einfach geführt werden. Wenn solche Dokumente aber nicht oder nicht mehr existieren und deshalb der Urkundenbeweis ausscheidet, kann nur ein Zeuge den gewünschten Beweis erbringen. Hier macht es für den Ausgang des Rechtsstreits einen erheblichen Unterschied, ob der befasste Richter darauf besteht, vom konkret mit dem Darlehensvertragsabschluss befassten Mitarbeiter zu hören, an welchem Tag der Bank die Vollmacht vorgelegt worden ist, oder ob z.B. das Gericht davon ausgeht, dass das Vorhandensein der Vollmachtsausfertigung in der Kreditakte das Vorliegen des Vertretungsnachweises spätestens zum Zeitpunkt des Darlehensvertragsabschlusses indiziert.

So führt beispielsweise das OLG Celle[375] aus, dass die Zeugin, die seit längerem nicht mehr bei der klagenden Bank beschäftigt ist, detailliert erläutert hat, dass es in Gestalt einer in Auszügen bei den Akten befindlichen Richtlinie sowie den Vorgaben ihres Vorgesetzten entsprechend allgemeine Anweisungen gab, dass in allen Fällen vor der Kreditzusage eine notarielle Ausfertigung der Vollmacht vorzulegen war und in dieser Weise auch verfahren wurde. Dem stünde es nicht entgegen, dass die Zeugin bei der Bearbeitung des Kreditantrags der Beklagten nicht mitgewirkt hat. Aufgrund dieses Umstandes könne zwar nicht mit 100%iger Gewissheit gesagt werden, dass tatsächlich entsprechend der Behauptung der Klägerin zum Zeitpunkt des Kreditvertragsabschlusses die notarielle Ausfertigung vorlag. Dies, so der erkennende Senat, sei bei gleichförmigen Geschehnissen, die über 10 Jahre zurückliegen, ohnehin nicht zu erwarten. Erfahrungsgemäß könne sich auch ein bearbeitender Mitarbeiter nicht mehr konkret erinnern, sondern natürlich nur noch Angaben aufgrund der Einsicht in die Kredit-

---

[373] BGH WM 2005, 72, 75; 2005, 828, 832 m. w. N.
[374] BGHZ 102, 60, 63; BGH NJW 2002, 2325; 2003, 2088, 2004, 2090.
[375] OLG Celle, Urteil vom 09.03.2005, Az. 3 U 335/01.

unterlagen machen[376]. Der Überzeugungsbildung des Senats stünde dies freilich nicht entgegen. Die „freie Überzeugung" des Richters i.S.d. § 286 ZPO erfordere gerade keine absolute oder unumstößliche Gewissheit, die ohnehin nicht zu erreichen ist. Es genüge nach ständiger Rechtsprechung des BGH ein für das praktische Leben brauchbarer Grad von Gewissheit, der den Zweifeln Schweigen gebietet, ohne sie völlig auszuschließen[377].

Selbst wenn nicht belegt werden kann, dass die Vollmachtsausfertigung im konkreten Fall bei Vertragsabschluss vorgelegen hat, dürfen nach Meinung des OLG Frankfurt[378] an Darlegung und Nachweis der Vorlage der Originalvollmacht oder einer Ausfertigung bei Vertragsabschluss keine unbilligen und übertriebenen Anforderungen gestellt werden. Insbesondere sei zu berücksichtigen, dass angesichts der Vielzahl der abzuwickelnden Darlehensgeschäfte und angesichts der mittlerweile verstrichenen Zeit unmöglich erwartet werden könne, dass ein Bankmitarbeiter in jedem Einzelfall die Vollmachtsvorlage erinnern und bekunden kann[379].

Soweit ein Bankmitarbeiter eine Vielzahl gleichgelagerter Kredite bearbeitet hat und dies bereits mehrere Jahre zurückliegt, wäre nach Ansicht des OLG München[380] eine Zeugenaussage dieses Bankmitarbeiters dahingehend, dass er an den konkret zur Entscheidung stehenden Fall noch dezidierte Erinnerungen hätte, sogar unglaubwürdig.

Das OLG Nürnberg hingegen hatte in einem Urteil vom 05.10.2005[381] entsprechende Zeugenaussagen nicht genügen lassen, obwohl sich eine Ausfertigung der Vollmacht in der Kreditakte befand. Dort hatte der Zeuge zwar glaubhaft bekundet, dass bei der Bearbeitung der Darlehensanträge immer eine notarielle Ausfertigung der Vollmacht habe vorliegen müssen; er konnte sich aber nicht mehr daran erinnern, ob er im konkreten Fall das Vorliegen der Vollmacht überprüft hat. Diese Aussage, an deren Glaubhaftigkeit der Senat keine Zweifel hatte, reichten jedoch im konkreten Fall nicht aus, den Nachweis dafür zu erbringen, dass das Vorliegen der notariellen Ausfertigung der Vollmacht tatsächlich festgestellt wurde. Hierfür genügten weder die vom Zeugen bekundete generelle Übung, das Vorliegen der Vollmachtsausfertigung zu überprüfen, noch der Umstand, dass der Zeuge dies stichprobenhaft auch selbst gemacht habe[382]. Auch daraus, dass die Klägerin jetzt im Besitz der notariellen Ausfertigung der Treuhandvollmacht sei, könne nicht zwingend der Schluss gezogen werden, dass deren Vorliegen im

---

[376] OLG Celle a. a. O., S. 13, 14; vgl. auch OLG Bamberg, Urteil vom 31.03.2003, Az. 4 U 231/01; Hanseatisches OLG, Urteil vom 05.06.2003, Az. 6 U 181/00; OLG Frankfurt, Urteil vom 19.12.2003.

[377] BGH NJW-RR 1994, 567, OLG Celle a. a. O., S. 14.

[378] OLG Frankfurt, Urteil vom 25.01.2006, Az. 23 U 247/04, S. 8.

[379] OLG Frankfurt a. a. O. mit Verweis auf BGH NJW 1985, 1399.

[380] OLG München, Urteil vom 19.01.2006, Az. 19 U 4190/05, S. 6.

[381] OLG Nürnberg, Urteil vom 05.10.2005, Az. 12 U 139/05.

[382] OLG Nürnberg a. a. O., S. 12, 13.

konkreten Fall durch die hierfür zuständige Sachbearbeiterin überprüft wurde und dass dies bereits bei Unterzeichnung des Darlehensvertrages geschehen sei, zumal die notarielle Ausfertigung der Treuhandvollmacht der Klägerin keinen Eingangsstempel aufweise.

Die weit überwiegende Mehrheit der Obergerichte hält es dabei für die Beweisführung nicht für erforderlich, dass der als Zeuge vernommene Bankmitarbeiter das Vorliegen der Ausfertigung selbst überprüft hat[383].

Der Beweis ist bereits erbracht, wenn das Gericht aufgrund aller Erkenntnisquellen zur subjektiven Überzeugung von der Richtigkeit eines Parteivortrages gelangen kann. Rechtsfehlerhaft ist es jedoch, einen Beweis deswegen als nicht erbracht anzusehen, weil keine absolute, über jeden Zweifel erhabene Gewissheit gewonnen werden konnte. Mehr als die Erreichung einer persönlichen Gewissheit des Richters, welche den Zweifeln Schweigen gebietet, ohne sie völlig auszuschließen, darf nicht verlangt werden[384]. Der Umstand, dass sich nach der Zeugenaussage ein anderer Geschehensablauf nicht mit 100%iger Sicherheit ausschließen lassen mag, ist daher nicht geeignet, das Beweisergebnis in Frage zu stellen. Würde das Gericht für die Beweisführung verlangen, dass sämtliche irgendmöglichen Restzweifel beseitigt werden, würde es die Anforderungen an die Beweisführung überspannen.

Auch wenn im Übrigen die freie Beweiswürdigung i.S.d. § 286 ZPO dem Gericht einen nicht unerheblichen Entscheidungsspielraum einräumt[385], wird man insbesondere dann, wenn der Abschluss des Kreditvertrages Jahre bzw. Jahrzehnte zurückliegt, aus Gründen der Praxisnähe erleichterte Beweisanforderungen stellen müssen. Soweit deshalb der Kreditgeber das Original der Vollmacht oder eine Ausfertigung hiervon in den Händen hält, wird man nach den Grundsätzen des Beweises des ersten Anscheins davon auszugehen haben, dass die Urkunde auch zum Zeitpunkt des Darlehensvertragsabschlusses vorlag (anderenfalls das Vorhandensein der Urkunde nicht plausibel erscheint)[386]. Soweit darüber hinaus anhand bankinterner Arbeitsanweisungen nachzuvollziehen ist, dass Rechtsgeschäfte mittels Vollmacht nur dann abgeschlossen werden dürfen, wenn Original oder Ausfertigung der Vollmacht vorliegen, ist auch die Annahme einer Beweislastumkehr vertretbar; gleiches gilt, wenn die gesetzliche Aufbewahrungsfrist abgelaufen ist[387].

---

[383] OLG Celle, Urteil vom 09.03.2005, Az. 3 U 335/01; OLG Bamberg, Urteil vom 31.03.2003, Az. 4 U 231/01; Hanseatisches OLG, Urteil vom 05.06.2003, Az. 6 U 181/00; OLG Frankfurt, Urteil vom 19.12.2003.

[384] BGHZ 53, 245, 256; 61, 169; BGH NJW 1993, 935, 937; Krieger in: Zöller, ZPO, 26. Aufl. 2006, § 286 Rdnr. 19.

[385] Vgl. zum Ganzen Balzer, Beweisaufnahme und Beweiswürdigung im Zivilprozess, 2. Aufl. 2005.

[386] Hertel in: WuB VIII D. Art. 1 § 1 RBerG 3.03.

[387] OLG Bamberg WM 1995, 918 (anders hier allerdings BGH WM 2002, 1652, 1653 bei den sogenannten Altsparbuchfällen); vgl. auch OLG München WM 2006, 523, wonach aus Gründen der Rechtssicherheit die sechsjährige Aufbewahrungsfrist des § 257 Abs. 1 Nr. 2 u. 3, Abs. 4, 4 HGB generell als Richtschnur für die Frage der Verwirkung von Ansprüchen aus Bankgeschäften heranzuziehen ist.

Schließlich ist von der Verwirkung eines Rechts auszugehen, wenn es vom Berechtigten über längere Zeit nicht geltend gemacht worden ist (Zeitmoment) und der andere Teil sich nach dem gesamten Verhalten des Berechtigten darauf einstellen durfte und sich auch tatsächlich darauf eingerichtet hat, dass dieser das Recht auch in Zukunft nicht geltend machen werde (Umstandsmoment)[388]. In einem vom OLG München entschiedenen Fall hatte der Darlehensnehmer sein 1991 abgeschlossenes Darlehen in 1995 vollständig getilgt und in 2004 auf Rückerstattung geklagt. Nach Ansicht des Senats sind bei Ansprüchen aus einer Bankverbindung bei der Frage der Verwirkung insbesondere die handelsrechtlichen Aufbewahrungsfristen des § 257 HGB (6-jährige Aufbewahrungsfristen für Korrespondenz mit dem Kunden) zu berücksichtigen, deren Ablauf eine erhebliche Schutzbedürftigkeit der Bank begründe[389]. Denn wenn schon die Bank die Kundenkorrespondenz, so auch die Treuhändervollmacht, vernichten dürfe, dann kann sie ab diesem Zeitpunkt erst Recht auf eine sonstige Dokumentation der Geschäftsverbindung zu Beweiszwecken verzichten. Im Hinblick darauf, dass die vorbehaltslose Rückzahlung des Darlehens einem konkludenten Verzicht auf die 9 Jahre später erhobenen Einwendungen gegen die Darlehensforderung zumindest sehr nahe komme und angesichts der Tatsache, dass die handelsrechtlichen Aufbewahrungsfristen abgelaufen waren, seien sowohl Zeit- als auch Umstandsmoment erfüllt gewesen[390].

3. Maßgeblicher Zeitpunkt für die Gutgläubigkeit

Im Schrifttum ist streitig, bis wann der Vertrauenstatbestand fortwirken muss, d.h., ob es für die Gutgläubigkeit auf den Zeitpunkt der Vornahme des verpflichtenden Vertretergeschäfts ankommt[391] oder aber, ob die Erfüllung bzw. Vollendung des Rechtsgeschäfts (Kreditauszahlung) maßgebend ist[392]. Richtigerweise ist der ersteren Ansicht zu folgen, da auch gem. § 164 Abs. 1, Abs. 3 BGB die Vertretungsmacht nur bei der Abgabe oder dem Empfang einer Willenserklärung vorliegen muss[393].

Davon zu trennen ist die Frage, wann der Vertrauenstatbestand spätestens vorliegen muss, um als Kreditgeber in den Genuss der §§ 171, 172 BGB zu gelangen.

---

[388] BGH NJW 1989, 836; 1965, 1532; 1957, 1358.

[389] OLG München WM 2006, 1292, 1293.

[390] OLG München a.a.O.

[391] Schramm in: Münchener Kommentar, BGB, 4. Aufl. 2004, § 173 Rdnr. 4.

[392] Leptin in: Soergel, BGB, 13. Aufl., § 173 Rdnr. 3; ähnlich auch OLG Karlsruhe WM 2001, 1210, wonach es ausreicht, wenn die Vollmachtsausfertigung zwar nicht bei Unterzeichnung des Darlehensvertrages, wohl aber vor Auszahlung des Darlehens vorgelegen hat.

[393] Schramm a. a. O.

VI. Gutglaubensschutz

Nach Ansicht des OLG Frankfurt kommt es auf den Zeitpunkt der Auszahlung der Kreditvaluta an, wenn sie von der Vorlage der Vollmacht abhängig gemacht worden ist[394]. Zu Recht führt der Senat in diesem Zusammenhang aus, dass das vor Auszahlung des Darlehens und damit vor Vertragsdurchführung durch Vorlage der Vollmachtsurkunde begründete Vertrauen der Bank in die Vertretungsmacht der Treuhänderin nicht minder schutzwürdig ist, als wenn die Vollmachtsurkunde bereits bei Zugang der auf Annahme des Darlehensvertrages gerichteten Erklärung vorgelegen hätte[395].

Regelmäßig enthält der Darlehensvertrag eine solche Vereinbarung (Auszahlung erst bei Vorlage der Vollmachtsausfertigung) aber nicht. Der BGH stellt für das Vorliegen der Gutgläubigkeit generell auf den Abschluss der Kreditvereinbarung ab, ohne allerdings einen genauen Zeitpunkt zu nennen[396]. Gem. §§ 145 ff BGB wiederum basiert ein Vertrag auf zwei übereinstimmenden Willenserklärungen, die bei Abwesenden – von der Ausnahme des § 151 BGB einmal abgesehen – zugehen müssen (§§ 130 ff BGB). Theoretisch bieten sich deshalb insgesamt vier für das Vorliegen von Vertrauensschutz nach §§ 172 ff BGB maßgebliche Zeitmomente an: die Unterzeichnung des Kreditvertrages durch die Bank, der Versand der Darlehensvereinbarung an den Kreditnehmer (Darlehensvertrag verlässt Bank), der Zugang des Darlehensvertrages beim Kreditkunden oder aber – in Anlehnung an die vorerwähnte Entscheidung des OLG Frankfurt – die Valutierung des Darlehens (Erfüllungshandlung). Insbesondere zwischen der Unterzeichnung des Vertrages durch den Kreditsachbearbeiter und dem Versand (mittels Postweg) kann ein nicht unerheblicher Zeitraum liegen, z.B. dann, wenn der Kreditgeber die von ihm abgegebene Willenserklärung wegen Fehlens von Unterlagen wie z.B. die Vollmacht noch zurückhalten möchte.

In mehreren Entscheidungen stellt das LG München auf den Zeitpunkt der Abgabe der letzten Willenserklärung, die zum Vertragsschluss geführt hat, ab[397]. Nicht maßgebend sei hingegen deren Zugang oder eine nachträgliche Bestätigung. Entscheidend hierfür sei, dass die Möglichkeit der Bank, sich auf den Rechtsschein einer wirksamen Bevollmächtigung zu berufen, auf Vertrauensgesichtspunkten basiert. Das durch die Vorlage der Vollmachtsurkunde im Original oder Ausfertigung geschaffene Vertrauen bedinge den Entschluss, den Vertrag abzuschließen und manifestierte sich in der Abgabe der Erklärung, die eben zu diesem Vertragsschluss führe. Daher sei es auch nur insoweit schützenswert[398].

---

[394] OLG Frankfurt, Urteil vom 25.01.2006, Az. 23 U 247/04, S. 10; vgl. auch OLG Frankfurt, Urteil vom 25.01.2006, Az. 23 U 159/04.
[395] OLG Frankfurt a. a. O.
[396] BGH WM 2005, 72, 75; 2005, 828, 832 m. w. N.
[397] LG München I, Urteile vom 06.04.2006, Az. 22 O 21179/05, 22 O 22267/05, 22 O 21178/05, 22 O 21180/05, 22 O 21181/05; Urteile vom 20.04.2006, Az. 22 O 23951/05, 22 O 23953/05.
[398] LG München I a. a. O.

Diese Auffassung vermag aus verschiedenen Gründen nicht zu überzeugen. Zunächst kann eine Willenserklärung bereits aus Gründen der Logik nicht bereits mit Unterzeichnung des Vertragsdokuments als abgegebenen gelten. Wenn diese Willenserklärung nämlich „die Schublade im Schreibtisch" nie verlässt, kann sie rechtlich auch keine Wirkung entfalten. Allenfalls dann, wenn der Erklärende die von ihm abgegebene Willenserklärung aus der Hand gibt, d.h. die von der Bank erklärte Annahme des Darlehensvertrages das Haus durch Übergabe an die Post verlässt, kann von einer Abgabe im Rechtssinne die Rede sein. Das Kreditinstitut mag gute Gründe dafür haben, den bereits vorbereiteten Darlehensvertrag erst bei Vorliegen bestimmter Unterlagen zu versenden. Zudem erscheint es lebensfremd, anzunehmen, ein Kreditvertrag werde heutzutage in einer Bank nur durch einen einzigen Mitarbeiter des Geldhauses bearbeitet und versandt; vielmehr ist das Gegenteil der Fall, nämlich die arbeitsteilige Aufbereitung von Kreditengagements.

Die vom LG München I eingenommene Auffassung würde zudem zu zufälligen und nicht interessengerechten Ergebnissen führen, welche davon abhängig wären, ob die Bank den Kreditantrag des Kunden annimmt oder umgekehrt[399]. Würde nämlich der Kreditkunde das Angebot der Bank auf Abschluss eines Kreditvertrages annehmen, kann das Kreditinstitut im Regelfall vor Zugang der Annahmeerklärung nicht wissen, ob der Kreditkunde die Vereinbarung eigenhändig oder durch einen Vertreter unterzeichnet. In einer solchen Situation würde niemand ernsthaft daran denken, den Zeitpunkt für das Vorliegen von Vertrauensschutz auf die Abgabe der Willenserklärung vorzuverlegen. Um deshalb die Frage der Gutgläubigkeit der Bank im Sinne von §§ 172 f. BGB nicht davon abhängig machen zu müssen, welche der Vertragsparteien welche Willenserklärung abgibt, ist es nur interessensgerecht, für den Gutglaubensschutz immer auf den Zeitpunkt abzustellen, in dem der Vertrag im Rechtssinne wirksam zustande kommt. Da es dem Kreditinstitut im Übrigen gestattet sein muss, die Auszahlung der Kreditvaluta auch dann vom Vorliegen einer Vollmacht abhängig zu machen, wenn eine entsprechende Regelung im Kreditvertrag fehlt, erscheint es angemessen, die Rechtsprechung des OLG Frankfurt[400] grundsätzlich für anwendbar zu erklären.

Geht es hingegen um die Klärung der Frage, ob der Kreditnehmer die Darlehensvaluta wirksam empfangen hat und, ob demzufolge etwaige Bereicherungsansprüche der Bank gegen den Kreditnehmer bestehen bzw. Heilung des Darlehensvertrages nach § 494 Abs. 2 S. 1 BGB eingetreten ist, setzen die §§ 172, 173 BGB voraus, dass der Bank spätestens bei Anweisung der Darlehenssumme eine Ausfertigung der die Treuhänderin als Vertreterin des Kreditkunden ausweisenden Vollmachtsurkunde vorlag[401].

---

[399] In den von der 22. Zivilkammer des LG München I entschiedenen Fällen war die Bank immer diejenige, welche den Kreditantrag des Kunden angenommen hatte.
[400] OLG Frankfurt, Urteil vom 25.01.2006, Az. 23 U 247/04, S. 10.
[401] BGH BKR 2005, 501 mit Anm. Arnold BKR 2005, 505; BGH WM 2005, 127, 131; 2005, 72, 75.

VII. Duldungs- oder Anscheinsvollmacht

Meist werden im Vorfeld eines Kreditvertragsabschlusses von Seiten der Bank Unterlagen benötigt, die entweder der Prüfung von Bonität und Leistungsfähigkeit des künftigen Darlehensnehmers oder aber der späteren Kreditabwicklung dienen. So verlangen Kreditinstitute – auch bei Treuhandmodellen – regelmäßig vom Kunden eigenhändig unterzeichnete Vermögens- und Einkommensübersichten; häufig wird die Erteilung von Einzugsermächtigungen zum Zwecke einer reibungslosen Verwaltung des späteren Darlehens von Kreditgeberseite gewünscht. Rechtlich stellt sich deshalb die Frage, ob die Einreichung solcher Unterlagen einen mit den Vorschriften der §§ 171 ff BGB vergleichbaren Vertrauenstatbestand schaffen, d.h. als Anscheins- bzw. Duldungsvollmacht zu Gunsten der Bank qualifiziert werden können.

Bei der Anscheinsvollmacht kann sich der Vertretene auf den Mangel der Vertretungsmacht seines Vertreters nicht berufen, wenn er schuldhaft den Rechtsschein einer Vollmacht veranlasst hat, so dass der Geschäftsgegner nach Treu und Glauben mit Rücksicht auf die Verkehrssitte von einer Bevollmächtigung ausgehen darf und von ihr ausgegangen ist. Das kommt in Betracht, wenn er nach Lage der Dinge ohne Fahrlässigkeit annehmen darf, der Vertretene kenne und dulde das Verhalten des für ihn auftretenden Vertreters[402].

Die Duldungsvollmacht stellt eine „bewusst hingenommene" Anscheinsvollmacht dar[403]. Sie liegt vor, wenn (a) ein zum Handeln im fremden Namen nicht Befugter während einer gewissen Dauer und wiederholt für den Geschäftsherrn als Vertreter aufgetreten ist, (b) der Geschäftsherr dieses Verhalten kannte und nicht dagegen eingeschritten ist, obwohl ihm das möglich gewesen wäre, und (c) der Geschäftsgegner seinerseits das Verhalten des Vertreters sowie dessen Duldung durch den Geschäftsherrn zur Zeit der Vornahme des fraglichen Rechtsgeschäfts gekannt und er diese Duldung dahin gewertet hat und nach Treu und Glauben mit Rücksicht auf die Verkehrssitte werten durfte, dass der als Vertreter Handelnde Vollmacht habe[404]. Da es um wissentliches Dulden geht, kann schon ein einmaliges Gewährenlassen eine Duldungsvollmacht begründen[405]. Beim Vertretenen genügt das unter (b) genannte Bewusstsein und Verhalten. Eine Willenserklärung des Vertretenen oder eine ihr gleichzusetzende Willensbetätigung ist nach hM nicht Voraussetzung für die Duldungsvollmacht[406].

Nach Ansicht des BGH kann eine nicht wirksam erteilte Vollmacht über die §§ 171, 172 BGB hinaus nach allgemeinen Rechtsscheingesichtspunkten dem

---

[402] BGH NJW 1998, 1854, 1855; NJW-RR 1986, 1169.

[403] BGH WM 2005, 1520; 2005, 828, 830; Larenz/Wolf, Allgemeiner Teil des Bürgerlichen Rechts, 9. Aufl. § 48 Rdnr. 23.

[404] Schramm, in: Münchener Kommentar, BGB, 4. Aufl. 2001, § 167 Rdnr. 46.

[405] Heinrichs, in: Palandt, BGB 65. Aufl. 2006, § 173 Rdnr. 12.

[406] BGH NJW 1997, 312; a. A. Schilken, in: Staudinger, BGB, 2001, § 167 Rdnr. 29a.

Geschäftspartner gegenüber als wirksam zu behandeln sein, wenn dessen Vertrauen auf den Bestand der Vollmacht an andere Umstände als an die Vollmachtsurkunde anknüpft und nach den Grundsätzen über die Duldungsvollmacht schutzwürdig erscheint[407]. In Betracht kommen dabei ausschließlich bei oder vor Vertragsabschluss vorliegende Umstände. Beispielsweise kann, wer eine wegen Verstoßes gegen Art. 1 § 1 RBerG i.V.m. § 134 BGB unwirksame notarielle Vollmacht erteilt hat, an einen vom Bevollmächtigten geschlossenen Darlehensvertrag gebunden sein, wenn dem Darlehensgeber zuvor eine Ausfertigung einer notariellen Grundschuldbestellungsurkunde, in der das Vorliegen einer Ausfertigung der Vollmacht vermerkt ist, zusammen mit einer Abschrift der Vollmacht zugegangen ist[408].

Der BGH wendet die Grundsätze der Duldungsvollmacht auch dann an, wenn die erteilte Vollmacht wegen Verstoßes gegen ein gesetzliches Verbot, wie das Rechtsberatungsgesetz, nichtig ist[409].

Die Vorlage einer von einem Immobilienerwerber unterzeichneten Selbstauskunft, einer Einzugsermächtigung sowie einer Notarbestätigung durch den Geschäftsbesorger gegenüber der Bank vermögen jedoch – so der BGH in zwei Entscheidungen vom 20.04.2004 – das Vorliegen einer Duldungsvollmacht zum Abschluss von Darlehensverträgen nicht zu begründen[410]. Dies wird unter anderem damit gerechtfertigt, dass die Erteilung einer Selbstauskunft lediglich der Vorprüfung dient, ob jemand überhaupt als kreditwürdig erscheint und als Darlehensnehmer in Betracht kommt; der entsprechende Prüfungsvorgang steht deshalb im Zusammenhang mit der Vorbereitung, nicht aber mit dem Abschluss eines Darlehensvertrages. Die Erteilung einer Einzugsermächtigung betreffe nur die technische Abwicklung eines noch abzuschließenden Darlehensvertrages und lasse nicht den Schluss zu, dass der Handelnde (Treuhänder) ohne jede Einschränkung und Bindung an den Willen des Vertretenen zum beliebigen Abschluss von Darlehensverträgen, gleich mit wem und in welcher Höhe, bevollmächtigt ist[411].

Das OLG Karlsruhe[412] vertritt hingegen die Auffassung, bei Vorlage verschiedener, von den Darlehensnehmern unterzeichneter Unterlagen wie Einzugsermächtigung, Schufa-Ermächtigung und Selbstauskunft nebst Gehaltsnachweisen vor Abschluss des Kreditvertrages die Grundsätze der Duldungsvollmacht dann zur Anwendung bringen zu können, wenn zwischen den Mitwirkungshandlungen des Darlehensnehmers und dem abgeschlossenen Darlehensvertrag ein sachlicher und zeitlicher Zusammenhang gegeben ist.

---

[407] BGH WM 2004, 1227; 2004, 1230; 2003, 1064, 1066; 2002, 1273, 1274 f.; 1996, 2230; 1987, 1426.
[408] BGH WM 2006, 853 mit Anm. Arnold, in: WuB I G 5. – 4.06.
[409] BGH NJW 2003, 2091.
[410] BGH WM 2004, 1227; 2004, 1230.
[411] BGH WM 2004, 1227, 1228 f.; 2004, 1230, 1231 f.
[412] OLG Karlsruhe WM 2004, 1135.

Zunächst erscheint es bedenklich, die Einzugsermächtigung lediglich als ein der technischen Abwicklung eines noch abzuschließenden Darlehensvertrages dienendes Hilfsmittel zu betrachten. Vielmehr erlaubt sie – insbesondere dann, wenn sie blanko erteilt worden ist – den Zugriff auf (sämtliches) Kontoguthaben desjenigen, der die Ermächtigung erteilt hat. Welchen Grund sollte deshalb ein potentieller Darlehensnehmer haben, einem Dritten eine Blanko-Einzugsermächtigung zu übergeben, wenn nicht den, das Vertretergeschäft zu ermöglichen.

Des weiteren sollen Mitwirkungshandlungen des Vertretenen (hier: Selbstauskunft, Einzugsermächtigung) nach Ansicht des BGH[413] bei der Prüfung einer Duldungsvollmacht dann keine Rolle spielen, wenn der finanzierenden Bank bekannt war, dass eine Vollmachtserteilung in notarieller Form erst zu einem späteren Zeitpunkt erfolgt. Eine Notarbestätigung wiederum könne nicht herangezogen werden, weil sie die Vorlage der beurkundeten Vollmacht in Ausfertigung nicht ersetzen kann.

Die Umstände, welche das Vertrauen des Dritten auf den Bestand einer Vollmacht begründen können, sind im Rahmen einer Gesamtschau zu ermitteln. Dabei kommt es nicht darauf an, ob diese Umstände vor oder nach Erteilung einer – unwirksamen – Vollmacht eingetreten sind. Die Ansicht des BGH hätte nämlich zur Folge, dass bei einer unwirksam erteilten Vollmacht nur diejenigen Mitwirkungshandlungen des Geschäftsherrn im Zeitraum zwischen Vollmachtserteilung und Darlehensvertragsabschluss berücksichtigt werden dürften; eine solche zeitliche Begrenzung wäre nicht vorhanden, wenn eine Vollmachtserteilung in notarieller Form überhaupt nicht erfolgt wäre. Zudem muss eine Notarbestätigung schon deshalb Berücksichtigung finden, weil sie – wie der BGH zu Recht ausführt – gerade die Vollmachtsurkunde nicht ersetzt, dennoch aber beim Dritten Vertrauen erwecken kann; gleichwohl kann der Notarbestätigung nur eingeschränkte Bedeutung zukommen, nachdem diese nicht vom Geschäftsherrn selbst angefertigt wird[414].

Bei alledem ist allerdings zu berücksichtigen, dass der Bundesgerichtshof die Heranziehung der Rechtsscheinsgrundsätze der Duldungsvollmacht in Fällen eines Verstoßes gegen das RBerG grundsätzlich für nicht anwendbar erklärt hat, weil der Kreditnehmer nicht gewusst hat oder hätte wissen müssen, dass der Geschäftsbesorger für ihn als Vertreter ohne Vollmacht auftritt und weil die Anwendbarkeit dieser Grundsätze voraussetzt, dass der Vertretene das Verhalten des nicht von ihm bevollmächtigten Vertreters kannte und nicht dagegen eingeschritten ist, obwohl ihm das möglich gewesen wäre[415].

---

[413] BGH WM 2004, 1227, 1228 f.; 2004, 1230, 1231 f.
[414] Hertel, in: WuB VIII D. Art. 1 § 1 RBerG 4.04.
[415] BGH WM 2005, 1520; kritisch dazu Münscher; BKR 2005, 500 und OLG München NJW 2006, 1811, 1813.

VIII. Genehmigung

Die zur Diskussion stehenden, mittels Treuhändervollmacht abgeschlossenen Darlehensverträge stammen zumeist aus Anfang bis Mitte der neunziger Jahre; zum Teil valutieren die Kredite sogar seit mehr als 20 Jahren oder wurden bereits zurückgeführt. Dass die Treuhändervollmacht mit Blick auf das Rechtsberatungsgesetz unwirksam sein kann, hatte der BGH bekanntermaßen erstmals im Jahr 2000 festgestellt[416]. Eine große Anzahl von Kreditkunden hatte ihre monatlichen Darlehensraten über viele Jahre hinweg anstandslos gezahlt. Häufig wurden neue, dann allerdings vom Darlehensnehmer eigenhändig unterzeichnete Kreditvereinbarungen geschlossen; Hintergrund hierfür waren Zinsprolongationen, Änderungswünsche der Kunden im Darlehensvertrag (z.B. Erhöhung der Tilgungsleistung, Umstellung eines Tilgungsersatzdarlehens auf Annuitätenzahlung etc.) oder Umschuldungen. Es stellt sich deshalb die Frage, ob solche Tatbestände als Genehmigung des ursprünglichen Darlehensvertrages angesehen werden können.

Das Gesetz definiert die Genehmigung als nachträgliche Zustimmung (§ 184 Abs. 1 BGB). Im Gegensatz zur Duldungs- und Anscheinsvollmacht knüpft die Genehmigung folglich an einen Sachverhalt an, der zeitlich nicht vor, sondern nach dem ursprünglichen Vertragsabschluss liegt.

Die Genehmigung ist grundsätzlich formfrei und bedarf nicht der für das Hauptgeschäft bestimmten Form (§ 182 Abs. 2 BGB; Ausnahmen in §§ 1516 f., 1597, 1750, 2120 BGB)[417]. Diese Formfreiheit gilt auch dann, wenn eine Vollmacht formbedürftig wäre[418]; die Wirksamkeit einer Genehmigung kann also nicht mit der Begründung verneint werden, die Formvorschriften des Verbraucherdarlehensrechts (§§ 4 Abs. 1 S. 1 VerbrKrG a.F., 492 Abs. 1 S. 1, Abs. 4 BGB) seien nicht eingehalten worden[419]. Die in diesem Zusammenhang aufgestellte Behauptung, der Anwendungsbereich des § 492 Abs. 4 BGB sei auch für die Genehmigung des vollmachtlos geschlossenen Vertrages eröffnet[420], findet im Gesetz keine Grundlage. § 492 Abs. 4 BGB spricht nur von der Vollmacht (die Legaldefinition findet sich in § 166 Abs. 2 S. 1 BGB), nicht aber von der Genehmigung (Legaldefinition in § 184 Abs. 1 BGB); die Genehmigung ist auch keine Sonderform der Vollmacht.

Die Genehmigung kann ausdrücklich oder konkludent erfolgen.

---

[416] BGH WM 2000, 2443.
[417] Schramm, in Münchener Kommentar, BGB, 4. Aufl. 2001, § 182 Rdnr. 15 ff.
[418] BGHZ 125, 219; BGH NJW 1998, 1482; 1998, 1857.
[419] Vgl. auch BGH WM 2001, 1024; 2001, 1663 zur ursprünglich strittigen Frage, ob die Vollmacht, mittels derer ein Verbraucherkredit abgeschlossen worden ist, dem Form- und Angabenerfordernis des VerbrKrG a.F. genügen muss.
[420] Putzo, in: Palandt, BGB, 65. Aufl. 2006, § 492 Rdnr. 19 unter Verweis auf Timmann BB 2003, Teil 6, S. 30.

1. Stillschweigende Genehmigung

Eine konkludente Genehmigung schwebend unwirksamer Rechtsgeschäfte durch schlüssiges Verhalten setzt regelmäßig voraus, dass der Genehmigende die Unwirksamkeit kennt oder zumindest mit ihr rechnet und dass in seinem Verhalten aus der maßgeblichen Sicht des Erklärungsempfängers der Wille zum Ausdruck kommt, das bisher als unverbindlich angesehene Rechtsgeschäft verbindlich zu machen. Ein Erklärungsbewusstsein des Betroffenen ist dazu nicht unbedingt erforderlich; vielmehr reicht es aus, dass er bei pflichtgemäßer Sorgfalt gem. § 276 BGB hätte erkennen können, dass seine Äußerung oder sein Tun nach Treu und Glauben und der Verkehrssitte als Willenserklärung aufgefasst werden durfte, und der Empfänger das Verhalten auch tatsächlich so verstanden hat[421].

Den vor dem Jahre 2000 ergangenen Entscheidungen des BGH ließ sich nichts entnehmen, was für einen Verstoß eines umfassenden Treuhandvertrages und der mit ihm verbundenen Vollmacht des Geschäftsbesorgers (Treuhänders) gegen Art. 1 § 1 RBerG i.V.m. § 134 BGB gesprochen hätte. In der mehrjährigen vorbehaltslosen Bedienung eines Darlehens liegt deshalb keine konkludente Genehmigung i.S.d. §§ 177 Abs. 1, 184 Abs. 1 BGB[422]. Da auch die Bank jedenfalls vor dem Jahre 2000 von der Wirksamkeit des Kreditvertrages ausgehen musste und ausgegangen ist, kann sie in dem vertragsgemäßen Verhalten des Kreditnehmers keine Erklärung sehen, den bisher schwebend unwirksamen Darlehensvertrag verbindlich zu machen. Die Wirkungen des § 184 BGB treten auch dann nicht ein, wenn der Darlehensnehmer nach Vertragsschluss persönlich eine Widerrufserklärung unterzeichnet, diese Belehrung an den Darlehensgeber zurückschickt und innerhalb der Widerrufsfrist nicht widerruft[423].

2. Ausdrückliche Genehmigung

Eine ausdrückliche Genehmigung, die der Empfänger auch als solche verstanden hat, lässt das Vertretergeschäft unabhängig davon wirksam werden, ob sich der Erklärende der schwebenden Unwirksamkeit bewusst war und ob er das Vertretergeschäft tatsächlich billigen wollte[424]. Hat er die Genehmigungsbedürftigkeit nicht gekannt und deshalb auch nicht genehmigen wollen, kann er ggf. gem. § 119 BGB anfechten, schuldet dem Erklärungsempfänger aber Schadensersatz gem. § 122 BGB. Zudem haftet der Vertreter dem Dritten gem. § 179 BGB[425].

---

[421] BGH BKR 2005, 501 m. Anm. Arnold BKR 2005, 505; BGH WM 2004, 21; 2002, 1273; 1996, 2230; Schramm, in: Münchener Kommentar, 4. Aufl. 2001, BGB, § 177 Rdnr. 27 ff.

[422] BGH BKR 2003, 942.

[423] OLG Jena ZIP 2004, 1097.

[424] Schramm, in: Münchener Kommentar, 4. Aufl. 2001, BGB, § 177 Rdnr.: 26; BGH WM 1967, 1164; NJW 1967, 1711.

[425] Schramm a. a. O.

Häufig stellt sich die Frage, ob der ursprünglich von einem vollmachtlosen Vertreter abgeschlossene Darlehensvertrag durch die persönliche Unterzeichnung einer neuen, zeitlich später datierenden Vereinbarung durch den Kreditnehmer genehmigt und damit nachträglich wirksam geworden ist. Dies hängt nach Ansicht des BGH vom Inhalt des neuen Vertrages ab[426]. Wird dem Kreditnehmer weder ein neues Kapitalnutzungsrecht eingeräumt noch eine Darlehensvaluta ausgezahlt oder in Novation der Darlehensschuld zur Verfügung gestellt, sondern handelt es sich vielmehr aus Sicht beider Parteien lediglich um eine Vereinbarung, durch die das ursprünglich begründete Darlehensvertragsverhältnis nach Ablauf der Zinsbindungsfrist mit neu angepassten Konditionen fortgeführt wird (Zinsprolongation), dann kann von einer ausdrücklichen Genehmigung nicht ausgegangen werden, wenn nicht wenigstens sinngemäß an irgendeiner Stelle die Rede davon ist, dass der ursprüngliche Darlehensvertrag genehmigt werde[427].

Aus dieser Rechtsprechung lassen sich mehrere Schlussfolgerungen ziehen. Zunächst spielt allein die Überschrift der nachträglichen Vereinbarung (z.B. „Kreditvertrag" oder „Zinsprolongationsvereinbarung") keine Rolle. Des weiteren liegt eine ausdrückliche Genehmigung nicht automatisch dann vor, wenn über eine reine Zinsprolongation, d.h. Neufestschreibung des Darlehenszinses innerhalb der Darlehenslaufzeit, hinaus eine Vertragsänderung wie z.B. die Erhöhung des Tilgungsanteils oder die Verlängerung der Darlehenslaufzeit vorgenommen wird[428]. Schließlich ist in einer reinen Zinsprolongationsvereinbarung eine ausdrückliche Genehmigung bereits dann zu sehen, wenn diese etwa mit den Worten: „Im Übrigen bleiben die Darlehensbedingungen unberührt" oder „Mit den übrigen Darlehensbedingungen bin ich einverstanden" versehen ist, da dies inhaltlich einer ausdrücklichen Genehmigung entspricht[429]. Einer ausdrücklichen Genehmigung gleichzusetzen ist schließlich die Einräumung eines neuen Kapitalnutzungsrechts im Rahmen eines neuen Darlehensvertrages[430].

Nach Ansicht des OLG Frankfurt ist von einer ausdrücklichen Genehmigung auszugehen, wenn die Darlehensnehmer nach Anfechtung und Widerruf der ursprünglichen Darlehensverträge persönlich mit der Bank eine neue Vereinbarung abschließen, die die Feststellung der offenen Darlehensvaluta zum Gegenstand hat und bei der sich die Kreditnehmer zu weiteren Ratenzahlungen verpflichten[431].

---

[426] BGH BKR 2005, 501; vgl. auch LG Berlin, Urteil vom 11.22.2005, Az. 12 O 129/05.

[427] BGH a. a. O.; a. A. Hanseatisches OLG, Urteil vom 25.04.2003, Az. 11 U 140/02, bestätigt durch Zurückweisung der Nichtannahmebeschwerde durch Beschluss des BGH vom 04.05.2004, Az. XI ZR 214/03, vgl. auch OLG Schleswig, Beschluss vom 03.01.2006, Az. 5 U 190/05; ausdrückliche Genehmigung durch Prolongationsverträge vgl. KG, Urteil vom 01.09.2004, Az. 23 U 226/01.

[428] Fraglich, wenn neben dem Zinssatz auch die Zinsfestschreibungszeit geändert wird.

[429] A. A. LG Braunschweig WM 2006, 319 mit Anm. Hertel, in: WuB VIII D. Art. 1 § 1 RBerG 3.06.

[430] OLG Schleswig, Beschluss vom 03.01.2006, Az. 5 U 190/05.

[431] OLG Frankfurt BKR 2003, 831 ff.

3. Genehmigung durch Aufhebungsvereinbarung oder vollständige Darlehensrückzahlung

Nach Ansicht des LG Frankfurt[432] ist zwar fraglich, ob in dem Abschluss einer Aufhebungsvereinbarung eine Genehmigung des ursprünglichen Darlehensvertrages zu sehen ist, wenn den Darlehensnehmern zum Zeitpunkt des Aufhebungsvertrages die Unwirksamkeit der Darlehensvereinbarung nicht bewusst war. Gleichwohl konnten sich die vormaligen Kreditnehmer nach den Grundsätzen von Treu und Glauben nicht auf die Unwirksamkeit des Darlehensvertrages berufen, da sie insoweit gegenüber der Bank einen Vertrauenstatbestand gesetzt haben, so dass Rückabwicklungsansprüche der Verwirkung unterliegen[433]. Nachdem aber die Vertragsaufhebung eine Sonderform der Vertragsänderung ist, wäre es durchaus auch vertretbar gewesen, hierin eine ausdrückliche Genehmigung des ursprünglichen Darlehensvertrages zu sehen.

Nach § 362 Abs. 1 BGB erlischt das Schuldverhältnis, wenn die geschuldete Leistung an den Gläubiger bewirkt ist. Fraglich ist deshalb, ob ein Darlehensvertrag auch dann noch genehmigt werden kann, wenn die Darlehensvaluta vollständig zurückgezahlt worden ist. Schwebende Unwirksamkeit bedeutet, dass das Rechtsgeschäft zunächst unwirksam ist, es aber noch wirksam werden kann, wenn das fehlende Wirksamkeitserfordernis nachgeholt wird. Nach Vornahme des Rechtsgeschäfts entsteht zunächst ein Schwebezustand; in dieser Zeit ist das Rechtsgeschäft noch wirkungslos. Bereits erbrachte Leistungen können gem. § 812 BGB zurückgefordert werden[434]. Dies gilt auch bei vollständiger Darlehensrückführung. Ein sich auf ungerechtfertigte Bereicherung stützender Anspruch des Kreditnehmers dürfte allerdings wegen widersprüchlichen Verhaltens treuwidrig sein; anders wäre nur dann zu entscheiden, wenn die Zahlung auf das Darlehen unter Vorbehalt der Rückforderung geleistet worden ist.

4. Bestätigung gem. § 141 BGB

Wird ein nichtiger Darlehensvertrag von den Parteien bestätigt, so sind diese im Zweifel verpflichtet, einander zu gewähren, was sie haben würden, wenn der Vertrag von Anfang an gültig gewesen wäre (§ 141 Abs. 2 BGB). Der für eine Bestätigung erforderliche Bestätigungswille setzt – ähnlich der konkludenten Genehmigung – regelmäßig voraus, dass die Parteien die Nichtigkeit kennen oder zumindest Zweifel an der Rechtsbeständigkeit des Vertrages haben[435]. Wenn der Empfänger der Willenserklärung das Verhalten des Vertragspartners als Bestätigung

---

[432] LG Frankfurt, Urteil vom 10.01.2006, Az. 2-5 O 544/04.
[433] LG Frankfurt a. a. O. mit Verweis auf BGHZ 43, 292; 84, 281; 105, 298.
[434] Heinrichs, in: Palandt, BGB, 65. Aufl. 2006, Überbl v § 104 Rdnr. 31; BGHZ 65, 123.
[435] BGH WM 1995, 1231; BGHZ 11, 60; Mayer-Maly, in: Münchener Kommentar, 4. Aufl. 2001, § 141 Rdnr. 13.

aufgefasst hat, genügt aber auch, dass der Bestätigende diese mögliche Deutung bei pflichtgemäßer Sorgfalt hätte erkennen können[436]. Das Rechtsgeschäft bzw. der Vertrag muss nichtig sein. Ist das Rechtsgeschäft nur unverbindlich (z.B. §§ 52, 53 Abs. 1, 2 BörsenG a.F.) oder – z.B. infolge einer Genehmigungsverweigerung – endgültig unwirksam, findet § 141 BGB entsprechende Anwendung[437]. Schließt jemand allerdings ohne Vertretungsmacht oder aber auf Grundlage einer wegen des RBerG unwirksamen Vollmacht im Namen eines anderen einen Vertrag ab, so hängt die Wirksamkeit des Vertrages für und gegen den Vertretenen von dessen Genehmigung ab (§ 177 Abs. 1 BGB); der Vertrag ist „nur" schwebend unwirksam. Solange deshalb die Genehmigung nicht verweigert wird, kann der Vertrag nicht bestätigt werden[438]. Genehmigung und Bestätigung schließen sich folglich gedanklich aus; ein Vertrag, dessen Genehmigung verweigert wurde, kann jedoch später bestätigt werden.

IX. Treu und Glauben

In Einzelfällen ist es dem Darlehensnehmer nach dem Grundsatz von Treu und Glauben (§ 242 BGB) verwehrt, sich gegenüber der Bank auf die Nichtigkeit des Darlehensvertrages infolge fehlender bzw. unwirksamer Vollmacht der Geschäftsbesorgerin zu stützen.

So entschied der BGH in einem Fall, bei dem wenige Tage nach Unterzeichnung eines Zwischenfinanzierungsvertrages durch den Treuhänder auf Wunsch der Bank letztere vom Kreditnehmer noch einmal persönlich unterzeichnet wurde. In dem Zwischenfinanzierungsvertrag war u.a. festgelegt, dass die endgültigen Konditionen zwischen den Parteien zu einem späteren Zeitpunkt vereinbart werden sollten. Der endgültige Kreditvertrag wurde dann nur vom Treuhänder aufgrund der – unwirksamen – Vollmacht unterschrieben[439]. Unterzeichnet der Darlehensnehmer bei einem zunächst – mangels Vertretungsmacht des für ihn handelnden Treuhänders, dessen Bevollmächtigung wegen Verstoßes gegen das Rechtsberatungsgesetz unwirksam ist – unwirksamen Kreditvertrag nachträglich die für ihn bestimmte Vertragsurkunde und gibt er diese durch Weitergabe an den Treuhänder oder die Bank in den Rechtsverkehr, kann er sich nach Treu und Glauben nicht auf die – auf der fehlenden Vollmacht beruhende – Unwirksamkeit des Darlehensvertrages und der vom Treuhänder erteilten Auszahlungsanweisung berufen[440]. Ob ein „Rücktritt" von der durch den Kreditnehmer ausgesprochenen Darlehenskündigung eine konkludente oder ausdrückliche Genehmigung darstellt, kann offen

---

[436] BGH NJW-RR 2003, 769; OLG Celle NJW-RR 2004, 492.
[437] Mayer-Maly, in: Münchener Kommentar, 4. Aufl. 2001, § 141 Rdnr. 3 m. w. N.
[438] LG Braunschweig WM 2006, 319, 321.
[439] BGH WM 2004, 21.
[440] OLG Karlsruhe ZIP 2004, 2423; vgl. auch OLG Jena ZIP 2004, 1097.

bleiben; jedenfalls ist in einem solchen Fall die Berufung auf die Nichtigkeit des Darlehensvertrages nach Treu und Glauben ausgeschlossen[441].

Von einem treuwidrigen widersprüchlichen Verhalten des Kreditnehmers kann aber dann nicht die Rede sein, wenn die Unterzeichnung einer Zinsprolongationsvereinbarung erfolgt, um der Verpflichtung zur sofortigen Rückzahlung des ursprünglichen Darlehensvertrages zu entgehen, zu der der Kreditnehmer ohne Vorlage einer Ausfertigung der Vollmacht bei Abschluss des Darlehensvertrages nicht verpflichtet war. Wollte man dies anders sehen, würde das Fehlen einer konkludenten Genehmigung mit Hilfe von Treu und Glauben überspielt und, ohne dass besondere Umstände vorlägen, der Kreditnehmer einseitig belastet, obwohl Bank wie Kreditnehmer in gleicher Weise über die Wirksamkeit des ursprünglichen Darlehensvertrages irrten und Art. 1 § 1 RBerG gerade den Kreditnehmer schützen will[442].

Diese Rechtsprechung zeigt, dass es schwierig ist, im Zusammenhang mit der Unwirksamkeit von Darlehensverträgen wegen des RBerG einheitliche Grundsätze für die Anwendung von Treu und Glauben zu entwickeln. Vielmehr hat jeweils eine umfassende Interessenabwägung stattzufinden. Soweit deshalb die persönlich vom Darlehensnehmer unterzeichnete Änderungsvereinbarung lediglich solche Parameter zum Gegenstand hat, deren Änderung bereits bei Abschluss des ursprünglichen Kreditvertrages vorhersehbar war (z.B. neue Zinskonditionen, wenn die ursprüngliche Zinsfestschreibung kürzer ist als die vereinbarte Darlehenslaufzeit), kommt eine Berufung auf § 242 BGB nicht in Betracht. Schließt der Darlehensnehmer hingegen eine – eigenhändig unterzeichnete – Änderungsvereinbarung ab, ohne dass diese bereits im ursprünglichen Darlehensvertrag angelegt und damit auch nicht voraussehbar war (z.B. Tilgungsstreckung, Sicherheitenaustausch), darf der Bank der Einwand aus Treu und Glauben hingegen nicht verwehrt werden[443]. Auch der Verwirkungsgedanke als besonderer Ausfluss von Treu und Glauben kann nicht unbeachtet bleiben, wenn beispielsweise der Abschluss des ursprünglichen Darlehensvertrages 15 Jahre zurückliegt und der Darlehensnehmer zwischenzeitlich drei Änderungs- bzw. Prolongationsvereinbarungen unterzeichnet hat[444].

X. Prozessvollmacht

Ein Darlehensnehmer, der sich im Darlehensvertrag wirksam verpflichtet hat, sich der sofortigen Zwangsvollstreckung in sein gesamtes Vermögen zu unterwerfen, darf aus der Nichterfüllung dieser Verpflichtung keine Vorteile ziehen (§ 242

---

[441] OLG Frankfurt, Urteil vom 11.08.2004, Az. 23 U 204/03.
[442] BGH BKR 2005, 501.
[443] LG Braunschweig WM 2006, 319 m.Anm. Hertel WuB VIII D. Art. 1 § 1 RBerG 3.06
[444] So vom LG Braunschweig allerdings nicht gewürdigt; vgl. Hertel, in: WuB VIII D. Art. 1 § 1 RBerG 3.06.

BGB). Ist die Unterwerfungserklärung nicht durch ihn selbst, sondern durch einen Vertreter ohne Vertretungsmacht abgegeben worden, kann er sich daher gegenüber der kreditgebenden Bank auf die Unwirksamkeit der Erklärung nicht berufen (hier: Abgabe der Unterwerfungserklärung durch eine Treuhänderin aufgrund einer wegen Verstoßes gegen das Rechtsberatungsgesetz gemäß § 134 BGB nichtigen Vollmacht)[445].

Nach der mittlerweile als gefestigt zu bezeichnenden Rechtsprechung des BGH handelt es sich bei der Vollstreckungsunterwerfungserklärung nicht um eine privatrechtliche, sondern um eine ausschließlich auf das Zustandekommen eines Vollstreckungstitels gerichtete, einseitige prozessuale Willenserklärung, die rein prozessualen Grundsätzen unterliegt[446]. Die Rechtswirksamkeit der auf die Abgabe einer solchen Erklärung gerichteten Vollmacht beurteile sich deshalb nur nach den Vorschriften der §§ 80 ff ZPO, nicht jedoch nach den das materielle Recht regelnden §§ 164 ff BGB. Folglich bestehe für eine Rechtsscheinhaftung nach §§ 172, 173 BGB kein Raum. Auch die obergerichtliche Rechtsprechung folgt größtenteils dieser Auffassung[447]. *Joswig*[448] hält der Anwendbarkeit der Rechtsscheintatbestände auf die Zwangsvollstreckungsunterwerfungserklärung nicht ganz zu Unrecht entgegen, dass dadurch die Wirksamkeit des Vollstreckungstitels durch außerhalb von diesem liegenden Umständen – nämlich der Frage, ob der Gläubiger sich die Vollmacht des Treuhänders hat vorlegen lassen – abhängig würde, die die Vollstreckungsorgane typischerweise nicht feststellen können.

Dennoch mussten sich die Kreditnehmer nach Ansicht des BGH so behandeln lassen, als ob sie eine wirksame prozessuale Unterwerfungserklärung abgegeben hätten. Sieht der – wirksame – Kreditvertrag die Abgabe einer Zwangsvollstreckungsunterwerfungserklärung vor, ist es dem Darlehensnehmer nach Treu und Glauben (§ 242 BGB) verwehrt, sich auf die fehlende Vollmacht oder Genehmigung und damit auf die Unwirksamkeit der prozessualen Unterwerfungserklärung zu berufen[449]. Der Kreditnehmer wäre nämlich – wenn die in seinem Namen abgegebenen Erklärungen mangels wirksamer Vollmacht nicht gültig waren – zu deren Genehmigung verpflichtet und müsste ihnen damit rückwirkend Wirksamkeit verleihen; er wäre folglich gehindert, aus der bisherigen Nichterfüllung seiner vertraglichen Pflichten Vorteile zu ziehen. Etwas anderes würde selbstverständlich

---

[445] BGH WM 2003, 2372; 2003, 2375.

[446] BGH WM 2003, 914; NJW 2004, 841; ZIP 2004, 159.

[447] OLG Brandenburg WM 2002, 2197; OLG Zweibrücken WM 2003, 380; OLG Karlsruhe WM 2003, 1223; OLG Nürnberg, Urteil vom 06.12.2002, Az. 12 U 1326/02; OLG Naumburg, Urteil vom 11.07.2002, Az. 2 U 13/02; OLG Naumburg, Urteil vom 09.01.2003, Az. 2 U 42/02; OLG Celle, Urteil vom 19.12.2002, Az. 4 U 105/02; OLG Frankfurt, Urteil vom 31.07.2002, Az. 13 U 91/00.

[448] Joswig ZfIR 2003, 533, 537.

[449] BGH WM 2003, 2372; 2003, 2375; ZIP 2003, 1692; WM 1982, 307; ZIP 2004, 159; BGH, Nichtannahmebeschluss vom 18.02.2003, Az. XI ZR 138/02.

dann gelten, wenn sich der Kreditnehmer im Kreditvertrag lediglich verpflichtet hat, eine Grundschuld als Sicherheit zur Verfügung zu stellen, ohne dass im Darlehensvertrag vorgesehen wurde, sich in Ansehung dieser Grundschuld oder mit Blick auf ein abzugebendes Schuldanerkenntnis der dinglichen bzw. persönlichen Zwangsvollstreckung zu unterwerfen[450].

Hätte die Rechtsprechung allerdings die Anwendbarkeit der §§ 172, 173 BGB auch auf die Prozessvollmacht ausgedehnt, wäre ein Rückgriff auf § 242 BGB nicht notwendig gewesen.

Die Vollstreckungsunterwerfungserklärung ist nach Ansicht der Rechtsprechung keine privatrechtliche, sondern eine ausschließlich auf das Zustandekommen eines Vollstreckungstitels gerichtete, einseitige prozessuale Willenserklärung, die rein prozessualen Grundsätzen untersteht. Materiell-rechtliche Regelungen über die Vollmacht könnten daher nur dann Geltung beanspruchen, wenn die ZPO auf sie verweise oder in ihnen allgemeine Rechtsgedanken der Stellvertretung zum Ausdruck kommen[451]. Ein Verstoß gegen Art. 1 § 1 Abs. 1 S. 1 RBerG soll sich allerdings auch auf die prozessuale Vollmacht auswirken, weil anderenfalls Sinn und Zweck des gesetzlichen Verbots nicht zu erreichen wären, so dass die besonderen rechtlichen Folgen, die mit der Vollstreckungsunterwerfung verbunden sind, die Anwendung des § 134 BGB gebieten. Die Vorschriften der §§ 80 ff ZPO hingegen sollen für die Prozessvollmacht eigene und abschließende Regelungen darstellen; dieses Sonderrecht könne durch die materiell-rechtlichen Rechtsscheintatbestände der §§ 172, 173 BGB nicht ergänzt werden.

Diese vom BGH vorgenommene, im Einzelnen nicht näher begründete Unterscheidung – § 134 BGB soll auf die Prozessvollmacht durchschlagen, die §§ 172, 173 BGB nicht – kann nach *Stimmel* durchaus in Frage gestellt werden[452]. Denn ein Vollstreckungstitel kann nach den Grundsätzen ungerechtfertigter Bereicherung herausverlangt werden, wenn eine materiell-rechtliche Grundlage für die titulierte Forderung fehlt. Und die §§ 80 ff ZPO regeln das prozessuale Vertretungsrecht nur lückenhaft und nicht abschließend. So heißt es in § 88 ZPO nur, dass ein Mangel der Prozessvollmacht vom Gegner gerügt werden kann bzw. vom Gericht von Amts wegen zu berücksichtigen ist. § 89 ZPO betrifft lediglich die Genehmigung des Handelns durch einen vollmachtslosen Vertreter. Wann jedoch ein Mangel vorliegt, unter welchen Umständen eine Vollmacht unwirksam ist und welche Heilungsmöglichkeiten mit Ausnahme des § 89 ZPO bestehen, sagt das Gesetz nicht. Zudem stellt § 80 Abs. 1 ZPO ausdrücklich auf die Vorlage der schriftlichen Vollmacht ab, so dass sich der Gegner auf die Wirksamkeit der Vollmacht verlassen können muss, soweit eine Ausfertigung der Vollmachtsurkunde vorliegt[453]. Insoweit handelt es sich bei den

---

[450] BGH, Urteil vom 12.11.2003, Az. IV ZR 43/03.
[451] BGH WM 2003, 2372; 2003, 2375.
[452] Stimmel ZfIR 2003, 577, 580f.
[453] Stimmel a. a. O.

§§ 172, 173 BGB durchaus um allgemeine Rechtsgedanken der Stellvertretung, die mit Blick auf die lückenhafte Regelung der §§ 80 ff ZPO ergänzend bei Prozessvollmachten heranzuziehen sind.

Dem Argument von *Joswig*[454] lässt sich schließlich entgegenhalten, dass der Vollstreckungstitel nicht die Unterwerfungserklärung selbst ist, sondern die Urkunde, in der diese enthalten ist (Wortlaut des § 794 Abs. 1 Nr. 5 ZPO). Wie *Stimmel*[455] in diesem Zusammenhang zu Recht ausführt, müssen die Vollstreckungsorgane nicht mit der Frage, ob dem Gläubiger eine Ausfertigung der Vollmachtsurkunde vorgelegen hat, belastet werden; dies kann bereits vor Vollstreckungsbeginn im Klauselerteilungsverfahren durch den Notar geprüft werden. Bei einer Nichtigkeit der Vollmacht des Treuhänders ist die Zwangsvollstreckung gem. § 726 Abs. 1, 795 S. 1 ZPO vom Nachweis einer Tatsache, nämlich der Vertretungsmacht nach Rechtsscheingrundsätzen, abhängig. Dieser durch öffentliche oder öffentlich beglaubigte Urkunden zu führende Nachweis kann beispielsweise durch eine notariell beglaubigte Erklärung eines Bankmitarbeiters, aus der sich ergibt, wann die Ausfertigung der Vollmachtsurkunde vorgelegen hat, erfolgen[456].

XI. Bereicherungsrechtliche Rückabwicklung

In Fällen der Leistung kraft (wirksamer) Anweisung vollzieht sich der Bereicherungsausgleich regelmäßig innerhalb der jeweiligen Leistungsverhältnisse, also zum einen zwischen dem Anweisenden (Kunde) und dem Angewiesenen (Bank) und zum anderen zwischen dem Anweisenden (Kunde) und dem Anweisungsempfänger (Objektverkäufer)[457]. Veranlasst deshalb der Kontoinhaber ihm zurechenbar den Rechtsschein einer wirksamen Anweisung, findet die Leistungskondiktion im Deckungsverhältnis zwischen Bank und Überweisungsauftraggeber statt[458] Liegt deshalb eine wirksame Zahlungsanweisung vor, z.B. weil der Bank die Ausfertigung der Treuhändervollmacht zwischen Darlehensvertragsabschluss und Anweisung durch die Geschäftsbesorgerin vorgelegt worden ist, steht dem Kreditinstitut gegen den (vermeintlichen) Kreditkunden ein Anspruch aus § 812 Abs. 1 S. 1 1. Alt. BGB (Leistungskondiktion) zu[459]. Die Auszahlung des Darlehens auf ein Erwerbersonderkonto und von dort an den Verkäufer der Kapitalanlage kann

---

[454] Joswig ZfIR, 533, 537.

[455] Stimmel ZfIR 2003, 577, 580f.

[456] Stimmel a. a. O.; ähnlich auch Beschluss des LG Stuttgart, Az. 1 T 29/01, bestätigt durch Beschluss des OLG Stuttgart vom 02.05.2002, Az. 8 W 108/02.

[457] BGH, Urteil vom 30.03.2004, Az. XI ZR 145/03, S. 7.

[458] BGH ZIP 2001, 781 zu Fällen, in denen Banken eine zunächst wirksam erteilte Anweisung trotz rechtzeitigen Widerrufs ausführen.

[459] Barnert, in: EWiR Art. 1 § 1 RBerG 3/06, 443.

dem Anleger bereicherungsrechtlich hingegen nicht zugerechnet werden, wenn die Auszahlung auf Weisung eines vollmachtlosen Treuhänders des Anlegers erfolgt. Der Bereicherungsausgleich erfolgt in diesen Fällen zwischen der Bank und dem Verkäufer nach den Regeln der Nichtleistungskondiktion[460]. Ein Darlehen gilt dabei auch dann als empfangen, wenn der Kreditgeber es vereinbarungsgemäß an einen Dritten ausgezahlt hat[461].

Die Einrede der Entreicherung (§ 818 Abs. 3 BGB) ist dem Kreditnehmer regelmäßig verwehrt. Die Vorschrift dient dem Schutz des gutgläubigen Bereicherungsempfängers. Gutgläubigkeit in dem Sinne, die erhaltene Valuta behalten zu dürfen, kann bei einem Darlehen aber nicht vorliegen, da dem Kreditnehmer bekannt ist, dass er verpflichtet ist, die erhaltene Valuta bei Fälligkeit zurückerstatten zu müssen (§ 488 Abs. 1 S. 2 BGB). Daran vermag die Nichtigkeit des Darlehens wegen des Rechtsberatungsgesetzes nichts zu ändern, weil der Darlehensnehmer zum Zeitpunkt des Kreditvertragsabschlusses von der Wirksamkeit des Darlehensvertrages ausgegangen ist. Zur Anwendung kommen hier vielmehr § 818 Abs. 4, 819 Abs. 1 BGB.

Zwar hat der BGH in einer früheren Entscheidung ausgeführt, dass im Falle eines nichtigen Darlehensvertrages die mit der Darlehensvaluta getilgte Kaufpreisschuld nicht isoliert betrachtet werden darf, sondern im Rahmen des gesamten Vertragswerkes zu sehen ist[462]. Wenn der Empfänger jedoch infolge Weitergabe des Erlangten einen (bereicherungsrechtlichen) Anspruch gegen den Dritten erlangt hat (z.B. weil auch das finanzierte Geschäft unwirksam ist), liegt kein Wegfall der Bereicherung vor[463]. Außerdem ist diese vor Erlass des VerbrKrG ergangene Entscheidung auf grundpfandrechtlich gesicherte Darlehen nicht anwendbar (Rechtsgedanke des § 3 Abs. 2 Ziff. 2 VerbrKrG a.F.).

Im Falle einer unwirksamen Zahlungsanweisung durch den Geschäftsbesorger ist der bereicherungsrechtliche Ausgleich hingegen zwischen dem Angewiesenen (Bank) und dem Zuwendungsempfänger (Objektverkäufer) nach den Regeln der Nichtleistungskondiktion vorzunehmen, da der Kreditkunde die Darlehensvaluta nicht empfangen hat[464]. Gleiches gilt für die auf ein für den Kunden eingerichtetes Konto überwiesene Darlehensvaluta, wenn das Konto mangels wirksamer Vollmacht der Geschäftsbesorgerin nicht wirksam eröffnet worden ist[465].

---

[460] Barnert a.a.O.
[461] BGH WM 2005, 828, 833.
[462] BGH NJW 1979, 1597.
[463] BGH WM 1993, 251, 258; problematisch bei Wertlosigkeit des Anspruchs gegen den Dritten, vgl. OLG Frankfurt NJW-RR 1995, 1348; hiergegen BGHZ 9, 333.
[464] BGH WM 2004, 1230, 1233; 2005, 327, 329; 2005, 828, 833; 2005, 1520.
[465] BGH WM 2004, 1230, 1233; 2001, 954; 2003, 14; 2004, 671, 672.

XII. Haftung des Geschäftsbesorgers

Die Haftung des Treuhänders gegenüber der Bank richtet sich nach § 179 BGB. Grundsätzlich kann die Bank zwischen Erfüllung und Schadensersatz wählen (§ 179 Abs. 1 BGB). Nachdem aber der Bundesgerichtshof in seiner ursprünglichen, die Haftung eines Notars betreffenden Entscheidung vom 28.09.2000 letzterem zugute gehalten hatte, er habe bei der Beurkundung nicht ernsthaft an eine Erlaubnispflicht nach den Vorschriften des Rechtsberatungsgesetzes denken müssen[466], muss dieser Grundsatz – a majore ad minum – erst recht für den handelnden Treuhänder gelten, selbst wenn dieser den Geschäftsbesorgungsvertrag mit Vollmacht eigenständig entwickelt haben sollte. Folglich haftet der Treuhänder gem. § 179 Abs. 2 BGB allenfalls in Höhe des durch das Erfüllungsinteresse begrenzten negativen Interesses.

Dass der Treuhänder über § 179 Abs. 2 BGB für die Vollmachtlosigkeit ohne Rücksicht auf deren Erkennbarkeit einstehen soll, ist nach *Dorka/Losert*[467] nicht unbedingt einzusehen. Sie verweisen dabei u.a. auf die Argumentation von *Flume*[468], wonach die verschuldensabhängige Garantiehaftung ihren Sinn verlieren soll, wenn das Fehlen der Vertretungsmacht außerhalb jeder Erkenntnis- oder Beurteilungsmöglichkeit des Vertreters liegt. Außerdem beziehen sie sich auf eine Entscheidung des Bundesgerichtshofs vom 29.01.1963[469], der die Anwendbarkeit des § 179 Abs. 2 BGB verneint hatte, nachdem die Verfassungswidrigkeit des die Vertretungsmacht beinhaltenden Gesetzes festgestellt wurde. Soweit deshalb die Unwirksamkeit der Vollmacht aus der unvermittelten und auch für professionelle Rechtsanwender nicht vorhersehbaren Entdeckung eines Rechtsproblems durch die höchstrichterliche Rechtsprechung folge, schlagen die Autoren eine teleologische Reduktion des Gesetzeswortlauts vor[470]. So wünschenswert sich das Ergebnis auch anhört, so wenig vermag eine dem Sinn und Zweck der Vorschrift entsprechende Auslegung in dem vorgeschlagenen Sinn aufgrund des klaren Wortlauts in § 179 BGB zu überzeugen. Zudem müsste man sich fragen, warum der Dritte (Bank), der noch weniger als der Treuhänder Grund hat, die Unwirksamkeit der Vollmacht zu erkennen, über den Weg der Beweislastumkehr im Rahmen von §§ 171 ff BGB in der Haftung sein soll, der Treuhänder hingegen, der sehr häufig die Erstellung der Vollmacht selbst veranlasst bzw. vorgenommen hat, aber nicht.

Aus praktischer Sicht sollte sich deshalb ein Kreditinstitut im Falle eines Rechtsstreits mit dem Kreditkunden überlegen, ob es nicht sinnvoll erscheint, dem

---

[466] BGH WM 2000, 2443.

[467] Dorka/Losert, Garantiehaftung des Treuhänders nach § 179 Abs. 2 BGB bei Verstoß der Vollmacht gegen das Rechtsberatungsgesetz?, DStR 2005, 1145.

[468] Flume, Allgemeiner Teil des Bürgerlichen Rechts, Bd. 2, 4. Aufl., S. 807.

[469] BGH NJW 1963, 159, 160.

[470] Dorka/Losert, Garantiehaftung des Treuhänders nach § 179 Abs. 2 BGB bei Verstoß der Vollmacht gegen das Rechtsberatungsgesetz?, DStR 2005, 1145, 1147.

Treuhänder gem. §§ 72 ff ZPO den Streit zu verkünden. Ob dies allerdings mit Blick auf die wirtschaftliche Solvenz des Treuhänders erfolgsversprechend ist, steht auf einem anderen Blatt.

Die Haftungsfrage stellt sich für den Geschäftsbesorger auch dann, wenn die Bank Vertrauensschutz i.S.d. §§ 172, 173 BGB genießt und deshalb der Kreditvertrag als wirksam zu erachten ist, d.h. der Kreditkunde im Rechtsstreit gegen das Kreditinstitut unterliegen sollte. Denn die Unwirksamkeit von Geschäftsbesorgungsvertrag und Vollmacht im Verhältnis Treuhänder – Kreditkunde (Immobilienerwerber) bleibt hiervon unberührt. Ansprüche aus culpa in contrahendo (§ 311 Abs. 2 BGB) scheiden allerdings aus, weil ein Geschäftsbesorger bei Vertragsabschlüssen vor dem 28.09.2000 nicht einsichtiger sein musste als ein Notar, dessen Haftung der BGH mangels Verschulden abgelehnt hatte. In Betracht kommen könnten jedoch Ansprüche aus ungerechtfertigter Bereicherung (Leistungskondiktion). Zwar hat der Treuhänder weder Immobilie noch Darlehensvaluta im Sinne von § 812 Abs. 1 S. 1 1. Alt. BGB erlangt; zu denken wäre aber an Provisionszahlungen, die dieser entweder vom Kreditkunden direkt (d.h. im Außenverhältnis ausgewiesen) oder aber über Dritte in Form verdeckter Innenprovisionen erhalten hat.

Auch ein Immobilienerwerber sollte sich deshalb fragen, ob es im Einzelfall sinnvoll erscheint, den Treuhänder über eine Streitverkündung gem. §§ 72 ff ZPO in den Rechtsstreit mit der Bank oder aber mit dem Verkäufer der Immobilienanlage einzubeziehen.

E. Haftung der Bank wegen der Verletzung von Aufklärungspflichten

Es existieren unterschiedliche Ansatzpunkte für die Haftung einer Bank im Zusammenhang mit der Verletzung von Aufklärungspflichten. Eine Verantwortlichkeit kann sich daraus ergeben, dass das Kreditinstitut selbst gegen Pflichten schuldhaft bzw. vertragswidrig verstoßen hat, weil es nicht aufgeklärt hat, obwohl es hätte aufklären müssen. Davon zu trennen ist die Frage, ob und wann eine Bank für das Fehlverhalten Dritter im Wege der Zurechnung einzustehen hat, z.B. weil ein als Erfüllungsgehilfe anzusehender Vermittler der Bank falsch oder überhaupt nicht beraten hat. Haftet schließlich der Vertragspartner des finanzierten Geschäfts wegen Aufklärungsmängeln, kann der hieraus resultierende Schadensersatzanspruch des Darlehensnehmers bei Vorliegen eines verbundenen Geschäfts möglicherweise dem Darlehensrückzahlungsanspruch der Bank im Wege des Einwendungsdurchgriffs entgegen gehalten werden.

I. Haftung der Bank wegen der Verletzung eigener Aufklärungspflichten

1. Grundsatz

Beschränkt sich die Bank auf die Finanzierung des vom Kreditnehmer erworbenen Objekts, so ist in Rechtsprechung und Literatur anerkannt, dass die Bank grundsätzlich nicht verpflichtet ist, den Kreditnehmer über die Risiken der von ihm beabsichtigten Verwendung der Kreditmittel aufzuklären[471]. Ebenso wenig haben die Banken steuerliche Auswirkungen ohne besondere Umstände zu prüfen[472].

Eine eventuelle Aufklärungspflicht der Bank kann sich in diesen Fällen allenfalls auf das Kreditverhältnis selbst und seine Bedingungen beziehen. Denn Rechtsprechung und Lehre gehen davon aus, dass derjenige, der eine Wohnung erwerben möchte, entweder selbst über die notwendigen Kenntnisse und Erfahrungen verfügt oder aber sich der Hilfe von Fachleuten bedient[473].

---

[471] BGH WM 2006, 1194, Rdnr. 41; WM 2005, 72, 76; 2005, 828, 830; 2004, 172; ZIP 2004, 209; WM 2003, 2328; 1002, 602; 1988, 895; BGHZ 159, 294, 316; 161, 15, 20.

[472] BGH WM 1997, 2301; Streit, Erfüllungsgehilfenhaftung der Kreditinstitute von Immobilienanlagen, ZIP 1999, 477, 479.

[473] BGH WM 1992, 216; 1992, 901; 1992, 1310.

Zu den vom Anleger selbst zu tragenden Risiken gehört auch das allgemeine wirtschaftliche Risiko der Kapitalinvestition. Den Kreditkunden obliegt eine allgemeine Prüfungspflicht im Hinblick auf die typischen Risiken der Immobilie. Die Bank darf davon ausgehen, dass sich der Erwerber der Immobilie über diese Risiken informiert hat. Sie darf insbesondere auch bei jedem Anleger die sorgfältige und eingehende Lektüre des Prospekts einschließlich aller Prospektanlagen voraussetzen. Dies ist nicht zuletzt auch darauf zurückzuführen, dass der Kauf einer steuerbegünstigten Immobilie und deren Finanzierung kein wirtschaftlich einheitliches Geschäft darstellt, sondern beide Vertragsverhältnisse – auch aus der Sicht des Käufers – rechtlich und wirtschaftlich streng zu trennen sind[474].

2. Individuelle Schutzbedürftigkeit des Kreditkunden

Spickhoff/Petershagen wollen bei erkennbarer Schutzbedürftigkeit des Kunden (z.B. bei schwachem Bildungsstand, bei geringem Einkommen oder bei Vertragsanbahnung durch psychologisch geschulte Verkäufer) gesteigerte Anforderungen an den Pflichtenkreis der Kreditinstitute stellen und das Verschulden der Bank bei der Verletzung von Aufklärungspflichten analog § 282 BGB vermuten[475].

Diese Rechtsauffassung vermag nicht zu überzeugen. Ganz abgesehen davon, dass dieser Umstand der zu finanzierenden Bank bei Kreditvergabe verborgen bleiben kann, findet eine solche Ansicht weder in der Rechtsprechung noch im Gesetz eine Grundlage[476]. Außerdem wird nicht berücksichtigt, dass es ausschließlich Aufgabe des Erwerbers ist, die Zweckmäßigkeit der beabsichtigten Kreditaufnahme selbst zu beurteilen und zu prüfen, ob diese überhaupt, in dieser Höhe und zu den angegebenen Bedingungen sinnvoll ist. Gleichermaßen muss er eigenständig sein Leistungsvermögen beurteilen, d.h. überprüfen, ob die sich aus dem Darlehensvertrag ergebenden Belastungen tragbar sind. Zudem verkennen *Spickhoff/Petershagen*, dass der unerfahrene und schutzbedürftige Anleger häufig nicht selbst gegenüber der Bank in Erscheinung tritt, sondern sich in Kenntnis seiner Situation eines sachkundigen Treuhänders bedient, der als Vertreter des Anlegers gegenüber der Bank auftritt. Ist dem aber so, dann kommt es nicht auf eine etwa gegebene Schutzbedürftigkeit oder Unerfahrenheit des Anlegers, sondern ausschließlich auf die Geschäftserfahrenheit des Treuhänders an (Rechtsgedanke des § 166 BGB).

Auch aus § 18 KWG ergibt sich keine Verpflichtung der Bank gegenüber dem Darlehensnehmer, seine Einkommens- und Vermögensverhältnisse mit Blick auf das zu finanzierende Geschäft zu prüfen und ihn aufzuklären, wenn sich ein Missverhältnis zwischen seinen finanziellen Möglichkeiten und den Darlehensbelastungen ergibt. Denn § 18 KWG ist kein Schutzgesetz zugunsten des Darlehensnehmers[477].

---

[474] OLG Zweibrücken WM 1999, 2022; BGH WM 1986, 1561.

[475] Spickhoff/Petershagen BB 1999, 165; Fuellmich/Rieger ZIP 1999, 465.

[476] BGH WM 1993, 1455; 1992, 1355.

[477] BGH NJW-RR 1988, 1512; OLG Köln ZIP 1999, 1794.

Soweit schließlich versucht wird, die Haftung der Bank unter Hinweis auf das Vorliegen eines irgendwie gearteten strukturellen Ungleichgewichts zu begründen, so wird verkannt, dass – wenn überhaupt – insbesondere bei Vertretergeschäften ein strukturelles Ungleichgewicht allenfalls zwischen Initiator und Treuhänder auf der einen Seite und dem Erwerber auf der anderen Seite vorliegt, die Bank demgegenüber in der Regel am gesamten Vertragsgeflecht nur am Rande beteiligt ist[478].

3. Aufklärungspflichten im Einzelfall

Etwas anderes gilt ausnahmsweise, wenn im Einzelfall ein besonderes Aufklärungs- und Schutzbedürfnis des Darlehensnehmers besteht und ein Hinweis der Bank nach Treu und Glauben geboten ist[479]. Dabei kommt es auf den Kenntnisstand eines eventuellen Vertreters, etwa eines Treuhänders oder Anlagevermittlers, an, wenn sich der Anleger beim Abschluss des Darlehensvertrages vertreten lässt[480].

a. Überschreitung der Kreditgeberrolle

Dies ist der Fall, wenn die Bank im Zusammenhang mit der Planung, der Durchführung oder dem Vertrieb des Projekts über ihre Rolle als Kreditgeberin hinausgeht, insbesondere, wenn sie in nach außen erkennbarer Weise Funktionen und Rollen anderer Projektbeteiligter übernimmt und damit einen zusätzlichen, auf die übernommene Funktion bezogenen Vertrauenstatbestand schafft[481].

Dabei ist unstreitig, dass die Benennung der Bank als finanzierendes Kreditinstitut im Prospekt zur Begründung eines solchen Vertrauenstatbestandes nicht ausreicht. Deren Erwähnung im Prospekt ist vielmehr nur schädlich, wenn im Prospekt auf die Mitwirkung der Bank an der Gestaltung und Planung des Projekts oder beim Vertrieb hingewiesen wird. Denn nur dann nimmt die Bank – nach außen erkennbar – Funktionen des Veräußerers oder Vertreibers wahr[482]. Weiterhin ist anerkannt, dass allein die Tatsache, dass Dritte unter Umständen wahrheitswidrig eine Prüfung des Objekts durch die Bank vorgeben, nicht zur Haftung der Bank führt[483]. Zudem bedeutet die bloße Überlassung von Darlehensantrags- oder Selbstauskunftsformularen nicht eine Überschreitung der Kreditgeberrolle[484].

---

[478] LG Stuttgart WM 1999, 1822.
[479] BGH ZIP 2004, 209; BGH WM 1999, 678.
[480] OLG München WM 1995, 289.
[481] BGH ZIP 2004, 209; WM 2003, 918; 2003, 1710; 1992, 901.
[482] OLG München WM 1995, 289.
[483] OLG München WM 1997, 255.
[484] OLG München WM 1999, 1416 mit Anm. Hertel in: WuB I G 5. – 4.99.

Schließlich vermag auch die Zahlung einer (versteckten) Innenprovision eine Haftung der Bank aus dem Gesichtspunkt der Schaffung eines besonderen Vertrauenstatbestandes nicht zu rechtfertigen[485]. Gleiches gilt für die Vereinbarung eines geringfügigen Sicherheiteneinbehalts in Höhe von 10%[486].

b. Interessenkollision

Ein weiterer Ausnahmetatbestand liegt vor, wenn die Bank sich im Zusammenhang mit der Kreditgewährung sowohl an den Bauträger als auch an die einzelnen Erwerber in schwerwiegende Interessenkonflikte verwickelt hat, z.B. weil sie auf diese Weise ihr eigenes wirtschaftliches Wagnis auf die Erwerber verlagern und diese mit einem Risiko (etwa drohende Insolvenz des Bauträgers) belasten wollte, das über die mit der Beteiligung am Projekt normalerweise verbundenen Gefahren deutlich hinausgeht. Allein die Finanzierung beider Vertragsparteien begründet allerdings – nicht zuletzt mit Blick auf das Bankgeheimnis – weder einen Aufklärungs- noch einen Haftungstatbestand. Auch der Umstand, dass die Bank eine ganz erhebliche Anzahl der Erwerber finanziert, begründet keine Aufklärungspflicht[487].

c. Schaffung eines Gefährdungstatbestandes

Eine Aufklärungspflicht besteht auch dann, wenn die Bank einen zu den allgemeinen wirtschaftlichen Risiken des Objekts hinzutretenden besonderen Gefährdungstatbestand für den Kunden schafft oder das Entstehen eines solchen Tatbestandes begünstigt, z.B. dann, wenn eine Globalgrundschuld nicht nur für den Objektkredit, sondern auch für die Altschulden des Initiators haftet[488].

Nach Ansicht des OLG Karlsruhe schafft eine Bank oder Bausparkasse, die den Beitritt zu einem Mietpool zur Auszahlungsvoraussetzung für ein Immobiliendarlehen macht, einen besonderen Gefährdungstatbestand und muss den Darlehensnehmer über alle Risiken des Mietpools aufklären[489]. Der BGH hingegen steht auf dem Standpunkt, dass ein Kreditinstitut in einer solchen Konstellation nicht über seine Rolle als Kreditgeber hinausgeht[490]. Das Bestreben der Bank nach einer genügenden Absicherung des Kreditengagements sei nämlich banküblich und typischerweise mit der Rolle eines Kreditgebers verknüpft[491]. Hintergrund des Beitritts zu einem Mietpool ist die Überlegung, auch dann einen Ertrag aus der

---

[485] BGH WM 2004, 417; 2003, 2328; 2003, 61; OLG Braunschweig WM 1998, 1223.
[486] BGH WM 1995, 221.
[487] BGH ZIP 2004, 209; WM 1992, 1310; 1900, 561.
[488] BGH BB 1999, 760; WM 1997, 662; 1992, 1310.
[489] OLG Karlsruhe ZIP 2005, 698.
[490] BGH WM 2006, 1194, Rdnr. 43, 44.
[491] BGH WM 1992, 901, 905.

erworbenen Immobilie zu erzielen, wenn sie nicht vermietet ist. Diese Schicksalsgemeinschaft der Mieter mag zwar im Ergebnis die Rendite aus der Immobilienanlage schmälern, garantiert aber andererseits einen nachhaltigen Mietertrag und dient deshalb letztendlich auch dem Sicherungsinteresse der Bank.

Wenn aber über den Beitritt zu einem Mietpool als Auszahlungsvoraussetzung hinaus das entwickelte Mietpoolkonzept von Anfang an betrügerisch veranlagt war, weil dem Kunden überhöhte Ausschüttungen versprochen wurden, um einen in Wahrheit nicht vorhandenen Mietertrag der Wohnungen vorzuspiegeln, und die Bank hiervon wusste, und wenn zudem vom Kreditgeber bewusst überhöhte fiktive Beleihungswerte zu Grunde gelegt wurden, um die Vollfinanzierung überhöhter Kaufpreise im Hinblick auf die Vorschriften des Bausparkassengesetzes rechtfertigen zu können, dann führt die mangelnde Aufklärung hierüber gegenüber dem Kreditkunden zum Schadensersatz[492].

d. Konkreter Wissensvorsprung

aa. Grundsatz

Hat die Bank in Bezug auf spezielle Risiken des Vorhabens einen konkreten Wissensvorsprung vor dem Darlehensnehmer, muss sie ihn aufklären. Dies kann z.B. dann der Fall sein, wenn sie zum Zeitpunkt der Darlehensgewährung weiß, dass der Bauträger vor der Insolvenz steht oder das zu finanzierende Objekt mit Mängeln behaftet ist, die der Erwerber trotz eigener Prüfung nicht zu erkennen vermag.

Voraussetzung für das Vorliegen einer Aufklärungspflicht wegen Wissensvorsprungs ist zudem, dass der Bank bekannt ist, mehr zu wissen als der Kreditnehmer[493].

Die Bank ist nicht aus Rücksicht auf diejenigen Anleger, deren Fondsbeteiligung sie finanziert hat, sowie aufgrund einer der Fondsgesellschaft gegenüber abgegebenen (unwiderruflichen) globalen Finanzierungszusage zur Gewährung weiterer Kredite an Anleger verpflichtet, damit der Fonds geschlossen werden kann[494].

Die Kenntnis von dem unsanierten Zustand der zu finanzierenden Wohnung, den tatsächlich erzielbaren Mieteinnahmen und der weitgehenden Wertlosigkeit der Mietgarantie kann aber einen die kreditgewährende Bank zur Aufklärung des Kreditnehmers verpflichtenden Wissensvorsprung begründen[495].

bb. Nachforschungspflicht der Bank

Nach Ansicht des OLG Jena trifft die einen Immobilienerwerb finanzierende Bank eine Aufklärungspflicht gegenüber dem Erwerber, wenn sie aufgrund eines Gutachtens einen Wissensvorsprung darüber hat, dass der Wert der Immobilie weit

---

[492] OLG Karlsruhe, Urteile vom 21.06.2006, Az. 15 U 50/02 und 15 U 64/04.
[493] BGH WM 2004, 172; 2003, 1710; 2003, 1370; 2000, 1245.
[494] OLG Köln WM 2005, 557.
[495] BGH WM 2005, 375.

unter dem Kaufpreis liegt; dabei komme es nicht darauf an, ob der Erwerber sein Objekt vor Kauf – oder Kreditvertragsabschluss – in Augenschein genommen oder sich in sonstiger Weise hierüber informiert hat[496]. Ähnlich äußerte sich das Landgericht Stuttgart, das eine Aufklärungspflicht der Bank nur deshalb nicht für gegeben ansah, weil nicht bewiesen werden konnte, dass der Bank das Wertgutachten bekannt war[497].

Es würde allerdings zu weit führen, allein aus dem Umstand, dass der Bank zum Zeitpunkt der Kreditvergabe an den Erwerber der Emissionsprospekt vorlag, aus welchem sie nach entsprechender Prüfung alle für die Investition des Erwerbers notwendigen Informationen beziehen konnte, einen Aufklärungstatbestand zu erblicken. Denn ein Kreditinstitut ist nicht verpflichtet, sich einen Wissensvorsprung zu verschaffen bzw. Nachforschungen anzustellen[498].

cc. Unangemessenheit des Kaufpreises

Der BGH hat schon in verhältnismäßig frühen Entscheidungen festgestellt, dass – selbst wenn die Bank im Rahmen der Objektbewertung vom Einstandspreis des Verkäufers erfährt – sie den Erwerber nicht darüber aufklären muss, ob und inwieweit die von ihm zu entrichtenden Gesamtkosten in einem angemessenen Verhältnis zum Wert des zu erwerbenden Objekts stehen[499].

Damit hat der BGH aber klargestellt, dass der Wert eines Objekts keine Frage des Wissensvorsprungs über spezielle Risiken ist, sondern vielmehr zum allgemeinen wirtschaftlichen Risiko des Objekterwerbers gehört. Eine Aufklärungspflicht der Bank über die Unangemessenheit des Kaufpreises ist, wenn sonstige einen Wissensvorsprung begründende Umstände nicht vorliegen, nur ausnahmsweise dann anzunehmen, wenn es – bedingt durch eine versteckte Innenprovision oder aus anderen Gründen – zu einer so wesentlichen Verschiebung der Relation zwischen Kaufpreis und Verkehrswert kommt, dass die Bank von einer sittenwidrigen Übervorteilung des Käufers durch den Verkäufer ausgehen muss[500]. Eine solche Sittenwidrigkeit liegt vor, wenn bei einem auf entgeltlichen Erwerb eines Grundstücks gerichteten Rechtsgeschäft das Missverhältnis zwischen Leistung (Kaufpreis abzüglich Vermittlungs-, Innen- oder sonstiger Provisionen) und Gegenleistung (Wert des Grundstücks) besonders grob ist, z.B. dann, wenn die Gegenleistung nur halb so viel wert ist wie die Leistung[501].

Ein besonders grobes Missverhältnis zwischen Leistung und Gegenleistung, das den Schluss auf eine verwerfliche Gesinnung des Begünstigten rechtfertigt, kann

---

[496] OLG Jena WM 1999, 2315.
[497] LG Stuttgart, Urteil vom 21.07.1998, Az. 25 O 615/97.
[498] BGH BKR 2004, 108; WM 1992, 602.
[499] BGH WM 1988, 561; 1987, 1426.
[500] BGH WM 2006, 1194, Rdnr. 47; BGH WM 2005, 828, 830; 2004, 1221, 1225.
[501] BGH WM 2004, 1221, 1225; 2004, 521, 524; NJW 2001, 1127; OLG Celle WM 2005, 877.

allerdings nicht allein deshalb verneint werden, weil mehrere Hundert Erwerber im Rahmen eines Steuersparmodells denselben oder einen annähernd gleichen Preis für ihre Immobilie gezahlt haben[502].

dd. Prüfung von Sicherheiten

Banken prüfen Sicherheiten nur im eigenen sowie im Interesse der Sicherheit des Bankensystems, nicht aber im Interesse des Kreditnehmers[503]. Deshalb kann der Kreditkunde aus dem Umstand, dass die Bank den Immobilienerwerb voll finanziert hat, keine Ersatzansprüche herleiten, wenn sich die vom Erwerber erhoffte Rentabilität und Werthaltigkeit der Immobilie als unzutreffend erweist[504].

Gleichermaßen kann sich grundsätzlich aus der lediglich zu bankinternen Zwecken erfolgten Ermittlung eines Beleihungswertes keine Pflichtverletzung gegenüber dem Kreditnehmer ergeben[505]. Dies gilt auch dann, wenn ein Bankmitarbeiter gegenüber seinem Finanzmakler erklärt, die zu finanzierende Immobilie sei nach einer internen Prüfung als finanzierungswürdig anzusehen[506].

ee. Verkaufsprospekt

Das Vorliegen eines Verkaufsprospektes begründet keine Aufklärungspflicht[507].

Prospekthaftungsansprüche, die sich aus dem Beitritt zu einem geschlossenen Immobilienfonds ergeben, verjähren in sechs Monaten ab Kenntnis des Prospektfehlers, spätestens aber drei Jahre nach dem Erwerb des Anteils[508].

Die finanzierende Bank hat unter dem Gesichtspunkt des Wissensvorsprungs grundsätzlich keine Aufklärungspflicht über spezielle Risiken, die aus dem Anlageprospekt erkennbar sind.

ff. Innenprovision

Anders als der Anlagevermittler, der dem Anlageinteressenten vertraglich Aufklärung über alle für die Anlageentscheidung bedeutsamen Umstände schuldet, ist eine kreditgebende Bank grundsätzlich nicht verpflichtet, den Anleger und Darlehensnehmer ungefragt über eine im finanzierten Kaufpreis einer Eigentumswohnung enthaltene Innenprovision zu informieren. Dies gilt auch dann, wenn die Provision sittenwidrig überhöht ist, z.B. mehr als 15% oder gar 18,6% der Kauf-

---

[502] BGH WM 2005, 1598.
[503] BGH WM 2006, 1194, Rdnr. 45; BGHZ 147, 343, 349; BGH WM 1992, 977; WM 1997, 2301, 2302; WM 2004, 24, 27.
[504] BGH WM 1997, 2301.
[505] BGH WM 2006, 1194, Rdnr. 45.
[506] OLG München WM 1997, 255.
[507] BGH ZIP 2004, 209.
[508] BGH BB 2001, 542.

preissumme ausmacht[509]. Daraus folgt, dass die Bank bei Treuhandmodellen auch nicht verpflichtet ist, Handlungen des Bevollmächtigten daraufhin zu prüfen, ob sie dem Vollmachtgeber gegenüber wegen Einbeziehung zu hoher Provisionen unwirksam sein können[510].

Auch der Verkäufer oder sein Repräsentant muss im Übrigen im Rahmen einer mündlichen Beratung selbst dann nicht ungefragt auf neben dem eigentlichen Kaufpreis in dem angegebenen Gesamtaufwand enthaltene Entgelte und Provisionen für andere Leistungen (externe Entgelte) hinweisen, wenn der Anteil dieser Leistungen am Gesamtaufwand 15% übersteigt[511]. Eine mittelbare Haftung der Bank entweder über den Einwendungsdurchgriff oder über § 278 BGB kann bereits aus diesem Grund nicht in Betracht kommen.

4. Aufklärungspflichten bei institutionalisiertem Zusammenwirken

a. Rechtsprechung des BGH vom 16.05.2006

Im Interesse der Effektivierung des Verbraucherschutzes bei grundpfandrechtlich gesicherten Immobilien- und Fondsfinanzierungen und um dem in den Urteilen des EuGH vom 25.10.2005[512] zum Ausdruck kommenden Gedanken des Verbraucherschutzes vor Risiken von Kapitalanlagemodellen im nationalen Recht Rechnung zu tragen, hat der BGH seine Rechtsprechung zum Bestehen von Aufklärungspflichten ausgeweitet[513]. Danach können sich Anleger in Fällen eines institutionalisierten Zusammenwirkens der kreditgebenden Bank mit dem Verkäufer oder Vertreiber eines finanzierten Objekts unter erleichterten Voraussetzungen mit Erfolg auf einen die Aufklärungspflicht auslösenden konkreten Wissensvorsprung der finanzierenden Bank im Zusammenhang mit einer arglistigen Täuschung des Anlegers durch unrichtige Angaben der Vermittler, Verkäufer oder Fondsinitiatoren bzw. des Fondsprospekts über das Anlageprojekt berufen. Die eine eigene Aufklärungspflicht auslösende Kenntnis der Bank von einer solchen arglistigen Täuschung werde nach Ansicht des BGH widerleglich vermutet, wenn Verkäufer oder Fondsinitiatoren, die von ihnen beauftragten Vermittler und die finanzierende Bank in institutionalisierter Art und Weise zusammenwirken, auch die Finanzierung der Kapitalanlage vom Verkäufer oder Vermittler angeboten wurde und die Unrichtigkeit der Angaben des Verkäufers, Fondsinitiators oder der für sie tätigen Vermittler bzw. des Verkaufs- oder Fondsprospekts nach den Umständen des Falles evident ist, so dass sich aufdrängt, die Bank habe sich der Kenntnis der arglistigen Täuschung geradezu verschlossen[514].

---

[509] BGH, Urteil vom 14.12.2004, Az. XI ZR 142/03; BGH WM 2004, 1221; OLG Frankfurt, Urteil vom 01.03.2006, Az. 9 U 77/03.

[510] OLG Frankfurt a. a. O.

[511] BGH WM 2004, 2349; 2003, 2386; 2003, 1686.

[512] EuGH WM 2005, 2079 ff.; 2005, 2086 ff.

[513] BGH WM 2006, 1194, Rdnr. 50.

[514] BGH a. a. O. Rdnr. 50 – 52.

Dieser sich aus culpa in contrahendo (cic) ergebende Anspruch ist selbst dann nicht ausgeschlossen, wenn die zu Grunde liegende Anfechtung wegen arglistiger Täuschung mit Blick auf den Ablauf der Anfechtungsfrist (§ 124 BGB) nicht mehr erklärt werden kann. Zum einen besteht zwischen beiden Ansprüchen Anspruchskonkurrenz mit der Folge, dass die Haftung aus cic durch den Ablauf der Frist des § 124 BGB nicht berührt wird[515]. Denn aus § 123 BGB lässt sich nicht ableiten, dass der Eintritt nachteiliger Rechtsfolgen für den Täuschenden auf den Fall der Arglist beschränkt ist[516]. Zum anderen richten sich Anfechtung (gegenüber dem Vertragspartner aus dem Grundgeschäft) und Anspruch aus cic an unterschiedliche Rechtspersonen.

Wenngleich dieses Urteil insofern zu begrüßen ist, als es mit der Hoffnung verbunden ist, dass die in den vergangenen Jahren ausfernde und in Teilen kaum mehr nachvollziehbare, sich auf reine Formverstöße wie z.B. das RBerG, das HWiG a.F. oder das VerbrKrG a.F. stützende Rechtsprechung nicht mehr im Fokus stehen wird, so bleiben doch einige Fragen offen.

b. Voraussetzungen im Einzelnen

aa. Institutionalisiertes Zusammenwirken

Nach Ansicht des BGH ist hierfür eine ständige Geschäftsbeziehung zwischen Verkäufer oder Fondsinitiator, den von diesem Personenkreis beauftragten Vermittlern und der finanzierenden Bank erforderlich. Diese wiederum kann sich aus einer Vertriebsvereinbarung oder daraus ergeben, dass die Bank dem Vermittler Büroräume oder Formulare überlässt[517]. Eine ständige Geschäftsbeziehung nimmt der BGH auch bereits dann an, wenn der Verkäufer oder die Vermittler dem finanzierenden Institut wiederholt Finanzierungen von Eigentumswohnungen oder Fondsbeteiligungen desselben Objektes vermittelt haben[518]. Es fragt sich deshalb, wie der Begriff „wiederholt" zu verstehen ist (nach dem Wortlaut wäre dies bereits nach der zweiten Kreditierung der Fall) bzw. ob neben dem objektiven Vorliegen mehrerer Finanzierungen subjektive Elemente eine Rolle spielen.

Nach einer vom BGH in diesem Zusammenhang zitierten Entscheidung des OLG Bamberg[519] sind die Voraussetzungen eines verbundenen Geschäfts auch unter dem Gesichtspunkt des § 9 Abs. 1 VerbrKrG a.F. nicht bereits dadurch erfüllt, dass

---

[515] BGH NJW-RR 2002, 308; VersR 2000, 511; NJW 1979, 1983.
[516] Heinrichs in: Palandt, BGB, § 311 Rdnr. 24; BGH NJW 1962, 1196; 1993, 2107; 1998, 302.
[517] BGH WM 2006, 1194, Rdnr. 53; 2006, 1003; 1978, 459, 460; 1980, 327, 328; 1980, 620, 622; 1992, 1355, 1358; 2003, 2232, 2234; BKR 2005, 73, 74; WM 2005, 124, 126; 2005, 295, 297; vgl. auch Oechsler NJW 2006, 2451.
[518] BGH a. a. O. unter Hinweis auf BGHZ 91, 9, 12; OLG Bamberg WM 2005, 593, 596; Rösler in: EWiR 2006, 463, 464.
[519] OLG Bamberg WM 2005, 593.

der Anlagevermittler zugleich den Kreditvertrag eingefädelt und sich dabei der Abschlussformulare des Kreditinstituts bedient hat. Vielmehr sei ein strukturiertes, planmäßiges und arbeitsteiliges Zusammenwirken erforderlich[520]. Diese subjektive Komponente wird nach Ansicht des BGH offenbar auch bei einem institutionalisierten Zusammenwirken verlangt. Anderenfalls wäre z.B. nicht zu vermitteln, dass – so der BGH – allein eine vorab erteilte allgemeine Finanzierungszusage die Annahme eines institutionalisierten Zusammenwirkens nicht rechtfertigt[521]; denn es ist lebensfremd anzunehmen, dass ein Kreditinstitut nicht wiederholt aus derselben Objektanlage Finanzierungen begleitet, wenn es zuvor seine generelle Bereitschaft hierzu erklärt hat.

bb. Initiative für Kreditvertragsabschluss

Dass die Finanzierung der Kapitalanlage vom Verkäufer oder Vermittler angeboten wurde, ist anzunehmen, wenn der Kreditvertrag nicht aufgrund eigener Initiative des Kreditnehmers zustande kommt, der von sich aus eine Bank zur Finanzierung seines Erwerbgeschäfts sucht, sondern deshalb, weil der Vertriebsbeauftragte des Verkäufers oder Fondsinitiators dem Interessenten im Zusammenhang mit den Anlage- oder Verkaufsunterlagen, sei es auch nur über einen von ihm benannten besonderen Finanzierungsvermittler, einen Kreditantrag des Finanzierungsinstituts vorgelegt hat, welches sich zuvor dem Verkäufer oder dem Fondsinitiator gegenüber zur Finanzierung bereit erklärt hat[522].

cc. Evidente Unrichtigkeit der Angaben

Von einer evidenten Unrichtigkeit der Angaben des Verkäufers, Fondsinitiators oder der für sie tätigen Vermittler bzw. des Verkaufs- oder Fondsprospekts geht der BGH aus, wenn sich diese Angaben objektiv als grob falsch dargestellt haben, so dass sich aufdrängt, die kreditgebende Bank habe sich der Kenntnis der Unrichtigkeit und der arglistigen Täuschung geradezu verschlossen[523].

Unrichtig sind die Angaben nicht erst dann, wenn eine sittenwidrige Übervorteilung des Anlegers aufgrund eines groben Missverhältnisses von Leistung und Gegenleistung vorliegt (Leistung doppelt so hoch wie Wert der Gegenleistung)[524]. Von einer Unrichtigkeit geht der BGH bereits aus, wenn der ausgewiesene Mietertrag den tatsächlich erzielten bzw. erzielbaren Mieterlös um 46% übersteigt[525].

---

[520] OLG Bamberg a. a. O. S. 596.
[521] BGH WM 2006, 1194, Rdnr. 53.
[522] BGH WM 2006, 1994, Rdnr. 53; BGH WM 2003, 2232, 2234; BGHZ 156, 46, 51.
[523] BGH a. a. O. Rdnr. 52, 55.
[524] BGH WM 2004, 1221, 1225; 2005, 828, 830; 2004, 521, 524.
[525] BGH WM 2006, 1194, Rdnr. 57.

dd. Arglistige Täuschung des Anlegers

Der Anleger muss durch die unrichtigen Angaben arglistig getäuscht worden sein[526]. Wie bei § 263 StGB ist Voraussetzung eine Täuschung zum Zwecke der Erregung oder Aufrechterhaltung eines Irrtums. Nicht erforderlich sind jedoch Bereicherungsabsicht und Vermögensschädigung[527]. Die Arglist setzt keine Absicht voraus; vielmehr genügt bedingter Vorsatz, der gegeben ist, wenn der Handelnde, etwa über einen Verkaufsprospekt, ins Blaue hinein unrichtige Behauptungen aufstellt, obwohl er mit der möglichen Unrichtigkeit seiner Angaben rechnet[528].

Es ist erforderlich, dass sich die behauptete Täuschung durch Vorspiegeln oder Entstellen von Umständen auf objektiv nachprüfbare Angaben bezieht und nicht lediglich subjektive Werturteile oder marktschreierische Anpreisungen vermittelt werden. Ein die Aufklärungspflicht der finanzierenden Bank auslösender konkreter Wissensvorsprung im Zusammenhang mit einer arglistigen Täuschung des Anlegers setzt dementsprechend konkrete, dem Beweis zugängliche unrichtige Angaben des Vermittlers oder Verkäufers über das Anlageobjekt voraus[529].

ee. Beweislastumkehr

Liegen diese Voraussetzungen unter aa. bis dd. beschriebenen Voraussetzungen vor, besteht eine eigene Hinweis- und Aufklärungspflicht der Bank, weil ihre Kenntnis von den grob falschen Angaben widerleglich vermutet wird[530]. Diese Beweiserleichterung in Form einer Beweislastumkehr bezieht sich jedoch ausschließlich auf die sich im Rahmen einer culpa in contrahendo stellende Verschuldensfrage und vermag andere Tatbestandsvoraussetzungen, etwa das Vorliegen einer arglistigen Täuschung, nicht zu ersetzen.

Einen Entlastungsbeweis kann das Kreditinstitut dadurch erfolgreich führen, dass der zuständige Banksachbearbeiter aufgrund etwa vorhandener Unterlagen als Zeuge bestätigt, von der Unrichtigkeit der Angaben keine Kenntnis gehabt zu haben, z.B. weil die Bank den Wert der finanzierten Immobilie bzw. den Mietertrag derselben nicht überprüft hat und sich dies hat vom Kreditnehmer schriftlich bestätigen lassen. Ein Verschulden der Bank kann aber auch dann nicht mehr angenommen werden, wenn der Bank der Nachweis gelingt, dass der Kreditnehmer ebenfalls von der Unrichtigkeit der Angaben im Prospekt wusste.

---

[526] BGH a. a. O. Rdnr. 7, 51, 52, 62.
[527] Heinrichs in: Palandt, Bürgerliches Gesetzbuch, 65. Aufl. 2006, § 123 Rdnr. 2.
[528] BGH NJW 1998, 302; 1981, 864; 1981, 1441.
[529] BGH, Urteil vom 19.09.2006, Az.: XI ZR 204/04, Rdnr. 24.
[530] BGH WM 2006, 1194, Rdnr. 56, 58.

c. Anwendungsbereich

aa. Nicht grundpfandrechtlich gesicherte Darlehen

Die Ergänzung der Rechtsprechung zum Bestehen von Aufklärungspflichten um die Fälle des institutionalisierten Zusammenwirkens begründet der BGH mit der Effektivierung des Verbraucherschutzes bei grundpfandrechtlich gesicherten Immobilien- und Fondsfinanzierungen sowie damit, dem in den EuGH-Entscheidungen vom 25.10.2005 zum Ausdruck kommenden Gedanken des Verbraucherschutzes vor Risiken von Kapitalanlagemodellen im nationalen Recht Rechnung zu tragen[531]. Die Vermutung liegt deshalb nahe, solche Finanzierungen vom Anwendungsbereich auszunehmen, die entweder bereits über den Verbundtatbestand (§ 9 VerbrKrG a.F., §§ 358, 359 BGB) genügend Schutz genießen[532] oder aber bei denen das Haustürwiderrufsrecht keine Anwendung findet[533]. Indes ist zu berücksichtigen, dass es sich bei der als Haftungsgrundlage herangezogenen culpa in contrahendo um einen eigenständigen Schadensersatzanspruch handelt, der unabhängig von der konkreten Anbahnung oder Ausgestaltung der Kreditvereinbarung besteht. Die vorerwähnten Ausführungen des BGH beschreiben offenbar auch eher die Motivation des Gerichts, diesen Anspruch zu gewähren, als die Anspruchsvoraussetzungen hierfür entsprechend einzuschränken. Im Übrigen kann ein Kreditnehmer Ansprüche gegen Gründungsgesellschafter, Fondsinitiatoren, maßgebliche Betreiber, Manager und Prospektherausgeber dem Rückzahlungsverlangen der Bank im Wege des Einwendungsdurchgriffs gem. § 9 Abs. 3 VerbrKrG a.F. überhaupt nicht entgegensetzen[534].

bb. Unrichtigkeit ergibt sich ausschließlich aus Prospekt

Der BGH subsumiert den Anspruch aus culpa in contrahendo unter die eine eigene Aufklärungspflicht der Bank begründende Fallgruppe des konkreten Wissensvorsprungs. Ein Wissensvorsprung liegt aber nicht vor, wenn Kenntnisstand von Bank und Kreditnehmer identisch sind. Wie der BGH ausführt, kann sich die Unrichtigkeit z.B. einer monatlichen Nettomiete auch aus einem Vergleich zwischen Fonds- bzw. Immobilienprospekt einerseits (vorausgesetzt, der Bank liegt ein entsprechendes Dokument überhaupt vor) und der tatsächlich

---

[531] BGH WM 2006, 1194, Rdnr. 50.

[532] Das wären im Wesentlichen die nicht grundpfandrechtlich gesicherten Darlehen.

[533] Hier ist insbesondere an die sog. Treuhandmodelle zu denken, zum einen, weil sich der Darlehensnehmer das Wissen seines Vertreters/Treuhänders gem. § 166 BGB zurechnen lassen muss, zum anderen, weil die zur Vertretung berechtigenden Vollmachten häufig notariell beurkundet wurden und damit das HWiG a.F. ausgeschlossen ist (§ 1 Abs. 2 Nr. 3 HWiG a.F.).

[534] BGH WM 2006, 1066; die Rechtsprechung des für das Gesellschaftsrecht zuständigen II. Zivilsenats vom 14.06.2006 (BGH WM 2004, 1518; 2004, 1525; 2004, 1521; 2004, 1527; 2004, 1529; 2004, 1536) ist insoweit überholt.

erzielbaren Miete vor Ort andererseits ergeben[535]. Hier ist jedoch zu berücksichtigen, dass auch bzw. in erster Linie der Kunde im Besitz des Prospekts ist, ihm also die dort aufgeführten Daten gleichermaßen bekannt sind. Zudem darf eine Bank davon ausgehen, dass derjenige, der eine Wohnung erwerben möchte, entweder selbst über die notwendigen Kenntnisse und Erfahrungen verfügt oder aber sich der Hilfe von Fachleuten bedient[536], der Immobilienerwerber also ebenfalls Kenntnis über die tatsächlichen Marktdaten vor Ort besitzt. Eine Haftung der Bank im Zusammenhang mit der Annahme eines institutionalisierten Zusammenwirkens allein auf Grundlage eines Prospektes ist deshalb mangels Wissensvorsprungs nicht möglich. Nur dann, wenn über den Prospekt hinaus Umstände vorliegen, die den Wohnungserwerber nicht veranlassen mussten, die Richtigkeit der Prospektangaben vor Ort zu überprüfen, z.B. weil eine diesbezügliche arglistige Täuschung des Vermittlers gegeben ist[537], kann eine Haftung der Bank gegeben sein.

cc. Vertreterwissen

Bedient sich der Kreditnehmer zur Anbahnung oder zum Abschluss eines Darlehensvertrages eines Vertreters, kommt gem. § 166 Abs. 1 BGB nicht die Person des Vertretenen, sondern die des Vertreters in Betracht, soweit die rechtlichen Folgen einer Willenserklärung durch Willensmängel oder durch die Kenntnis oder das Kennenmüssen gewisser Umstände beeinflusst werden. Hat deshalb der spätere Kreditnehmer einem Treuhänder eine Vollmacht erteilt, ihn beim Abschluss der für den Erwerb einer Immobilie erforderlichen Verträge zu vertreten, kommt es nach Ansicht des BGH für den Bereich des Haustürwiderrufsrechts folgerichtig darauf an, ob sich der Vertreter bzw. Treuhänder in einer Haustürsituation befunden hat[538].

Nichts anderes gilt für den Bereich der Aufklärungspflichten wegen Wissensvorsprungs. Schließt der Darlehensnehmer die Kreditvereinbarung durch einen Stellvertreter/Treuhänder ab, ist das Wissen bzw. die Kenntnis des Vertreters maßgebend. Es kommt insoweit darauf an, ob der Treuhänder aufklärungsbedürftig gewesen ist oder nicht. Dies gilt auch dann, soweit die Vertretungsberechtigung – z.B. wegen des Rechtsberatungsgesetzes – unwirksam ist, die Bank allerdings gem. §§ 172, 173 BGB Vertrauensschutz genießt oder eine Berufung auf die Unwirksamkeit der Vollmacht gegenüber dem Kreditinstitut aus anderen Gründen nicht in Betracht kommt.

---

[535] BGH WM 2006, 1194, Rdnr. 53, 55, 57.
[536] BGH WM 1992, 216; 1992, 901; 1992, 1310.
[537] So in dem vom BGH am 16.05.2006 entschiedenen Fall.
[538] BGH WM 2004, 417; 2004, 21; 2003, 2328; 2003, 1064; 2003, 918; 2000, 1250.

5. Aufklärungspflichten wegen nicht erfolgter Widerrufsbelehrung

Nach Ansicht des EuGH müssen die Mitgliedstaaten dafür sorgen, dass ein Kreditinstitut, das einen Verbraucher nicht über sein Recht belehrt hat, den zur Finanzierung eines Immobilienerwerbs dienenden Darlehensvertrag zu widerrufen, die Risiken trägt, die mit der in einer Haustürsituation zustande gekommenen Kapitalanlage verbunden sind[539]. Dies wirft die Frage auf, ob der nicht belehrte Darlehensnehmer dem Finanzierungsinstitut gegenüber Schadensersatzansprüche geltend machen kann.

Zwar ist die in § 2 HWiG a.F. geregelte Belehrungspflicht richtlinienkonform als Rechtspflicht zu verstehen, deren Verletzung eine Schadensersatzpflicht aus Verschulden bei Vertragsschluss zur Folge haben kann. Ein Schadensersatzanspruch wegen unterbliebener Widerrufsbelehrung setzt allerdings ein Verschulden des Unternehmers voraus[540]. Da nach ursprünglicher Rechtslage gem. §§ 3 Abs. 2 S. 2, 7 VerbrKrG a.F., 5 Abs. 2 HWiG a.F. ein Widerrufsrecht weder nach dem Verbraucherkreditrecht noch nach dem Haustürwiderrufsrecht bestand und demzufolge vor der „Heininger"-Entscheidung vom 13.12.2001[541] mit einer entsprechenden Belehrungspflicht nicht gerechnet werden musste, ist ein Verschulden bei vor dem 13.12.2001 abgeschlossenen Verbraucherkreditverträgen nicht gegeben.

Zudem muss der Darlehensnehmer konkret beweisen, dass der Belehrungsverstoß für den Schaden ursächlich geworden ist, d.h. er den Darlehensvertrag bei ordnungsgemäßer Belehrung tatsächlich widerrufen hätte[542]. Eine Kausalität kann schließlich auch dann nicht angenommen werden, wenn der Verbraucher bei Abschluss des Darlehensvertrages bereits an seine Erklärung zum Abschluss des Immobilienkaufvertrages gebunden war.

6. Beratungsvertrag

Empfiehlt eine kreditgebende Bank einem Anlageinteressenten eine Beteiligung an einem Bauherrenmodell, kommt konkludent ein Beratungsvertrag zustande. Daher muss sie ihn ungefragt informieren und beraten, wenn die erzielten Mieterträge der in einem steuersparenden Bauherrenmodell bereits erstellten Eigentumswohnungen nicht den im Anlageprospekt prognostizierten Mieten entsprechen und die Vermietung der Wohnungen Schwierigkeiten bereitet[543].

Bei sog. Distanzgeschäften, bei denen sich die Immobilienanleger selbst oder über von ihnen bevollmächtigte Dritte schriftlich und ohne persönlichen Kontakt mit dem Wunsch nach einer Finanzierung für ein spezielles Objekt an die Bank

---

[539] EuGH WM 2005, 2079; 2005, 2086.
[540] BGH, Urteil vom 19.09.2006, Az.: XI ZR 204/04, Rdnr. 41, 42.
[541] EuGH WM 2001, 2434.
[542] BGH, Urteil vom 19.09.2006, Az.: XI ZR 204/04, Rdnr. 43.
[543] BGH WM 2004, 422; 2003, 2386.

wenden, kommt ein stillschweigender Beratungsvertrag ohne Nachfrage des Kreditnehmers grundsätzlich nicht zustande. Etwas anderes würde nur dann gelten, wenn die Bank mit dem Kunden ein Beratungsgespräch auch in Bezug auf die zu erwerbende Immobilie führt und dabei erkennen kann, dass die Beratung für den Kunden von erheblicher Bedeutung ist und er sie zur Grundlage von Vermögensdispositionen machen will[544].

Ähnlich sieht dies der BGH im Übrigen auch im Verhältnis von Käufer zu Verkäufer. Danach liegt ein Beratungsvertrag vor, wenn die Beratung des Verkäufers, z.B. durch Vorlage von Berechnungsbeispielen, über das hinausgeht, was im Allgemeinen seitens des Verkäufers für die sachgemäße Anwendung oder den Einsatz des Kaufgegenstandes in beratender oder empfehlender Weise, auch in Erfüllung einer rechtlichen Verpflichtung, geleistet wird[545]. Erforderlich, aber auch ausreichend sei es, dass dem Käufer eine Empfehlung zum Erwerb gegeben werden soll[546].

II. Zurechnung des Verhaltens Dritter, insbesondere Finanzdienstleister und Immobilienmakler[547]

1. Erfüllungsgehilfe nach § 278 BGB

Vom eigenen Verschulden ist die Frage zu trennen, ob sich die Bank das Fremdverschulden Dritter zurechnen lassen muss. Nach der Rechtsprechung des BGH kann Erfüllungsgehilfe im Sinne des § 278 BGB nur sein, wer nach den tatsächlichen Verhältnissen des gegebenen Falles mit dem Willen des Schuldners bei der Erfüllung der diesem obliegenden Verbindlichkeiten als seine Hilfsperson tätig wird[548].

Die Bestimmung des Personenkreises, für den ein Verhandlungspartner wegen Verschuldens bei Vertragsverhandlungen nach § 278 BGB einzustehen hat, erfolgt dabei wie im Rahmen von § 123 BGB, da die Anfechtung wegen arglistiger Täuschung gegenüber der culpa in contrahendo lex specialis ist[549].

Maßgebend ist deshalb, von wem der Dritte eingeschaltet wurde und inwieweit er als Hilfsperson einer der Vertragspartner anzusehen ist. Der Umstand, dass der Immobilienerwerber dem Treuhänder eine umfassende notarielle Vollmacht erteilt,

---

[544] BGH ZIP 1993, 1148; 1987, 500, 501; Streit, Erfüllungsgehilfenhaftung der Kreditinstitute von Immobilienanlagen, ZIP 1999, 477, 479.

[545] Schmidt-Räntsch, Die aktuelle Rechtslage bei sog. Schrottimmobilien, MDR 2005, 6, 9 mit Verweis auf BGH MDR 1999, 1184 f.; 1999, 349; 2003, 865; 2004, 205; 2004, 1174.

[546] Schmidt-Räntsch a.a.O.

[547] Streit, Erfüllungsgehilfenhaftung der Kreditinstitute von Immobilienanlagen, ZIP 1999, 477 ff.

[548] BGH WM 1987, 85.

[549] BGH WM 1996, 315; 1990, 479.

spricht gegen die Annahme, dass dieser auch gleichzeitig Erfüllungsgehilfe der Bank zum Abschluss des Kreditvertrages ist[550]. Bei Immobilienanlagen tritt ein Treuhänder auch aus der Sicht des Wohnungserwerbers gegenüber der finanzierenden Bank ausschließlich als Vertreter und Erfüllungsgehilfe des Kreditnehmers auf.

Hat eine Bausparkasse die Anwerbung von Kunden einem selbständigen Vermittlungsunternehmen überlassen, so können ihr, wenn ein anderer Makler im Einverständnis mit dem Vermittlungsunternehmen die persönlichen Vertragsverhandlungen mit dem Kunden führt, dessen Erklärungen gem. § 278 BGB zugerechnet werden[551]. Nach Ansicht des BGH könne es nicht gebilligt werden, dass sich das Institut der Verantwortung für die persönlichen Vertragsverhandlungen durch die Einschaltung einer selbständigen Vermittlerfirma völlig entziehe; vielmehr müsse sie damit rechnen, dass die Vermittlerfirma ihrerseits andere Makler als Untervermittler einsetze, deren Verhalten sich die Bausparkasse folglich ebenfalls zurechnen lassen müsse[552].

2. Zurechnung der Pflichtverletzung

Häufig wird nicht nur der Kreditvertrag, sondern auch das zugrunde liegende Erwerbsgeschäft durch ein- und dieselbe Person vermittelt. Auch der Treuhänder schließt regelmäßig nicht nur den Darlehens-, sondern auch den Immobilienkaufvertrag im Namen des Erwerbers ab. Dieser Umstand hat in Rechtsprechung und Literatur zu einem Streit darüber geführt, ob sich die finanzierende Bank sämtliches Verhalten sowie sämtliche Aussagen des Treuhänders/Vermittlers zurechnen lassen muss oder nur das Verhalten sowie diejenigen Aussagen, die in den Pflichtenkreis der Bank fallen (Problem der rollenbedingten Verantwortlichkeit)[553].

Auch wenn immer noch vereinzelt entgegengesetzte Rechtsansichten vertreten werden[554], dürfte zwischenzeitlich anerkannt sein, dass eine Zurechnung gemäß § 278 BGB nur dann erfolgen kann, wenn der Treuhänder/Vermittler Pflichten verletzt, die objektiv zum Aufgabenkreis der Bank gehören[555]. So muss sich eine Bank ein Fehlverhalten eines Anlagevermittlers – auch wenn er zugleich den Kredit vermittelt – durch unrichtige Erklärungen über die Kapitalanlage nicht gem. § 278 BGB zurechnen lassen. Nach ständiger Rechtsprechung des BGH wird der im Rahmen von Kapitalanlagemodellen auftretende Vermittler als Erfüllungsgehilfe im Pflichtenkreis der in den Vertrieb nicht eingeschalteten Bank nur insoweit tätig, als sein Verhalten den Bereich der Anbahnung des Kreditvertrages

---

[550] BGH WM 1995, 1542.
[551] BGH ZIP 1996, 1950.
[552] BGH a. a. O. S. 1951.
[553] Von Heymann NJW 1999, 1577.
[554] Reiff in: EWiR 1997, 13, 14; Thode in: WuB IV A. § 278 BGB 1.97; Spickhoff/Petershagen, BB 1999, 165, 168.
[555] BGH WM 1996, 315.

betrifft[556]. Möglicherweise falsche Erklärungen zum Wert des Objekts und zur monatlichen Belastung der Erwerber betreffen nicht den Darlehensvertrag, sondern die Rentabilität des Anlagegeschäfts und liegen damit außerhalb des Pflichtenkreises der Bank[557].

Zu Unrecht wird von den Gegnern der hier vertretenen Rechtsauffassung immer wieder auf die sogenannte Bausparkassenentscheidung des BGH vom 24.09.1996 hingewiesen[558]. Dort hatte nämlich das Kreditinstitut für fehlerhafte, sich auf das Objekt beziehende Angaben einzustehen, weil der Erwerb der Immobilie im Rahmen des Finanzierungsgesamtkonzepts Voraussetzung für die Gewährung eines Darlehens war. Der Beratungsfehler wurde darin gesehen, dass bei der angebotenen speziellen Finanzierungsmethode, also im Pflichtenkreis der Bank, für den Kunden ein erheblicher Aufklärungs- und Beratungsbedarf bestand. Im Normalfall ist jedoch der Abschluss des Kreditvertrages die Folge des Immobilienerwerbs. Da die Bank über § 278 BGB für falsche Angaben etwa eines Kreditvermittlers nur einstehen muss, wenn und soweit sie den Vermittler in zurechenbarer Weise in ihren Pflichtenkreis eingebunden hat, haftet sie demzufolge für Falschangaben eines Objekt- oder Kreditvermittlers hinsichtlich der als Steuersparmodell vermittelten Immobilienanlage grundsätzlich nicht.

3. Überlassung von Kreditantragsformularen

In einem Beschluss vom 16.08.1999 will das OLG Nürnberg die Ausstattung eines Vermittlers mit Kreditantragsformularen als wesentliches Indiz dafür werten, dass dessen Wissen in Bezug auf den Wert einer Immobilie analog § 166 Abs. 1 BGB und dessen Verschulden nach § 278 BGB dem Kreditinstitut zuzurechnen ist[559]. Der Pflichtenkreis eines sich auf seine Rolle als Kreditgeber beschränkenden Kreditinstituts erstreckt sich jedoch auch dann nicht auf den Kaufvertrag, wenn die Bank dem Vermittler für das dem Endkreditnehmer zu gewährende Darlehen Blankokreditverträge zur Verfügung stellt. Denn dieser Umstand lässt allenfalls darauf schließen, dass Vermittler und Bank zusammenarbeiten. Darin liegt jedoch keine Besonderheit, weil Finanzvermittler üblicherweise gegen Provision für verschiedene Banken Kredite vermitteln und sich zur Vereinfachung des Verfahrens deren Antragsformulare bedienen[560].

Die Überlassung von Kreditantragsformularen lässt auch nicht den Schluss zu, die Bank habe die Finanzierbarkeit des Kaufvertrages geprüft und für durchführbar

---

[556] BGH WM 2006, 1194, Rdnr. 63; BGH WM 2004, 1221, 1225; BGHZ 152, 331, 333.
[557] BGH a. a. O.
[558] BGH ZIP 1996, 1950; Streit, Erfüllungsgehilfenhaftung der Kreditinstitute von Immobilienanlagen, ZIP 1999, 477 ff.
[559] OLG Nürnberg WM 1999, 2305.
[560] BGH WM 1988, 561; OLG Braunschweig WM 1998, 1223; OLG Köln WM 1994, 197.

erklärt. Sie wird allerdings im Regelfall dazu führen, dass der Vermittler als Verhandlungsgehilfe der Bank anzusehen ist[561].

4. Wissenszurechnung innerhalb eines Konzerns

Der BGH hat bislang noch nicht endgültig darüber entscheiden, ob sich die Bank grundsätzlich jegliches Verhalten eines Mitarbeiter in irgend einer Filiale zurechnen lassen muss, auch wenn diese Filiale mit dem konkreten Finanzierungsgeschäft nicht befasst war. Eine Zurechnung der Kenntnisse des Mitarbeiters in der Filiale A für die in der Filiale B abgewickelten Einzelfinanzierungen ist jedenfalls dann gerechtfertigt, wenn das Darlehen nur einen Ausschnitt der vorher in der Filiale A von diesem Mitarbeiter in verantwortlicher Position verbindlich ausgehandelten Rahmenfinanzierung für das Objekt darstellte, die für die finanzierende Filiale B maßgeblich war und für den Darlehensvertrag Bedeutung erlangt hat[562].

III. Prospekthaftung und Einwendungsdurchgriff

1. Grundsätze der Prospekthaftung[563]

Es ist zu unterscheiden zwischen der Prospekthaftung im engeren und derjenigen im weiteren Sinne. Beiden Ansprüchen ist gemeinsam, dass Voraussetzung für eine Haftung ein Prospektfehler ist, der für den Erwerb des Anlageobjekts kausal war.

a. Prospekthaftung im engeren Sinne

Die Prospekthaftung im engeren Sinne ist eine Haftung für typisiertes Vertrauen. Dem Erwerber steht außer dem Prospekt keine Information über das Anlageobjekt zur Verfügung. Er kann niemanden fragen und muss deshalb darauf vertrauen, dass in dem Prospekt alle Angaben enthalten sind, die für eine Entscheidung zugunsten des Objekts vernünftigerweise erheblich sind[564]. Die Haftung betrifft Initiatoren, Gründer und sonstige das Anlagemodell beherrschende Personen sowie Prospektherausgeber und -verantwortliche[565]. Ansprüche hieraus verjähren in Anlehnung an §§ 20 Abs. 5 KAGG, 12 Abs. 5 AuslInvestmG, 47 BörsG, 37a WpHG in sechs Monaten ab Kenntnis vom Fehler, spätestens jedoch in drei Jahren ab Herausgabe des Prospekts[566].

---

[561] BGH ZIP 1996, 1950.

[562] BGH WM 2005, 375.

[563] Vgl. hierzu allgemein Schmidt-Räntsch, Die aktuelle Rechtslage bei sog. Schrottimmobilien, MDR 2005, 6, 8.

[564] BGH WM 2004, 2349; NJW 2004, 1732, 1734 f.

[565] Schmidt-Räntsch, Die aktuelle Rechtslage bei sog. Schrottimmobilien, MDR 2005, 6, 8.

[566] BGH WM 2002, 813; NJW 2001, 1203; BB 2001, 542; OLG Stuttgart WM 2006, 1100.

III. Prospekthaftung und Einwendungsdurchgriff

Auch wenn umfangreiche Ausführungen im Prospekt zu den vorgesehenen Investitionen einen schnellen Überblick erschweren können, sind sie grundsätzlich dem Umstand geschuldet, dass der Prospekt insoweit ein Informationsinteresse des Anlegers zu erfüllen hat, dem gebührend Rechnung zu tragen ist[567]. Von einem Prospektfehler kann erst ausgegangen werden, wenn durch die umfangreiche Darstellung die potentiellen wirtschaftlichen Gefahren der Anlage nicht mehr hinreichend verdeutlicht, sondern verschleiert werden[568]. Ein rechtlich relevanter Prospektmangel liegt z.B. dann vor, wenn „weiche" Kosten bei einem Anlagemodell in nicht unerheblicher Höhe anfallen und ein Anleger dem Prospekt nicht ohne weiteres entnehmen kann, in welchem Umfang die von ihm eingezahlten Einlagemittel nicht in das Anlageobjekt fließen, sondern für Aufwendungen außerhalb der Anschaffungs- und Herstellungskosten verwendet werden[569]. „Weiche" Kosten von mehr als 15% sind ein Umstand, der für den typischen Käufer potentiell wesentlich und deshalb in einem Prospekt aufzuschlüsseln ist[570]. In einem zur Information über einen geschlossenen Immobilienfonds herausgegebenen Prospekt muss der von einer zur Initiatorengruppe gehörenden Gesellschaft durch den Ankauf und anschließenden Weiterverkauf an die Fondsgesellschaft erzielte Gewinn (Zwischenhandelsgewinn) ausgewiesen werden. Ein Prospekt, der den Zwischenhandelsgewinn nicht ausweist, ist jedenfalls dann fehlerhaft, wenn dieser 15% der Zeichnungssumme beträgt. Wird ein Anleger mittels eines dergestalt fehlerhaften Prospekts zur Zeichnung einer Fondsbeteiligung geworben, kann er die Zahlungen an die den Fondsanteil finanzierende Bank verweigern, wenn es sich bei Fondsbeteiligung und Finanzierung um verbundene Geschäfte handelt (§ 9 Abs. 3 VerbrKrG a.F.)[571].

Entschließen sich die Prospektherausgeber – unabhängig davon, ob sie dazu verpflichtet sind oder nicht –, Angaben zu bestimmten Punkten zu machen, so haben diese richtig zu sein. Es kommt in einem solchen Fall nicht darauf an, ob Innenprovisionen die Grenze von 15% des Anteilswerts überschreiten, wenn sie im Prospekt nur mit 6% beziffert werden[572].

b. Prospekthaftung im weiteren Sinne

Neben der Prospekthaftung im engeren Sinn besteht auch eine an persönliches Vertrauen knüpfende Prospekthaftung im weiteren Sinn, wonach derjenige, der

---

[567] BGH WM 2006, 522 mit Anm. Hanowski in: WuB I G 8. – 4.06.
[568] BGH a. a. O.; OLG Frankfurt, Urteil vom 08.10.2004, Az. 13 U 243/03; OLG München, Urteil vom 28.04.2004, Az. 15 U 3503/03; OLG Stuttgart, Urteil vom 15.12.2005, Az. 13 U 10/05; anders OLG Celle, VersR 2003, 61; LG Heilbronn, Urteil vom 29.07.2004, Az. 6 O 616/03.
[569] BGH WM 2006, 905.
[570] BGH NJW 2004, 1732 f.
[571] OLG Karlsruhe ZIP 2005, 1633.
[572] OLG Stuttgart ZIP 2005, 2152; BGH ZIP 2004, 1055.

bei Vertragsverhandlungen mit dem Anleger als Vertreter, Sachwalter oder Garant konkretes Vertrauen in Anspruch genommen hat, für Prospektmängel nach den allgemeinen Grundsätzen der culpa in contrahendo bzw. gem. § 311 BGB haftet, wobei grundsätzlich die Regelverjährung gilt[573]. Der Erwerber ist nicht auf den Prospekt und darauf angewiesen, dass dieser die Antworten auf die erheblichen Fragen bereithält, da er beim Berater nachfragen kann[574]. Der Berater wiederum muss nicht von sich aus auf alle denkbar erheblichen Punkte hinweisen, sondern kann sich auf die typischerweise relevanten Fragen beschränken. Der Anteil von in dem Gesamtaufwand eines Steuermodells enthaltenen Entgelten und Provisionen für begleitende Dienstleistungen gehört zu diesen Fragen nicht, soweit keine konkreten Anhaltspunkte für ein besonderes Interesse des Erwerbers gerade auch daran vorhanden sind[575].

Grundsätzlich genügt sowohl der Anlageberater als auch der Anlagevermittler seinen Aufklärungspflichten bereits dadurch, dass er dem Anleger den Emissionsprospekt übergibt, in dem die Risiken dargestellt werden, die mit einer Beteiligung verbunden sind. Ein Aufklärungsmangel kommt in diesem Fall nur in Betracht, wenn der Anlageberater bzw. Anlagevermittler die Risiken verharmlost hat[576].

Selbst im Rahmen einer mündlichen Beratung muss der Verkäufer oder sein Repräsentant auch dann nicht ungefragt auf neben dem eigentlichen Kaufpreis in dem angegebenen Gesamtaufwand enthaltene Entgelte und Provisionen für andere Leistungen (externe Entgelte) hinweisen, wenn der Anteil dieser Leistungen am Gesamtaufwand 15 % übersteigt; gleiches gilt für die Innenprovision als Teil des eigentlichen Kaufpreises für die Immobilie[577].

Je geringer das Risiko einer Kapitalanlage in Form eines geschlossenen Immobilienfonds zum Zeitpunkt der Anlageentscheidung zu bewerten war, desto geringere Anforderungen sind an die Risikoaufklärung durch den Anlagevermittler zu stellen[578].

2. Einwendungsdurchgriff

Es fragt sich, ob die unter Ziff. 1 dargestellten Prospekthaftungsansprüche der Bank im Wege des Einwendungsdurchgriffs gem. § 9 VerbrKrG a.F. bzw. §§ 358 f. BGB entgegengehalten werden können.

---

[573] OLG Stuttgart WM 2006, 1100; Schmidt-Räntsch, Die aktuelle Rechtslage bei sog. Schrottimmobilien, MDR 2005, 6, 8.
[574] BGH WM 2004, 2349.
[575] BGH a. a. O.
[576] OLG Stuttgart WM 2006, 1100.
[577] BGH WM 2004, 2349; 2003, 1686; 2003, 2386; Schmidt-Räntsch, Die aktuelle Rechtslage bei sog. Schrottimmobilien, MDR 2005, 6, 9 f.
[578] OLG München ZfIR 2006, 419.

Nach vormaliger Ansicht des für das Gesellschaftsrecht zuständigen II. Zivilsenats des BGH kann der Anleger bei einem kreditfinanzierten Beitritt zu einem geschlossenen Immobilienfonds die ihm gegen die Gründungsgesellschafter und die sonst für die Täuschung Verantwortlichen zustehenden Schadensersatzansprüche auch gegenüber der Bank geltend machen, wenn er über die Rentabilität des Fonds getäuscht worden ist und wenn Fondsbeitritt sowie Kreditvertrag ein verbundenes Geschäft bilden[579]. Darüber hinaus wurde in Analogie zu § 9 Abs. 2 S. 4 VerbrKrG ein Rückforderungsanspruch gewährt, der auch dann gewährt wurde, wenn das Darlehen bereits zurückgezahlt worden ist[580]. Danach konnten der Bank bei Vorliegen eines Verbundtatbestandes Prospekthaftungsansprüche sowohl im engeren wie auch im weiteren Sinn entgegen gehalten werden.

Hiergegen wurde eingewandt, dass die Rechtsprechung des BGH zu einer von Gesetz und Verfassung nicht gedeckten Besserstellung des finanzierenden Verbrauchers führe, da diesem nicht nur der eigentliche Geschäftspartner, sondern zusätzlich auch das Kreditinstitut zur Realisierung von gegen die Initiatoren und Prospektherausgeber gerichteten Schadensersatzansprüchen zur Verfügung steht. Sinn und Zweck des verbundenen Geschäfts sei es aber lediglich, den Verbraucher vor dem Aufspaltungsrisiko zu schützen, welches sich daraus ergibt, dass er trotz eines wirtschaftlich einheitlichen Geschäfts wegen der Finanzierung einer Leistung über ein Bankdarlehen nicht nur einem, sondern zwei unterschiedlichen Vertragspartnern gegenübersteht[581].

Mittlerweile hat der für das Bankrecht zuständige XI. Zivilsenat diese Rechtsprechung aufgegeben. Ist ein Darlehensnehmer durch falsche Angaben zum Erwerb einer Fondsbeteiligung bewogen worden, kann er bei Vorliegen eines verbundenen Geschäfts auch der die Fondsbeteiligung finanzierenden Bank seine Ansprüche gegen die Fondsgesellschaft entgegen halten und gem. § 9 Abs. 3 VerbrKrG a.F. die Rückzahlung des Kredits verweigern, soweit ihm gegen die Fondsgesellschaft ein Abfindungsanspruch zusteht[582]. Ansprüche gegen Gründungsgesellschafter, Fondsinitiatoren, maßgebliche Betreiber, Manager und Prospektherausgeber kann der Kreditnehmer nicht gem. § 9 Abs. 3 VerbrKrG a.F. dem Rückzahlungsverlangen der Bank entgegensetzen[583]. Ist ein Darlehensnehmer durch falsche Angaben des Vermittlers zum Erwerb einer Fondsbeteiligung bewogen worden, kann er auch den mit dem Anlagevertrag gem. § 9 Abs. 1 VerbrKrG a.F. verbundenen Darlehensvertrag nach § 123 BGB anfechten, wenn die Täuschung für dessen Abschluss kausal war. Um unvertretbare Wertungswidersprü-

---

[579] BGH WM 2004, 1518; 2004, 1525; 2004, 1521; 2004, 1527; 2004, 1529; 2004, 1536.
[580] OLG Stuttgart ZIP 2005, 2152, 2153; BGH, Urteil vom 15.11.2004, Az. II ZR 410/02, S. 10.
[581] OLG Schleswig WM 2005, 1173 mit Anm. Edelmann in: BKR 2005, 394.
[582] BGH WM 2006, 1066; 2003, 2232 f.
[583] BGH WM 2006, 1066; Abweichung von BGH WM 2004, 1518 ff; 2004, 1525 f.; BKR 2005, 73 f.; WM 2005, 295, 297; 2005, 547; 2005, 843, 845.

che zu vermeiden (z.B. weil die Anfechtungsfrist gem. § 124 Abs. 1 BGB verstrichen ist), gewährt die Rechtsprechung zudem bei vorsätzlichem Verschulden des Vermittlers Ansprüche aus Verschulden bei Vertragsschluss gegen die kreditgebende Bank, da der Vermittler bei einem verbundenen Geschäft nicht Dritter im Sinne von § 123 Abs. 2 BGB ist[584].

Da Prospekthaftungsansprüche im engeren Sinn nicht gegen den eigentlichen Vertragspartner des finanzierten Geschäfts (z.B. Beteiligungs-GbR), sondern gegen Dritte (Initiatoren, Prospektherausgeber etc.) gerichtet sind, können diese im Wege des Einwendungsdurchgriffs der finanzierenden Bank nicht entgegen gehalten werden. Bei den gegen Vermittler bzw. Anlageberater gerichteten Prospekthaftungsansprüchen im weiteren Sinn mag dies hingegen anders sein, soweit der Kreditnehmer ein vorsätzliches Verschulden des Vermittlers nachweisen kann.

---

[584] BGH WM 2006, 1066.

F. Rechtsprechung des II. und XI. Zivilsenats des BGH zur Finanzierung von Immobilienfonds

Kaum ein anderes Thema hat in jüngster Vergangenheit für mehr Unruhe bei den Instanzgerichten und in der Literatur gesorgt als die unterschiedliche Rechtsprechung innerhalb des Bundesgerichtshofs im Zusammenhang mit der Finanzierung steuerinduzierter Immobilien- bzw. Fondsanlagen. Dies war darauf zurückzuführen, dass sich der für das Gesellschaftsrecht zuständige II. Zivilsenat der Fondsfinanzierungen annahm, weil die Fonds regelmäßig Gesellschaften bürgerlichen Rechts bzw. Kommanditgesellschaften bildeten und damit einen gesellschaftsrechtlichen Bezug herzustellen schienen. Der für das Bankrecht zuständige XI. Zivilsenat hingegen war dann zuständig, wenn Gegenstand des finanzierten Geschäfts nicht der Beitritt zu einem Fonds, sondern der Erwerb einer Immobilie bildete. Dabei kam der II. Zivilsenat bei Vorliegen eines verbundenen Geschäfts, welches er auch bei Darlehen annahm, die grundpfandrechtlich besichert waren, zu völlig anderen Ergebnissen als der XI. Zivilsenat.

Die Frage, ob der Anleger einem geschlossenen Immobilienfonds beitreten oder eine Immobilie erwerben sollte, war häufig von Zufällen abhängig (z.B. von der Frage, wie schnell sich die Grundbuchämter nach der Wiedervereinigung in der Lage sahen, Teilungserklärungen zu erstellen), die im Ergebnis darüber entschieden, ob das finanzierende Kreditinstitut berechtigt war, die ausgereichte Kreditvaluta zurückzufordern oder nicht. Vor diesem Hintergrund ist es aus Gründen der Rechtssicherheit nur zu begrüßen, dass die sich im Zusammenhang mit steueroptimierten Immobilien- und Fondsfinanzierungen stellenden Rechtsfragen seit dem 25.04.2006 von ein- und demselben Senat des Bundesgerichtshofs begutachtet und entschieden werden.

Nachfolgend wird die Entwicklung der Rechtsprechung dargelegt.

I. Allgemeines

Nach altem Recht kann ein finanziertes Immobiliengeschäft mit dem der Finanzierung dienenden Verbraucherkreditvertrag ein verbundenes Geschäft i.S.v. § 9 VerbrKrG a.F. bilden, sofern der Kreditvertrag dem VerbrKrG a.F. unterfällt und die Ausnahmeregelung des § 3 Abs. 2 Nr. 2 VerbrKrG nicht greift[585]. Davon betroffen sind insbesondere solche Fondsfinanzierungen, die vor allem nach der Wiedervereinigung Anfang bis Mitte der 90-Jahre vorgenommen wurden und die sich dadurch auszeichnen, dass als Sicherheit nicht eine Globalgrundschuld auf dem gesamten, dem Fonds gehörenden Objekt diente, sondern die Verpfändung des finanzierten Fondsanteils vereinbart wurde.

Nach Ansicht des BGH ist bei einem Immobilienkauf auch einem rechtsunkundigen und geschäftsunerfahrenen Laien bekannt, dass Kreditgeber und Immobilienverkäufer in der Regel verschiedene Personen sind[586]. Immobilienkredit und der finanzierte Vertrag bilden deshalb üblicherweise kein verbundenes Geschäft. Dies gilt wegen § 3 Abs. 2 Nr. 2 VerbrKrG a.F. aber nur für Realkreditverträge[587].

Wenn ein Einwendungsdurchgriff gem. § 9 Abs. 3 VerbrKrG a.F. nach § 3 Abs. 2 Nr. 2 VerbrKrG a.F. ausgeschlossen ist, kommt jedenfalls im Anwendungsbereich des Verbraucherkreditrechts ein Rückgriff auf die von der Rechtsprechung zum Abzahlungsgesetz aus § 242 BGB hergeleiteten Grundsätze über den Einwendungsdurchgriff grundsätzlich nicht in Betracht[588].

Wenn ein Verbraucherkredit gewährt wurde, bei dem es sich mangels grundpfandrechtlicher Absicherung gerade nicht um einen Realkredit i.S.v. § 3 Abs. 2 S. 2 VerbrKrG a.F. handelt, ist ein Einwendungsdurchgriff möglich. Denn nur die sogenannten Realkredite sind vom Anwendungsbereich des § 9 VerbrKrG a.F. ausgenommen. Der Gesetzgeber hat dabei eine bewusste und abschließende Regelung geschaffen. Eine wirtschaftliche Einheit kann sich deshalb insbesondere dann aus § 9 Abs. 1 S. 2 VerbrKrG a.F. ergeben, wenn sich der Kreditgeber bei Abschluss des Kreditvertrages der Mitwirkung der Vertriebsbeauftragten der Verkäuferin bedient hat. § 9 Abs. 1 S. 2 VerbrKrG a.F. stellt eine unwiderlegliche Vermutung für ein verbundenes Geschäft dar, wenn der Kreditvertrag nicht auf Grund eigener Initiative des Kreditnehmers zustande kommt, sondern deshalb, weil der Vertriebsbeauftragte des Anlagevertreibers dem Interessenten zugleich mit den Anlageunterlagen einen Kreditantrag des zur Finanzierung bereiten Finanzierungsinstituts vorgelegt hat[589].

II. Entscheidung des für das Bankrecht zuständigen XI. Zivilsenats des Bundesgerichtshofs vom 27.06.2000

Solange ein Schadensersatzanspruch aus Verschulden bei Vertragsschluss mangels Kündigung des Beitritts zu einer Immobilienfonds-GbR gegenüber der Fondsgesellschaft nicht durchgesetzt werden kann, kann er nach Ansicht des Senats nach den

---

[585] BGH WM 2003, 2232.
[586] BGH ZIP 1992, 912.
[587] BGH ZIP 2003, 22.
[588] BGH WM 2004, 620.
[589] BGH ZIP 2003, 22; 2003, 767; 2003, 1592.

Regeln über verbundene Geschäfte (§ 9 Abs. 3, 4 VerbrKrG a.F.) auch für den Darlehensvertrag, der zur Finanzierung der Fondsanteile geschlossen wurde, keine Wirkungen entfalten[590].

Denn nach ständiger Rechtsprechung des BGH gelten die zur fehlerhaften Gesellschaft entwickelten Grundsätze auch für den fehlerhaften Beitritt zu einer Gesellschaft bürgerlichen Rechts. Danach ist eine fehlerhaft gegründete Gesellschaft oder ein fehlerhaft vollzogener Beitritt zu einer Gesellschaft regelmäßig nicht von Anfang an unwirksam, sondern wegen des Nichtigkeits- und Anfechtungsgrundes nur mit Wirkung für die Zukunft kündbar[591]. Die Grundsätze über die fehlerhafte Gesellschaft hindern einen Mitgesellschafter bis zu einer auf sofortige Abwicklung gerichteten außerordentlichen Kündigung an der Durchsetzung eines auf Rückgewähr der Einlage gerichteten Schadensersatzanspruchs aus vorvertraglichem Verschulden[592].

III. Entscheidung des für das Gesellschaftsrecht zuständigen II. Zivilsenats des Bundesgerichtshofs vom 21.07.2003

Wenn der Vertrag über den Erwerb einer Gesellschaftsbeteiligung mit dem zur Finanzierung der Einlage geschlossenen Kreditvertrag ein verbundenes Geschäft bildet, kann der unter Verletzung einer Aufklärungspflicht oder durch Täuschung zum Gesellschaftsbeitritt veranlasste Anleger sein Recht, jederzeit fristlos unter Forderung des ihm nach den Regeln des fehlerhaften Gesellschaftsbeitritts zustehenden Abfindungsguthabens aus der Anlagegesellschaft auszuscheiden, auch dem Rückzahlungsanspruch des Kreditinstituts entgegenhalten[593].

Dies bedeutet, dass die außerordentliche Kündigung des Gesellschaftsbeitritts nicht expressis verbis ausgesprochen werden muss; die Berechtigung zur außerordentlichen Kündigung als solche reicht aus, ist aber von Seiten des Kreditnehmers nachzuweisen. Die Berechtigung zur ordentlichen Kündigung genügt hingegen nicht. Darüber hinaus hat das Kreditinstitut die Höhe des Abfindungsguthabens nachzuweisen.

Wenn das zum Zeitpunkt der Wirksamkeit der Kündigung zu errechnende Abfindungsguthaben nur gering ist, dürfte das wirtschaftliche Interesse des Kreditnehmers an einer Rückabwicklung über die Grundsätze des verbundenen Geschäfts eher marginal sein.

---

[590] BGH WM 2000, 1685; 2001, 1464.
[591] BGH WM 1992, 490.
[592] BGH WM 1993, 1277.
[593] BGH WM 2003, 1762.

IV. Entscheidungen des für das Gesellschaftsrecht zuständigen II. Zivilsenats des Bundesgerichtshofs seit dem 14.06.2004

Diese Rechtsprechung hatte der für das Gesellschaftsrecht zuständige II. Zivilsenat des BGH seit dem 14.06.2004 durch mehrere Entscheidungen grundlegend zu Gunsten des Verbrauchers modifiziert, während der für das Bankrecht zuständige XI. Zivilsenat an der bisherigen Judikatur festhielt. Seit diesem Zeitpunkt musste zwischen Immobilien- (XI. Senat) und Fondsfinanzierung (II. Senat) unterschieden werden.

Ist der Anleger bei einem kreditfinanzierten Beitritt zu einem geschlossenen Immobilienfonds über die Rentabilität des Fonds getäuscht worden, so kann er die ihm gegen die Gründungsgesellschafter und die sonst für die Täuschung Verantwortlichen zustehenden Schadensersatzansprüche auch gegenüber der Bank geltend machen, wenn der Fondsbeitritt und der Kreditvertrag ein verbundenes Geschäft i. S. des § 9 VerbrKrG bilden. Ein verbundenes Geschäft liegt jedenfalls dann vor, wenn sich der Fonds und die Bank derselben Vertriebsorganisation bedienen. Die Bank hat den Anleger so zu stellen, als wäre er dem Fonds nicht beigetreten und hätte den Kreditvertrag nicht abgeschlossen. Dabei sind die von ihm vereinnahmten Erträgnisse des Fonds und die Steuervorteile anzurechnen. Außerdem hat der Anleger seinen Fondsanteil und seine Schadensersatzansprüche gegen die Prospektverantwortlichen und Gründungsgesellschafter an die Bank abzutreten.

Um diese Rechtsfolgen auszulösen, braucht der Anleger seine Beteiligung an dem Fonds nicht diesem gegenüber zu kündigen. Es genügt, dass er sich gegenüber der Bank auf die Täuschung beruft[594].

Auf einen kreditfinanzierten Beitritt zu einem geschlossenen Immobilienfonds kommen die Vorschriften des Haustürwiderrufsgesetzes auch dann zur Anwendung, wenn das Widerrufsrecht nach dem Verbraucherkreditgesetz ausgeschlossen oder erloschen ist.

Die Haustürsituation ist der den Beitritt finanzierenden Bank jedenfalls dann zurechenbar, wenn sie dem von dem Fonds eingeschalteten Vermittler die Anbahnung auch des Kreditvertrages überlässt und wenn aufgrund des Inhalts der Kreditunterlagen Anhaltspunkte dafür bestehen, dass der Anleger in einer Haustürsituation geworben worden ist; dies kann z.B. dann der Fall sein, wenn die Ortsangabe neben der Kundenunterschrift dem Wohnort des Kunden, nicht aber dem Sitz der Filiale des Kreditinstitutes entspricht.

Nach einem Widerruf gem. § 1 HWiG a.F. ist der Anleger nicht verpflichtet, der Bank die Darlehensvaluta zurückzuzahlen. Er hat lediglich seinen Fondsanteil an die Bank abzutreten. Umgekehrt schuldet ihm die Bank Rückzahlung der geleisteten Zins- und Tilgungsraten abzüglich der vereinnahmten Erträgnisse[595].

---

[594] BGH WM 2004, 1518; 2004, 1525.
[595] BGH WM 2004, 1521; 2004, 1527.

Die im Rahmen eines geschlossenen Immobilienfonds erteilte Treuhändervollmacht ist gem. § 134 BGB i.V.m. Art. 1 § 1 RBerG nichtig, wenn der Treuhänder zum Abschluss von Verträgen bevollmächtigt wird und dafür keine Erlaubnis nach dem Rechtsberatungsgesetz hat. Ob dieser Mangel nach § 171, 172 BGB oder den Grundsätzen der Anscheins- und Duldungsvollmacht geheilt werden kann, bleibt offen.

Enthält der zur Finanzierung des Fondsbeitritts geschlossene Kreditvertrag nicht die Mindestangaben nach § 4 VerbrKrG a.F., ist er gem. § 6 VerbrKrG a.F. nichtig. Der Mangel wird jedenfalls dann nicht durch die Auszahlung der Darlehensvaluta an den Fonds gem. § 6 Abs. 2 VerbrKrG a.F. geheilt, wenn der Fondsbeitritt und der Kreditvertrag ein verbundenes Geschäft i.S.d. § 9 VerbrKrG bilden. Dafür reicht es aus, dass sich der Fonds und die Bank derselben Vertriebsorganisation bedient haben.

Die Anwendbarkeit des § 9 VerbrKrG ist nicht gemäß § 3 Abs. 2 Nr. 2 VerbrKrG ausgeschlossen, wenn der Kredit zwar durch ein Grundpfandrecht gesichert ist, dieses Grundpfandrecht aber schon bestellt war, als der Anleger dem Fonds beitrat.

Die Bank haftet dem Anleger auch wegen Verschuldens bei Vertragsschluss auf Schadensersatz, wenn sie ihn über ihr bekannte Risiken des Fondsprojekts nicht aufklärt, obwohl sie in Bezug auf diese Risiken einen konkreten Wissensvorsprung gegenüber dem Anleger hat und dies auch erkennen kann[596].

Der kreditfinanzierte Beitritt zu einem Immobilienfonds und der Kreditvertrag bilden auch dann ein verbundenes Geschäft i.S.d. § 9 VerbrKrG, wenn die Vermittlung der Finanzierung nicht durch den Anlagevermittler selbst, sondern durch einen in seinem Auftrag tätigen Finanzierungsvermittler erfolgt[597].

Der bei seinem Eintritt in eine Immobilienfondsgesellschaft bürgerlichen Rechts getäuschte Anleger kann bei Vorliegen eines Verbundgeschäfts nicht nur seine Beteiligung kündigen, sondern darüber hinaus der die Kapitalanlage finanzierenden Bank auch alle Schadensersatzansprüche entgegensetzen, die er gegen die Prospektverantwortlichen und Gründungsgesellschafter des Fonds hat[598].

Auf den Beitritt zu einer Anlagegesellschaft sind die Vorschriften des Haustürwiderrufsgesetzes anwendbar.

Bei einem Beitritt zu einer KG endet das Widerrufsrecht nach dem Haustürwiderrufsgesetz bei unterbliebener Belehrung gem. § 2 Abs. 1 S. 4 HWiG (in der bis zum 30.09.2000 geltenden Fassung) nicht schon einen Monat nach Eintragung des Gesellschaftsbeitritts im Handelsregister und Zahlung der Einlage. Zu den Leistungen, mit deren vollständiger Erfüllung die Widerrufsfrist zu laufen beginnt, gehören vielmehr auch die mit der Beteiligung angestrebten wirtschaftlichen

---

[596] BGH WM 2004, 1529; 2004, 1536.
[597] BGH ZIP 2004, 1543.
[598] BGH WM 2005, 295.

Vorteile, insbesondere die Auszahlung von Gewinnanteilen bzw. die steuerlich relevante Zuweisung von Verlusten.

Auf Geschäfte, die dem Haustürwiderrufsgesetz unterfallen, ist § 7 Abs. 2 S. 3 VerbrKrG nicht analog anwendbar[599].

Die Vorschrift des § 3 Abs. 2 Ziff. 2 VerbrKrG a.F. (Bereichsausnahme für Verbundgeschäfte) findet auf Darlehen, die zur Finanzierung der Beteiligung an einer Anlagegesellschaft gewährt werden, keine Anwendung[600].

1. Kritik des XI. Zivilsenats

Gegen diese Rechtsprechung des II. Zivilsenats hat sich der XI. Zivilsenat des BGH ausdrücklich gewandt.

Ein Realkreditvertrag i.S.d. § 3 Abs. 2 Nr. 2 VerbrKrG liegt jedenfalls bei einem finanzierten Grundstücksgeschäft auch dann vor, wenn der Erwerber ein Grundpfandrecht nicht selbst bestellt, sondern ein bestehendes (teilweise) übernimmt.

Die fehlende Einflussnahme der Anleger auf die Auswahl des in einem Immobilienmodell vorgesehenen Treuhänders (Geschäftsbesorgers) rechtfertigt es für sich genommen nicht, ihn mangels eines persönlichen Vertrauensverhältnisses nicht wie einen echten Vertreter zu behandeln.

Die Anwendung der §§ 171, 172 BGB zu Gunsten der kreditgebenden Bank wird in den Fällen nichtiger Vollmacht des gegen das Rechtsberatungsgesetz verstoßenden Treuhänders durch die Regeln über das verbundene Geschäft i.S.d. § 9 VerbrKrG nicht ausgeschlossen oder eingeschränkt.

Selbst ein massiver Interessenkonflikt des Vertreters schließt die Wirksamkeit des von ihm namens des Vollmachtgebers geschlossenen Vertrages grundsätzlich nur unter den engen Voraussetzungen des Vollmachtsmissbrauchs aus[601].

Der im Rahmen des kreditfinanzierten Erwerbs einer Immobilie zu Steuersparzwecken eingeschaltete Treuhänder ist gegenüber der finanzierenden Bank nach Maßgabe der §§ 171, 172 BGB auch in Fällen vertretungsbefugt, in denen die ihm erteilte umfassende Vollmacht gegen Art. 1 § 1 RBerG verstößt. Etwas anderes gilt nur, wenn die finanzierende Bank bei der Vornahme des Rechtsgeschäfts den Mangel der Vertretungsmacht kannte oder kennen musste.

Im Jahre 1992 konnte auch die finanzierende Bank im Rahmen eines Steuersparmodells den auf einem Verstoß gegen das Rechtsberatungsgesetz beruhenden Mangel einer notariell beurkundeten und vorgelegten Treuhändervollmacht nicht kennen[602].

---

[599] BGH ZIP 2004, 2319.
[600] BGH ZIP 2005, 750.
[601] BGH WM 2005, 127.
[602] BGH WM 2005, 72.

2. Kritik des V. Zivilsenats

Auch der V. Zivilsenat des BGH hat sich ausdrücklich gegen die Rechtsprechung des II. Zivilsenats gewandt.

Der Treuhänder eines Steuersparmodells ist nach Maßgabe der §§ 171 Abs. 1, 172 Abs. 1 BGB trotz Nichtigkeit seiner Vollmacht wegen Verstoßes gegen das Rechtsberatungsgesetz auch gegenüber dem Verkäufer und Initiator des Modells vertretungsbefugt, wenn der Erwerber durch einen Notar über Bedeutung und Tragweite der Vollmacht besonders belehrt worden ist. Etwas anderes gilt nur dann, wenn dieser den Mangel der Vollmacht weder kennt noch kennen muss und auch nicht selbst gegen das Rechtsberatungsgesetz verstößt (Abgrenzung zu BGH, Urt. v. 14.06.2004 = WM 2004, 1523)[603].

3. Kritik der obergerichtlichen Rechtsprechung

Eine um die Finanzierung einer Anlage angegangene Bank oder Sparkasse muss nach Auffassung des OLG Bamberg nicht schon deshalb mit einer der Anlageentscheidung zugrunde liegenden Haustürsituation rechnen, weil der Anlagevermittler auch den Darlehensvertrag vermittelt hat und sich aus der Vertragsurkunde ergibt, dass der Darlehensnehmer das Schriftstück am Ort seines Wohnsitzes unterschrieben hat. Sind dem Kreditinstitut die Geschäftspraktiken des Vermittlers weder geläufig noch aufgrund seines (sonstigen) Auftretens im konkreten Fall zuverlässig erkennbar, so hat es daher jedenfalls dann noch keine Veranlassung, sich „vorsorglich" nach den Gegebenheiten der Vertragsanbahnung zu erkundigen, wenn ihm weder der Wohnsitz noch die Büroadresse des Vermittlers noch bekannt ist, ob hinter dem Vermittler überhaupt eine Vertriebsorganisation steht. Gleiches gilt, wenn sich aus den Kreditunterlagen zwar der Name des mit der Bewerbung der Anlage beauftragten Vertriebsunternehmens ergibt, bei dem Kreditinstitut jedoch, mangels vorausgegangener (unmittelbarer) Geschäftskontakte, keine näheren (präsenten) Kenntnisse über diese Vertriebsfirma vorhanden sind (Abgrenzung zu BGH WM 2004, 1527; BGH WM 2004, 1521)[604].

Ein Realkreditvertrag liegt auch dann vor, wenn der Erwerber das Grundpfandrecht nicht selbst bestellt, sondern ein bestehendes Recht übernimmt[605].

Nach Ansicht des OLG Dresden führt die weisungsgemäße Auszahlung der Darlehensvaluta an den Treuhänder eines Immobilienfonds im Rahmen eines kreditfinanzierten Erwerbs einer Beteiligung an einer Anlagegesellschaft auch dann gemäß § 6 Abs. 2 S. 1 VerbrKG a.F. in der bis zum 30.09.2000 geltenden Fassung zur Heilung eines Verstoßes des Darlehensvertrages gegen § 4 Abs. 1 S. 1

---

[603] BGH WM 2004, 2349.
[604] OLG Bamberg WM 2005, 593.
[605] OLG Schleswig WM 2005, 607.

oder S. 4 VerbrKG a.F., wenn Beteiligungs- und Finanzierungsverträge ein verbundenes Geschäft darstellen[606].

Der für das Gesellschaftsrecht zuständige II. Zivilsenat des BGH vertritt hingegen die Meinung, das Darlehen sei im Falle eines verbundenen Geschäfts nicht empfangen worden, wenn die Valuta auf Anweisung des Darlehensnehmers an den Treuhänder zur Tilgung der Beitragsschuld gezahlt werde[607].

Dem widerspricht das OLG Dresden; allein entscheidend sei die Frage, ob der Überweisung der Kreditvaluta an den Treuhänder eine wirksame Anweisung zugrunde liege. In seinen Entscheidungsgründen setzt sich das OLG genau und umfangreich mit der Rechtsprechung des BGH auseinander, wobei der Senat zum Ergebnis kommt, dass die §§ 9 und 6 VerbrKG a.F. sowohl aus systematischen wie auch aus teleologischen und historischen Gründen nichts miteinander zu tun haben und zudem kein Verstoß gegen Europarecht ersichtlich ist[608].

Das OLG Schleswig vertritt die Auffassung, dass im Rahmen eines auf § 9 VerbrKG a.F. gestützten Einwendungs- und Rückforderungsdurchgriffs der Verbraucher gegenüber der finanzierenden Bank nur Einwendungen aus dem finanzierten Rechtsgeschäft entgegenhalten kann. Die Erstreckung des Einwendungs- und Rückforderungsdurchgriffs durch den II. Zivilsenat des BGH auf Rechtsverhältnisse zu anderen Dritten, nämlich im Falle des finanzierten Beitritts zu einem Immobilienfonds zu den „Gründungsgesellschaftern des Fonds und den Initiatoren, maßgeblichen Betreibern, Managern und Prospektherausgebern und sonst für den Anlageprospekt Verantwortlichen", findet in § 9 VerbrKrG keine Grundlage und ist auch im Wege der zulässigen Rechtsanalogie oder Rechtsfortbildung nicht begründbar. Im Falle eines auf § 9 Abs. 3 VerbrKrG a.F. gestützten Einwendungsdurchgriffs kann sich die Bank auf die eventuelle Verjährung der vom Verbundtatbestand umfassten Forderungen berufen[609].

Das OLG Stuttgart teilt die Auffassung des OLG Schleswig nicht. Vielmehr sei die über § 9 Abs. 2 S. 4 VerbrKrG a.F. zu begründende Rechtsfigur des Rückforderungsdurchgriffs verfassungsrechtlich nicht zu beanstanden. Denn der Schutzzweck der Verbraucherschutzvorschriften gebiete es geradezu, nicht beim Einwendungsdurchgriff stehen zu bleiben[610].

Ein solcher Anspruch könne auch dann geltend gemacht werden, wenn das Darlehen bereits zurückgezahlt worden sei. Der eher formale Hinweis auf die zeitlichen Grenzen des § 9 Abs. 3 VerbrKrG a.F. stehe dem nicht entgegen, da beim Einwendungsdurchgriff die zeitliche Grenze (Darlehensrückzahlung) systemimmanent und der Rückforderungsdurchgriff gerade dazu entwickelt worden

---

[606] OLG Dresden WM 2005, 1792.
[607] BGH WM 2004, 1529; 2004, 1536.
[608] OLG Dresden WM 2005, 1792.
[609] OLG Schleswig WM 2005, 1173, a. A. KG, Urteil vom 28.06.2005, Az. 6 U 92/05.
[610] OLG Stuttgart ZIP 2005, 2152.

sei, um eine nach dem Schutzzweck des Gesetzes nicht befriedigende Beschränkung auf einen Einwendungsdurchgriff zu kompensieren.

Entschließen sich die Prospektherausgeber unabhängig davon, ob sie dazu verpflichtet sind oder nicht, Angaben zu bestimmten Punkten zu machen, so haben diese – und zwar völlig losgelöst davon, was Gegenstand des angestrebten Vertrages ist – richtig zu sein. Allein schon in der Falschinformation liegt die Pflichtverletzung. Darauf, ob sich die Provisionen hier auf über 15% summieren, komme es nach Ansicht des Senats nicht an[611].

V. Entscheidungen des für das Bankrecht zuständigen XI. Zivilsenats des Bundesgerichtshofs vom 25.04.2006

Nachdem die unterschiedliche Rechtsprechung des II. und des XI. Zivilsenats zunehmend und zu Recht Kritik erfahren hatte, einigten sich die beiden Senate schließlich darauf, sämtliche das Darlehensverhältnis betreffende Rechtsfragen durch den für das Bankrecht zuständigen XI. Zivilsenat entscheiden zu lassen. In mehreren richtungsweisenden Entscheidungen vom 25.04.2006, welche die Finanzierung von Immobilienfondsbeteiligungen zum Gegenstand hatten, hat das Gericht hiervon Gebrauch gemacht.

Nach § 6 Abs. 1 VerbrKG ist ein Kreditvertrag nur dann nichtig, wenn die in § 4 Abs. 1 S. 4 Nr. 1b VerbrKG vorgeschriebene Gesamtbetragsangabe völlig fehlt, nicht jedoch, wenn sie falsch ist.

Ein wegen fehlender Gesamtbetragsangabe nichtiger Darlehensvertrag wird gem. § 6 Abs. 2 S. 1 VerbrKG gültig, wenn dem Kreditnehmer die Darlehensvaluta nicht direkt zugeflossen, sondern vertragsgemäß unmittelbar an einen Treuhänder zwecks Erwerbs eines Fondsanteils ausgezahlt worden ist. Das gilt auch dann, wenn Darlehensvertrag und Fondsbeitritt ein verbundenes Geschäft gem. § 9 Abs. 1 VerbrKG darstellen[612].

Ist ein Darlehensnehmer durch falsche Angaben zum Erwerb einer Fondsbeteiligung bewogen worden, kann er bei Vorliegen eines verbundenen Geschäfts i.S.v. § 9 Abs. 1 VerbrKG auch der die Fondsbeteiligung finanzierenden Bank seine Ansprüche gegen die Fondsgesellschaft entgegenhalten und gem. § 9 Abs. 3 VerbrKG die Rückzahlung des Kredits verweigern, soweit ihm gegen die Fondsgesellschaft ein Abfindungsanspruch zusteht.

Ansprüche gegen Gründungsgesellschafter, Fondsinitiatoren, maßgebliche Betreiber, Manager und Prospektherausgeber kann der Kreditnehmer nicht gem. § 9 Abs. 3 VerbrKG dem Rückzahlungsverlangen der Bank entgegensetzen.

---

[611] OLG Stuttgart a.a.O.
[612] BGH WM 2006, 1060; 2006, 1008.

Ist ein Darlehensnehmer durch falsche Angaben zum Erwerb einer Fondsbeteiligung bewogen worden, kann er auch den mit dem Anlagevertrag gem. § 9 Abs. 1 VerbrKG verbundenen Darlehensvertrag nach § 123 BGB anfechten, wenn die Täuschung auch für dessen Abschluss kausal war. Den daneben bestehenden Anspruch aus Verschulden bei Vertragsschluss gegen den Vermittler kann der Darlehensnehmer ebenfalls gegen die kreditgebende Bank geltend machen, da der Vermittler bei einem verbundenen Geschäft nicht Dritter im Sinne von § 123 Abs. 2 BGB ist[613].

Ein Realkreditvertrag i.S.d. § 3 Abs. 2 Nr. 2 VerbrKG a.F. liegt bei einer kreditfinanzierten Immobilienfondsbeteiligung ebenso wie bei einem finanzierten Grundstücksgeschäft auch dann vor, wenn der Erwerber ein Grundpfandrecht nicht selbst bestellt, sondern ein bereits bestehendes zur Verfügung stellt.

Die Anwendung der §§ 171, 172 BGB zu Gunsten der kreditgebenden Bank wird bei einer kreditfinanzierten Immobilienfondsbeteiligung ebenso wie bei einem finanzierten Grundstücksgeschäft auch in den Fällen nichtiger Vollmacht des gegen das Rechtsberatungsgesetz verstoßenden Treuhänders durch die Regeln über das verbundene Geschäft im Sinne des § 9 VerbrKG nicht ausgeschlossen oder eingeschränkt.

Für die Anwendung des § 172 BGB ist ausreichend, dass die dem Vertreter ausgehändigte Vollmachtsurkunde dem Vertragspartner vorgelegt wird. Es kommt nicht darauf an, ob diesen der Rechtsschein des Urkundenbesitzes zum Geschäftsabschluss veranlasst hat.

Die Durchschrift einer vom Vollmachtgeber mittels eines Durchschreibsatzes erstellten Vollmacht kann eine Originalurkunde im Sinne des § 172 BGB sein.

---

[613] BGH WM 2006, 1066; 2006, 1003.

G. Endfällige Darlehen kombiniert mit Tilgungsersatzmitteln

I. Abgrenzung, Definition und Arten

Wird ein Kredit – ungeachtet etwaiger Zinssatzänderungen – in gleichbleibenden, aus Tilgungs- und Zinsanteilen bestehenden Raten, bei denen der Tilgungsanteil im Verhältnis zum Zinsanteil im Laufe der Zeit immer mehr anwächst, zurückgeführt, spricht man von einem Annuitätendarlehen. Zahlt der Kreditnehmer hingegen auf das valutierte Darlehen während der Laufzeit desselben nur Zinsen und spart parallel hierzu Werte an, mittels derer er am Ende der Laufzeit des Darlehens die Valuta in einer Summe zurückführt, liegt ein endfälliges Darlehen mit Tilgungsersatzmitteln vor. Diese Tilgungsersatzmittel werden regelmäßig zur Sicherheit an die Bank abgetreten.

Die Interessen des Darlehensnehmers an einer Tilgungsersatzvereinbarung können unterschiedlichster Natur sein. Am häufigsten wird als Tilgungsersatzmittel eine Kapitallebensversicherung verwandt. Folgende Tilgungsersatzmittel kommen u.a. in Betracht:

- Kapitallebensversicherungen (evtl. fondsgebunden)
- Rentenversicherungen (Kapitalabfindung soll Darlehen tilgen)
- Investmentsparpläne
- Bausparverträge (Darlehen als Zwischenfinanzierung)

Seit 1992 unterliegen Abtretungen von Kapitallebensversicherungen dem Steueränderungsgesetz (StÄndG). Grundsätzlich ist die Besicherung mit einer Kapitallebensversicherung von Darlehen, deren Finanzierungskosten Betriebsausgaben oder Werbungskosten sind, steuerschädlich. Es gibt jedoch einige Ausnahmen, deren Umsetzung regelmäßig die Vereinbarung eines engen Sicherungszwecks sowie weitere unterschiedlichste Maßnahmen erfordern. Darlehen mit ausschließlich privatem Verwendungszweck sind nicht vom StÄndG betroffen. Ferner kann eine steuerunschädliche Abtretung bei der Besicherung von denjenigen Darlehen erreicht werden, deren Nettokreditbetrag unmittelbar und ausschließlich der Finanzierung von Anschaffungs- und Herstellungskosten, wie z.B. vermietete Immobilien oder Maschinen, dient; die abgetretenen Forderungen dürfen die Anschaffungskosten dabei nicht übersteigen. Des Weiteren fallen Todesfall- und Risikolebensversicherungsansprüche nicht in den Anwendungsbereich dieses Gesetzes.

II. Darlehenstilgung durch Lebensversicherung mit geringerer Überschussbeteiligung

Im Folgenden soll anhand von Fallkonstellationen untersucht werden, welcher Vertragspartner eines Darlehensvertrages mit Tilgungsaussetzung das Risiko einer Deckungslücke übernimmt, wenn die Ablaufleistung der Kapitallebensversicherung nicht ausreicht, das Darlehen vollständig zurückzuführen. Dabei kommt es entscheidend darauf an, was die Parteien vereinbart haben. Insbesondere ist darauf abzustellen, ob der Darlehensvertrag das Risiko einer etwaigen Unterdeckung der einen oder anderen Vertragspartei zuweist.

1. Darlehensvertrag mit eindeutiger Risikozuweisung

In der Regel beinhalten die Standardverträge, die bei endfälligen Darlehen mit Tilgungsersatz eingesetzt werden, eine Klausel über den Tilgungsersatz, in welcher ausdrücklich geregelt ist, dass die Bank einen Anspruch auf zusätzliche Tilgungsleistungen des Darlehensnehmers hat, wenn ein vorgesehener Tilgungsersatz für die Tilgung des Darlehens nicht ausreicht. Oftmals verwenden Kreditinstitute anstelle derartiger Klauseln oder zusätzlich zu diesen Aufklärungsblätter, welche dem Darlehensnehmer vor oder bei Vertragsabschluss ausgehändigt werden und von diesem zu unterzeichnen sind. Darin wird u.a. darüber aufgeklärt, dass – je nach Wertenwicklung – das Tilgungsersatzmittel gegebenenfalls nicht ausreichen kann, um den geschuldeten Darlehensbetrag bei Endfälligkeit zurückzuzahlen[614]. Der Darlehensnehmer wird ferner darauf aufmerksam gemacht, dass eine etwaige Deckungslücke aus Eigenmitteln geschlossen werden muss.

Derartige Aufklärungsblätter werden jedoch nur dann Vertragsbestandteil, wenn sie mit dem Darlehensvertrag eine rechtliche Einheit bilden. Dies ergibt sich bereits aus § 492 Abs. 1 Ziffer 3 BGB.

Eine Regelung mit eindeutiger Risikozuweisung im Darlehensvertrag könnte wie folgt aussehen:

> *„Reicht ein vorgesehener Tilgungsersatz bei Vertragsende für die Tilgung des Darlehens nicht aus, ist der Darlehensnehmer verpflichtet, zusätzliche Eigenmittel zur vollständigen Rückführung des fälligen Darlehensbetrages einzusetzen."*

Mit dieser Regelung wird klargestellt, dass der Darlehensnehmer das Risiko einer etwaigen Deckungslücke übernimmt.

---

[614] Dies kann z.B. dann der Fall sein, wenn die Überschussbeteiligung bei einer Lebensversicherung geringer als erwartet ausfällt, wenn bei einem Bausparvertrag noch keine Zuteilungsreife gegeben ist oder bei einer negativen Entwicklung von Investmentanteilen oder sonstigen als Tilgungsersatz vorgesehenen Wertpapieren.

2. Darlehensvertrag ohne explizite Risikozuweisung

Sofern Darlehensverträge überhaupt keine Regelung über die Übernahme des Risikos einer Unterdeckung vorsehen, ist auf die allgemeinen Auslegungsprinzipien des Zivilrechts zurückzugreifen. Regelmäßig liegt deshalb eine Leistung erfüllungshalber vor, wenn der Schuldner zum Zwecke der Befriedigung des Gläubigers diesem lediglich eine Forderung gegen Dritte verschafft[615]. Da die endfälligen Darlehensverträge mit Tilgungsaussetzung zugleich die Abtretung der gegen die Lebensversicherungsgesellschaft gerichteten Ansprüche des Darlehensnehmers an die Bank enthalten, kommt hier der in § 364 Abs. 2 BGB normierte Auslegungsgrundsatz zum Tragen, wonach im Zweifel von einer Leistung erfüllungshalber auszugehen ist[616]. Dieses Ergebnis entspricht auch dem Prinzip, dass der Gläubiger auf wesentliche Rechte – wie z.B. das Nachforderungsrecht im Falle einer Unterdeckung – nicht verzichtet[617]. Das gesetzliche Leitbild weist mithin das Risiko, dass die Ablaufleistung der Lebensversicherung nicht zur vollständigen Rückführung des Darlehens ausreicht, dem Darlehensnehmer zu[618].

Lediglich bei einer klaren und eindeutigen Bestimmung im Kreditvertrag dahingehend, dass mit der Zahlung der Lebensversicherungssumme die gesamte Darlehensschuld, und zwar auch im Erlebensfall, unabhängig von der Höhe der zur Auszahlung kommenden Versicherungssumme getilgt werden soll, kann auch von einer Leistung an Erfüllungs Statt ausgegangen werden[619]. Sie ist deshalb nur dann anzunehmen, wenn sich Gläubiger und Schuldner darüber einig sind, dass die Forderung mit der Auszahlung der Lebensversicherung erlöschen soll. Sie kann auch stillschweigend vereinbart werden; das Verhalten des Gläubigers muss aber eindeutig den rechtsgeschäftlichen Willen erkennen lassen, die Ersatzleistung als Erfüllung anzunehmen[620]. Eine solche Vereinbarung hat der Darlehensnehmer zu beweisen, da sie vom gesetzlichen Leitbild abweicht, wonach die Abtretung von Ansprüchen gegen Dritte lediglich erfüllungshalber erfolgt.

---

[615] LG Oldenburg WM 2006, 1250 f.; Heinrichs in: Palandt, BGB, 65. Auflage, 2006, § 364 Rdnr. 7; Olzen in: Staudinger, BGB, 2000, § 364 RdNr. 36; Wenzel in: Münchener Kommentar, 4. Auflage, 2003, § 364 Rdnr. 8.

[616] OLG Karlsruhe WM 2006, 1247 f.

[617] OLG Schleswig, Urteil vom 15.09.2005, Az. 5 U 84/05, S. 5; LG Oldenburg WM 2006, 1250 f.; Heinrichs in: Palandt, BGB, 65. Auflage, 2006, § 364 Rdnr. 7, § 397 Rdnr. 4; Artzt/Weber, BKR 2005, 264, 265.

[618] Artzt/Weber, BKR 2005, 265.

[619] OLG Karlsruhe WM 2006, 1247 f.

[620] Heinrichs in: Palandt a. a. O., § 364 Rdnr. 3 mit Hinweis auf BAG DB 1976, 60.

3. Darlehensvertrag mit unklarer Risikozuweisung

Problematisch sind Darlehensverträge, welche – wie in einem vom 15. Zivilsenat des OLG Karlsruhe entschiedenen Fall – folgende Regelung enthalten:

> *„Die Tilgung erfolgt durch eine Lebensversicherung bei der Ö-Versicherung, laut besonderer Anlage, Ablauf 31.05.2000"*[621].

Darüber hinaus wurden die im Vertragsformular vorgesehenen Darlehensformen für „Tilgungsdarlehen", „Abzahlungsdarlehen" und „Festdarlehen" gestrichen. In diesem Fall soll nach Ansicht des erkennenden Senats die Darlehensforderung durch die Auszahlung der Versicherungssumme an die Bank erlöschen, auch wenn diese Summe hinter dem Darlehensbetrag zurückbleibt.

Das Gericht stützt sein Ergebnis auf die Überlegung, dass durch die Streichung der formularmäßig vorgesehenen Tilgungsmodalitäten für ein Festdarlehen die Annahme gerechtfertigt sei (jedenfalls vom sogenannten objektivierten Empfängerhorizont), dass die Tilgung des vorliegenden Darlehens mit der Auszahlung der Lebensversicherung erledigt sei und das Risiko einer Unterdeckung, welches bei einem „normalen" Festdarlehen beim Darlehensnehmer verbleibt, hier die Bank treffen solle[622]. Die Zahlung der Lebensversicherungsgesellschaft wurde also nicht als Leistung erfüllungshalber, sondern als Leistung an Erfüllungs Statt gewertet.

In gleichem Maße können auch Vertragsgestaltungen, welche vorsehen, dass „das Darlehen durch die Lebensversicherung abgelöst wird", zu Problemen führen. Derartige Bestimmungen bieten einen weiten Auslegungsspielraum, innerhalb dessen sich zwei Rechtsprinzipien gegenüber stehen: Der Grundsatz des Vertrauensschutzes auf der einen Seite und das gesetzlich normierte Leitbild, wonach im Zweifel eine Leistung erfüllungshalber anzunehmen ist, auf der anderen Seite.

Der Bankkunde wird im Falle einer Deckungslücke bei Endfälligkeit des Darlehens geltend machen, er habe darauf vertraut, dass die Auszahlung der Versicherungssumme an die Bank eine (vollständige) Tilgung des Darlehens bewirke. Die Kläger des vom OLG Karlsruhe entschiedenen Rechtsstreits haben demgemäß vorgetragen, dass die im Darlehensvertrag enthaltene Formulierung „die Tilgung erfolgt durch eine Lebensversicherung" bei wörtlicher Auslegung nur so zu verstehen sei, dass die Verbindlichkeiten aus dem Darlehen mit der Auszahlung der Lebensversicherungssumme erfüllt werden.

Das Vertrauen des Darlehensnehmers auf die vollständige Tilgung des endfälligen Darlehens durch die Lebensversicherungsleistung vermag jedoch nur dann das in § 364 Abs. 2 BGB verankerte Leitbild zu verdrängen, wenn es schutzwürdig ist. Dies ist nicht bereits der Fall, wenn die Vertragsformulierungen eine Auslegung dahingehend zulassen, dass das Darlehen durch die Ablaufleistung der Kapitallebensversicherung vollständig zurückgeführt wird. Anderenfalls würden die Rege-

---

[621] OLG Karlsruhe ZIP 2003, 67.
[622] Van Gelder in: WuB I E 1.-2.04.

lung des § 364 Abs. 2 BGB und der Grundsatz, dass der Gläubiger im Zweifel auf sein Nachforderungsrecht nicht verzichtet, zur völligen Bedeutungslosigkeit degradiert werden.

Der 15. Senat des OLG Karlsruhe führt in seiner Entscheidung aus, dass die erforderliche Versicherungssumme für die Lebensversicherung üblicherweise von der Bank vorgegeben werde. Diese könne – aus Sicht der Kläger (Darlehensnehmer) – ein evtl. Risiko bei der Tilgung des Darlehens durch die Lebensversicherung selbst am besten beurteilen. Bei der Kombination eines Darlehens mit einer Tilgungslebensversicherung könne nicht ohne weiteres davon ausgegangen werden, dass den Klägern die übliche Bankenpraxis bekannt gewesen sei.

Dieser Argumentation ist nicht zu folgen. Sie lässt zum einen die Tatsache außer Betracht, dass es zum allgemeinen Grundprinzip von Kapitallebensversicherungen gehört, dass die Höhe des bei Endfälligkeit auszuzahlenden Betrages von den konkret erwirtschafteten Überschüssen der Lebensversicherungsgesellschaft abhängt und bei Vertragsschluss nicht exakt berechnet werden kann[623]. Es muss selbst denjenigen Bankkunden, die vor 10 Jahren oder länger Darlehensverträge mit einer Tilgungslebensversicherung abgeschlossen haben, eine solche Kenntnis unterstellt werden. Zum anderen geht der 15. Senat des OLG Karlsruhe auf die nahe liegende Überlegung, was denn gegolten hätte, wenn aus der Kapitallebensversicherung ein Übererlös erzielt worden wäre, überhaupt nicht ein. Konsequenterweise hätte ein etwaiger Übererlös, da Abweichendes nicht vereinbart wurde, der Bank zugestanden; ein Ergebnis, das die Parteien in diesen Fällen sicherlich nicht gewollt haben[624].

Diese Überlegung greifen auch das LG Hannover[625], das LG Freiburg[626], das LG Göttingen[627] sowie das LG Mainz[628] auf. Eine Vereinbarung, wonach die Auszahlung der Versicherungssumme die Tilgung des Darlehens bewirkt, andererseits aber die Bank im Falle einer Überdeckung den überschießenden Betrag einbehalten kann, stellt mithin den absoluten Ausnahmefall dar. Der Sinn eines endfälligen Darlehens mit Tilgungsaussetzung besteht darin, dass der Darlehensnehmer, anstatt laufende Tilgungsleistungen an den Darlehensgeber zu erbringen, durch Zahlung der Versicherungsprämie das zur Tilgung erforderliche Kapital und zudem zusätzliches Kapital anspart, weil die Auszahlungssumme wegen der zu erwartenden Überschussbeteiligung bei zunehmender Laufzeit der Versicherung die Versicherungssumme erheblich übersteigen kann. Gleichzeitig kann aber nicht ohne weiteres davon ausgegangen werden, dass der Darlehensgeber bei niedrige-

---

[623] OLG Schleswig, Urteil vom 15.09.2005, Az. 5 U 84/05, S. 6; Wagner in: EWiR, § 364 BGB, 1/03, 1179.
[624] Artzt/Weber BKR 2005, 266.
[625] LG Hannover WM 2006, 89.
[626] LG Freiburg WM 2005, 2090.
[627] LG Göttingen WM 2005, 2092.
[628] LG Mainz WM 2005, 2093.

rer Ablaufleistung aufgrund geringer Überschussanteile wirtschaftliche Nachteile hinnehmen will.

Die allgemein bekannte Tatsache, dass die Ablaufleistung einer Kapitallebensversicherung im Zeitpunkt des Abschlusses des Darlehensvertrages nicht exakt berechenbar ist, ist jedenfalls nicht geeignet, ein schutzwürdiges Vertrauen des Darlehensnehmers zu begründen. Es handelt sich hierbei lediglich um eine rechtlich weder geschützte noch schützenswerte Erwartung des Bankkunden, welche das Leitbild des § 364 Abs. 2 BGB nicht auszuhebeln vermag.

Letztgenannter Ansicht hat sich mittlerweile auch der 17. Senat des OLG Karlsruhe angeschlossen[629]. Danach ist von einer Übernahme des Deckungsrisikos durch die Bank nicht auszugehen, wenn das streitbefangene Darlehen ausdrücklich als Festdarlehen bezeichnet und die in den Verträgen vorgesehenen Regelungen für die Rückzahlung nicht gestrichen, sondern ausdrücklich ausgefüllt wurden. Eine Übernahme des Deckungsrisikos durch eine Bank kann nach Meinung des 17. Senats des OLG Karlsruhe auch dann nicht vorliegen, wenn der Darlehensgeber ausweislich des Darlehensvertrages berechtigt ist, bei einer Verschlechterung des Sicherungswertes weitere Sicherheiten zu verlangen. Denn eine solche Regelung stehe einer Auslegung entgegen, nach der die Darlehen – unabhängig von der Höhe der Ablaufleistung der Lebensversicherung – allein durch diese getilgt werden sollen[630]. Schließlich spricht gegen eine Übernahme des Deckungsrisikos durch die Bank, wenn eine Abtretung der Rechte und Ansprüche aus einer Lebensversicherung ausdrücklich zur Sicherung aller bestehenden und künftigen Forderungen aus der Geschäftsverbindung erfolgt ist.

III. Schadensersatzansprüche

Die Ausführungen des 15. Senats des OLG Karlsruhe zur Nichtzulassung der Revision belegen, dass der Senat bei seiner Entscheidung von einem Einzelfall ausgegangen ist[631]. Steht aufgrund der vertraglichen Ausgestaltung fest, dass der Kunde den Restbetrag des nicht durch die Ablaufleistung der Kapitallebensversicherung getilgten Darlehens weiterhin der Bank schuldet, stellt sich die Frage, ob und inwieweit er dem Rückzahlungsanspruch der Bank einen Anspruch auf Schadensersatz wegen Fehlberatung oder unterbliebener Aufklärung entgegenhalten kann.

1. Beratungs- und Aufklärungspflichten im Allgemeinen

Eine Beratungspflicht trifft die Bank nur dann, wenn mit ihr ein Beratungsvertrag geschlossen worden ist. Ein solcher kommt zustande, wenn der Kunde die Bank um einen Rat, d.h. um eine fachmännische Bewertung und Empfehlung gebeten

---

[629] OLG Karlsruhe WM 2006, 1810, 1812.
[630] OLG Karlsruhe a. a. O.
[631] OLG Karlsruhe ZIP 2003, 67; in diesem Sinne auch LG Hannover WM 2006, 90.

hat oder die Bank ihm von sich aus einen Rat erteilt[632]. Die Bank schuldet grundsätzlich keine Beratung[633], welche die gesamte finanzielle Situation des Kunden unter Einschluss seiner Finanzprodukte (Banken und Versicherungen) oder sonstiger Vermögenswerte, wie Immobilien, umfasst[634]. Hierbei ist eine allgemeine und umfassende Vermögensberatung von der konkreten Beratung vor Abschluss eines bestimmten Finanzprodukts zu unterscheiden[635].

Fehlt es an einem Beratungsvertrag, kann die Bank dennoch unter dem Gesichtspunkt des Verschuldens bei Vertragsschluss zur Aufklärung über die mit dem Finanzprodukt einhergehenden Risiken verpflichtet sein. Die kreditgebende Bank ist zur Risikoaufklärung über das finanzierte Geschäft nur ausnahmsweise verpflichtet[636]. Aufklärungs- und Warnpflichten können dann entstehen, wenn die Bank selbst einen zu den allgemeinen wirtschaftlichen Risiken des Finanzierungsvorhabens hinzutretenden besonderen Gefährdungstatbestand für den Kunden schafft oder dessen Entstehen begünstigt[637].

Sofern im Ausnahmefall eine Aufklärungspflicht zu bejahen ist, hängt deren Umfang von der Erläuterungsbedürftigkeit des abzuschließenden Finanzproduktes und von dem für die Bank erkennbaren individuellen Aufklärungsbedürfnis des Kunden ab. Der Verkauf eines bestimmten Bankproduktes, wie der Abschluss eines Darlehensvertrages mit Tilgungsaussetzung, ist nicht Anlass für eine umfassende Aufklärung. Vielmehr bestimmt das Produkt als solches und die Aufklärungsbedürftigkeit des Kunden, mithin die jeweilige Verkaufssituation, das Entstehen von Aufklärungspflichten und deren Umfang. Kleinster gemeinsamer Nenner dürfte insofern sein, dass der Kunde die Funktionsweise des abzuschließenden Produkts verstanden hat[638]. Dies ist bei einem normalen Tilgungsdarlehen noch einfach: Dieses ist zu verzinsen und bei Fälligkeit zurückzuzahlen. Anders ist es hingegen, wenn eine Lebensversicherung aus Anlass eines konkreten Finanzierungsbedarfs zeitgleich mit der Darlehensaufnahme abgeschlossen wird und der Kunde von Anfang an beabsichtigt, die Lebensversicherung zur Tilgung des Festdarlehens einzusetzen. In diesem Fall können die Bank besondere Aufklärungs- oder Beratungspflichten treffen.

---

[632] BGH WM 1987, 532; ZIP 2004, 210.

[633] BGH NJW 1999, 2032 m.w.N.; ZIP 1981, 962; WM 1983, 1039.

[634] Zu den nur ausnahmsweise bestehenden Beratungspflichten siehe auch die neuere Rechtsprechung, z.B. BGH WM 2004, 417, 418; 2004, 521, 523; 2004, 1221, 1224 f. m. w. N.

[635] Eine gute Übersicht über die einzelnen Beratungspflichten bietet Siol in: Schimansky/Bunte/Lwowski, Bankrechts-Handbuch, 2. Auflage 2001, § 44.

[636] Vgl. hierzu: BGH ZIP 2003, 1240; 2004, 210.

[637] BGH ZIP 2004, 210.

[638] Siol in: Schimansky/Bunte/Lwowski, Bankrechts-Handbuch, a. a. O., § 44 RdNr. 4; Kümpel, Bank- und Kapitalmarktrecht, 3. Auflage 2004, Rdnr. 2.842 mit Hinweis auf BGHZ 111, 117, 119.

2. Aufklärung über steuerliche Nachteile

Eine kreditgebende Bank prüft die Sicherheiten, welche ihr gewährt worden sind, während der Laufzeit des Darlehensvertrages nur im eigenen, nicht aber im Interesse des Kunden. Eine Gesetzesänderung, die sich steuerschädlich auf eingeräumte Sicherheiten auswirken kann, löst grundsätzlich keine Aufklärungspflicht der kreditgebenden Bank aus[639].

Eine Bank ist also nicht verpflichtet, bei der Hereinnahme oder im Rahmen der Verwaltung von Sicherheiten die steuerlichen Auswirkungen auf den Kreditnehmer zu überprüfen bzw. zu überwachen. Dies trifft in besonderem Maße auf die Ansprüche des Darlehensnehmers aus einer Lebensversicherung zu, welche sich die Bank üblicherweise als Sicherheit abtreten lässt.

Um dennoch zu vermeiden, diesbezüglich mit der Verletzung von Aufklärungs- und Beratungspflichten konfrontiert zu werden, bietet es sich an, den Kreditnehmer im Kreditvertrag darauf hinzuweisen, dass die Bank die steuerlichen Auswirkungen nicht geprüft hat, dass zur Klärung der steuerlichen Auswirkungen ein Steuerberater zu Rate gezogen werden sollte und dass über die endgültige Anerkennung allein das zuständige Finanzamt entscheidet.

3. Besondere Aufklärungs- und Beratungspflichten bei Tilgungsersatzdarlehen

Grundsätzlich löst die Kombination eines endfälligen Darlehens mit einem als Tilgungsersatz eingesetzten Lebensversicherungsvertrag keine besonderen Aufklärungs- oder Beratungspflichten der Bank aus. Es ist seit jeher anerkannt, dass die Bank von sich aus nicht gehalten ist, den Kreditnehmer auf mögliche Bedenken gegen die Zweckmäßigkeit der gewollten Kreditart hinzuweisen[640].

Dennoch können sich besondere Aufklärungs- und Beratungspflichten aus dem Umstand ergeben, dass zwei verschiedene Verträge (Darlehens- und Lebensversicherungsvertrag oder ein anderes Tilgungsersatzmittel) miteinander kombiniert werden. Besteht zwischen dem abzuschließenden Darlehensvertrag und der Lebensversicherung ein zeitlicher und sachlicher Zusammenhang, wird man von der finanzierenden Bank eine Aufklärung über die Funktionsweise der Kombination beider Verträge sowie über das Risiko einer etwaigen Unterdeckung verlangen müssen[641]; dies dürfte insbesondere dann der Fall sein, wenn die Risikozuweisung unklar ist. Die erforderliche Aufklärungsleistung ist erbracht, wenn der Kunde verstanden hat, dass ein negatives Delta zwischen der Ablaufleistung der Kapital-

---

[639] BGH WM 1997, 2301.

[640] BGH ZIP 2004, 500; ZIP 1989, 558; OLG Naumburg WM 2001, 1411; OLG Karlsruhe WM 2001, 1210; OLG Köln WM 2000, 127; LG Bremen WM 1999, 847.

[641] Artzt/Weber BKR 2005, 268; speziell zu dieser Vertragskombination: Rösler BKR 2001, 125, 128; allgemein zur Lebensversicherung als Anlageform: Adams ZIP 1997, 1857; BGH ZIP 1990, 854; 1989, 558; OLG Koblenz WM 2000, 2006.

lebensversicherung und dem zurückzuzahlenden Kapital des Festdarlehens entstehen kann. Dem Kunden muss bewusst sein, dass er das Risiko einer Deckungslücke zu tragen hat. Umgekehrt darf er die ggf. nicht zur Tilgung benötigten Teile der Ablaufleistung der Lebensversicherung für sich behalten[642]. So genügt es beispielsweise, wenn der Kunde anhand des Lebensversicherungsvertrages darauf hingewiesen wird, dass die Höhe der Überschussbeteiligung aus der Lebensversicherung nicht vertraglich festgelegt ist und eine Mindesthöhe nicht garantiert wird[643]. Wird ein Bausparvertrag als Tilgungsersatzmittel angespart, ist es für die Erfüllung der Aufklärungspflicht ausreichend, wenn die Bank darauf hinweist, dass der Zeitpunkt der Zuteilungsreife des Bausparvertrages von der Endfälligkeit des Darlehens abweichen kann.

Will der Kunde seine Gesamtbelastung im Vergleich mit einer Finanzierung mittels gewöhnlichem Annuitäten- oder Ratendarlehen wissen[644], ist die Bank darüber hinaus gehalten, die jeweiligen Belastungen zu berechnen und gegenüberzustellen. Von sich aus ist die Bank hingegen zu einer derartigen Information nicht verpflichtet.

Die Bank ist ferner dann nicht aufklärungspflichtig, wenn der Kunde lediglich ein endfälliges Darlehen aufnehmen will und ankündigt, dieses bei Fälligkeit aus der Ablaufleistung einer bereits vorhandenen, anderweitig abgeschlossenen Lebensversicherung tilgen zu wollen[645]. Dies gilt auch dann, wenn die Ansprüche aus der Lebensversicherung ganz oder teilweise zur Besicherung an die Bank abgetreten werden[646], was in der Praxis regelmäßig der Fall ist. Stellt sich bei Fälligkeit des Darlehens und der Lebensversicherung heraus, dass die Ablaufleistung der Lebensversicherung nicht zur Tilgung des Darlehenskapitals ausreicht, hat der Kunde den restlichen Betrag zusätzlich zu zahlen.

Zu einer anderen Beurteilung könnte man gelangen, wenn der Kunde lediglich das Darlehen bei der Bank aufnimmt und den zeitgleichen Abschluss der Lebensversicherung über seinen Versicherungsagenten vermittelt erhält. Qualität und

---

[642] Rösler, a. a. O.

[643] Rösler, a. a. O.; Kulke in: EWiR § 276 BGB 5/04, 482, Köndgen NJW 2000, 470; OLG Karlsruhe ZIP 2001, 1914, wonach bankseitig eine umfassende Aufklärung über die durch die Vertragskombination entstehenden Nachteile, nämlich die langfristige Bindung des Darlehensnehmers, die Verzinsung in voller Höhe und die nahezu ausgeschlossene Möglichkeit der vorzeitigen Kündigung wegen des ungünstigen Rückkaufswerts, geschuldet ist. Nicht geschuldet ist hingegen ist eine Rentabilitätsberechnung, vgl. BGH WM 2004, 1225 m. w. N.

[644] Zur Durchführung dieses Vergleichs siehe BGH NJW 1990, 1844 m. w. N.

[645] Beschränkt sich die Bank auf ihre Rolle als Kreditgeberin, ohne Initiatorin eines speziellen Kreditmodells zu sein, bestehen grundsätzlich keine besonderen Aufklärungspflichten; BGH ZIP 2004, 209; OLG Stuttgart WM 2000, 295 mit Hinweis auf BGH WM 1992, 216; WM 1992, 1310; OLG Hamm WM 1998, 1230.

[646] Besonderheiten bestehen bei der Abtretung von Lebensversicherungen nur bei gewerblichen Krediten, vgl. BGH ZIP 1997, 2195.

Umfang der Aufklärungs- und ggf. Beratungspflichten der Bank hängen in diesem Fall davon ab, inwieweit die Ausgestaltung des Darlehens nach dem Willen des Kunden auf die Bedingungen der Lebensversicherung abgestimmt werden soll[647].

Hier erscheint ein Blick auf die Anforderungen der Beratungspflichten der Bank beim Kauf von Wertpapieren angezeigt. Für das Entstehen der Beratungspflicht ist rechtlich anerkannt, dass ein Beratungsvertrag und damit eine Pflicht der Bank zur anlage- und anlegergerechten Beratung nur insoweit zustande kommt, als der Kunde aus Anlass des Erwerbs von Wertpapieren Beratung nachfragt oder Beratungsbedarf und Bereitschaft, sich beraten zu lassen, zu erkennen gibt[648]. Der Kunde kann aber auch im Wege des „execution-only" Wertpapiere erwerben oder verkaufen, ohne dass eine Beratungspflicht für die Bank entsteht[649]. Dieser Gedanke ist auf die Entstehung und den Umfang von Aufklärungs- und Beratungspflichten der Bank bei einer Finanzierung mit Tilgungsaussetzung übertragbar. Nach Ansicht des BGH schuldet die Bank im Rahmen einer Kreditvergabe ohne Nachfrage des Darlehensnehmers dann keine Aufklärung über die möglichen Nachteile einer Kombination von Kreditvertrag mit Kapitallebensversicherung, wenn der Darlehensnehmer über einen von diesem eingeschalteten Finanzierungsvermittler mit einem vollständigen Finanzierungskonzept an die Bank herantritt und ihr ein entsprechendes Vertragsangebot unterbreitet[650].

Geht hingegen die Initiative zum Abschluss eines Festdarlehens mit Tilgungsaussetzung von der Bank aus, ist diese dem Darlehensnehmer gegenüber zur Aufklärung über die damit verbundenen Risiken, insbesondere über das Risiko einer etwaigen Deckungslücke, verpflichtet. Dies gilt erst recht, wenn die Bank dem Kunden anstelle eines von ihm gewünschten üblichen Ratenkredits einen mit einer Kapitallebensversicherung verbundenen Kreditvertrag anbietet, obwohl ein Versicherungsbedürfnis nicht besteht und die Vertragskombination für den Kunden wirtschaftlich ungünstiger ist als ein marktüblicher Ratenkredit, mit dem der verfolgte Zweck ebenso gut erreichbar ist[651].

Im Übrigen ist bei Verhandlungen über den Abschluss eines Vertrages jeder Teil nach Treu und Glauben verpflichtet, den anderen über Umstände aufzuklären, die für dessen Entschließung von wesentlicher Bedeutung sein können. Eine Aufklärungspflicht in Bezug auf die Kreditform ist im Zweifel anzunehmen, wenn die Bank ein besonderes Aufklärungs- und Schutzbedürfnis des Kreditnehmers erkennt[652].

---

[647] Nachteile bei der Beratung, die durch die Einschaltung von eigenen Finanzierungsvermittlern des Bankkunden entstehen, gehen grundsätzlich zu Lasten des Kunden, vgl. BGH ZIP 2004, 209.

[648] Übersicht bei Siol in: Schimansky/Bunte/Lwowski, a. a. O., § 43 Rdnr. 5 ff.

[649] Lang, Informationspflichten bei Wertpapierdienstleistungen, WM 2003, 341 ff.; Köndgen NJW 2004, 1288, 1298 m. w. N.

[650] BGH ZIP 2004, 209, 212; ablehnend Kulke in: EWiR § 276 BGB 5/04, 482.

[651] BGH ZIP 1990, 854; 1989, 558.

[652] BGH ZIP 1989, 558; 1997, 580; OLG Naumburg WM 2001, 1411.

4. Umfang des zu ersetzenden Schadens

Wurde der Kunde nicht ordnungsgemäß beraten oder hat die Bank die erforderliche Aufklärung unterlassen, ist sie dem Kunden gegenüber dem Grunde nach schadensersatzpflichtig.

Der Umfang des Schadensersatzanspruches[653] muss im Einzelfall nach Maßgabe der jeweils verletzten Pflicht bestimmt werden. Die Bank hat für diejenigen Risiken einzustehen, für deren Realisierung die geschuldete Aufklärung oder Beratung maßgeblich war[654].

Es kann nicht wie in den Fällen der Wertpapierfehlberatung davon ausgegangen werden, dass der Bankkunde bei richtiger Beratung bzw. ordnungsgemäßer Aufklärung das Geschäft nicht getätigt hätte[655]. Während der Kunde dort vor der Wahl steht, entweder das ihm zur Verfügung stehende Kapital in Wertpapiere zu investieren oder es schlicht auf dem Konto zu belassen, besteht hier regelmäßig ein konkreter Finanzierungsbedarf, der aufgrund der beabsichtigten gewerblichen Nutzung bzw. Vermietung des finanzierten Gegenstandes allein aus steuerlichen Gründen durch eine Kreditaufnahme befriedigt werden soll. Auch das spezielle Tilgungsersatzmodell in Form der Koppelung des Darlehens mit einer Kapitallebensversicherung will der Bankkunde abschließen, um in den Genuss der steuerfreien Erträge aus der Kapitallebensversicherung zu gelangen und um den Zinsaufwand steuermindernd geltend zu machen.

Anerkannt ist daher, dass der Erwerber selbst bei unterstellter Aufklärungspflichtverletzung nur einen Anspruch auf Ersatz von Mehrkosten hat, er gerade nicht so zu stellen ist, wie er stehen würde, wenn er den Kreditvertrag überhaupt nicht abgeschlossen hätte[656]. Dem Kreditnehmer steht auch kein Schadensersatzanspruch zu, der im Zusammenhang mit dem finanzierten Geschäft (z.B. Erwerb einer Eigentumswohnung) steht[657].

Wäre dem Kunden bekannt gewesen, dass die abgeschlossene Lebensversicherungssumme mangels ausreichender Ablaufleistung zur vollständigen Tilgung des Darlehens nicht ausreicht, hätte er – eine entsprechende Leistungsfähigkeit unterstellt – eine höhere Versicherungssumme vereinbart mit der Folge, dass höhere

---

[653] Allgemein Heinrichs in: Palandt, a. a. O., vor §§ 249 Rdnr. 16, 17; speziell zum Schaden bei Verletzung von Beratungspflichten: v. Heymann in: Assmann/Schütze, a. a. O., § 5 Rdnr. 40 ff.; Siol in: Schimansky/Bunte/Lwowski, a. a. O., § 43 Rdnr. 37.

[654] BGH ZIP 2003, 806 m.w.N.

[655] Dies ergibt sich aus der Beweislast des Schädigers, dass der entstandene Schaden sowieso entstanden wäre, der Anleger die Wertpapiere also auch ohne Fehlberatung erworben hätte. Dies zu beweisen, wird kaum möglich sein, vgl. BGH NJW 1993, 520; 1991, 167; allgemein hierzu Roller/Hackenberg VuR 2005, 127 ff.

[656] BGH ZIP 2004, 500; OLG Hamm WM 1999, 1056; LG Bremen WM 1999, 847; LG Stuttgart WM 1999, 1822.

[657] BGH ZIP 2000, 1483; 2000, 1430; OLG Stuttgart EWiR 2001, 447; OLG München DB 2000, 2588.

Beiträge in die Lebensversicherung hätten eingezahlt werden müssen. Die höheren Beiträge hätten sich verzinst und später an der Überschussbeteiligung partizipiert. Dies erscheint die einzige Handlungsalternative zu sein, wenn man ansonsten eine unveränderte Zielsetzung des Kunden annimmt.

In diesem Fall stellt das negative Delta zwischen der tatsächlichen Ablaufleistung der Kapitallebensversicherung und der restlichen Darlehensschuld nicht den eigentlichen Schaden des Kunden dar. Dieser besteht lediglich in dem auf die rechnerisch erhöhten Versicherungsbeiträge (Differenz des tatsächlichen und des fiktiven erhöhten Versicherungsbeitrages) entfallenden anteiligen Zinsausfall und der anteilig fehlenden Überschussbeteiligung. Den Restbetrag des Deltas muss der Kunde selbst tragen. Die Differenz zum erhöhten Versicherungsbeitrag kann er nicht von der Bank verlangen, da er die erhöhten Versicherungsbeiträge auch bei ordnungsgemäßer Aufklärung an die Versicherungsgesellschaft gezahlt hätte und in dieser Höhe Aufwendungen erspart hat.

Vorstehende Schadensberechnung kommt hingegen in zwei Fallgestaltungen nicht zur Anwendung:

Der Bankmitarbeiter hat dem Kunden die Höhe der im Versicherungsantrag einzutragenden Versicherungssumme nach vorheriger Beratung empfohlen, ohne ihn auf die Möglichkeit einer zu niedrigen Ablaufleistung hinzuweisen. In diesem Fall wurde dem Kunden die Tilgung des Darlehens durch die Auszahlung der Versicherungsleistung als sicher in Aussicht gestellt, so dass sich der Rückzahlungsanspruch der Bank und der durch die Fehlberatung begründete Schadensersatzanspruch des Kunden in gleicher Höhe aufrechenbar gegenüber stehen.

Der oben dargestellte Grundsatz gilt des Weiteren dann nicht, wenn es dem Kunden gerade darauf ankam, die Finanzierungskosten denjenigen eines Ratenkredites gegenüber zu stellen. Die Rechtsprechung nimmt ein Aufklärungsverschulden der Bank an, wenn diese dem Kunden einen mit einer Kapitallebensversicherung verbundenen Kreditvertrag angeboten hat, obwohl ein Versicherungsbedürfnis nicht besteht und die Vertragskombination für den Kunden wirtschaftlich ungünstiger ist als ein üblicher Ratenkredit[658]. Der Ausgleich des negativen Deltas zwischen der Ablaufleistung der Lebensversicherung und dem restlichen Darlehensbetrag verteuert zwar aus der Sicht des Kunden die Gesamtfinanzierungskosten. Es ist jedoch (vgl. oben) in der Rechtsprechung anerkannt, dass der Kunde nur einen Anspruch auf Ersatz der durch die gewählte Finanzierung entstandenen Mehrkosten hat[659].

5. Fazit

Die Darlehensform der Tilgungsaussetzung, bei welcher die Rückführung des Darlehens über den Abschluss einer Kapitallebensversicherung erfolgt, kann zu Aufklärungspflichten der Bank führen, jedoch keinesfalls dann, wenn die Bank

---

[658] BGH NJW 2005, 985; 1990, 1844; ZIP 2004, 500.
[659] BGH ZIP 2004, 500; 2004, 209; NJW 2003, 1370; WM 1990, 918; 1989, 665; OLG Hamm WM 1999, 1056; LG Bremen WM 1999, 847; LG Stuttgart WM 1999, 1822.

lediglich ein bereits vollständig ausgearbeitetes Finanzierungskonzept umsetzen soll oder der Kunde erkennbar nicht aufklärungsbedürftig ist. Ungeachtet dessen wird sich jedoch im Nachhinein kaum feststellen lassen, ob es der Kunde alleine war, der die Kreditform wünschte oder ob nicht die Bank eine entsprechende Empfehlung ausgesprochen hat. Aufgrund dessen kann es sich für die Bank empfehlen, die Risikoaufklärung oder die Beratung für etwaige spätere Streitigkeiten vorzunehmen und entsprechend zu dokumentieren. Dies kann durch den Einsatz von Aufklärungsblättern[660] oder/und durch die Gestaltung des Formulars des Darlehensvertrages geschehen. Während eine Dokumentation der Aufklärungs- oder Beratungsleistung der Bank im Zusammenhang mit Wertpapiergeschäften von ihrem Umfang her oftmals kaum darstellbar ist, ist dies hingegen bei meist einmaligen Finanzierungen relativ leicht möglich. Auf diese Weise können Haftungsrisiken für die Bank auf Dauer minimiert werden.

IV. Gesamtbetragsangabe nach § 492 Abs. 1 S. 5 Nr. 2 BGB

1. Tilgungsersatzdarlehen mit festen Konditionen (echte Abschnittsfinanzierung)

Bei einem Verbraucherkredit, dessen jährliche Verzinsung für die gesamte Vertragslaufzeit festgeschrieben ist, und dessen Fälligkeit von der Auszahlung eines Bausparvertrages oder einer Kapitallebensversicherung abhängt, durch die der Kredit ganz oder teilweise getilgt werden soll, muss die vom Verbraucher zu unterzeichnende Vertragserklärung den Gesamtbetrag aller von ihm zu erbringenden Leistungen angeben[661].

Die Pflicht zur Angabe des Gesamtbetrages besteht auch dann, wenn nur die Ansprüche auf den Todesfall abgetreten wurden bzw. trotz Verwertung einer bereits bestehenden Lebensversicherung[662]. Fehlen die Angaben, gilt § 494 Abs. 2 S. 2 BGB. Es können nur 4% Zinsen verlangt werden, und zwar nicht nur bis zum Ablauf der Zinsfestschreibungszeit, sondern bis zum Ende der gesamten Vertragslaufzeit.

2. Tilgungsersatzdarlehen mit veränderlichen Bedingungen (unechte Abschnittsfinanzierung)

Soweit der Darlehensvertrag veränderliche Bedingungen enthält, wie etwa die Laufzeit des Darlehens im Hinblick auf die Zuteilungsreife eines parallel anzusparenden Bausparguthabens, ergibt sich nach Ansicht des OLG Dresden die Angabepflicht im

---

[660] Rösler BKR 2001, 135, 131.
[661] BGH WM 2002, 380.
[662] OLG Karlsruhe OLGR 2004, 60; 2004, 111.

Interesse eines effektiven und umfassenden Verbraucherschutzes aus S. 2 des § 4 Abs. 1 S. 5 Nr. 1b VerbrKrG a.F. Denn mit der Einfügung des S. 2 wurde die fehlende Endgültigkeit der Gesamtbetragsangabe gerade hingenommen[663].

Auch der BGH hat mittlerweile entschieden, dass nach § 4 Abs. 1 S. 5 Nr. 1b S. 2 VerbrKrG a.F. bei Krediten mit veränderlichen Bedingungen, die in Teilzahlungen getilgt werden, ein Gesamtbetrag anzugeben ist, und zwar auf der Grundlage der bei Abschluss des Vertrages maßgeblichen Kreditbedingungen[664]. Dabei müsse auf die Sicht des Kreditnehmers abgestellt werden. Aus dessen Sicht besteht wirtschaftlich kein Unterschied zwischen einem marktüblichen Ratenkredit und einem Kredit mit Kapitallebensversicherung. Bei einer so genannten unechten Abschnittsfinanzierung besteht gem. § 4 Abs. 1 S. 4 Nr. 1b, S. 2 VerbrKrG a.F. eine Pflicht zur Angabe des Gesamtbetrags aller vom Verbraucher zu erbringenden Leistungen. Bei Bestehen einer engen Verbindung zwischen Darlehens- und Ansparvertrag bedarf es der Angabe des Gesamtbetrags aller vom Verbraucher zu erbringenden Leistungen nach § 4 Abs. 1 S. 4 Nr. 1b VerbrKrG a.F. auch bei endfälligen Verbraucherkrediten, die bei Fälligkeit zumindest zum Teil mittels einer in der Zwischenzeit angesparten Kapitallebensversicherung abgelöst werden sollen. Die Annahme einer solchen engen Verbindung setzt voraus, dass Zahlungen auf den Ansparvertrag aus der Sicht des Verbrauchers wirtschaftlich regelmäßigen Tilgungsleistungen an den Kreditgeber gleichstehen[665].

Die Verpflichtung des Kreditgebers zur Gesamtbetragsangabe besteht auch dann, wenn die als Ansparvertrag dienende Lebensversicherung nicht zwingend zur Tilgung des Darlehens bei Endfälligkeit zum Einsatz kommen muss, schon länger vor Abschluss des Kreditvertrags abgeschlossen war und der kreditgebenden Bank nur zur Sicherheit auf den Todesfall abgetreten worden ist[666].

In die Effektivzinsberechnung fließt die Lebensversicherungsprämie jedoch nicht mit hinein[667].

Nach § 6 Abs. 1 VerbrKrG a.F. ist ein Kreditvertrag nur dann nichtig, wenn die in § 4 Abs. 1 S. 4 Nr. 1b S. 2 VerbrKrG a.F. vorgeschriebene Angabe des Gesamtbetrages aller vom Verbraucher zur Tilgung des Kredits sowie zur Zahlung der Zinsen und sonstigen Kosten zu entrichtenden Teilleistungen völlig fehlen[668]. Nach Ansicht des BGH führe die Unrichtigkeit von Pflichtangaben angesichts des eindeutigen und auf das Fehlen von Angaben abstellenden Wortlauts dieser Bestimmung nicht zu einer Nichtigkeit des Kreditvertrages[669]. Andererseits fehlt

---

[663] OLG Dresden ZIP 2001, 1531.
[664] BGH WM 2002, 380; 2004, 1542, 1543 f.; 2004, 2306, 2307; 2004, 2436, 2437 f.
[665] BGH WM 2006, 1066, Rdnr. 13; BGH WM 2004, 2436, 2437 f.; 2004, 2306, 2307; 2004, 1542, 1543 f.
[666] OLG Karlsruhe ZIP 2004, 946.
[667] BGH WM 2005, 415.
[668] BGH WM 2006, 1066, Rdnr. 14.
[669] BGH a.a.O. m.w.N.; WM 2003, 2328, 2330; 2004, 417, 420.

allerdings die erforderliche Gesamtbetragsangabe, wenn der Kreditvertrag nur den für die Zeit der Zinsfestschreibung zu erbringenden Betrag und den danach, d.h. nach Ablauf der Zinsfestschreibung noch bestehenden Restkredit, nicht aber die für die Gesamtlaufzeit des Vertrages zu erbringenden Zahlungen ausweist[670]. Der mit der Angabepflicht verfolgte Schutzzweck werde damit nicht erreicht, auch wenn sich der zu leistende Gesamtbetrag durch einfache Addition der beiden Beträge ermitteln lässt. Denn durch die Gesamtbetragsangabe solle dem Verbraucher nicht nur der für eine sachgerechte Kreditentscheidung erforderliche Marktvergleich ermöglicht, sondern ihm zugleich der Umfang seiner wirtschaftlichen Belastung in Form eines konkreten Geldbetrages vor Augen geführt werden[671]. Diese Differenzierung vermag insofern nicht zu überzeugen, als auch eine fehlerhafte, wenngleich nicht nur die Zinsfestschreibung, sondern die gesamte Kreditlaufzeit berücksichtigende Gesamtbetragsangabe einen Marktvergleich sowie eine Beurteilung der wirtschaftlichen Belastung gleichermaßen erschwert.

3. Wie hat eine Angabe des Tilgungsersatzes im Rahmen von § 492 Abs. 1 S. 5 Nr. 2 BGB zu erfolgen?

Häufig ist die genaue Höhe der zu zahlenden Prämien im Zeitpunkt des Vertragsabschlusses bisweilen unbekannt (noch ausstehende ärztliche Untersuchung des Darlehensnehmers, Ungewissheit über die Höhe einer Überschussbeteiligung oder Zuteilungsreife etc.).

Grundsätzlich bieten sich zwei Lösungsmöglichkeiten an:

- Darlehensnennbetrag als Summe aller Tilgungsleistungen (Risikoanteile der Prämien, Überschussbeteiligung etc. blieben allerdings dann außer Betracht), verbunden mit einem klarstellenden Hinweis bei § 492 Abs. 1 S. 5 Nr. 2 BGB (Angabe der Versicherungsprämie, z.B. monatlicher Beitrag für Lebensversicherung).

- Hochrechnung der Prämien mit Hinweis darauf, dass es sich um eine Musterberechnung handelt.

V. Kosten einer Restschuld- oder sonstigen Versicherung gem. § 492 Abs. 1 S. 5 Nr. 6 BGB

Nach der hM gehört zu diesen Kosten auch die Kapitallebensversicherung, mit welcher der endfällige Kredit zurückgeführt werden soll. Die Kapitallebensversicherung ist jedoch im Gegensatz zur Risikolebensversicherung gem. § 4 Abs. 3

---

[670] BGH WM 2006, 1003, 1007, Rdnr. 27 ff.; ZIP 2006, 1238, 1241; OLG Brandenburg WM 2006, 1719, 1721.
[671] BGH a.a.O. Rdnr. 27.

Nr. 5 PAngV nicht Gegenstand der Berechnung des effektiven Zinssatzes. Mit „Kosten einer sonstigen Versicherung" hat der Gesetzgeber offensichtlich an Kosten von Versicherungen gedacht, die der Restschuldversicherung oder einer ähnlichen Risikoversicherung entsprechen. § 492 Abs. 1 S. 5 Nr. 6 BGB hat aber nicht an die Koppelung von endfälligen Darlehen mit einer Kapitallebensversicherung gedacht (dies ergibt sich auch aus einem Blick auf die Rechtsfolge des § 494 Abs. 2 S. 3 BGB)[672].

VI. Zinsfestschreibung, Tilgungsersatz und Aufhebungsentgelt

Die Bestimmung in einem Darlehensvertrag, dass die Rückerstattung aus einer abgetretenen Kapitallebensversicherung erfolgen soll, bedeutet eine besondere Fälligkeitsvereinbarung, und zwar bezogen auf den Zeitpunkt der Auszahlung der Versicherungssumme. Dies gilt auch für den Fall, dass die Parteien des Darlehensvertrages ein Kündigungsrecht des Darlehensnehmers jeweils zum Ablauf bestimmter Festzinsperioden vereinbart haben und die betreffende Festzinsperiode über den Zeitpunkt der Auszahlung der Versicherungssumme hinaus fortdauert[673]. Ein Aufhebungsentgelt kann die Bank demzufolge im Fall einer fälligen Lebensversicherung vor Ablauf der Zinsfestschreibung nur dann verlangen, wenn sie im Darlehensvertrag ausdrücklich auf diesen Umstand hinweist.

---

[672] Bohner WM 2001, 2227.
[673] OLG Karlsruhe WM 2001, 1561; OLG Köln ZIP 2000, 308.

H. Vorfälligkeitsentschädigung

I. Definition/Allgemeines

Ist ein Darlehensvertrag wirksam zustande gekommen, ist der Darlehensnehmer im Falle einer vorzeitigen Beendigung des Darlehensverhältnisses durch außerordentliche Kündigung oder durch Aufhebungsvereinbarung generell verpflichtet, den der Bank durch diese vorzeitige Beendigung entstehenden Schaden zu ersetzen, soweit das Darlehen grundpfandrechtlich besichert ist (§ 490 Abs. 2 S. 3 BGB). Ist der Kunde hingegen nach § 489 Abs. 1 Nr. 2 und 3 BGB (früher § 609a BGB a.F.) berechtigt, das Darlehen ordentlich zu kündigen, steht der Bank ein Anspruch auf Zahlung einer Vorfälligkeitsentschädigung nicht zu.

Soweit die Darlehensvaluta bereits ausbezahlt worden ist, wird die Schadensposition der Bank als Vorfälligkeitsentschädigung oder Aufhebungsentgelt bezeichnet. Kam der Kreditbetrag noch nicht zur Auszahlung, spricht man von einer Nichtabnahmeentschädigung. Die exakte Höhe der Vorfälligkeitsentschädigung ist vom Zeitpunkt der tatsächlichen (nicht hingegen prognostizierten) Kreditrückzahlung abhängig, während für die Berechnung der Nichtabnahmeentschädigung der Zeitpunkt maßgeblich ist, an dem definitiv feststeht, dass das Darlehen nicht mehr abgenommen wird.

Der BGH möchte für die Berechnung der Höhe der Nichtabnahmeentschädigung auf den Zeitpunkt der Zahlung abstellen[674]. Da mit „Zahlung" nur die Begleichung der Nichtabnahmeentschädigung selbst gemeint sein kann, nachdem das Darlehen noch nicht abgenommen und deshalb auch nicht zurückgezahlt werden kann, hätte die Ansicht des BGH zur Konsequenz, dass der Kreditkunde die Höhe des Nichtabnahmeschadens steuern könnte, obwohl die exakte Höhe des Schadens für die Bank bereits zum Zeitpunkt der endgültigen Darlehensabnahmeverweigerung feststeht. Mit dieser Begründung weist *Merz* zu Recht darauf hin, dass der Zeitpunkt der Zahlung der Nichtabnahmeentschädigung nur für die Berechnung anfallender Verzugszinsen von Bedeutung ist[675].

Ansonsten können Vorfälligkeitsentschädigung bzw. Aufhebungsentgelt und Nichtabnahmeentschädigung synonym behandelt werden.

Die Berechtigung, Aufhebungsentgelt zu verlangen, gilt auch für Darlehen, die in den Anwendungsbereich des Verbraucherdarlehensrechts fallen. Dabei kommt

---

[674] BGH WM 2006, 429 mit Anm. Merz in: WuB I E 3. – 1.06; BGH WM 2001, 20; 1997, 1747; Wimmer/Rösler WM 2005, 1873, 1880.

[675] Merz in: WuB I E 3. – 1.06, S. 454.

dem wirksamen Abschluss des Darlehensvertrages nach den §§ 491 ff. BGB besondere Bedeutung zu; insbesondere muss das Schriftform- und Angabenerfordernis nach §§ 492 Abs. 1, 126 BGB erfüllt bzw. eine Widerrufsbelehrung erteilt worden sein. So ist der Darlehensnehmer beispielsweise aufgrund einer nur mündlich gegebenen Zusage nicht verpflichtet, das Darlehen abzunehmen. Schadensersatzansprüche der Bank aus cic bestehen dabei regelmäßig nicht, weil der Verbraucher gerade durch die erforderliche Schriftform vor dem unüberlegten Abschluss eines Vertrages gewarnt und erst durch Unterzeichnung der Vertragsurkunde gebunden werden soll[676].

II. Voraussetzungen

In zwei Urteilen vom 01.07.1997 hat der BGH die – mittlerweile als Generalklausel in § 490 Abs. 2 BGB kodifizierten – Voraussetzungen genannt, unter denen ein Darlehensnehmer vor Ablauf der Kündigungssperrfrist eine vorzeitige Rückführung eines Hypothekendarlehens verlangen kann[677].

Ein Darlehensnehmer kann danach gegen Zahlung einer angemessenen Vorfälligkeitsentschädigung die vorzeitige Rücknahme eines grundpfandrechtlich gesicherten Festkredits verlangen, wenn er das haftende Grundstück veräußern will oder es als Sicherheit für eine weitere Kreditaufnahme benötigt. In diesen Fällen überwiegt das Interesse des Kreditnehmers an der freien Verfügung über das Grundstück gegenüber dem Interesse der wirtschaftlich voll zu entschädigenden Bank an einer ungestörten Vertragsabwicklung (Güterabwägung).

Keinen Anspruch auf Ablösung eines Festsatzkredits gegen Aufhebungsentgelt hat der Kreditnehmer hingegen dann, wenn zwar seine Ehe geschieden worden ist und somit das Einkommen des Ehegatten für die Tilgung nicht mehr herangezogen werden kann, der Kreditnehmer aber nicht unterhaltspflichtig ist und seine finanziellen Verhältnisse sich nicht derart verschlechtert haben, dass ihm ein Halten der finanzierten Wohnung und eine Bedienung der Kreditverbindlichkeit nicht mehr möglich wäre. Allein sein Interesse an einer Umschuldung zu günstigeren Bedingungen ist kein Fall, der die Bank zur Modifikation des Darlehensvertrages verpflichtet[678].

III. Unverbrauchtes Disagio als unselbständiger Rechnungsposten der Vorfälligkeitsentschädigung

Bei nicht subventionierten Darlehen ist das Disagio in der Regel als Vorauszahlung eines Teils der Zinsen anzusehen. Macht der Kreditnehmer von einem Recht

---

[676] BGH ZIP 2001, 20.
[677] BGH WM 1997, 1747; 1997, 1799.
[678] LG Koblenz WM 2004, 624; LG München WM 2004, 626.

zur Kündigung des Darlehens wirksam Gebrauch, so hat die Bank das unverbrauchte Disagio zu erstatten; ein Verzicht des Kreditnehmers auf den Erstattungsanspruch liegt fern. Wird ein Darlehensvertrag mit fester Laufzeit durch fristlose Kündigung der Bank wegen schuldhafter Vertragsverletzung des Kreditnehmers vorzeitig beendet, so verbleibt das unverbrauchte Disagio in der Regel der Bank in vollem Umfang. Kann die Bank das vorzeitig zurückgezahlte Darlehen wegen des gestiegenen Zinsniveaus zu einem den effektiven Zins des beendeten Vertrages übersteigenden Zinssatz wieder anlegen, so muss sie sich diesen Vorteil anrechnen lassen. Gleiches gilt, wenn die Bank auf Wunsch des Kreditnehmers der vorzeitigen Beendigung eines unkündbaren Vertrages zustimmt[679].

IV. Berechnungsmethoden[680]

Liegt eine der beiden vom BGH entwickelten Fallgruppen (Verkauf oder anderweitige Belastung der Immobilie) vor, in denen der Darlehensnehmer einen Anspruch auf eine Vorverlegung des Erfüllungszeitpunktes hat, oder steht der Bank ein außerordentliches Kündigungsrecht zu, von welchem sie Gebrauch macht, kann die Bank nach Ansicht des BGH den Ausgleich lediglich der Nachteile beanspruchen, die ihr durch die vorzeitige Kreditrückzahlung entstehen. Die Bank ist demnach so zu stellen, wie sie bei vereinbarter Vertragserfüllung gestanden hätte[681].

In seinen beiden Entscheidungen vom 01.07.1997 hat der BGH deshalb mehrere Berechnungsmethoden entwickelt, zwischen denen die Bank wählen kann.

1. Aktiv-Aktiv-Methode

Die Aktiv-Aktiv-Methode stellt bei der Berechnung der Vorfälligkeitsentschädigung auf eine hypothetische Neuausreichung der vorzeitig zurückgeflossenen Darlehensvaluta als neues Darlehen ab. Die Berechnung setzt sich aus dem abgezinsten Zinsmargenschaden, gegebenenfalls dem abgezinsten Zinsverschlechterungsschaden sowie den Kosten für den zusätzlichen Aufwand der vorzeitigen Abwicklung des Darlehens zusammen. Obwohl dies vielfach bestritten wurde, hat der BGH die Möglichkeit der kumulativen Berechnung bejaht[682].

Zinsmargenschaden und Zinsverschlechterungsschaden erfassen unterschiedliche Schadenspositionen, die unabhängig voneinander entstehen können. Die kumulative Berechnung von Zinsmargenschaden und Zinsverschlechterungsschaden führt deshalb unter Schadensersatzgesichtspunkten zu einem sachgerechten Ergebnis.

---

[679] BGH ZIP 1996, 1895.
[680] Zum Ganzen vgl. Wimmer/Rösler, Vorfälligkeitsentschädigung bei vorzeitiger Beendigung von Darlehensverträgen WM 2005, 1873 ff. m. w. N., Rösler/Wimmer WM 2000, 164, Rösler/Wimmer/Lang, Vorzeitige Beendigung von Darlehensverträgen, S. 129 ff.
[681] BGH WM 1997, 1747; 1997, 1799.
[682] BGH WM 1997, 1747; 1997, 1799; OLG München WM 1998, 1484.

a. Konkrete Variante

Bei dieser Variante der Aktiv-Aktiv-Methode wird der Zinsmargenschaden im Wege einer konkreten Betrachtung ermittelt. Dazu ist der konkrete Darlehenszins vom konkret bestehenden Finanzierungszins abzuziehen. Dies ergibt die Bruttomarge der Bank. Durch die vorzeitige Rückführung erspart die Bank Risiko- und Verwaltungskosten, die zur Berechnung der Nettozinsmarge in Abzug zu bringen sind.

b. Abstrakte Variante

Der abstrakte Aktiv-Aktiv-Vergleich vermeidet die exakte Quantifizierung des Zinsmargenschadens, indem als Marge der übliche Durchschnittsgewinn bei Banken gleichen Typs zugrunde gelegt wird. Der BGH lässt ausdrücklich die Pauschalierung des Schadens unter Hinweis auf § 252 BGB zu. So kann z.B. der im Hypothekenbankenbereich bei der Nichtabnahmeentschädigung anerkannte Satz von 0,5 % zugrunde gelegt werden. Bei einer Geschäftsbank wird wegen des unterschiedlich strukturierten Geschäfts die Durchschnittsmarge regelmäßig höher sein. Aufgrund der so erlangten Nettomarge erübrigt sich der Abzug von ersparten Risiko- und Verwaltungskostenanteilen.

2. Aktiv-Passiv-Methode

Eine andere, vom BGH nunmehr ausdrücklich gebilligte Methode zur Berechnung eines angemessenen Ablösebetrages ist der Vergleich zwischen dem Vertragszins und der Rendite fristenkongruenter Kapitalmarkttitel. Diese Methode unterstellt, dass es der Bank im Falle der vorzeitigen Rückzahlung eines Hypothekendarlehens möglich ist, die Mittel am Kapitalmarkt anzulegen und dabei eine adäquate Verzinsung zu erzielen. Die damit erzielbaren Zinserträge sind auf den Zinsausfall anzurechnen, der entsteht, weil der Darlehensnehmer den Kredit nicht mehr wie ursprünglich vereinbart bis zum Ende der Zinsbindungsfrist in Anspruch nimmt. Die Vorfälligkeitsforderung berechnet sich dann aus der Differenz zwischen dem Zinssatz des ursprünglichen Darlehens und dem Zinssatz der Kapitalmarkttitel, die eine Laufzeit haben, welche der Restlaufzeit des ursprünglichen Darlehens entspricht; abzuziehen sind ersparte Risiko- und Verwaltungsaufwendungen.

Bei der Berechnung des Wiederanlagezinses in Kapitalmarkttitel stellte der BGH zunächst auf öffentlicher Schuldner ab. Dabei kamen sowohl Bundes- wie auch Landesanleihen in Betracht. Da sich Banken jedoch wegen der meist geringfügig besseren Rendite regelmäßig mit Kapitalmarkttiteln privater Emittenten (insb. Bankschuldverschreibungen) eindecken und angesichts des in den Jahren 1997 – 2000 zunehmenden Spreads von ca. 0,4 % zwischen Kapitalmarkttiteln öffentlicher Schuldner und Bankschuldverschreibungen, hat der BGH in seiner Entscheidung vom 07.11.2000 das Heranziehen von Bankschuldverschreibungen bei der Aktiv-Passiv-Methode als Vergleichszinssatz und als Zinssatz für die Abzinsung vorgeschrieben[683].

---

[683] BGH ZIP 2001, 20.

Für die Berechnung der Vorfälligkeitsentschädigung ist die Wiederanlagerendite der Kapitalmarktstatistik der Deutschen Bundesbank, nicht der PEX-Index des Verbands deutscher Hypothekenbanken und des Bundesverbandes öffentlicher Banken Deutschlands zu Grunde zu legen[684].

Dem PEX-Index liegt ein Portfolio von 30 synthetischen Pfandbriefen mit drei verschiedenen Kupons von 6%, 7,5% und 9% p.a und verschiedenen Laufzeiten von einem bis zu 10 Jahren zugrunde. Für diese synthetischen Pfandbriefe melden die Hypothekenbanken täglich ihre Renditen, zu denen sie Pfandbriefe tatsächlich emittiert haben bzw. emittieren möchten. Es werden also nicht nur reale Umsätze berücksichtigt, sondern auch bloße Angebote, in die subjektive Einschätzungen und Wünsche der Hypothekenbanken einfließen können. Da Hypothekenbanken, die sich durch die Veräußerung von Pfandbriefen möglichst günstig refinanzieren wollen, an geringen Renditen der Pfandbriefkäufer interessiert sind, besteht die Gefahr, dass der PEX-Index zu niedrige Renditen ausweist.

3. Vertragsfreiheit

Soweit der Kunde nicht berechtigt ist, eine vorzeitige Beendigung des Darlehensverhältnisses zu verlangen, bleibt es den Vertragspartnern selbstverständlich unbenommen, dennoch eine Aufhebungsvereinbarung abzuschließen. Hier ist die Bank nicht gehalten, ihre Schadenspositionen im Rahmen der vom BGH vorgegebenen Berechnungsmethoden zu ermitteln. Vielmehr ist sie im Rahmen der Vertragsfreiheit – bis zur Grenze der Sittenwidrigkeit – berechtigt, die Höhe des Aufhebungsentgelts individuell auszuhandeln. Die Grenze zur Sittenwidrigkeit dürfte dann erreicht sein, wenn das Aufhebungsentgelt das Doppelte des Betrages übersteigt, welcher sich nach den vom BGH entwickelten Methoden errechnen würde.

V. Schuldrechtsreform

Nach § 490 Abs. 2 S. 1 BGB kann der Darlehensnehmer einen Darlehensvertrag, bei dem für einen bestimmten Zeitraum ein fester Zinssatz vereinbart und das Darlehen durch ein Grund- oder Schiffspfandrecht gesichert ist, unter Einhaltung der Fristen des § 489 Abs. 1 Nr. 2 BGB vorzeitig kündigen, wenn seine berechtigten Interessen dies gebieten. Ein solches Interesse liegt gem. § 490 Abs. 2 S. 2 BGB insbesondere dann vor, wenn der Darlehensnehmer ein Bedürfnis nach einer anderweitigen Verwertung der zur Sicherung des Darlehens beliehenen Sache hat.

Mit der neuen gesetzlichen Regelung sollte die Rechtsprechung des BGH zur Vorfälligkeitsentschädigung in das BGB aufgenommen werden. Ob das Abstellen auf die berechtigten Interessen als Oberbegriff die Gerichte nun verleiten wird, die hier relevanten Tatbestände über die anderweitige Verwertung der beliehenen Sache hinaus auszudehnen, bleibt abzuwarten. Eine etwaige Ausdehnung auf

---

[684] BGH WM 2005, 322.

vergleichbare Sachverhalte war aber schon nach den Entscheidungen des BGH nicht ausgeschlossen.

Liegen die entsprechenden Voraussetzungen vor, hat der Darlehensnehmer nicht nur den von der Rechtsprechung entwickelten Anspruch auf Vertragsaufhebung und vorzeitige Kreditabwicklung, sondern kann nach § 490 Abs. 2 BGB kündigen und muss als Rechtsfolge dieser Kündigung den Vorfälligkeitsschaden ersetzen. Im Regierungsentwurf war die Zahlung der Vorfälligkeitsentschädigung noch Voraussetzung für die Wirksamkeit der Kündigung selbst.

VI. Fehlende Berechtigung, eine Vorfälligkeitsentschädigung zu verlangen

1. Zumutbarer Austausch von Sicherheiten

Hat ein Darlehensnehmer gegen die realkreditgebende Bank einen Anspruch auf Einwilligung in eine vorzeitige Darlehensablösung gegen angemessene Vorfälligkeitsentschädigung, kann er, wenn die Veräußerung des belasteten Grundstücks eine Ablösung des Darlehens nicht erfordert, stattdessen auch die Zustimmung in einen bloßen Austausch der vereinbarten Sicherheiten bei sonst unverändert fortbestehendem Darlehensvertrag beanspruchen, wenn der Sicherheitenaustausch dem Kreditinstitut mangels eines schutzwürdigen Eigeninteresses zuzumuten ist.

Dies ist der Fall, wenn eine vom Darlehensnehmer als Ersatz angebotene Grundschuld das Risiko der realkreditgebenden Bank genauso gut abdeckt wie die der Bank vereinbarungsgemäß eingeräumte Grundschuld, der Darlehensnehmer bereit und in der Lage ist, alle mit dem Sicherheitenaustausch verbundenen Kosten zu tragen und das Kreditinstitut auch nicht befürchten muss, etwa bei der Verwaltung oder der Verwertung der Ersatzsicherheit irgendwelche Nachteile zu erleiden[685].

2. Tilgungsersatz durch Lebensversicherung

Der in einem Darlehensvertrag individuell angefügte Zusatz: „Die Tilgung erfolgt durch eine abgetretene Privatlebensversicherung" stellt nicht lediglich einen Hinweis darauf dar, dass statt laufender Tilgungsleistungen eine Einmalzahlung vereinbart werden sollte, sondern, dass das Darlehen auch dann zur Rückzahlung fällig sein soll, wenn die zu Tilgungszwecken abgetretene Lebensversicherung fällig geworden ist. Es ist daher bei Rückzahlung des Darlehens bei Fälligkeit der Lebensversicherungssumme auch keine Vorfälligkeitsentschädigung zu zahlen[686].

---

[685] BGH ZIP 2004, 801.

[686] OLG Karlsruhe VuR 2000, 268; dagegen OLG Köln NJW-RR 2001, 260.

3. Anspruch auf Rückführung eines Bauspardarlehens ohne Entrichtung eines Vorfälligkeitsentgelts

In ihrer Verbindung mit den Bestimmungen über ein Bausparsofortdarlehen, das nach Zuteilung des entsprechenden Bausparvertrages zurückgezahlt wird, ist eine Klausel in Allgemeinen Geschäftsbedingungen überraschend, die eine Ablösung frühestens zum Ende eines Festschreibungszeitraumes oder gegen Vorfälligkeitsentgelt vorsieht[687].

4. Gleichzeitige Aufnahme eines höheren Neukredits

Im Falle der vorzeitigen Tilgung eines grundpfandrechtlich gesicherten Festsatzkredits mit vereinbarter Laufzeit steht dem Kreditinstitut kein Anspruch auf eine Vorfälligkeitsentschädigung zu, wenn der Kreditnehmer bei ihm gleichzeitig einen Neukredit in übersteigender Höhe, für das Kreditinstitut jedenfalls nicht schlechteren Konditionen aufnimmt[688].

5. Kein Anspruch auf Vorfälligkeitsentschädigung ohne Regelung im Aufhebungsvertrag über die vorzeitige Ablösung eines Darlehens

Wird über die vorzeitige Ablösung eines Darlehens ein Aufhebungsvertrag geschlossen, ohne dass eine Regelung über eine Vorfälligkeitsentschädigung getroffen wird, hat die Bank auch keinen Anspruch auf eine solche[689]. Dies gilt insbesondere dann, wenn die Allgemeinen Geschäftsbedingungen der Bank einen Anspruch auf Vorfälligkeitsentschädigung lediglich für den Fall einer außerordentlichen Kündigung des Darlehens durch das Kreditinstitut regeln, eine solche Kündigung aber nicht erfolgt ist. Das Ergebnis entspricht auch der Rechtsauffassung, wonach ein Anspruch der Bank auf Vorfälligkeitsentschädigung nicht gegeben ist, wenn die Initiative für die Ablösung der Gesamtverbindlichkeiten alleine von der Bank ausgeht, ohne dass die Bank eine außerordentliche Kündigung ausspricht[690]. Dies wiederum bedeutet, dass allein das Vorliegen der Voraussetzungen für den Ausspruch einer außerordentlichen Kündigung nicht genügt, eine Vorfälligkeitsentschädigung zu verlangen, wenn die außerordentliche Kündigung nur angedroht wird und der Bankkunde daraufhin die Darlehensvaluta ablöst.

---

[687] OLG Schleswig BKR 2005, 231.
[688] OLG Zweibrücken ZIP 2002, 1680.
[689] OLG Frankfurt ZIP 2005, 2010.
[690] OLG Frankfurt ZIP 2005, 2010, 2012.

VII. Ordentliches Kündigungsrecht des Darlehensnehmers nach § 489 Abs. 1 Nr. 2 und 3 BGB (früher § 609a BGB a.F.)

Ist der Kreditnehmer nach § 489 Abs. 1 Nr. 2 und 3 BGB (früher § 609a BGB a.F.) berechtigt, das Darlehen ordentlich zu kündigen, steht der Bank ein Anspruch auf Zahlung einer Vorfälligkeitsentschädigung nicht zu.

Eine grundpfandrechtliche Besicherung nach § 489 Abs. 1 Nr. 2 BGB ist bereits dann gegeben, wenn die Verpflichtung zur Bestellung eines Grundpfandrechts im Darlehensvertrag vereinbart worden ist, das Grundpfandrecht selbst jedoch noch nicht zugunsten der kreditgebenden Bank eingetragen wurde.

Häufig kommt es vor, dass wegen des beabsichtigen Verkaufs der Immobilie ein Sicherheitenaustausch vorgenommen werden soll; statt des Grundpfandrechts soll der erzielte Kaufpreis in Form einer Festgeldanlage abgetreten oder verpfändet werden. Die Freigabe des Grundpfandrechts ermöglicht die ordentliche Kündigung nach § 489 Abs. 1 Nr. 2 BGB. Da diese Vorschrift nicht abdingbar ist (§ 489 Abs. 4 S. 1 BGB), empfiehlt es sich, einer Freigabe des Grundpfandrechts nur bei gleichzeitiger Darlehensrückführung zuzüglich einer Vorfälligkeitsentschädigung zuzustimmen.

VIII. Vorfälligkeitsentschädigung und (enge) Sicherungszweckerklärung

Bei der Vorfälligkeitsentschädigung handelt es sich nicht um eine zum Zeitpunkt der Abgabe einer engen Sicherungszweckerklärung ungewisse und zukünftige Forderung des Darlehensgebers, sondern um eine Kompensation des Zinsnachteils, den die Bank bei einer vorzeitigen Rückführung des Darlehens erleidet. Dieser bereits zum Zeitpunkt der Erklärungsabgabe bestehende Zinsanspruch manifestiert sich nur in modifizierter Form als Vorfälligkeitsentschädigung. Folglich ist ein solcher Anspruch auch von einer engen Sicherungszweckerklärung umfasst, welche regelmäßig alle Forderungen aus einem konkreten Kreditvertrag mit einer konkreten Darlehenssumme an eine Grundschuld bindet[691].

IX. Aufhebungsentgelt bei vorausgegangener Grundschuldfreigabe

Häufig soll das finanzierte Objekt noch vor Ablauf der Zinsfestschreibung verkauft, das Darlehen aber durch eine neue Grundschuld abgesichert und damit weitergeführt werden (z.B. wegen Wohnortwechsels des Kunden), um sich die

---

[691] OLG Hamm WM 2005, 1265.

IX. Aufhebungsentgelt bei vorausgegangener Grundschuldfreigabe

Zahlung des anderenfalls anfallenden Aufhebungsentgelts zu ersparen. Kunde und Bank vereinbaren einen Sicherheitentausch (alte Grundschuld gegen neue Grundschuld). Wenn die neue Grundschuld aber noch auf sich warten lässt, weil das alte Objekt zwar verkauft, das neue aber noch nicht erworben werden konnte, behelfen sich die Vertragspartner zwischenzeitlich nicht selten mit der Verpfändung des als Festgeld angelegten Verkaufserlöses gegen Freigabe der alten Grundschuld, und zwar so lange, bis die neue Grundschuld zugunsten der Bank eingetragen ist. Wenn in diesem Zeitraum der Kunde die Rückführung des Darlehens wünscht, stellt sich die Frage, ob die Bank berechtigt ist, gem. § 490 Abs. 2 S. 3 BGB eine Vorfälligkeitsentschädigung zu verlangen oder aber, ob der Kunde ohne Zahlung eines Aufhebungsentgelts gem. § 489 Abs. 1 Nr. 2 BGB kündigen kann, weil das Darlehen nicht mehr durch ein Grund- oder Schiffspfandrecht gesichert ist.

Nach einer Entscheidung des OLG Stuttgart vom 09.12.1998[692] ist ein grundpfandrechtlich gesichertes Darlehen i.S.d. § 609a Abs. 1 Nr. 2 BGB a.F. unabhängig vom Stadium der Eintragung im Grundbuch gegeben, wenn die Bestellung eines vollwertigen Grundpfandrechts vereinbart worden ist. Das Kündigungsrecht aus § 609a Abs. 1 Nr. 2 BGB a.F. entstehe während der Zinsbindungsfrist nicht schon dann, wenn die grundpfandrechtliche Sicherung wegen der Freigabe durch den Darlehensgeber für kurze Zeit entfällt. Außerdem sei ein Kreditinstitut nicht verpflichtet, ungefragt auf die Möglichkeit einer vorzeitigen Kreditablösung gegen Vorfälligkeitsentschädigung hinzuweisen[693]. Nach Ansicht des Senats steht über der Auslegung nach dem Wortlaut die Auslegung nach Sinn und Zweck der Vorschrift. § 609a Abs. 1 Nr. 2 BGB a.F. diene dem Verbraucherschutz und sei deshalb weit auszulegen; deswegen müsse auch das Merkmal der dinglichen Sicherheit mit der Folge weit gefasst werden, dass bereits die schuldrechtliche Verpflichtung zur Bestellung eines Grundpfandrechts ausreicht, um das Kündigungsrecht gem. § 609a Abs. 1 Nr. 2 BGB auszuschließen[694]. Das OLG Stuttgart begründet seine Auffassung zudem mit den traditionell niedrigen Zinsen bei Hypothekardarlehen[695].

Hinsichtlich der Vorschrift des § 3 Abs. 2 Nr. 2 VerbrKrG a.F. geht der BGH seit jeher davon aus, dass die Regelung bereits dann eingreift, wenn die tatsächliche Gewährung des Kredits vereinbarungsgemäß von der Sicherung durch ein Grundpfandrecht abhängig gemacht worden ist[696]. Auch nach Ansicht der Literatur ist die Vereinbarung einer grundpfandrechtlichen Absicherung im Kreditver-

---

[692] OLG Stuttgart WM 1999, 1007.
[693] OLG Stuttgart WM 1999, 1007, 1009.
[694] OLG Stuttgart WM 1999, 1007, 1008 unter Verweis auf diverse Literaturmeinungen, z.B. Staudinger/Hopt/Mülbert, BGB, 12. Aufl. 2001, § 609a Rdnr. 16; Häuser in: Sörgel, BGB, 12. Aufl., § 609a Rdnr. 20; v. Heymann BB 1987, 415, 419.
[695] Dies dürfte schon deshalb kaum haltbar sein, weil § 609a BGB a.F. wie § 489 BGB – anders als § 3 Abs. 2 Nr. 2 VerbrKrG a.F. – nicht auf die Gewährung des Kredites zu üblichen Bedingungen abstellt.
[696] BGH WM 2000, 26; 2000, 1245, 1247; ZIP 2002, 476, 477.

trag und damit die schuldrechtliche Verpflichtung als solche für die Anwendbarkeit des § 3 Abs. 2 Nr. 2 VerbrKrG a.F. ausreichend[697]. Dies ist mit Blick auf den Wortlaut der Vorschrift, die auf Kreditverträge abstellt, nach denen der Kredit u.a. von der Sicherung durch ein Grundpfandrecht abhängig gemacht wird, auch konsequent.

Die §§ 609a Abs. 1 Nr. 2 BGB a.F., 489 Abs. 1 Nr. 2 BGB hingegen stellen weder auf eine Vereinbarung im Kreditvertrag noch auf die Abhängigkeit der Darlehensauszahlung vom Vorliegen des Grundpfandrechts ab. Nach diesen Vorschriften ist vielmehr der Ist-Zustand (Status Quo hinsichtlich des Grundpfandrechts), nicht jedoch der Soll-Zustand (schuldrechtliche Vereinbarung) entscheidend[698]. Auch in den Gesetzesmaterialien findet sich ein entsprechender Hinweis. Danach kann es nicht darauf ankommen, welches Stadium der grundbuchmäßigen Erledigung erreicht ist, wenn die Vorschrift darauf abstellt, dass das Darlehen durch ein Grundpfandrecht gesichert ist[699]. Nach dem Willen des Gesetzgebers sollte folglich der Beginn des Eintragungsverfahrens, welcher mit dem Eingang des Antrags auf Eintragung des Grundpfandrechts beim Grundbuchamt korrespondiert, nicht aber die schuldrechtliche Verpflichtung im Kreditvertrag, ein Grundpfandrecht zu bestellen, entscheidend sein. Im Übrigen widerspricht die vom OLG Stuttgart vorgenommene Einschränkung des Kündigungsrechts durch den Darlehensnehmer den Grundsätzen einer systematischen Auslegung; denn nach §§ 609a Abs. 4 S. 1 BGB a.F., 489 Abs. 4 S. 1 BGB kann das Kündigungsrecht des Schuldners nicht durch Vertrag ausgeschlossen oder erschwert werden.

Selbst wenn man die schuldrechtliche Verpflichtung, ein Grundpfandrecht zu bestellen, für ausreichend erachten wollte, um das Kündigungsrecht nach § 489 Abs. 1 Nr. 2 BGB auszuschließen, müsste die entsprechende vertragliche Regelung wirksam sein. Bei Verbraucherdarlehensverträgen setzt dies nicht nur die Einhaltung der Schriftform (§ 492 Abs. 1 S. 1, 3 u. 4 BGB), sondern auch die konkrete Angabe der Sicherheit (§ 492 Abs. 1 S. 5 Nr. 7 BGB) voraus. Die Frage spielt insbesondere dann eine entscheidende Rolle, wenn die vorgesehene Ersatzgrundschuld nicht bestellt wird. Wenn also beispielsweise der Sicherheitentausch nur mündlich oder aber in einem Schriftwechsel außerhalb des bestehenden Darlehensvertrages vereinbart wurde, liegt eine diesbezügliche wirksame Vereinbarung nicht vor. Dieser Frage hatte das OLG Stuttgart nicht näher nachzugehen, weil das vereinbarte Grundpfandrecht unstreitig zur Verfügung gestellt worden und somit Heilung des schuldrechtlichen Wirksamkeitsmangels eingetreten ist.

---

[697] Kessal-Wulf in: Staudinger, 12. Aufl. 2001, § 3 VerbrKrG, Rdnr. 33; Ulmer in: Münchener Kommentar, 3. Aufl., § 3 VerbrKrG Rdnr. 27; Häuser in: Soergel, BGB, 12. Aufl., § 3 VerbrKrG Rdnr. 27.

[698] Knops/Stempel, Die Kündigung gemäß § 609a Abs. 1 Nr. 2 BGB bei Ausfall der grundpfandrechtlichen Sicherung, ZfIR 2000, 769, 770.

[699] FraktionsE (CDU/CSU und FDP) eines Gesetzes zur Änderung wirtschafts- und verbraucherrechtlicher Vorschriften v. 29.1.1986, BT-Drucks. 10/4741, S. 23; Knops/Stempel a. a. O.

J. Verjährung

I. Allgemeines[700]

Die regelmäßige Verjährungsfrist beträgt statt bisher 30 (Anspruch auf Darlehensrückzahlung) bzw. 4 Jahren (Zinszahlungen) nunmehr einheitlich nur noch 3 Jahre (§ 195 BGB). Diese kurze Verjährung beginnt grundsätzlich mit dem Ende des Jahres, in dem der Anspruch entstanden ist und der Gläubiger von den den Anspruch begründenden Umständen und der Person des Schuldners Kenntnis erlangt hat oder hätte Kenntnis erlangen müssen (§ 199 Abs. 1 BGB). Dabei besteht Einigkeit darüber, dass das „Entstehen des Anspruchs" i.S.v. § 199 Abs. 1 Nr. 1 BGB bei vertraglichen Ansprüchen mit der „Fälligkeit des Anspruchs" gleichzusetzen ist, während dies bei deliktischen Ansprüchen (§ 852 BGB a.F. gibt es nicht mehr) nicht der Fall ist.

Die Kenntnis gem. § 199 Abs. 1 Nr. 2 BGB muss in der Person des Gläubigers vorliegen. Soweit die rechtlichen Folgen einer Willenserklärung durch die Kenntnis oder das Kennenmüssen gewisser Umstände beeinflusst werden, bestimmt § 166 Abs. 1 BGB, dass nicht die Person des Vertretenen, sondern die des Vertreters in Betracht kommt. Wird deshalb der Darlehensnehmer durch einen Treuhänder oder Geschäftsbesorger vertreten, kommt es für den Beginn der eventuelle Ansprüche gegen das Kreditinstitut betreffenden Verjährung auch auf die Kenntnis bzw. das Kennenmüssen des Treuhänders bzw. Geschäftsbesorgers an. Dabei kann die Frage, ob der Geschäftsbesorgungsvertrag bzw. die Vollmacht gegen das Rechtsberatungsgesetz verstoßen, offen bleiben, wenn der Bank das Original oder eine Ausfertigung der Vollmacht zum Zeitpunkt des Abschlusses des Darlehensvertrages vorlag, weil sie insoweit gem. §§ 172, 173 BGB auf die Wirksamkeit der Vollmacht vertrauen darf[701].

Eine Verjährungsfrist von 30 Jahren besteht für rechtskräftig festgestellte Ansprüche, Ansprüche aus vollstreckbaren Vergleichen oder vollstreckbaren Urkunden sowie Ansprüche, die durch eine im Insolvenzverfahren erfolgte Feststellung vollstreckbar geworden sind (§ 197 Abs. 1 Nr. 3 bis 5 BGB). Soweit es sich jedoch bei diesen Ansprüchen um regelmäßig wiederkehrende Leistungen wie z.B. Zinsen handelt, gilt die Regelverjährungsfrist von drei Jahren (§ 197 Abs. 2 BGB).

Schweben zwischen dem Schuldner und dem Gläubiger Verhandlungen über den Anspruch oder die den Anspruch begründenden Umstände, so ist die Verjäh-

---

[700] Hohmann, Verjährung und Kreditsicherung, WM 2004, 757.
[701] Vgl. z.B. BGH WM 2005, 72; 2005, 828, 832 m. w. N.

rung gehemmt, bis der eine oder der andere Teil die Fortsetzung der Verhandlungen verweigert. Die Verjährung tritt frühestens drei Monate nach dem Ende der Hemmung ein (§ 203 BGB). Dabei wird der Begriff der „Verhandlung" – wie bereits in § 852 Abs. 2 BGB a.F. – weit ausgelegt. Es genügt jeder Meinungsaustausch über den Anspruch oder seine tatsächliche Grundlage, wenn nicht sofort erkennbar die Verhandlung abgelehnt wird[702]. So ist es beispielsweise ausreichend, wenn der Schuldner Erklärungen abgibt, die dem Gläubiger die Annahme gestatten, der Verpflichtete lasse sich auf Erörterungen über die Berechtigung von Ansprüchen ein[703].

II. Verjährung im Verbraucherdarlehensrecht

Die Verjährung der Ansprüche der Bank auf Rückzahlung aus Verbraucherdarlehensverträgen (Kapital wie Zinsen) ist bis zu deren Feststellung in einem rechtskräftigen Urteil, einem Vollstreckungsbescheid, einem vollstreckbaren Vergleich, einer vollstreckbaren Urkunde oder bis zu deren Feststellung im Insolvenzverfahren (§ 197 Abs. 1 Nr. 3 bis 5 BGB) gehemmt, jedoch nicht länger als 10 Jahre von ihrer Entstehung an (§ 497 Abs. 3 S. 3 BGB). Soweit sich die in § 197 Abs. 1 Nr. 3 bis 5 BGB genannten Titel auf künftige Zinsen erstrecken, gilt auch für diese die lange Verjährungsfrist von 30 Jahren, da § 197 Abs. 2 BGB keine Anwendung findet (§ 497 Abs. 3 S. 4 BGB).

III. Überleitungsvorschriften

Gem. Art. 229 § 5 S. 1 EGBGB sind auf Schuldverhältnisse, die vor dem 01.01.2002 entstanden sind, die Vorschriften in der bis zu diesem Tage geltenden Fassung anzuwenden. Für Dauerschuldverhältnisse (darunter fallen auch Darlehensverträge), die vor dem 01.01.2002 abgeschlossen wurden, finden allerdings gem. Art. 229 § 5 S. 2 EGBGB abweichend von der Grundsatzregelung des Art. 229 § 5 S. 1 EGBGB ab dem 01.01.2003 nur noch die Vorschriften in ihrer aktuellen Fassung Anwendung. Insofern gilt für sämtliche Darlehensverträge ab 01.01.2003 uneingeschränkt nur noch das neue Recht.

Was die Verjährung von Ansprüchen anbelangt, so gilt gem. der Sondervorschrift des Art. 229 § 6 Abs. 1 S. 1 EGBGB für solche Ansprüche, die per 01.01.2002 noch bestehen und noch nicht verjährt sind, das neue Recht in der seit dem 01.01.2002 geltenden Fassung. Umgekehrt ergibt sich aus Art. 229 § 6 Abs. 1 S. 1 EGBGB, dass für alle am 01.01.2002 noch bestehenden, jedoch bereits nach altem Recht verjährten Ansprüche die alten verjährungsrechtlichen Vorschriften maßgeblich bleiben.

---

[702] BGH NJW 2004, 1654.

[703] LG Nürnberg-Fürth WM 2006, 571; Heinrichs, in: Palandt, 65. Aufl., § 203 BGB Rdnr. 2.

Was wiederum diejenigen am 01.01.2002 noch bestehenden Ansprüche anbelangt, bei denen die Verjährungsfrist bereits vor dem 01.01.2002 zu laufen begonnen hat, bei denen jedoch die Verjährung am 01.01.2002 noch nicht eingetreten ist, sehen die Vorschriften des Art. 229 § 6 Abs. 3 und 4 EGBGB besondere Regelungen vor. Ungeachtet der Komplexität dieser Regelungen gilt hier der Grundsatz des Vorrangs der kürzeren Verjährung. Verlängert also das neue Recht die Verjährung, dann bleibt die kürzere Frist nach altem Recht maßgeblich. Wird demgegenüber durch das neue Recht die Verjährung verkürzt, dann gilt das neue Recht mit der Maßgabe, dass die nach dem neuen Recht für das Vertragsverhältnis geltende kürzere Verjährung erst von dem 01.01.2002 an zu laufen beginnt (sog. Stichtagsprinzip).

Soweit daher die nunmehr geltende neue regelmäßige Verjährungsfrist von 3 Jahren gem. § 195 BGB die früher geltende Verjährungsfrist verkürzt, ist diese neue kürzere dreijährige Verjährung, beginnend ab dem 01.01.2002 maßgeblich. Viele Darlehensrückzahlungsansprüche konnten deshalb zum 31.12.2004 verjähren, soweit keine Hemmung der Verjährung durch rechtsverfolgende Maßnahmen (§ 204 BGB) eingetreten ist.

Streitig in diesem Zusammenhang ist allerdings die Frage, ob für den Beginn der regelmäßigen dreijährigen Verjährungsfrist des § 195 BGB auch dann auf die subjektiven Voraussetzungen des § 199 Abs. 1 BGB abzustellen ist, wenn die Verjährung bereits nach dem alten Recht, also bereits vor dem 01.01.2002 zu laufen begonnen hatte[704]. Gem. Art. 229 § 6 Abs. 1 S. 2 EGBGB findet das neue Verjährungsrecht auch auf die am 01.01.2002 noch nicht verjährten Ansprüche Anwendung, wobei sich nach § 6 Abs. 1 S. 2 der Beginn der Verjährung für den Zeitraum vor dem 01.01.2002 nach dem alten Recht richten soll. Ist die Verjährungsfrist nach dem BGB in der seit dem 01.01.2002 geltenden Fassung kürzer als nach dem BGB in der bis zu diesem Tage geltenden Fassung, so wird die kürzere Frist vom 01.01.2002 an berechnet (Art. 229 § 6 Abs. 4 S. 1 EGBGB).

Nach einer in Literatur und Rechtsprechung teilweise vertretenen Auffassung ist allerdings auch in einem solchen Fall auf die subjektiven Voraussetzungen abzustellen[705]. Dies wird unter anderem damit begründet, dass mit der Regelung des Art 229 § 6 Abs. 4 S. 1 EGBGB und der dortigen Berechnungsweise der Gesetzgeber § 199 Abs. 1 BGB nicht habe ausschalten und alleine auf die Dreijahresfrist des § 195 BGB abstellen wollen.

---

[704] Wagner, Ablauf von Verjährungsfristen so genannter Altansprüche für Immobilienkapitalanleger, ZfIR 2006, 321 m. w. N.; Assmann/Wagner NJW 2005, 3169.

[705] OLG Karlsruhe ZIP 2006, 1855; OLG Saarbrücken OLGR 2006, 204; OLG Dresden, Urteil vom 05.07.2005, Az. 8 U 560/05; OLG Braunschweig ZIP 2006, 180; OLG Stuttgart ZIP 2005, 2152, 2156; OLG Bamberg NJW 2006, 304; Grothe, in: Münchener Kommentar, BGB, Ergänzungsband, 4. Aufl., Art 229 § 6 EGBGB Rdnr. 12; Peters, in: Staudinger, EGBGB, 2003, Art. 229 § 6 EGBGB Rdnr. 11; Heinrichs, in: Palandt, BGB, 65. Aufl., Art. 229 § 6 EGBGB, Rdnr. 6; Heß NJW 2002, 253, 257 f.; Gsell NJW 2002, 1297, 1298; Schulte-Nölke NJW 2005, 2117, 2119; Kandelhard NJW 2005, 630.

Eine nicht unbeträchtliche Gegenmeinung nimmt hingegen eine Regelverjährung zum 31.12.2004 an, wenn die Verjährung vor dem 01.01.2002 zu laufen begonnen hatte[706]. Ein Heranziehen der in § 199 BGB geregelten subjektiven Elemente komme für den Beginn der Verjährung wegen des eindeutigen und klaren Wortlauts des Art. 229 Art. 6 Abs. 4 S. 1 EGBGB nicht in Betracht.

In der Tat spricht der Gesetzeswortlaut der Vorschrift nur von einer Berechnung der Verjährungsfrist, nicht hingegen davon, wann die Verjährung beginnt[707]. Zu berücksichtigen ist allerdings, dass es Ziel des Gesetzgebers war, als Ausgleich für die Verkürzung der Regelverjährung von 30 auf 3 Jahre für den Beginn der Verjährung neben der Fälligkeit des Anspruchs eine subjektive Voraussetzung, nämlich die der Kenntnis bzw. fahrlässigen Unkenntnis hinsichtlich der den Anspruch begründenden Umständen und der Person des Schuldners zu verlangen[708]. Bereits das alte Recht kannte im Übrigen diese Kombination aus kurzer Verjährungsfrist und Abstellen auf subjektive Tatbestände, so z.B. im Deliktsrecht (§ 852 BGB a.F.). Zudem ergibt sich aus §§ 199 Abs. 2, 3 BGB, dass ohne Rücksicht auf die Kenntnis oder grob fahrlässige Unkenntnis die regelmäßige Verjährungsfrist zehn bzw. 30 Jahre beträgt und damit erheblich länger ist. Würde folglich die kurze Verjährungsfrist des § 195 BGB unabhängig von dem Entstehen des Anspruchs und der Kenntnis oder grob fahrlässigen Unkenntnis des Gläubigers von den anspruchsbegründenden Umständen und der Person des Schuldners zu laufen beginnen, widerspräche dies dem Ziel der Neuregelung, dem Schuldner zum Ausgleich der Verkürzung der Verjährungsfrist eine ausreichend lange Überlegungszeit zur Verfügung zu stellen. Der Überleitungsgläubiger stünde dann ungünstiger, als dies das alte und das neue Recht jeweils isoliert vorsehen[709]. Vor diesem Hintergrund erscheint es interessengerecht, auch in Überleitungsfällen nach Art. 229 § 6 Abs. 4 S. 1 EGBGB den Beginn der Verjährungsfrist unter Einbeziehung von § 199 Abs. 1 BGB zu bestimmen, anderenfalls – d.h. sollten die Voraussetzungen nicht vorliegen – auf die zehnjährige Verjährungsfrist des § 199 Abs. 4 BGB abzustellen[710].

---

[706] BVerwG RPfleger 2005, 53 f.; OLG Celle ZIP 2006, 2163; OLG Schleswig WM 2005, 1173; OLG Düsseldorf NJW-RR 2005, 1595; OLG Hamm WM 2006, 1477 m. Anm. Meinscher WuB I G 5.-7.06; OLG Celle, Urteil vom 24.05.2006, Az. 3 U 246/05; OLG Karlsruhe, Beschluss vom 19.12.2005, Az. 1 U 206/05; LG Dortmund ZIP 2006, 385; LG Berlin BauR 2005, 886; Wagner, Ablauf von Verjährungsfristen so genannter Altansprüche für Immobilienkapitalanleger, ZfIR 2006, 321 m. w. N.; Assmann/Wagner NJW 2005, 3169; Wagner ZfIR 2005, 856.

[707] Wagner, Ablauf von Verjährungsfristen so genannter Altansprüche für Immobilienkapitalanleger, ZfIR 2006, 321, 323.

[708] Albrecht/Flohr/Lange, Schuldrecht 2002, ZAP Verlag für die Rechts- und Anwaltspraxis, S. 7 ff.

[709] OLG Braunschweig ZIP 2006, 180 unter Hinweis auf RGZ 73, 434, 439 f.

[710] OLG Karlsruhe ZIP 2006, 1855.

IV. Verjährung von Ansprüchen gegen Bürgen[711]

Die Verkürzung der Regelverjährungsfrist auf 3 Jahre birgt die Gefahr, dass die Bank ihre Forderung gegen den Bürgen nicht oder nicht mehr in voller Höhe durchsetzen kann, weil der Bürge ggf. die Verjährung der Darlehensforderung (nicht Verbraucherdarlehen, vgl. II) nach § 768 Abs. 1 BGB einwenden kann, und zwar auch im Wege einer Vollstreckungsgegenklage (§ 767 BGB).

Um dies zu vermeiden, muss zum einen der Bürge innerhalb der 3-jährigen Verjährungsfrist so in Anspruch genommen werden, dass die Verjährung nicht eintritt. Zum anderen muss auch die Verjährung der Darlehensforderung selbst verhindert werden, damit der Bürge nicht die Einrede der Verjährung des gesicherten Anspruchs erheben kann. Dies erreicht die Bank, indem sie sowohl ihren Anspruch gegen den Bürgen als auch ihren Anspruch gegen den Darlehensnehmer titulieren lässt.

Eine Hemmung der Verjährung durch Zustellung des Mahnbescheides tritt bei einer auf mehrere Darlehensverträge bezogenen einheitlichen Bürgschaftsverpflichtung nur ein, wenn der im Mahnbescheid aufgeführte Teilbetrag so deutlich individualisiert ist, dass erkennbar ist, auf welche konkrete Darlehensschuld der Bürge in Anspruch genommen wird[712].

Die Titulierung des Anspruchs gegen den Bürgen braucht das Kreditinstitut dann nicht zu betreiben, wenn sie sich im Rahmen einer Tilgungsvereinbarung mit dem Bürgen einigt. Hingegen kann die Titulierung des Anspruchs gegen den Darlehensnehmer nur dann unterbleiben, wenn der Bürge auf die Erhebung der Verjährungseinrede hinsichtlich des Darlehensanspruchs verzichtet hat. Dabei sollten die Erklärungen des Bürgen erst im Nachhinein eingeholt werden, wenn über die Zahlung aus der Bürgschaft verhandelt wird; ein vorher erklärter standardisierter Verzicht des Bürgen könnte von einem Gericht als unangemessen (§ 307 BGB) und damit als unwirksam angesehen werden.

Nach ganz hM beginnt die Verjährung der Bürgschaftsforderung mit deren Fälligkeit[713]. Wann diese eintritt, ist streitig. Nach Ansicht von *Habersack*[714] ist der Beginn der Verjährung von der Fälligkeit der gesicherten Hauptforderung abhängig. *Horn*[715] hingegen verlangt für die Fälligkeit eine Inanspruchnahme des Bürgen

---

[711] Hohmann, Verjährung und Kreditsicherung, WM 2004, 757, 760 ff.
[712] LG Stendal EWiR § 765 BGB 2/06, 203 (Nielsen).
[713] Sprau, in: Palandt, Bürgerliches Gesetzbuch, 65. Aufl. Rdnr. 26; OLG Köln ZIP 2006, 750.
[714] Habersack, in: Münchener Kommentar, Bürgerliches Gesetzbuch, 4. Aufl. 2004, § 765 Rdnr. 82.
[715] Horn, in: Staudinger, Bürgerliches Gesetzbuch, 13. Bearb. 1997, § 765 Rdnr. 112; so auch Gay, Der Beginn der Verjährungsfrist bei Bürgschaftsforderungen, NJW 2005, 2585 ff; Schlösser, Die Hemmung der Verjährung des Bürgschaftsanspruchs nach neuem Schuldrecht, NJW 2006, 645 ff, 647.

durch den Gläubiger. Der BGH hat sich zu dieser Frage bislang nicht eindeutig geäußert[716]. Ist allerdings die Geltendmachung des Bürgschaftsanspruchs vertraglich als Fälligkeitsvoraussetzung geregelt, kann die Verjährung vor Bürgschaftsinanspruchnahme nicht beginnen[717]. Denn vertragliche Fälligkeitsbestimmungen gehen der gesetzlichen Regelung vor.

V. Verjährung von Rückabwicklungsansprüchen bei Darlehensverträgen nach einem durch eine Haustürsituation ausgelösten Widerruf

Bei dem Rückabwicklungsanspruch nach § 3 HWiG a.F. handelt es sich um einen besonders ausgestalteten Bereicherungsanspruch, der bislang der 30-jährigen Verjährungsfrist unterfiel und nunmehr gem. §§ 195, 199 BGB nach drei Jahren verjähren könnte[718]. Wurde daher in der Vergangenheit ein wirksamer Widerruf seitens des Darlehensnehmers vor dem 01.01.2002 erklärt, stellt sich die Frage, ob die durch den Widerruf ausgelösten Rückabwicklungsansprüche nach § 3 HWiG a.F. zum 31.12.2004 verjährt sind.

Dagegen spricht, dass der Rückabwicklungsanspruch als Anspruch i.S.v. § 497 Abs. 3 S. 3 BGB anzusehen ist mit der Folge, dass die Verjährung dieses Anspruchs zunächst für 10 Jahre nach dem Widerruf gehemmt wäre. Denn eine sachliche Rechtfertigung für eine Differenzierung zwischen einem Darlehensrückzahlungsanspruch nach Kündigung durch den Darlehensgeber und einem solchen nach Widerruf durch den Darlehensnehmer besteht nicht.

§ 497 Abs. 3 S. 3 BGB setzt allerdings voraus, dass der Schuldner des Anspruchs in Verzug ist. Geht der Darlehensgeber jedoch von der Wirksamkeit des Vertragsschlusses und der Unbeachtlichkeit eines Widerrufs aus, wird er den Darlehensnehmer nicht mit dem Anspruch auf Rückzahlung des gesamten Darlehenskapitals in Verzug gesetzt haben. Außerdem ist zu berücksichtigen, dass § 497 Abs. 3 S. 3 auf die vor dem 01.08.2002 in einer Haustürsituation abgeschlossenen Immobiliendarlehensverträge gem. Art. 229 § 9 Abs. 1 EGBGB überhaupt nicht anwendbar ist.

Der Beginn der Verjährung setzt neben der Entstehung des Anspruchs die subjektive Kenntnis des Darlehensgebers von den den Anspruch begründenden Tatsachen nach § 199 Abs. 1 BGB voraus. Fraglich ist, ob diese Kenntnis allein durch die Erklärung des Widerrufs begründet wird[719].

---

[716] BGH ZIP 2004, 324 stellt auf die Fälligkeit der gesicherten Hauptforderung ab. Nach BGH ZIP 1984, 1454; NJW 1989, 1285; ZIP 1990, 1392 ist die Inanspruchnahme entscheidend. Vgl. zum Ganzen auch OLG Köln 2006, 750.

[717] OLG München WM 2006, 1813, 1814.

[718] Cartano/Edelmann WM 2004, 775.

[719] Cartano/Edelmann WM 2004, 775.

Maßgebend ist die Kenntnis der anspruchsbegründenden Tatsachen. Ein Rechtsirrtum hingegen hindert den Verjährungsbeginn grundsätzlich nicht[720]. Ist die Rechtslage unübersichtlich, unklar bzw. hat sich diese in der höchstrichterlichen Rechtsprechung geändert, können ausnahmsweise auch Rechtskenntnisse den Verjährungsbeginn bis zur Klärung ausschließen[721].

Da die Rückzahlungsansprüche erst mit Zugang des Widerrufs entstehen, könnte man meinen, dass der subjektive Tatbestand der Kenntnis bzw. des Kennenmüssens für den Beginn der Verjährung irrelevant ist, weil mit dem Zugang der Widerrufserklärung automatisch auch die Kenntnis vorliegt. Hat ein Erfüllungsgehilfe des Darlehensgebers den Darlehensnehmer in einer Haustürsituation zum Geschäftsabschluss bestimmt, ist jenem die Kenntnis des Erfüllungsgehilfen vom Vorliegen einer Haustürsituation gem. §§ 166, 123 Abs. 1 BGB zuzurechnen. Selbst wenn ein Dritter als Verhandlungsführer den Darlehensnehmer zum Abschluss des Darlehensvertrages in oder anlässlich einer Haustürsituation bestimmt, kommt es in Anlehnung an die jüngste Rechtsprechung des EuGH nach Ansicht mittlerweile aller BGH-Senate auf Zurechnungskriterien nicht mehr an[722].

Die Erklärung des Widerrufs allein kann aber nicht ausreichen, um die Verjährung der Rückzahlungsansprüche beginnen zu lassen. Denn die Haustürsituation muss nach dem deutschen Haustürwiderrufsrecht kausal für den Abschluss des Kreditvertrages gewesen sein. Der Kreditgeber muss zudem und zumindest grob fahrlässig Unkenntnis vom Vorliegen einer für den Kreditvertragsabschluss kausalen Haustürsituation gehabt haben. Um dem Darlehensgeber deshalb die Möglichkeit einer entsprechenden Überprüfung zu geben, muss der Darlehensnehmer in einer für den Darlehensgeber nachvollziehbaren, überprüfbaren und substantiierten Art und Weise die Voraussetzungen und Umstände darlegen, die ihn zur Erklärung des Widerrufs berechtigen[723].

Werden schließlich trotz erfolgter Widerrufserklärung die Darlehensraten weiterhin geleistet, dürfte die Verjährung mit Blick auf § 212 Abs. 1 Nr. 1 BGB unterbrochen sein, da der Schuldner dem Gläubiger gegenüber den Anspruch insoweit durch Abschlags- bzw. Zinszahlungen anerkennt. Auch bei Zahlungen des Kreditnehmers unter Vorbehalt der Rückforderung dürfte nichts anderes gelten. Denn der drohende Ablauf der Verjährung würde die Bank zwingen, tätig zu werden, obwohl der Kreditkunde weiterhin seine Ratenzahlungen erbringt, wenngleich nur unter Vorbehalt.

Meistens gehen mit den Vorbehaltszahlungen Verhandlungen einher, so dass an eine Hemmung der Verjährung gem. § 203 BGB zu denken ist. Liegen solche Verhandlungen nicht vor, dürfte eine Berufung des Kreditnehmers auf eine even-

---

[720] BGH NJW 1996, 117; NJW-RR 2005, 1148.
[721] BGH NJW 1999, 2041; Bamberger/Roth-Spindler, BGB, 2003, § 199 Rdnr. 22.
[722] EuGH WM 2005, 2079; 2005, 2086; BGH WM 2006, 220; Urteil des BGH vom 17.02.2006, Az. XI.
[723] Cartano/Edelmann WM 2004, 775, 777.

tuell eingetretene Verjährung wegen widersprüchlichen Verhaltens gegen den Grundsatz von Treu und Glauben gem. § 242 BGB verstoßen.

Davon zu unterscheiden ist die Verjährung des Widerrufsrechts selbst. Dieses Recht kann nicht verjähren, es kann allenfalls verwirkt werden[724]. Dies ist dann der Fall, wenn zwischen Vertragsschluss und Widerruf ein sehr langer Zeitraum vergangen ist (Zeitmoment) und der Verpflichtete sich nach dem gesamten Verhalten des Berechtigten darauf einrichten durfte und auch eingerichtet hat, dass dieser das Recht auch in Zukunft nicht geltend machen werde (Umstandsmoment)[725].

IV. Verjährung von bereicherungsrechtlichen Ansprüchen im Zusammenhang mit der Rückabwicklung steuerinduzierter Treuhandmodelle

In der Rechtsliteratur wird die Ansicht vertreten, dass in Bezug auf die bereicherungsrechtlichen Rückzahlungsansprüche, welche nach der alten, bis zum 31.12.2001 geltenden Rechtslage grundsätzlich einer 30-jährigen Verjährung unterlagen, davon auszugehen ist, dass sie der im Rahmen des Schuldrechtsmodernisierungsgesetzes mit Wirkung zum 01.01.2002 in Kraft getretenen Regelverjährung von drei Jahren unterliegen[726]. Die durch das neue Recht vorgenommene Verkürzung der bereicherungsrechtlichen Verjährung habe dabei zur Folge, dass am 01.01.2002 für Altverträge die kürzere Verjährung von drei Jahren zu laufen begonnen habe.

Dies mag für diejenigen Fälle zutreffend sein, bei denen sich der Kreditnehmer schon vor dem 01.01.2002 auf die Unwirksamkeit der Verträge gestützt, eine nach § 184 BGB erforderliche Genehmigung verweigert und seine Zahlungen eingestellt hat. Hat sich der Kreditnehmer allerdings erstmalig nach dem 01.01.2002 auf die Unwirksamkeit des Darlehensvertrages berufen, obwohl er zuvor jahrelang und anstandslos seine Darlehensraten bedient hat, vermag die Begründung nicht zu überzeugen. Nach der Rechtsprechung des BGH stellt der Darlehensvertrag selbst keine Beteiligung an der unzulässigen Rechtsbesorgung i.S.d. RBerG dar, lediglich Geschäftsbesorgungsvertrag und Vollmacht sind unwirksam[727]. Der Darlehensvertrag ist folglich schwebend unwirksam (§ 177 Abs. 1 BGB). Wenn der Darlehensnehmer aber seine Darlehensraten anstandslos bedient und sich zu der Frage, ob er den Darlehensvertrag genehmigt, noch überhaupt nicht geäußert hat, kann die Verjährung gem. § 199 Abs. 1 Ziff. 2 BGB noch nicht beginnen,

---

[724] Wolff, in: Soergel, BGB, 12. Aufl., § 1 HWiG Rdnr. 30.

[725] OLG Stuttgart BKR 2002, 828, 833.

[726] Eilmitteilung „Recht und Finanzmärkte" des Bundesverbandes deutscher Banken vom 18.10.2004, Verjährung von Bereicherungsansprüchen aus fehlgeschlagenen Immobilienfinanzierungen zum 31. Dezember 2004, 1/19.

[727] BGH ZIP 2003, 1644; WM 1998, 923, 924; 2004, 1127, 1129.

weil die Bank von den den Anspruch begründenden Umständen und der Person des Schuldners (Kreditnehmer, Treuhänder oder Zahlungsempfänger) weder Kenntnis hat noch diese Umstände grob fahrlässig nicht kennt.

Gem. § 212 Abs. 1 Ziff. 1 BGB beginnt die Verjährung erneut, wenn der Schuldner dem Gläubiger gegenüber den Anspruch durch Abschlagszahlung, Zinszahlung, Sicherheitsleistung oder in anderer Weise anerkennt. Wenngleich es hierfür keiner rechtsgeschäftlichen Willenserklärung bedarf[728], muss sich aus dem Verhalten des Schuldners zumindest das Bewusstsein vom Bestehen des Anspruchs zweifelsfrei ergeben[729]. Beruft sich der Kreditnehmer auf die Unwirksamkeit der Darlehensvereinbarung, zahlt er aber dennoch seine Kreditraten weiter, kommt § 212 Abs. 1 Ziff. 1 BGB zum Tragen. Ein Anerkenntnis i.S.d. § 212 BGB liegt allerdings dann nicht vor, wenn die Zahlungen auf das Darlehen ausdrücklich unter Vorbehalt erfolgen. Ob es dem Kreditnehmer allerdings dann unter dem Gesichtspunkt von Treu und Glauben aufgrund rechtsmissbräuchlichen bzw. widersprüchlichen Verhaltens (§ 242 BGB) verwehrt werden kann, sich auf Verjährung zu berufen, ist nicht von der Hand zu weisen, weil Zahlungen unter Vorbehalt den Kreditgeber gerade von der Geltendmachung weiterer Ansprüche abhalten sollen. Befinden sich die Parteien zugleich in Verhandlungen, wäre die Verjährung ohnehin gehemmt (§ 203 BGB).

VII. Verjährung persönlicher Haftungsübernahmen mit Zwangsvollstreckungsunterwerfung im Rahmen einer Grundschuldbestellung

Im Rahmen der Grundschuldbestellung übernimmt der Darlehensnehmer regelmäßig für die Zahlung eines Geldbetrages in Höhe des Grundschuldbetrages und der vereinbarten Grundschuldzinsen die persönliche Haftung und unterwirft sich wegen dieser Haftung der sofortigen Zwangsvollstreckung in sein gesamtes Vermögen. Ist der gesicherte Hauptanspruch (Darlehensrückzahlungsanspruch) bereits verjährt, fragt sich, inwieweit der Darlehensgeber auf diese Sicherungsmittel zurückgreifen kann.

Gem. § 216 Abs. 1 BGB hindert die Verjährung eines Anspruchs, für den eine Hypothek, eine Schiffshypothek oder ein Pfandrecht besteht, den Gläubiger nicht, seine Befriedigung aus dem belasteten Gegenstand zu suchen. Die Grundschuld einschließlich des dinglichen Titels sowie die hieraus folgenden Ansprüche bleiben gem. § 216 Abs. 2 S. 1 BGB bestehen. Die Verjährung der Hauptforderung vermag insofern keine Einrede zu begründen. Soweit deshalb nur die Zwangsvollstreckung aus dem dinglichen Titel betrieben wird, sind keine Maßnahmen gegen eine drohende Verjährung der Darlehensforderung erforderlich.

---

[728] Heinrichs, in: Palandt, 65. Aufl. 2006, § 212 Rdnr. 2.
[729] BGH VersR 2003, 251; NJW-RR 1994, 373.

Unklar ist allerdings, ob dies auch für die meist im Zusammenhang mit der Bestellung der Grundschuld stehende persönliche Haftungsübernahme (abstraktes Schuldversprechen nach § 780 BGB mit entsprechender Zwangsvollstreckungsunterwerfungserklärung) gilt.

Die Frage, ob ein Schuldversprechen tatsächlich eine Sicherheit i.S.d. § 216 Abs. 2 S. 1 BGB darstellt, ist nicht abschließend geklärt. *Hohmann*[730] zum Beispiel folgert aus der besonderen Funktion des notariell beurkundeten, abstrakten Schuldversprechens, nämlich der Verstärkung der Grundschuldsicherheit, dass aus dem Schuldversprechen auch noch dann vorgegangen werden kann, wenn die Darlehensforderung bereits verjährt ist. Im Hinblick auf die mit dem abstrakten Schuldversprechen in der Grundschuldbestellungsurkunde beabsichtigte Verstärkung der Grundschuldsicherheit ist es in der Tat angemessen, dass der Sicherungsgehalt des abstrakten Schuldversprechens nicht durch eine vorzeitige Verjährung hinter der Grundschuld erheblich zurückbleibt[731]. Denn das Schuldversprechen ist untrennbarer Bestandteil der Grundschuldbestellung und soll lediglich den Vollstreckungszugriff erweitern[732]. Für diese Ansicht spricht auch § 197 Abs. 1 Nr. 4 BGB, wonach die Verjährung bei vollstreckbaren Urkunden erst in 30 Jahren eintritt.

Dennoch ist nicht auszuschließen, dass ein Gericht zu dem Ergebnis gelangt, dass die notarielle Haftungsübernahme lediglich die Vollstreckung erleichtern, nicht aber die Verjährung der Darlehensforderung verlängern bzw. verhindern soll und demzufolge eine entsprechende Anwendung des § 216 Abs. 2 BGB auf diesen Fall ablehnt.

VIII. Verjährung von Ansprüchen auf Abgabe von Zwangsvollstreckungsunterwerfungserklärungen

Die durch einen Treuhänder oder sonstigen Vertreter auf Grundlage einer nach dem Rechtsberatungsgesetz unwirksamen Vollmacht abgegebene Zwangsvollstreckungsunterwerfungserklärung vermag nach ständiger Rechtsprechung des BGH auch über die Gutglaubensvorschriften der §§ 172, 173 BGB keine Wirksamkeit zu entfalten[733]. Eine Berufung auf die Unwirksamkeit kommt aber nicht in Betracht, wenn sich der Darlehensnehmer im Kreditvertrag wirksam zur Abgabe einer solchen Zwangsvollstreckungsunterwerfungserklärung verpflichtet hat. Fraglich ist, ob der Anspruch auf Abgabe einer solchen Erklärung verjähren kann und welche Konsequenzen sich hieraus ergeben.

---

[730] Hohmann a. a. O. S. 763 f.
[731] Cartano/Edelmann WM 2004, 775, 779.
[732] Eilmitteilung „Recht und Finanzmärkte" des Bundesverbandes deutscher Banken vom 06.09.2004, Verjährung von Kreditsicherheiten, R 8.7/R 17.1, S. 5 f.
[733] BGH WM 2003, 2375; 2003, 2372; Hertel, in: WuB VIII D. Art. 1 § 1 RBerG 1.04.

Meist enthält das Grundschuldbestellungsformular der Bank neben einer dinglichen Unterwerfungserklärung auch eine persönliche Haftungsübernahme (abstraktes Schuldversprechen nach § 780 BGB mit Zwangsvollstreckungsunterwerfungserklärung). Während die regelmäßige Verjährungsfrist drei Jahre beträgt (§ 195 BGB), verjähren Ansprüche auf Bestellung einer Grundschuld in zehn Jahren (§ 196 BGB). Die dingliche Zwangsvollstreckungsunterwerfungserklärung steht und fällt mit der Bestellung der Grundschuld selbst, so dass auch diese der zehnjährigen Verjährung unterliegt. Die persönliche Erklärung als Anhang zum abstrakten Schuldversprechen scheint hingegen der Regelverjährung von drei Jahren zu unterfallen. Das abstrakte Schuldversprechen wird aber – wie bereits dargestellt – regelmäßig durch die Sicherungszweckerklärung mit der Grundschuld verknüpft. Schuldversprechen und Grundschuld stehen dabei nicht nebeneinander[734]; vielmehr bezieht sich die persönliche Unterwerfung unter die sofortige Zwangsvollstreckung nicht unmittelbar auf die gesicherten Darlehensrückzahlungsansprüche, sondern nur auf die Grundschuld selbst[735]. Dieser Umstand rechtfertigt es, auch die persönliche Haftungsübernahme als zur Grundschuld gehörend zu betrachten; demzufolge verjährt der Anspruch auf Abgabe einer entsprechenden Erklärung ebenfalls in zehn Jahren.

Soweit eine zehnjährige Verjährung unterstellt wird, beginnt diese gem. § 200 BGB mit der Entstehung des Anspruchs, d.h. mit Abschluss des Kreditvertrages. Für vor dem 01.01.2002 abgeschlossene Darlehensvereinbarungen ist dabei Art. 229 § 6 Abs. 4 S. 1 EGBGB zu berücksichtigen, wonach die kürzere neue Verjährungsfrist vom 01.01.2002 an zu berechnen ist.

Würde hingegen die Verjährung eines Anspruchs auf Abgabe einer persönlichen Zwangsvollstreckungsunterwerfungserklärung der dreijährigen Regelverjährung unterliegen, könnte bereits zum 31.12.2004 Verjährung eingetreten sein, wenn der Kreditgeber von den den Anspruch begründenden Umständen und der Person des Schuldners Kenntnis erlangt oder ohne grobe Fahrlässigkeit erlangen musste (§ 199 Abs. 1 Ziff. 2 BGB). Zwar stellen die Unwirksamkeit der Treuhändervollmacht und die hier in Betracht kommende Berufung auf Treu und Glauben keine Tatsache dar, vielmehr handelt es sich um Rechtsfragen. Dennoch liegt ein für den Beginn der Verjährung beachtlicher Rechtsirrtum vor, nachdem die sich im Zusammenhang mit den Treuhandmodellen stellenden Rechtsprobleme in dieser Form nicht vorhergesehen werden konnten[736]. Die Verjährung hätte also frühestens am 01.01.2004 beginnen können, nachdem der BGH erstmals am 22.10.2003 über die Wirksamkeit von Vollstreckungsunterwerfungserklärungen im Zusammenhang mit Treuhandmodellen befunden hatte[737]. Schließlich muss die Frage erlaubt sein, ob Ansprüche, die sich auf Treu und Glauben gründen und erst

---

[734] BGH WM 2000, 1058; 1988, 109.
[735] BGH WM1986; 1032, 1033; Cartano/Edelmann WM 2004, 775, 779.
[736] BGH NJW 1999, 2041; Bamberger/Roth-Spindler, BGB, 2003, § 199 Rdnr. 22.
[737] BGH WM 2003, 2375; 2003, 2372; Hertel, in: WuB VIII D. Art. 1 § 1 RBerG 1.04.

durch ein Gerichtsurteil dokumentiert werden, überhaupt schon verjähren können, bevor die Entscheidung als solche existiert. Anderenfalls würde der Sinn und Zweck des § 242 BGB unterlaufen werden.

IX. Verjährung und verbundenes Geschäft

Nach Ansicht des KG steht der Geltendmachung von Ansprüchen aus der Anlagebeteiligung als Einwendungen gegenüber einem damit verbundenen Darlehensvertrag nicht entgegen, dass diese Ansprüche bereits verjährt sind[738]. So sei zum einen ausreichend, dass verjährungsunterbrechende Maßnahmen allein gegenüber der Bank ergriffen würden, da eine Klageerhebung gegenüber den Schädigern oft wirtschaftlich sinnlos sei und ansonsten das sogenannte Aufspaltungsrisiko zum Tragen komme. Zum anderen soll sich der Befreiungsanspruch gegenüber den Schädigern in einen aufrechenbaren Zahlungsanspruch umwandeln, der dem Rückzahlungsanspruch des Darlehensgebers entgegenstünde.

Wie *Voß*[739] zurecht betont, wird von Seiten des Senats nicht berücksichtigt, dass der Zweck des in § 9 Abs. 3 VerbrKrG a.F. geregelten Einwendungsdurchgriffs darin besteht, dem Verbraucher das Insolvenzrisiko, nicht aber auch noch das Aufspaltungsrisiko abzunehmen; letzteres wäre ohnehin unbillig, weil die Bank vor Abtretung der Schadensersatzansprüche gegen den Vertragspartner aus dem finanzierten Geschäft von sich aus die Verjährung überhaupt nicht verhindern kann. Auch dürfte eine Aufrechnung bereits daran scheitern, dass Befreiungs- und Zahlungsanspruch nicht gleichartig sind[740].

Zu Recht hat deshalb das OLG Schleswig[741] darauf hingewiesen, dass ein Rückforderungsdurchgriff des Verbrauchers in dem konkreten Fall bereits deswegen ausscheidet, weil die dem Verbraucher gegenüber Dritten zustehenden Ansprüche verjährt sind. Denn Ziel des im Verbraucherdarlehensrecht geregelten Einwendungsdurchgriffs ist es nicht, den Verbraucher besser zu stellen als er gegenüber den am Verbundgeschäft nicht beteiligten Dritten stünde[742].

Bei einem finanzierten Kauf kann sich der Verbraucher gem. § 9 Abs. 3 S. 1 VerbrKrG a.F. auch gegenüber der Darlehensrückzahlungsforderung der kreditgebenden Bank auf die im Verhältnis zum Verkäufer geltende kurze Verjährungsfrist des § 196 Abs. 1 Ziff. 1 BGB a.F. berufen[743]. Diese Ansicht ist aus verschiedenen Gründen bedenklich. Zum einen soll dem Verbraucher gegenüber der finanzierenden Bank nur dann ein Leistungsverweigerungsrecht zustehen, wenn ihm Einwen-

---

[738] KG WM 2005, 2218, ähnlich auch OLG Stuttgart ZIP 2005, 2152.
[739] KG EWiR § 9 VerbrKrG a.F. 1/06, 94 (A. Voß).
[740] A. Voß a. a. O.
[741] OLG Schleswig ZIP 2005, 1127 mit Anm. Edelmann BKR 2005, 304, 398.
[742] Edelmann BKR 2005, 304, 398.
[743] BGH WM 2004, 2203; 2002, 2242.

dungen aus dem verbundenen Kaufvertrag gegenüber dem Verkäufer zustehen; bei den die Einwendungen auslösenden Störungen muss es sich also um solche aus dem Bereich des Erwerbsgeschäfts handeln[744]. Die Frage der Verjährung des Darlehensrückzahlungsanspruchs hat aber nichts mit den Gefahren zu tun, welche sich aus der Aufspaltung von Erwerbs- und Darlehensvertrag ergeben[745]. Zum anderen ist Grundgedanke der kurzen zweijährigen Verjährung des § 196 Abs. 1 Ziff. 1 BGB a.F. für Ansprüche von Kaufleuten, Fabrikanten, Handwerkern und Kunstgewerbetreibenden für die Lieferung von Waren, für die Ausführung von Arbeiten und für die Besorgung fremder Geschäfte derjenige, dass diese als Leistungen des täglichen Lebens in aller Regel schnell bezahlt und Zahlungsbelege oftmals nicht erteilt oder bald vernichtet werden. Der Darlehensrückzahlungsanspruch hingegen vollzieht sich meist über Jahre hinweg, so dass eine Übertragung dieses Grundgedankens auf den Zahlungsanspruch der Bank per se nicht in Betracht kommt[746].

Wenn allerdings der Schuldner seine vertragliche Verpflichtung zur Mitteilung eines Wohnungswechsels schuldhaft verletzt und dadurch eine wirksame Zustellung des Mahn- und Vollstreckungsbescheids vereitelt hat, ist die Berufung auf die Einrede der Verjährung treuwidrig[747].

X. Verjährung von Ansprüchen im Zusammenhang mit der Verletzung von Aufklärungspflichten

1. Allgemeines

Beschränkt sich die Bank auf die Finanzierung des vom Kreditnehmer erworbenen Anlageobjektes, ist die Bank grundsätzlich nicht verpflichtet, den Kreditnehmer über die Risiken der von ihm beabsichtigten Verwendung der Kreditmittel aufzuklären[748]. Ist sie aus culpa in contrahendo ausnahmsweise zur Aufklärung verpflichtet, z.B. weil sie ihre Rolle als Kreditgeberin überschritten hat oder einen konkreten Wissensvorsprung trotz Aufklärungs- und Schutzbedürfnis des Darlehensnehmers nicht weitergegeben hat, verjähren die entsprechenden Ansprüche des Kreditnehmers in drei Jahren (§ 195 BGB). Im Sinne von § 199 Abs. 1 Ziff. 1 BGB entstanden ist der Anspruch dabei nicht erst mit der Fälligkeit des Darlehensbetrages, sondern bereits zu dem Zeitpunkt, zu dem die Aufklärung hätte erfolgen müssen.

---

[744] Edelmann, in: WuB I E 2. § 9 VerbrKrG 2.05, S. 494.
[745] OLG Stuttgart EWiR § 9 VerbrKrG 5/01, 783 (Mues).
[746] Edelmann, in: WuB I E 2. § 9 VerbrKrG 2.05, S. 495.
[747] BGH WM 2004, 2203.
[748] BGH ZIP 2004, 209; WM 2004, 172; 2003, 2328; 1992, 602; 1988, 895.

2. Kenntnis/grob fahrlässige Unkenntnis

Die Frage ist allerdings, wann der Gläubiger von den den Anspruch begründenden Umständen und der Person des Schuldners Kenntnis erlangt oder ohne grobe Fahrlässigkeit hätte erlangen müssen (§ 199 Abs. 1 Ziff. 2 BGB). Nach Ansicht des OLG Stuttgart beginnt die kenntnisabhängige Verjährung von Schadensersatzansprüchen nicht bereits etwa mit der Insolvenz der Fondsinitiatoren, sondern erst mit der Beratung durch einen Rechtsanwalt[749]. Die Besonderheit des Falles lag darin, dass die Darlehensnehmer erst Ende 2004 von ihrem Prozessbevollmächtigten über die anspruchsbegründenden Tatbestandsmerkmale aufgeklärt worden sind, obwohl die Insolvenz der Fondsinitiatoren bereits Jahre zurücklag. Wenn allerdings aus dem wirtschaftlichen Zusammenbruch der Initiatoren die für die Begründung des Anspruchs wegen unterlassener Aufklärung notwendigen Tatsachen hätten ermittelt werden können, hätte die Kenntnis bzw. grob fahrlässige Unkenntnis bereits früher vorgelegen[750]. Nur dann, wenn die in diesem Zusammenhang einschlägige Rechtslage unübersichtlich oder unklar wäre bzw. sich die Rechtsprechung geändert hätte, kann ein Rechtsirrtum für den Beginn der Verjährung entscheidend sein[751]. Die Rechtsprechung zur Verletzung von Aufklärungspflichten existiert jedoch bereits seit den 80er Jahren[752] und hat sich im Wesentlichen kaum geändert. Im Übrigen stellt § 199 Abs. 1 Ziff. 2 BGB nicht darauf ab, ab wann dem Anspruchssteller das Wissen eines Dritten, hier eines Rechtsanwalts, gem. § 166 Abs. 1 BGB zuzurechnen ist.

3. Prospekthaftungsansprüche

Strikt zu trennen von der Verletzung von Aufklärungspflichten sind Prospekthaftungsansprüche, wenngleich häufig beide Anspruchsgrundlagen gemeinsam in Betracht kommen. Prospekthaftungsansprüche, die sich aus dem Beitritt zu einem geschlossenen Immobilienfonds ergeben, verjähren in sechs Monaten ab Kenntnis des Prospektfehlers, spätestens aber in drei Jahren nach dem Erwerb des Anteils[753]. Die Grundsätze zur allgemeinen Prospekthaftung hat die Rechtsprechung in Analogie zu den gesetzlich geregelten Prospekthaftungstatbeständen entwickelt. Diese sehen durchweg vor, dass hieraus resultierende Ansprüche in sechs Monaten nach Kenntnis des Anlegers von dem Prospektfehler, spätestens jedoch nach drei Jahren verjähren (z.B. §§ 20 Abs. 5 KAGG, 12 Abs. 5 AuslInvestmG, 47 BörsG, 37a WpHG). Im Gegensatz zu den allgemeinen Verjährungsregeln ist bei

---

[749] OLG Stuttgart ZIP 2005, 2152.

[750] Vgl. hierzu Cartano/Edelmann WM 2004, 775.

[751] BGH NJW 1999, 2041; Bamberger/Roth-Spindler, BGB, 2003, § 199 Rdnr. 22.

[752] Z.B. BGH WM 1977, 57; 1978, 1625; 1979, 530; 1984, 2523; 1984, 2524; 1988, 1685.

[753] BGH BB 2001, 542.

der dreijährigen Verjährungsfrist zu beachten, dass es auf eine Kenntnis bzw. grob fahrlässige Unkenntnis des Anspruchsstellers nicht ankommt.

Die Verjährungsvorschrift des § 37a WpHG gilt auch für deliktische Schadensersatzansprüche, die auf einer fahrlässig begangenen Informationspflichtverletzung beruhen. Für Ansprüche aus vorsätzlich falscher Anlageberatung verbleibt es hingegen bei der deliktischen Regelverjährung[754].

4. Institutionalisiertes Zusammenwirken

In Fällen institutionalisierten Zusammenwirkens gewährt die neuere Rechtsprechung des BGH seit dem 16.05.2006 unter erleichterten Voraussetzungen Schadensersatz gegen die kreditgewährende Bank im Zusammenhang mit der Verletzung von Aufklärungspflichten, soweit sich ihr eine arglistige Täuschung des Anlegers durch Dritte aufdrängt[755]. Auch diese Ansprüche unterliegen grundsätzlich der dreijährigen Regelverjährung. Es lässt sich hier mit guten Argumenten vertreten, dass mit Blick auf diese letztendlich auf die Entscheidungen des EuGH vom 25.10.2005[756] zurückzuführende Rechtsprechung ein im Sinne von § 199 Abs. 1 Ziff. 2 BGB beachtlicher Rechtsirrtum vorliegt[757], welcher verjährungsrechtlich den den Anspruch begründenden Umständen gleichzusetzen ist. § 199 BGB regelt jedoch nur den Verjährungsbeginn und vermag diesen lediglich hinauszuzögern. Soweit Verjährung bereits eingetreten ist, findet die Vorschrift hingegen keine Anwendung. Denn wenn etwas verjährt ist, kann die Verjährung nicht noch einmal neu beginnen. Datiert die einen Schadensersatzanspruch auslösende Pflichtverletzung deshalb vor dem 31.12.2002, kann die Bank regelmäßig die Einrede der Verjährung erheben, es sei denn, dass verjährungshemmende oder -unterbrechende Maßnahmen ergriffen worden sind.

5. Beratungsvertrag

Ist zwischen den Vertragsparteien ein Beratungsvertrag zustande gekommen, sind Anlagevermittler bzw. Anlageberater grundsätzlich verpflichtet, einen Kunden anlage- und anlegergerecht zu beraten. Kommen sie ihren dabei bestehenden Pflichten nicht nach, haften sie dem Kreditkunden bei einem Vermögensschaden auf Grundlage des zwischen ihnen zustande gekommenen Vertrages[758]. Die re-

---

[754] BGH WM 2005, 929; KG WM 2004, 1872; OLG München WM 2005, 647.
[755] BGH WM 2006, 1194, 1200 ff, Rdnr. 50 ff.
[756] EuGH WM 2005, 2079 ff, 2005, 2086 ff.
[757] BGH NJW 1999, 2041; Bamberger/Roth-Spindler, BGB, 2003, § 199 Rdnr. 22; hiergegen könnte allerdings sprechen, dass es sich im Grundsatz nicht um eine Änderung der Rechtsprechung, sondern ausschließlich um eine Beweiserleichterung im Rahmen einer schon seit Jahrzehnten anerkannten Rechtsprechung des BGH handelt.
[758] BGH ZIP 2003, 1928; WM 1978, 611.

gelmäßige Verjährung beträgt dabei gem. § 195 BGB drei Jahre. Soweit es für den Beginn der Verjährung auf die Kenntnis oder die grob fahrlässige Unkenntnis des Anspruchsstellers ankommt[759], ist zu berücksichtigen, dass die Grenze der grob fahrlässigen Unkenntnis eines Kapitalanlegers schnell erreicht sein kann[760]. Nach Ansicht des BGH ist eine grob fahrlässige Unkenntnis bereits dann anzunehmen, wenn der Anspruchsinhaber sich ohne nennenswerten Aufwand Kenntnis hätte beschaffen können oder auf der Hand liegende Möglichkeiten zur Kenntniserlangung nicht genutzt hat[761].

---

[759] Vgl. hierzu oben J. III.
[760] Besch/Keine, Zur Verjährung von Ansprüchen fehlerhaft beratener Immobilienfondsanleger, ZfIR 2004, 624, 626.
[761] BGH NJW 2001, 1721; 2000, 953.

Rechtsprechungs- und Literaturübersicht

K. Rechtsprechungsübersicht

I. EuGH-Urteile

- Urteil v. 25.10.2005; Rs. C-350/03 *„Schulte"*, WM 2005, 2079=ZIP 2005, 1959=NJW 2005, 3551=DB 2005, 2407 sowie Urteil v. 25.10.2005, Rs. C-229/04 *„Crailsheimer Volksbank"*, WM 2005, 2086=ZIP 2005, 1965 m. Anm. *Hoffmann*, ZIP 2005, 1985; *Hofmann*, BKR 2005, 487; *Derleder*, BKR 2005, 442; *Fischer*, DB 2005, 2507; *Schwintowski*, EuZW 2005, 724; *derselb*. VuR 2006, 5; *Staudinger*, NJW 2005, 3521; *Thume/Edelmann*, BKR 2005, 477; *Ehricke*, ZBB 2005, 443; *Freitag*, WM 2006, 61; *Sauer*, Bank Praktiker 2006, 56; *Knops*, WM 2006, 70; *Knops/Kulke* VuR 2006, 127; Reich/Rörig VuR 2005, 452; Woitkewitsch MDR 2006, 241; *Kern*, Banken Times 2005, 39; *Schneider/Hellmann*, BB 2005, 2714; *Jordans*, EWS 2005, 513; *Habersack* JZ 2006, 91; *Jungmann*, WuB IVD. § 3 HWiG 1.06; *Sauer* BKR 2006, 96; *derselb*. in Bank Praktiker 2005, 56 *Käseberg/Richter* EuZW 06, KG; *Lechner* NZM 2005, 921, *Wolter/Fuchs* ZfIR 05, 806; *Lang/Rösler* WM 2006, 513; *Piekenbrock* WM 2006, 466; *Hoppe/Lang* ZfJR 2005, 800; *Meschede* ZfJR 2006, 141; *Tonner/Tonner* WM 2006, 505; *Kulke* WM 2006, 70;

    Schlussanträge des GA Philippe Léger v. 02.06.2005, Rs C-229/04, „Crailsheimer Volksbank"

    Schlussanträge des GA Philippe Léger v. 28.09.2004, Az. Rs C-350/03, „Schulte", ZfIR 2004, 854=ZIP 2004, 1946

    Stellungnahme der Europäischen Kommission, ZBB 2004, 69

- Urteil v. 13.12.2001 Rs. C-481/99, *„Heininger"* BKR 2002, 76=ZIP 2002, 31=ZfIR 2002, 15=WM 2001, 2434 m. Anm. *Hoffmann*, ZIP 2002, 145; *Fischer*, ZfIR 2002, 19; *Frisch*, BKR 2002, 84; *Edelmann*, BKR 2002, 80; *Kulke*, ZBB 2002, 33;*Staudinger*, NJW 2002, 653; *Reich/Rörig*, EuZW 2002, 87; *Sauer*, BB 2002, 431; *Wagner* BKR 2002, 194; *Schlüter*, DZWIR 2002, 96; *Hochleitner/Wolf/Großerichter*, WM 2002, 529; *Piekenbrock/Schulze*, WM 2002, 521; *Roth*, WuB IV D. § 5 HWiG 1.02; *Pfeiffer*, EWIR Art. 1 RL 85/577/EWG 1/02, 261; *Fischer*, DB 2002, 727; *Habersack/Mayer*, WM 2002, 253; *Felke*, MDR 2002, 225; *F. Reiter/Methner*, VuR 2002, 90; *Rott*, VuR 2002, 49; *Strube*, VuR 2002, 55; *Parenica*, Immobilien & Finanzierung 06-2002, S. 8 f.

    Schlussanträge des Generalanwalts Philippe Léger v. 12.07.2001, Rs C-481/99

II. Entscheidungen des BVerfG

- Beschluss v. 01.03.2006, Az. 1 BvR 2662/05, WM 2006, 879 m. Anm. Lenenbach WuB VII A. § 522 ZP 01.06 (keine Verletzung des Anspruchs auf wirkungsvollen Rechtsschutz, wenn Beschluss nach § 522 ZPO trotz bereits erfolgter Terminierung in ähnlichen Fällen beim BGH erfolgt; Abgrenzung zum Beschluss v. 26.04.2005)

- Beschluss v. 26.04.2005, Az. 1 BvR 1924/04, WM 2005, 1095 m. Anm. Bülow, WuB VII A. § 522 ZPO 1.05 (keine Zurückweisung per Beschluss gemäß § 522 ZPO wegen bevorstehender Entscheidungen v. 14.06.2004)

- Beschluss v. 14.08.2004, Az. 1 BvR 725/03, WM 2004, 1886 (Vereinbarkeit des RBerG mit Tätigkeit v. Inkassounternehmen)

- Beschluss v. 09.10.2003, Az. 1 BvR 693/02, WM 2003, 2370=ZIP 2004, 62 = NJW 2004, 151 m. Anm. Derleder, in EWiR Art. 36 GG /04, 285 u. Schwintowski WuB I G 5.-1.04 (Bestätigung der Rechtsprechung des BGH zu den Aufklärungspflichten der Bank – u.a. Innenprovision – und zur Maßgeblichkeit des Vertreters bei HWiG)

- Beschluss v. 13.03.2003, Az. I ZR 143/00, BB 2003, 1751 – Erbensucherfall II

- Beschluss v. 27.09.2002, Az. 1 BvR 2251/01, ZIP 2002, 2048 – sog. Erbensucherfall – (keine unerlaubte Rechtsbesorgung, wenn Wahrnehmung wirtschaftlicher Belange im Vordergrund)

- Beschluss v. 20.02.2002, Az. 1 BvR 423/99; 821/00, 1412/01 ZiP 2002, 624 (kein Verstoß gegen RBerG bei Inkassounternehmen)

III. Neue BGH-Entscheidungen

- Urteil v. 24.10.2006, Az. XI ZR 216/05 (Bestätigung vom OLG München WM 2005, 1986; keine Infizierung der Zeichnungsscheinsvollmacht durch die später erteilte weitere notarielle Vollmacht; dies auch nicht über § 139 BGB)

- Urteil v. 17.10.2006, Az. XI ZR 19/05 (ein Vertrag, durch den ein Immobilienfonds in der Form einer GbR die Führung seiner Geschäfte umfassend auf einen Geschäftsbesorger überträgt, der nicht Gesellschafter der GbR ist, ist ebenso wirksam wie die diesem erteilte umfassende Vollmacht; im Übrigen Bestätigung vom BGH-Urteil v. 25.10.2005, Az. XI ZR 402/03 WM 2006, 177 u. andere Urteile)

- Urteil v. 17.10.2006, Az. XI ZR 205/05 (Aufklärungspflicht der Bank bei Kenntnis, dass für die Bewertung des Kaufobjekts wesentliche Umstände durch Manipulation verschleiert wurden oder dass der Vertragsabschluss des Bankkunden auf einer arglistigen Täuschung des Verkäufers i.S.v. § 123 BGB bzw. auf einer vorsätzlichen c.i.c. beruht)

- Urteil v. 10.10.2006 Az. XI ZR 265/05 (Anscheinsbeweis bei RBerG; generelle Handhabung beim RBerG; Zeichnungsschein als Vollmacht; Empfang d. Darlehens durch Erwerb des Fondsanteil; Infizierung der Zeichnungsscheinvollmacht d. spätere unwirksame not. Vollmacht)

- Urteil v. 26.09.2006 Az. XI ZR 283/03, WM 2006, 2347 (Rückabwicklung nach HwiG bei Realkredit; kein Entreicherungseinwand; kein Schadensersatz wegen fehlerhafter HwiG-Belehrung mangels Kausalität; kein Anspruch wegen institutionalisiertem Zusammenwirken)

- Urteil v. 19.09.2006 Az. XI ZR 204/04 BB 2006, 2657, WM 2006, 2343 (Substantiierungspflicht d. DN bei Schadensersatz wegen Minderwert der Wohnung; arglistige Täuschung beim institut. Zusammenwirken darf nicht auf bloße subjektive Werturteile und marktschreierische Anpreisungen gestützt werden; Verschulden u. Kausalität müssen bei Schadensersatz wegen fehlerhafter Belehrung konkret dargelegt und bewiesen werden; Belehrung als Rechtspflicht)

- Urteil v. 19.09.2006 Az. XI ZR 242/05 ZIP 2006, 2210 = WM 2006, 2303 (Berechenbarkeit der HwiG-Situation nach objekt. Kriterien; kein Schadensersatzanspruch des über sein HwiG-Widerrufsrecht nicht belehrten Darlehensnehmers auf Ersatz der Differenz zur Eigenhaftung

- Urteil v. 18.07.2006, Az. XI ZR 143/05, ZIP 2006, 1622 (keine Anwendung des RBerG auf Geschäftsführung einer GmbH für Immobilienfonds-GbR)

- Urteil v. 13.07.2006, Az. III ZR 361/04, ZIP 2006, 1631 (Verjährung v. c.i.c.-Anspruch von Kapitalanleger gegen Steuerberater-Treuhänder einer Publ.-KG in 30 Jahren)

- Urteil v. 11.07.2006, Az. XI ZR 12/05 BKR 2006, 451 (§§ 171, 172 BGB trotz Verbundgeschäft)

- Beschluss v. 27.06.2006, Az. II ZR 218/04, ZIP 2006, 1388 (Anspruch auf Abfindung nach HWiG-Widerruf bei Immobilienfonds)

- Urteil v. 20.06.2006, Az. XI ZR 224/05 BKR 2006, 448 („Zurechnung" der HWiG-Situation zweifelhaft, wenn Vermittler ausschließlich im Auftrag des Anlegers tätig; § 3 Abs. 2 VerbrKrG)

- Urteil v. 13.06.2006, Az. XI ZR 94/05 WM 2006, 1995 = ZIP 2006, 1942 (die durch das OLG-Vertreteränderungsgesetz v. 23.07.2002 eingeführten Widerrufsbelehrungen sind nur auf HWiG-Geschäfte anwendbar, die nach dem 01.08.2002 abgeschlossen wurden; notarielle Beurkundung unterbricht Kausalität der HWiG-Situation)

- Urteil v. 13.06.2006, Az. XI ZR 432/04, ZIP 2006, 1626 (Anwendung des HWIG auf Verträge, die in zu privaten Zwecken aufgesuchter Wohnung des Anlagevermittlers geschlossen wurden)

- Urteil v. 16.05.2006, Az. XI ZR 6/04 WM 2006, 1194= ZIP 2006, 1187 = BKR 2006, 337, NJW 06, 2099 m. Anm. Kern BKR 2006, 345; Rösler EWiR § 1 HWiG a.F. 2/06; (Beweiserleichterung für arglistig getäuschte Anleger)
- Urteil v. 16.05.2006, Az. XI ZR 111/04 (wie 6/04; aber keine Zurückverweisung)
- Urteil v. 16.05.2006, Az. XI ZR 104/04 (wie 6/04; aber keine Zurückverweisung)
- Urteil v. 16.05.2006, Az. XI ZR 92/04 (wie 6/04; Zurückverweisung)
- Urteil v. 16.05.2006, Az. XI ZR 63/04 (wie 6/04; keine Zurückverweisung mangels Anhaltspunkte für Schadensersatz)
- Urteil v. 16.05.2006, Az. XI ZR 48/04 BKR 2006, 452 „Leitsätze" (wie 6/04)
- Urteil v. 16.05.2006, Az. XI ZR 26/04 (wie 6/04; Zurückverweisung)
- Urteil v. 16.05.2006, Az. XI ZR 15/04 (wie 6/04; Zurückverweisung)
- Urteil v. 16.05.2006, Az. XI ZR 400/03 (wie 6/04; aber keine Zurückverweisung)
- Urteil v. 09.05.2006, Az. XI ZR 114/05 BKR 2006, 405 (Umfang der Neuberechnung geleisteter Zins- und Tilgungsanteile bei Widerruf)
- Urteil v. 09.05.2006, Az. XI ZR 119/05, ZIP 2006, 1238 = BKR 2006, 378 (Kausalität der HWiG-Situation; fehlende Gesamtbetragsangabe trotz Gesamtbetrag Zinsfestschreibung; kein Anspruch auf Neuberechnung)
- Urteil v. 09.05.2006, Az. XI ZR 158/05 (ähnlich 119/05)
- Urteil v. 09.05.2006, Az. XI ZR 120/05 (ähnlich 119/05)
- Urteil v. 09.05.2006, Az. XI ZR 3/05 (ähnlich 119/05)
- Urteil v. 09.05.2006, Az. XI ZR 2/05 (ähnlich 119/05)
- Urteil v. 09.05.2006, Az. XI ZR 377/04 (ähnlich 119/05)
- Urteil v. 09.05.2006, Az. XI ZR 114/04 (ähnlich 119/05)
- Urteil v. 08.05.2006, Az. II ZR 123/05, NZG 2006, 540 = BKR 2006, 409 (keine Rechtsbesorgung bei Tätigkeit als Treuhandgesellschafter; Auslegung eines Haustürwiderrufs bei stiller Beteiligung, Securenta)
- Urteil v. 25.04.2006, Az. XI ZR 193/04 WM 2006, 1003 = BB 2006, 1130=NJW 2006, 1788 m. Anm. Bütter/Fliegel BB 2006, 1292 (Rückkehr zu Securenta; Heilung nach § 6 VerbrKrG trotz Verbund)
- Urteil v. 25.04.2006, Az. XI ZR 29/05, WM 2006, 1008 = BB 2006, 1295 = BKR 2006, 329, m. Anm. Paal JZ 2006, 802

III. Neue BGH-Entscheidungen 185

- Urteil v. 25.04.2006, Az. XI ZR 219/04 WM 2006, 1060 =BB 2006, 1299 m. Anm. Aigner EWiR § 3 VerbrKrG 5/06 u. Goette DStR 2006, 1099 (OLG München-Fall; Durchschrift als Original)

- Urteil v. 25.04.2006, Az. XI ZR 106/05, WM 2006, 1066=BB 2006, 1294 = BKR 2006, 333 m. Anm. Haublein EWiR § 4 VerbrKrG a.F. 2/06 (Neuschaffung eines c.i.c.-Anspruchs gegen Bank bei vorsätzlichem Handeln des Vermittlers; Zurechnung einer Anfechtung gem. § 9 VerbrKrG)

- Urteil v. 28.03.2006, Az. XI ZR 239/04, WM 2006, 853=BKR 2006, 246 m. Anm. Henning v. Sethe, BKR 2006, 248 u. Arnold WuB IG 5. – 4.06 (Gutglaubensschutz, wenn zuvor eine Ausfertigung der Grundschuldbestellungsurkunde, in der das Vorliegen einer Ausfertigung der Vollmacht vereinbart ist, zusammen mit Abschrift der Vollmacht zugeht)

- Urteil v. 21.03.2006, Az. XI ZR 204/03, ZIP 2006, 846 (kein Empfang des Darlehens bei Auszahlung auf Notaranderkonto)

- Urteil v. 14.02.2006, Az. XI ZR 255/04 WM 2006, 674 = ZIP 2006, 652 = NJW 2006, 1340 = BKR 2006, 206 (Zurechenbarkeit bei objektiv bestehender HWiG-Situation)

- Urteil v. 09.02.2006, Az. III ZR 20/05, WM 2006, 668 = ZIP 2006, 568 (zur Kausalität bei unzureichender Aufklärung durch Vermittler) m. Anm. Jaskulla WuB IG 8. – 7.06

- Urteil vom 06.02.2006, Az. II ZR 329/04, ZIP 2006, 893 = WM 2006, 905=BB 2006, 1050 (Prospekthaftung bei falschen Angaben über weiche Kosten, zur Berücksichtigung von Steuervorteilen)

- Urteil vom 10.01.2006, Az. XI ZR 169/05; ZIP 2006, 363 (Verbraucher-Widerrufsrecht eines Verpfänders)

- Urteil vom 12.12.2005, Az. II ZR 327/04, WM 2006, 220 = ZIP 2006, 221 (Zurechnung bei objektiver HWiG-Situation) m. Anm. Thume/Edelmann WuB IV D. § 1 HWiG 1.06

- Urteil vom 06.12.2005, Az. XI ZR 139/05 WM 2006, 217 = BB 2006, 682=ZIP 2006, 224, m. Anm. Müller BB 2006, 685 (Heilung nach § 6 VerbrKrG auch bei Schriftformfehler)

- Urteil vom 17.11.2005, Az. III ZR 350/04, ZIP 2006, 573 = WM 2006, 174 m. Anm. Frisch EWiR § 249 BGB 1/06 (Anrechnung steuerlicher Vorteile bei KG)

- Urteil vom 25.10.2005, Az. XI ZR 402/03, WM 2006, 177 (RBerG u. GeFü Gesellschafter)

- Urteil vom 25.10.2005, Az. II ZR 395/02 (einfaches Bestreiten der HWiG genügt nicht)

- Urteil vom 27.09.2005, Az. XI ZR 79/04, BKR 2005, 501 m. Anm. Arnold BKR 2005, 505 (Persönliche Unterzeichnung einer Prolongationsvereinbarung führt weder zur Genehmigung des DV noch zu dessen Bestätigung. Auch liegt kein Verstoß gegen RBerG vor)
- Urteil vom 26.09.2005, Az,: II ZR 314/03, ZIP 2005, 2060 (Grundsätze der fehlerhaften Gesellschaft stehen Rückgewähr der Einlage nicht entgegen, wenn dem Anleger ein entsprechender Schadensersatzanspruch zusteht)
- Urteil vom 28.07.2005, Az. III ZR 290/04, WM 2005, 1998=ZIP 2005, 1599=MDR 2005, 1424 (Hinweispflicht des Abwicklungsbeauftragten auf versteckte Innenprovision auch bei Verstoß gegen RBerG)
- Urteil vom 21.06.2005, Az. XI ZR 88/04, WM 2005, 1520=ZIP 2005, 1357= BKR 2005, 496=NJW 2005, 2985 m. Anm. Münscher, BKR 2005, 500 (Keine Heranziehung der Grundsätze über die Duldungsvollmacht bei Verstoß gegen RBerG)
- Urteil vom 17.06.2005, Az. V ZR 220/04, ZIP 2005, 1423=WM 2005, 1598 (Sittenwidrigkeit des Werts des Erbaurechts)
- Urteil vom 17.06.2005, Az. V ZR 78/04, NJW 2005, 2983
- Urteil vom 30.05.2005, Az. II ZR 319/04, WM 2005, 1408=ZIP 2005, 1314= DStR 2005, 1457 m. Anm. Medicus EWiR § 5 HWiG a.F. 1/05, 893 (Zurechnung der HWiG-Situation bei Personalkrediten trotz Unkenntnis der Bank in Bezug auf die Anwendbarkeit des HWiG; kein Vertrauensschutz)
- Urteil vom 21.03.2005, Az. II ZR 140/03, WM 2005, 833 (Grundsätze der fehlerhaften Gesellschaft dann nicht anwendbar, wenn Schadensersatz besteht; zu den Aufklärungspflichten bei Beitritten zu stillen Gesellschaften)
- Urteil vom 21.03.2005, Az. II ZR 149/03, WM 2005, 838 (ähnlich wie 140/03)
- Urteil vom 21.03.2005, Az. II ZR 124/03, WM 2005, 841
- Urteil vom 21.03.2005, Az. II ZR 411/02, DB 2005, 1214=WM 2005, 843
- Urteil vom 15.03.2005, Az. XI ZR 135/04, WM 2005, 828 (§§ 171, 172 BGB auch bei Steuerberatungsgesellschaft; kein Verstoß gegen § 10 Abs. 2 VerbrKrG bei Unterwerfung)
- Urteil vom 14.03.2005, Az. II ZR 405/02 (einfaches Bestreiten der HWiG-Situation genügt nicht)
- Urteil vom 24.02.2005, Az. I ZR 128/02, WM 2005, 1046 (Beratung über Fördermittel kein Verstoß gegen RBerG)
- Urteile vom 22.02.2005, Az. XI ZR 41/04 u. 42/04 ZIP 2005, 896=NJW 2005, 1488 m. Anm. Kleine-Cosack, EWiR Art. 1 § 1 RBerG 4/05, 515 (Dem Verstoß gegen das RBerG steht nicht entgegen, dass der Geschäftsführer der GmbH Rechtsanwalt ist)

III. Neue BGH-Entscheidungen 187

- Urteil vom 15.02.2005, Az. XI ZR 396/03, ZIP 2005, 1361=WM 2005, 1698 m. Anm. Aigner, EWiR § 242 BGB 3/05, 417 (Vollstreckungsunterwerfung und Verstoß gegen das RBerG; vollumfängliche Bevollmächtigung der Geschäftsbesorgerin durch die GbR kein Verstoß gegen RBerG)
- Urteil vom 10.02.2005, Az. VII ZR 184/04, WM 2005, 592 (direkter Bereicherungsanspruch des Erwerbers gegen finanzierende Bank bei Nichtigkeit des Bauträgervertrages, wenn Zahlung an Bank erfolgt, um entsprechend der Freistellungserklärung lastenfreies Eigentum zu erlangen)
- Urteil vom 31.01.2005, Az. II ZR 200/03, WM 2005, 547 = ZIP 2005, 565 m. Anm. Häublein, EWiR § 1 HWiG a.F. 2/05, 395 (Rechtsfolgen bei nur Widerruf der Fondsbeteiligung; Rechtsfolgen bei Anfechtung wegen arglistiger Täuschung)
- Urteil vom 18.01.2005, Az. XI ZR 201/03, WM 2005, 375 (Grundpfandrechtliche Absicherung auch bei Bestellung durch Treuhänder; zur Wissenszurechnung eines Bankangestellten)
- Urteil vom 18.01.2005, Az. XI ZR 17/04, ZIP 2005, 339=WM 2005, 415 m. Anm. Büchel/Th. Günther, WuB I E 2. § 4 VerbrKrG 3.05; Sauer, BKR 2005, 154 (Prämien für Tilgung LV gehört nicht in Berechnung des effektiven Jahreszinses)
- Beschlüsse vom 18.01.2005, Az. XI ZR 54/04 u. XI ZR 66/04 (zur nicht richtlinienkonformen Auslegung des § 2 Abs. 1 S. 4 HWiG)
- Urteil vom 11.01.2005, Az. XI ZR 272/03, WM 2005, 327 m. Anm. Bülow, WuB IV A. § 172 BGB 2.05 (zur Anwendbarkeit der §§ 171, 172 BGB bei Verstoß gegen RBerG; keine Gesamtbetragsangabe bei DV vor 30.05.1993)
- Urteil vom 14.12.2004, Az. XI ZR 142/03 (Innenprovision i.H.v. 18,6 %; umfassend zu §§ 171, 172 BGB; kein Vertrauen bei Selbstauskunft, Einzugsermächtigung)
- Urteil vom 06.12.2004, Az. II ZR 394/02, ZIP 2005, 567=WM 2005, 295 m. Anm. Münscher, WuB IV D. § 5 HWiG 2.05 (übliche Fondsentscheidung)
- Urteil vom 06.12.2004, Az. II ZR 401/02 (Nichtigkeit weil keine Angaben zur LV-Prämie)
- Urteil vom 06.12.2004, Az. II ZR 379/02 (Bei Nichtberücksichtigung der Dynamisierung bei LV ist DV nichtig nach § 4 VerbrKrG)
- Urteil vom 29.11.2004, Az. II ZR 6/03, ZIP 2005, 254 (Anwendbarkeit der Grundsätze über die fehlerhafte Gesellschaft auf stille Gesellschaft auch bei Haustürwiderruf; Securenta AG/Göttinger Gruppe II)
- Urteil vom 15.11.2004, Az. II ZR 375/02, ZIP 2005, 67=WM 2005, 124 m. Anm. Reiff EWiR § 312 BGB 2/05, 381 u. Roth WuB IV D. § 1 HWiG 1.05 (Kein Verlust des HWiG-Widerrufsrechts durch Umschuldung nach Ablauf der Zinsfestschreibung trotz neuer Belehrung nach VerbrKrG)

- Urteil vom 15.11.2004, Az. II ZR 410/02 (zur fristgerechten Annahme nach § 147 Abs. 2 BGB; ansonsten übliche Fondsentscheidung)
- Urteile vom 15.11.2004, Az. II ZR 282/01, 344/03, 394/03 u. 386/02 (Einwendung gegeben, weil Initiator bereits rechtskräftig wegen Kapialanlagebetrugs verurteilt)
- Urteile vom 11.11.2004, Az. I ZR 182/02, WM 2005, 436 m. Anm. Werkmüller, BKR 2005, 116 u. Az. I ZR 213/01, WM 2005, 412 = BKR 2005, 113 m. Anm. Kleine-Cosack „Testamentvollstreckungsentscheidungen"
- Urteil vom 09.11.2004, Az. XI ZR 315/03, WM 2005, 72=ZIP 2005, 110 m. Anm. Jungmann, WuB IV A. § 172 BGB 1.05. u. Tiedtke, EWiR § 171 BGB 1/05, 415 (gegen II. Zivilsenat, umfassend zu §§ 171, 172 BGB)
- Urteil vom 26.10.2004, Az. XI ZR 255/03, BGHZ 161, 15 = WM 2005, 127=ZIP 2005, 69 m. Anm. Medicus, EWiR § 3 VerbrKrG 1/05, 231; Jungmann, WuB IV A. § 172 BGB 1.05; Schmidt-Lademann, LMK 2005, 33 (zur Doppelrolle u. versteckten Innenprovision; sekundäre Beweislast bei Steuervorteilen; gegen II. Zivilsenat; umfassend zu §§ 171, 172 BGB)
- Urteil vom 25.10.2004, Az. II ZR 373/02, BKR 2005, 73 (übliche Ausführungen zu § 9 VerbrKrG; keine Rollenüberschreitung wegen bloßem Kontakt zum Initiator)
- Urteil vom 25.10.2004, Az. II ZR 397/02 (OLG Schleswig-Fall), WM 2005, 1173
- Urteil v. 19.10.2004, Az. XI ZR 337/03, WM 2004, 2436 (Gesamtbetragsangabe ja, nicht aber Aufschlüsselung in die monatlich zu entrichtenden Zins- und Tilgungsleistungen)
- Urteil vom 18.10.2004, Az. II ZR 352/02, WM 2004, 2491 = NJW-RR 2005, 180 = ZIP 2004, 2319 m. Anm. Münscher, WuB IV D. § 2 HWiG 1.05; Möllers LMK 2005, 34 (Anwendbarkeit HWiG bei Beitritt zu Anlagegeschäft; § 2 Abs. 1 S. 4 HWiG nur, wenn die angestrebten wirtschaftlichen Vorteile anfallen)
- Urteil v. 15.10.2004, Az. V ZR 223/02, WM 2005, 69 (Haftung aus Beratungsvertrag bei Immobiliengeschäft; Substantiierungsverbot des Erwerbers bei behauptetem Nachteil einer Kombi-Finanzierung)
- Urteil vom 11.10.2004, Az. II ZR 322/03 (Keine Zurechnung von Erklärungen und Verhalten des Vermittlers)
- Urteil vom 08.10.2004, Az. V ZR 18/04, WM 2004, 2349 m. Anm. Allmendinger, EWiR Art. 1 § 1 RBerG 5/05, 517 (Keine Hinweispflicht des Verkäufers wenn Innenprovision 15 % des Gesamtaufwandes übersteigt; §§ 171, 172 BGB anwendbar, wenn DN durch Notar über Bedeutung und Tragweite der Vollmacht besonders belehrt worden ist)

- Urteile vom 27.09.2004, Az. II ZR 378/02, 380/02, 390/02, 391/02, 320/03 u. 321/03 (Dem Verbundgeschäft steht nicht die Ablösung des alten Kreditvertrages entgegen)

- Urteile vom 14.09.2004, Az. XI ZR 10/04, 11/04 (WM 2004, 2306) u. 12/04 (Gesamtbetragsentscheidung III; Verjährung von Zinsen – ja –; von einmaligen Kosten – nein –; Auszahlung vereinbarungsgemäß auf Treuhandkonto führt zur Heilung nach § 6 VerbrKrG)

- Urteile vom 13.09.2004, Az. II ZR 372/02, 373/02, 383/02, 384/02, 392/02 u. 393/01 (Einbindung in Vertriebssystem durch Überlassung von Vertragsformularen)

- Urteile vom 12.09.2004, Az. II ZR 393/00; ZR 372/02; 373/02; 383/02; 384/02 u. 392/02; (ähnlich wie Urteile vom 14.06.2004)

- Urteil vom 19.07.2004, Az. II ZR 354/02, DB 2004, 1988 (Rückabwicklung ohne Einschränkung durch Grundsätze fehlerhafter Gesellschaft)

- Urteil vom 28.06.2004, Az. II ZR 373/00, ZIP 2004; 1543=WM 2004, 1675 m. Anm. Lange, EWiR § 9 VerbrKrG 9/04, 1155 (verbundenes Geschäft auch, wenn DV-Vermittler nur im Auftrag des Fonds-Vermittlers tätig wird)

- Urteil v. 14.06.2004, Az. II ZR 392/01, WM 2004, 1518 m. Anm. Leisch LMK 2004, 179 (Einwendungsdurchgriff)

- Urteil v. 14.06.2004, Az. II ZR 395/01, BGHZ 159, 280 = ZIP 2004, 1402=DB 2004, 1660=WM 2004, 1521 m. Anm. Derleder, EWiR § 9 VerbrKrG 8/04, 1109; Schlachter RiW 2004, 708; Peters WuB IV D. § 5 HWiG 1.05; Leisch LMK 2004, 202 (HWiG-Fall; Einwendungsdurchgriff)

- Urteil v. 14.06.2004, Az. II ZR 374/02, ZIP 2004, 1407=WM 2004, 1525 m. Anm. Pfeiffer, EWiR § 358 BGB 1/05, 159; Doehner/Hoffmann, ZIP 2004, 1884; Leisch LMK 2004, 179 (Einwendungsdurchgriff)

- Urteil v. 14.06.2004, Az. II ZR 385/02, WM 2004, 1527 m. Anm. Frisch, EWiR § 1 HWiG a.F. 2/04, 857 u. Peters WuB IV D. § 5 HWiG 1.05 (HWiG-Fall, Einwendungsdurchgriff)

- Urteil v. 14.06.2004, Az. II ZR 393/02, BGHZ 159, 294 = ZIP 2004, 1394=BB 2004, 1587=DB 2004, 1655=WM 2004, 1529 m. Anm. Lorenz LMK 2004, 153

- Urteil v. 14.06.2004, Az. II ZR 407/02, WM 2004, 1536 m. Anm. Hadding, WuB I E 2. § 9 VerbrKrG 1.05 zu allen Urteilen v. 14.06.2004; Häublein, EWiR § 9 VerbrKrG 6/04, 941

- Urteil v. 08.06.2004, Az. XI ZR 150/03, WM 2004, 1542=ZIP 2004, 1445 m. Anm. Saenger WuB I E 2.VerbrKrG 2.04 (Gesamtbetragsangabepflicht bei unechter Abschnittsfinanzierung)

- Urteil v. 08.06.2004, Az. XI ZR 167/02, WM 2004, 1579=ZIP 2004, 1639 m. Anm. Allmendinger, EWiR § 1 HWiG a.F. 1/05, 79, Peters WuB IV D. § 5 Abs. 2 HWiG 1.05 richtlinienkonforme Auslegung nach § 5 Abs. 2 HWiG bei Personalkrediten

- Urteil v. 20.04.2004, Az. XI ZR 164/03; WM 2004, 1227, wie Az. XI ZR 171/03, a.a.O. m. Anm. Wagner, LMK 2004, 155

- Urteil v. 20.04.2004, Az. XI ZR 171/03, WM 2004, 1230=ZIP 2004, 1492 m. Anm. Wagner LMK 2004, 155; Mues, EWiR § 172 BGB 1/05, 61; Hertel, WuB VIII D. Art. 1 § 1 RBerG 4.04; Gutglaubensschutz nach §§ 171, 172 BGB bei Verstoß gegen RBerG – ja –; Selbstauskunft, Einzugsermächtigung und Notarbestätigung unzureichend für Duldungsvollmacht; bereicherungsrechtlicher Anspruch nur gegen Zuwendungsempfänger.

- Urteil v. 23.03.2004, Az. XI ZR 194/02, WM 2004, 1221; keine Verpflichtung der Bank zum Hinweis auf Innenprovision i.H.v. mehr als 15 % bei RBerG kommt es nur auf Kennenmüssen des Mangels der Vertretungsmacht an, m. Anm. Schwintowski § 607 BGB a.F. 3/04 u. Münscher WuB I G 5.-9.04

- Urteil vom 16.03.2004, Az. XI ZR 60/03, WM 2004, 1127 m. Anm. Peters WuB VIII D. Art. 1 § 1 RBerG (Erteilung einer Vollmacht ausreichend; Annahme nicht erforderlich, umfassend zur Anwendbarkeit der §§ 171, 172 BGB)

- Urteil v. 10.03.2004, Az. IV ZR 143/03, WM 2004, 922=NJW-RR 2004, 1275 m. Anm. van Look, WuB IV A. § 167 BGB 1.04 – Gutglaubensschutz bei Verstoß gegen RBerG – ja –; keine ausreichenden Anhaltspunkte für Duldungsvollmacht.

- Urteil v. 01.03.2004, Az. II ZR 88/02, WM 2004, 928; Haftung des Anlagevermittlers wegen fehlerhaftem Prospekt und wegen Nichtdurchführung der Plausibilitätsprüfung mit Anm. Frisch, EWiR § 276 BGB a.F. 6/04, 735

- Urteil vom 12.02.2004, Az. III ZR 359/02, WM 2004, 631 = DB 2004, 975 = ZIP 2004, 1055 m. Anm. Frisch EWiR § 675 BGB 4/04, 541, Lenenbach WuB I G8.-3.04 u. III ZR 355/02 m. Anm. Graf EWiR § 675 BGB 5/04, 543 (Verpflichtung des Vermittlers bei Verwendung von Prospekten, den Verbraucher über eine an ihn gezahlte versteckte Innenprovision i.H.v. über 15 % zu unterrichten)

- Urteil vom 27.01.2004, Az. XI ZR 37/03 WM 2004, 620 = ZIP 2004, 606 – EUGH-Verfahren; Crailsheimer VOBA – m. Anm. Bülow WuB I G 5.-7.04 u. Lürken, EWiR § 9 VerbrKrG 4/04, 883 (Kein Einwendungsdurchgriff bei Realkrediten über § 242 BGB; das Verwendungsrisiko/wirtschaftliche Risiko der Verwendung des Darlehens trägt der Kreditnehmer auch bei einem Widerruf nach dem HWiG; kein § 278 BGB; keine Haftung wegen Aufklärungspflichtverletzung)

III. Neue BGH-Entscheidungen 191

- Urteil vom 20.01.2004, Az. XI ZR 460/02, WM 2004, 521=ZIP 2004, 500 = DB 2004, 647 m. Anm. Medicus EWiR § 1 HWiG a.F.1/04, 389 u. Mankowski WuB IV D. § 1 HWiG 2.04; Fischer DB 2004, 639 (Zurechnung nur nach § 123 BGB auch europarechtskonform; LV-Problematik; Zahlung einer „versteckten" Finanzierungsvermittlungsprovision i.H.v. 0,5 % unschädlich)

- Urteil vom 13.01.2004, Az. XI ZR 355/02, WM 2004, 422=ZIP 2004, 452 m. Anm. Lange EWiR § 276 BGB 1/04, 269 u. Münscher WuB I G 5.-8.04 (Haftung der Bank aus Beratungsvertrag)

- Urteil vom 15.12.2003, Az. II ZR 244/01 WM 2004, 379 = ZIP 2004, 312 m. Anm. Lenenbach WuB I G 8.-2.04

- Urteil vom 11.12.2003, Az. III ZR 118/03, WM 2004, 278 m. Anm. Borges WuB IV C. § 3 AGBG 1.04 (Wirksamkeit von Haftungsbegrenzungs- und Verjährungsklauseln im Immoprospekt zu Gunsten selbständig tätig gewordenem Vertrieb)

- Urteil vom 02.12.2003, Az. XI ZR 421/02, WM 2004, 372 m. Anm. Mues E-WiR § 172 BGB, 1/04 421; Basty, LMK 2004, 106; Brehm WuB IV A. § 242 BGB 1.04 (Abschluss DV für Fondsgesellschaft; Zurechnung v. Handlungen u. Erklärungen des Geschäftsführers der Fondsgesellschaft bei Abschluss des DV für Gesellschaft; Verstoß gegen Treu u. Glauben bei Berufung auf RBerG bei Unterwerfungserklärung, weil ohnehin Haftung als Gesellschafter)

- Urteil vom 02.12.2003, Az. XI ZR 53/02, WM 2004, 417=ZIP 04, 549 m. Anm. Loritz WuB IV A. § 172 BGB 2.04 (Wissensvorsprung; versteckte Innenprovision; LV-Problematik; Vermittlungsprovision; Verstoß gegen RBerG; Kenntnis u. Kennenmüssen bezieht sich nicht auf die den Mangel begründenden Umstände, sondern auf Kenntnis/Kennenmüssen des Mangels selbst)

- Urteil vom 18.11.2003, Az. XI ZR 332/02, WM 2004, 27=ZIP 2004, 159, m. Anm. Joswig EWiR § 794 ZPO 1/04, 151 u. Koch WuB VI E. § 794 ZPO 1.04 (Vollmacht zur Unterwerfung unter sofortige Zwangsvollstreckung nicht formbedürftig; Verstoß gegen Treu u. Glauben bei RBerG, wenn Verpflichtung in DV übernommen; zum sustantiierten Bestreiten der HWiG-Situation; Prüfung der Zurechenbarkeit nach § 123 BGB zwingend, auch wenn DV über Vermittler vergeben)

- Urteil vom 18.11.2003, Az. XI ZR 322/01, ZIP 2004, 209 = WM 2004, 172 m. Anm. Kulke EWiR § 276 BGB a.F. 5/04, 481 u. Roth, WuB I G 5.-6.04 (umfassend zu Aufklärungspflicht; Wissensvorsprung – nein –; Überschreiten der Kreditgeberrolle – nein –; Finanzierung einer ganz erheblichen Anzahl der Erwerber – nein –; eine auf Dauer angelegte Geschäftsbeziehung – nein –; Vorliegen des Verkaufsprospekts – nein –; LV-Darlehen kein Gefährdungstatbestand; nur Differenzschaden bei LV; Einhaltung eines Beleihungsrahmens nicht erforderlich; geringes Überschreiten der Bundesbankstatistik unschädlich für „übliche Bedingungen"; Kosten fremder Vermittlung nicht angabepflichtig;

eigene Vermittlungsprovision weitestgehend unschädlich; Belehrung nach VerbrKrG nicht ordnungsgemäß i.S.v. § 2 HWiG; Novation)

- Urteil vom 13.11.2003, Az. VII ZR 26/03, WM 2004, 289 (Verjährung von Prospekthaftungsansprüchen beim Bauträgermodell)

- Urteil vom 31.10.2003, Az. V ZR 423/02, WM 2003, 2386 m. Anm. Schönfelder WuB I 65.-2.04 (Haftung der Bank beim Immobilienerwerb aufgrund Beratungsvertrag)

- Urteil v. 29.10.2003, Az. IV ZR 122/02, NJW 2004, 841 m. Anm. Dittke E-WiR Art. 1 § 1 RBerG 5/04, S. 821 (Schutz des RBerG umfasst auch prozessuale Erklärungen; möglicherweise Vertrauensschutz in materiellem Recht)

- Urteil v. 28.10.2003, Az. XI ZR 263/02 ZIP 2004, 64 = WM 2003, 2410 = NJW 2004, 158 m. Anm. Weber § 317 WiG a.F. 1/04 u. Mankowski WuB IV D. § 3 HWiG 2.04 (Grundschuld haftet auch ohne ausdrückliche Vereinbarung für Ansprüche aus § 3 HWiG; persönliche Unterwerfungserklärung AGBG-konform)

- Urteil vom 22.10.2003, Az. IV ZR 33/03, WM 2003, 2375 m. Anm. Hertel WuB VIII D. Art. 1§ 1 RBerG, 1, 04 u. Kulke EWiR § 242 BGB 2/04, 423 (Verstoß gegen § 242 BGB bei persönlicher Unterwerfung unter die sofortige Zwangsvollstreckung durch Vertreter und Verstoß gegen RBerG; §§ 172 ff BGB nicht auf Unterwerfungserklärung anwendbar; Innenprovision)

- Urteil vom 20.10.2003, Az. IV ZR 398/02, WM 2003, 2372; m. Anm. Hertel WuB VIII D. Art. 1§ 1 RbuG, 1, 04 u. Weber EWiR § 242 BGB 3/04, 479; Basty LMK 2004, 106 (wie Urteil vom 22.10.2003, Az. IV 33/02); Unterbrechung der Indizwirkung für Kausalität bei HWiG – 21 Tage ausreichend –; persönliche Unterwerfung unter Zwangsvollstreckung kein Verstoß gegen AGB. DN kann sich auf Verstoß gegen RBerG nicht berufen, weil Verpflichtung zur Unterwerfung im DV übernommen)

- Urteil vom 14.10.2003, Az. XI ZR 134/02, ZIP 2003, 2149=WM 2003, 2328 ff, = NJW 2004, 154 m. Anm. Bülow WuB I G 2, § 6 VerbrKrG 1.04; Mues EWiR § 6 VerbrKrG 1/04, 255, (Bei nur Fehlen von Angaben keine Nichtigkeit; Vertreterstellung maßgeblich bei HWiG; § 1 Abs. 2 Nr. 3 HWiG nicht richtlinienkonform auslegbar, auch § 2 Abs. 1 S. 4 HWiG nicht; gerade keine Haftung der Bank, auch nicht bei Übertreuerung; versteckte Innenprovision gerade irrelevant; LV-Darlehen keine Haftung; Zahlung einer nicht offengelegten Vermittlungsgebühr von 0,5 % irrelevant; keine Zurechnung nach § 278 BGB; Gutglaubensschutz bei RBerG)

- Beschluss vom 23.09.2003, Az. XI ZR 325/02, ZIP 2003, 2064=WM 2003, 2186 m.An. Frisch, EWiR § 3 HWiG a.F. 4/03, 1195 u. Schmidt-Kessal WuB IV D. § 3 HWiG 1.04 (Keine EuGH-Vorlage bei Realkrediten; im Übrigen keine richtlinienkonforme Auslegung möglich)

III. Neue BGH-Entscheidungen

- Urteil vom 23.09.2003, Az. XI ZR 135/02, WM 2003, 2232 m. Anm. Arnold, BKR 2003, 895 Schirp, BKR 2003, 897; Wagner/Lürken EWiR § 9 VerbrKrG 2/04, 145 (verbundenes Geschäft bei Personalkrediten ja, wenn § 9 Abs. 1 S. 2 VerbrKrG erfüllt; entsprechend BGH v. 21.07.2003)

- Urteil vom 17.09.2003, IV ZR 19/03, BKR 2003, 872 (Versicherungsschutz des Vermittlers von Immobilienfonds-Anteilen bei Anlegerschäden)

- Beschluss vom 16.09.2003, Az. XI ZR 447/02, WM 2003, 2184 m. Anm. Schmidt-Kessal WuB IV D. § 3 HWiG 1.04 (Gutglaubensschutz nach § 177 BGB auch bei Verstoß gegen RBerG; keine Vorlage an EuGH bei Realkrediten; keine richtlinienkonforme Auslegung)

- Urteil vom 16.09.2003, Az. XI ZR 74/02, BKR 2003, 942 (Rechtsschein auch bei Verstoß gegen RBerG)

- Urteil vom 21.07.2003, Az. II ZR 387/02, BGHZ 156, 46 ff, WM 2003, 1762=ZIP 2003, 1592=NJW 2003, 2821 m. Anm. Fischer DB 2003, 2062; Tonner, WuB I E 2. § 9 VerbrKrG 2.03; Tiedtke, EWiR § 705 BGB 1/04, 172; Schäfer JZ 2004, 258 ff; Bülow, LMK 2003, 221 (verbundenes Geschäft – ja –; Rückforderungsdurchgriff – ja –; Anwendbarkeit des § 9 VerbrKrG auf Fondsbeteiligung; Rückzahlungsanspruch der Bank vermindert um Abfindungsguthaben)

- Urteil vom 14.07.2003, Az. II ZR 202/02, WM 2003, 1818 m. Anm. Kilian WuB II F. § 161 HGB 1.04

- Urteil vom 15.07.2003, Az. XI ZR 162/00, ZIP 2003, 1741 (Zur Zurechnung der Haustürsituation nach § 123 BGB. Einhaltung der Beleihungsrahmen nach HypBG für § 3 Abs. 2 Nr. 2 VerbrKrG nicht erforderlich)

- Urteil vom 03.06.2003, Az. XI ZR 289/02, BKR 2003, 623=WM 2003, 1710 m. Anm. Mankowski WuB I E 2 § 4 VerbrKrG 2.03 (Finanzierungsvermittlungsprovision bei Steuersparmodellen gehört nicht in DV, weil Vermittler im Lager des DN; guter Glaube bei RBerG; § 278 BGB; keine Haftung)

- Urteil vom 20.05.2003, Az. XI ZR 248/02, WM 2003, 1370=ZIP 03, 1240 m. Anm. Nassall, WuB IV D. § 1 HWiG 7.03 u. Wagner, EWiR § 280 BGB 4/03, 899 (drei Wochen reicht zur Unterbrechung der HWiG-Situation aus; EU-Recht steht dem nicht entgegen; bei LV-Problem nur Differenzschaden ersetzbar)

- Urteil vom 29.04.2003, Az. XI ZR 201/02, BKR 2003, 636=ZIP 2003, 1692 m. Anm. Lange EWiR Art. 1 § 1 RBerG 2/04, 133 u. Münscher WuB VIII D. Art. 1 § 1 RBerG 2.04 (Auch keine Zurechnung nach § 278 BGB bei Zusicherung hinsichtlich der Tilgung durch Steuervorteile u. Zinseinnahmen – Hinweis, dass Urteile vom 24.09.1996, Az. XI ZR 318/95 u. 09.07.1998, Az. III ZR 158/97 Ausnahmen sind; keine richtlinienkonforme Auslegung des § 1 Abs. 2 Nr. 3 HWiG; Nichtigkeit der Vollmacht u. DV bei Verstoß gegen RBerG, keine

Genehmigung trotz persönlicher Unterzeichnung d. DV; keine Berufung auf Unwirksamkeit des DV wegen § 242 BGB wegen persönlicher Unterzeichnung der Zwischenfinanzierung)

- Beschluss vom 08.04.2003, Az. XI ZR 193/02, ZIP 2003, 1082 m. Anm. Joswig EWiR Art. 1 § 1 RBerG 5/03, 883 (Übersicht über einen Teil der ergangenen BGH-Rechtsprechung)

- Urteil vom 26.03.2003, Az. IV ZR 222/02, WM 2003, 914=BB 03, 1035=ZIP 2003, 943=ZfIR 03, 478 m. Anm. Derleder EWiR Art. 1 § 1 RBerG 4/03 u. Schönfelder WuB VIII D. Art. 1 § 1 RBerG 6.03 (Nichtigkeit der Vollmacht bei Verstoß gegen RBerG; keine Anwendung der Gutglaubensvorschriften nach §§ 172, 173 BGB bei Vollstreckungsunterwerfungserklärungen, weil prozessuale Vollmacht)

- Urteil vom 25.03.2003, Az. XI ZR 227/02, WM 2003, 1064=ZIP 2003, 988=NJW 2003, 209 m. Anm. Wolf, LMK 2003, 138 m. Anm. Heussen, EWiR Art. 1 § 1 RBerG 8/03, 1103; van Look WuB VIII D. Art. 1 § 1 RBerG 3.04 (Automatische Nichtigkeit der Vollmacht bei Verstoß gegen RBerG; §§ 172, 173 BGB auch bei Verstoß gegen RBerG)

- Urteil vom 18.03.2003, Az. XI ZR 422/01, WM 2003, 916 = ZIP 2003, 894 m. Anm. Mankowski WuB I E 2. § 3 VerbrKrG 2.03 u. Mues, § 3 VerbrKrG 1/03, 997 (Beweiserhebung durch SV bei Überschreiten der Streubreite um einen Punkt notwendig zur Feststellung der Üblichkeit – Ausnahmefall, weil Zinssatz höher war als bei Personalkredit)

- Urteil vom 18.03.2003, Az. XI ZR 188/02, WM 2003, 918=ZIP 2003, 984=NJW 2003, 2088 m. Anm. Schönfelder WuB VIII D. Art. 1 § 1 RBerG 6.03 u. Frisch, EWiR Art. 1 § 1 RBerG 6/03, 1049 (Nichtigkeit d. GeschBesorg.Vertr. schlägt durch auf Vollmacht und zwar unabhängig v. § 139 BGB; Grundsätze §§ 172, 173 BGB anwendbar; keine Zurechnung nach § 278 BGB; keine Ursächlichkeit der Haustürsituation nach 3 ½ Monaten)

- Urteil vom 14.03.2003, Az. VZR 308/02, ZIP 2003, 1355 m. Anm. Loritz, WuB I G5.-11.03 (Keine Pflicht des Verkäufers zur Offenlegung einer versteckten Innenprovision; aber Schadensersatz wegen Verletzung eines Beratungsvertrages)

- Urteil vom 19.02.2003, Az. IV ZR 318/02, ZIP 2003, 767 m. Anm. Frisch ZfIR 2003, 337 u. Armbruster EWiR § 4 ARB 751/03, 609 (Zahlungspflicht der Rechtsschutzversicherung an Anleger)

- Urteil vom 21.01.2003, Az. XI ZR 125/02, WM 2003, 483 m. Anm. Medicus, EWiR § 1 HWiG a.F. 3/03, 481 u. Mankowski WuB IV D. § 1 HWiG 6.03 (§ 123 BGB „Haustürsituation"; Berücksichtigung des Rückabwicklungsanspruchs nach § 3 HWiG ohne entsprechenden Vortrag)

III. Neue BGH-Entscheidungen 195

- Urteil vom 07.01.2003, Az. X ARZ 362/02, NJW 2003, 1190 = WM 2003, 605 (Gerichtsstand bei Schadensersatz aus Haustürgeschäft)
- Urteil vom 16.12.2002, Az. II ZR 109/01, ZIP 2003, 165=WM 2003, 247 m. Anm. Wertenbruch WuB VIII D. Art. 1 § 1 RBerG 4.03; Zeller LMK 2003, 81 (keine Nichtigkeit des Gesellschaftsvertrages, wenn nur Beitrittsvertrag wegen Verstoßes gegen RBerG nichtig ist)
- Urteil vom 26.11.2002, Az. XI ZR 10/00, WM 2003, 64=ZIP 2003, 247=ZfIR 2003, 98 – Realkreditvertrag – m. Anm. Weber/Madaus EWiR § 3 HWiG a.F. 2/03, 639 u. Koch WuB IV C. § 3 AGBG 1.03 (Unterwerfung unter sofortige Zwangsvollstreckung in AGB wirksam; Grundschuld sichert auch Rückabwicklungsanspruch nach § 3 HWiG)
- Urteil vom 12.11.2002, Az. XI ZR 47/01 – Realkreditentscheidung – , BGHZ 152, 331 = WM 2002, 2501 m. Anm. Lindner ZIP 2003, 67 u. Edelmann, WuB IV D. § 3 HWiG 1.03; Schimmel/Buhlmann LMK 2003, 88
- Urteil vom 12.11.2002, Az. XI ZR 3/01 – Realkreditentscheidung – , ZIP 2003, 22=WM 2003, 61=NJW 2003, 424=BKR 2003, 290 m. Anm. Frisch, EWiR § 1 HWiG a.F. 1/03, 167; Rörig, ZIP 2003, 26; Roth WuB IV D. § 1 HWiG 3.03 versteckte Innenprovision; Belehrung nach VerbrKrG keine ordnungsgemäße Belehrung nach HWiG
- Urteil vom 12.11.2002, Az. XI ZR 25/00 – Realkreditentscheidung – ; ZIP 2003, 160 m. Anm. Fritz, EWiR § 3 HWiG a.F. 3/03, 975
- Urteil vom 24.09.2002, Az. XI ZR 345/01 WM 2002, 2281 = BGHZ 152, 114 m. Anm. Clausen WuB I B 6.-1.03
- Urteil vom 24.09.2002, KZR 10/01, ZIP 2003, 126 (Beschränkung der Wirkung einer salvatorischen Vertragsklausel auf von § 139 BGB abweichende Zuweisung der Beweislast)
- Urteil vom 10.09.2002, Az. XI ZR 151/99 – Realkreditvertrag – , WM 2002, 2409 m. Anm. Sauer, BB 2003, 227 u. Rohe WuB IV D. § 5 HWiG 1.03
- Urteil vom 04.07.2002, Az. I ZR 55/00, ZIP 2002, 1730 (Unwirksamkeit der Widerrufsbelehrung wegen überflüssiger Zusätze)
- Urteil vom 13.06.2002, Az. III ZR 166/01, WM 2002, 1456 (Haftung des Anlagevermittlers)
- Urteil vom 14.05.2002, Az. XI ZR 155/01 u. Az. XI ZR 148/01, RBerG IV WM 2002, 1273 (Az. 155/01) m. Anm. Reiter/Methner BKR 2002, 590; Koch WuB I G5.-5.02; Schwintowski ZfIR 2002, 534; Grziwotz, EWiR § 171, BGB 1 /02, 797 (Verstoß gegen RBerG – ja –; Nichtigkeit der Vollmacht und Darlehensvertrag – ja –; kein Anspruch der Bank)

- Urteil vom 09.04.2002, Az. XI ZR 91/99, „Heininger-Entscheidung", BGHZ 150, 248 = NJW 2002, 1881=ZIP 2002, 1075=WM 2002, 1181=DB 2002, 1262 m. Anm. Fischer DB 2002, 1266; Ulmer ZIP 2002, 1080; vgl. auch Wilhelm DB 2002, 1307; Rothe BKR 2002, 575; Röhrig MDR 2002, 894; Pap/Sauer ZfIR 2002, 523; Derleder ZBB 2002, 202; Lange EWiR § 1 HWiG a.F. 1/02; Koch WM 2002, 1593; Bülow/Artz WuB IV D. § 5 HWiG 2.02; Edelmann BKR 2003, 99

- Urteil vom 09.04.2002, Az. XI ZR 32/99 „Heininger II-Entscheidung", BGHZ 150, 264 = ZIP 2002, 1083 m. Anm. Mankowski EWiR § 7 HWiG 1/2, 579

- Beschluss vom 05.02.2002, Az. XI ZR 327/01; BKR 2002, 268 m. Anm. Derleder, EWiR § 3 VerbrKrG 1/02, 403 (zur grundpfandrechtlichen Abhängigkeit eines Kredits gem. § 3 Abs. 2 Nr. 2 VerbrKrG)

- Urteil vom 21.01.2002, Az. II ZR 2/00, WM 2002, 958 (zur beschränkten Haftung der GbR-Gesellschafter)

- Urteil vom 22.01.2002, Az. XI ZR 31/01, ZIP 2002, 476 = BKR 2002, 269 = WM 2002, 536 m. Anm. Tonner WuB I E 2. § 3 VerbrKrG 3.02 (§ 3 Abs. 2 Nr. 2 VerbrKrG auch dann, wenn erst tatsächliche Gewährung grundpfandrechtlich abgesichert wird)

- Urteil vom 14.01.2002, Az. II ZR 40/00, DB 2002, 998 (Verjährung von Prospekthaftungsansprüchen bei geschlossenen Immobilienfonds)

- Urteil vom 18.12.2001, Az. XI ZR 156/01 „Gesamtbetragsentscheidung", BGHZ 149, 302 = ZIP 2002, 302 WM 2002, 380 m. Anm. Balzer WuB I E 2. Ez. § 4 VerbrKrG 2.09 u. Saenger/Bertram EWiR 2002, 237

- Urteil vom 23.10.2001, Az. XI ZR 63/01, WM 2001, 2379 m. Anm. Dörrie ZfIR 2002, 23 u. Saenger/Bertram EWiR § 491 BGB 1/02, 93 (Anwendbarkeit des VerbrKrG auf GbR)

- Urteil vom 11.10.2001, Az. III ZR 182/00 „RBerG III", WM 2001, 2260 = ZIP 2001, 2091 m. Anm. Reithmann DNotZ 2002, 54; Reich, EWIR Art. 1 § 1 RBerG 3/02, 259; Maaß WuB VIII D. Art. 1 § 1 RBerG 2.02

- Urteil vom 11.10.2001, Az. III ZR 288/00, WM 2001, 2262 (zu den Pflichten des Treuhänders bei geschlossenen Immobilienfonds)

- Urteil vom 18.09.2001, Az. XI ZR 321/00, WM 2001, 2113 „RBerG II" u. „Pflichtangabenentscheidung III" m. Anm. Rüthmann DNotZ 2002, 54 u. Allmendinger EWiR Art. 1 § 1 RBerG 1/02, 121 u. Balzer WuB VIII D. Art. 1 § 1 RBerG 5.02

- Urteil vom 10.07.2001, Az. XI ZR 198/00, Pflichtangabenentscheidung II, WM 2001, 1663 m. Anm. Saenger/Bertram EWiR § 167 BGB 2/01, 897 u. Mankowski, WuB I E 2. § 4 VerbrKrG 8.01

- Urteil vom 02.07.2001, Az. II ZR 304/00, BGHZ 148, 201 = WM 2001, 1464 = DB 2001, 1775 = NJW 2001, 2718 m. Anm. Littbarski LM H. 10/2001, HWiG Nr. 38; Louven, BB 2001, 1807; Renner, DStR 2001, 1988; Edelmann, DB 2001, 2434; Schäfer, JZ 2002, 249; Mankowski, WuB IV D. § 1 HWiG 1.01; Allmendinger EWiR § 3 HWiG 1/01, 919 (HWiG/fehlerhafte Gesellschaft; Widerruf eines Beitritts zu einem geschlossenen Immobilienfonds gegenüber der GbR sowie jedem einzelnen Gesellschafter auch noch nach 10 Jahren und trotz lediglich wirtschaftlicher Beteiligung über Treuhänder; Eingreifen der Grundsätze über die fehlerhafte Gesellschaft auch bei HWiG-Fällen)

- Urteil vom 24.04.2001, Az. XI ZR 40/00, „Pflichtangabenentscheidung", WM 2001, 1024 = ZiP 2001, 9 11 m. Anm. Saenger, EWiR § 167 BGB 1/01, 562 u. Klanten DStR 2001, 999; Balzer WuB I E 2. § 4 VerbrKrG 6.01; Graf von Westphalen, BGH-Report 2001, 464; Derleder JZ 2001, 830

- Urteil vom 06.04.2001, Az. V ZR 402/99 – KG – (zur Aufklärungspflicht des Verkäufers einer Eigentumswohnung)

- Urteil vom 19.01.2001, Az. V ZR 437/99, NJW 2001, 1127 = WM 2001, 637 = BGHZ 146, 298 m. Anm. Voit WuB IVA. § 138 BGB 4.01 (Sittenwidrigkeit eines Grundstücksgeschäfts; Missverhältnis zwischen Leistung und Gegenleistung)

- Urteil vom 19.12.2000, Az. XI ZR 349/99, WM 2001, 297 (Provisionsbeteiligung eines Verwalters an Kapitalanlagegeschäften hinter dem Rücken des Kunden führt zur Haftung der Bank)

- Urteil vom 14.11.2000, Az. XI ZR 336/99, ZIP 2000, 2291 = WM 2000, 2539 m. Anm. Frisch EWiR § 123 BGB 1/01, 151 (statt Kleinkredit i.H. v. DM 6.000,00 – Verkauf zweier ETW i.H. v. DM 336.578,00)

- Urteil vom 07.11.2000, Az. XI ZR 27/00 BGHZ 146, 5 = WM 2001, 20 m. Anm. WEber WuB I E 3.-1.01 (zu den üblichen Bedingungen i.S.v. § 3 Abs. 2 Nr. 2 VerbrKrG)

- Urteil vom 26.09.2000, Az. X ZR 94/98, WM 2000, 2447 = ZIP 2000, 2114 = DB 2000, 2363 (Haftung des Wirtschaftsprüfers wegen unsachgemäßer Überprüfung der Mittelverwendung der Anleger)

- Urteil vom 07.09.2000, Az. V II ZR 443/99, ZIP 2000, 2307 = NJW 2001, 436 = WM 2001, 25 m. Anm. Köndgen WuB I G 5.-6.01 (Geltung der zum Bauherrenmodell entwickelten Prospekthaftungsgrundsätze auch bei Immobilienerwerb im Bauträgermodell; Verjährung von Prospekthaftungsansprüche bei Bauträgermodellen)

- Urteil vom 27.06.2000, Az. XI ZR 322/98 ZIP 2000, 1523 (Schriftform u. Pflichtangaben des § 4 VerbrKrG auch zum Schuldbeitritt)

- Urteil vom 27.06.2000, Az. XI ZR 210/99 (wie oben) WM 2000, 1687=NJW-RR 2000, 1576 m. Anm. Nielsen EWiR § 276 BGB 3/01, 155 u. Westermann WuB I G 5.-17.00

- Urteil vom 27.06.2000, Az. XI ZR 174/99 WM 2000, 1685=NJW 2000, 3358 m. Anm. Edelmann BB 2000, 1853, Westermann WuB I G 5.-17.00 u. Schwintowski EWiR § 9 VerbrKrG 2/01, 87 (Zur Aufklärungspflicht der Bank bei Immobilienfondsanteilen; kein Einwendungsdurchgriff bei Nichterhebung von Einwendungen)

- Urteil vom 20.06.2000, Az. XI ZR 237/99 WM 2000, 1580 (Zinsen der Bundesbankstatistik nur für erstrangige Hypothekenkredite maßgeblich)

- Urteil vom 15.06.2000, Az. III ZR 305/98 BB 2000, 2122=ZIP 2000, 1392=WM 2000, 1548 m. Anm. Schwintowski WuB IV A. § 675 BGB 4.00 u. Frisch EwiR § 675 BGB 9/2000, S. 1101 (Haftung einer Unternehmensgruppe für fehlerhafte Immobilienberechnung)

- Urteil vom 29.05.2000, Az. II ZR 280/98, WM 2000, 1503 m. Anm. Horn/Felke WuB I G 8.-2.00 (Prospekthaftungsansprüche)

- Urteil vom 19.05.2000, Az. V ZR 322/98 ZIP 2000, 1098 = WM 2000, 1287 m. Anm. Mues EWiR § 387 BGB 2/2000, 663 u. Münscher, WuB I E 2. § 9 VKG 4.01 (Einwendungsdurchgriff)

- Urteil vom 02.05.2000, Az. XI ZR 108/99 WM 2000, 1247 m. Anm. Saenger WuB IV D., § 1 HWiG 5.00 u. Klaas EWiR § 1 HWiG 3/2000, 871 (Zurechnung situationsbedingten Verhaltens im Rahmen des HWiG)

- Urteil vom 02.05.2000, Az. XI ZR 150/99 WM 2000, 1250 = BGHZ 144, 223 m. Anm. Edelmann BB 2000, 1594 u. Büchler EWiR § 166 BGB 3/2000, S. 2097; Saenger WuB IV D. § 1 HWiG 5.00 (Maßgeblichkeit der Haustürsituation des Treuhänders; § 1 Abs. 2 Nr. 3 HWiG und dem Nichtbestehen eines Widerrufs)

- Urteil vom 02.05.2000, Az. XI ZR 243/99 (wie oben), ZIP 2000, 1158 m. Anm. Frisch, EWiR § 166 BGB 2/2000, 705

- Urteil vom 18.04.2000, Az. XI ZR 193/99 WM 2000, 1245 m. Anm. Frisch, EWiR § 3 VerbrKrG 1/2000, 699, Edelmann DB 2000, 1400 u. Bruchner WuB I G5.-14.00 (Zur Aufklärungspflicht bei Erwerb von Eigentumswohnungen; zur grundpfandrechtlichen Absicherung nach § 3 Abs. 2 Nr. 2 VerbrKrG)

- Urteil vom 04.04.2000, Az. XI ZR 200/99 ZIP 2000, 1101 (Erstattung auch des Disagio nach Ermäßigung des Zinssatzes nach VerbrKrG)

- Urteil vom 29.03.2000, Az. V III ZR 81/99, JR 2001, 284 (Zurechnung der Kenntnis des Vertreters auch bei Abschluss von beurkundungspflichtigen Rechtsgeschäften über § 166 BGB)

- Urteil vom 28.01.2000, Az. V ZR 402/98 WM 2000, 873 m. Anm. Mues E-WiR § 166 BGB 1/2000, 561 (Zurechnung der Kenntnis des Abschlussvertreters nach § 166 BGB)

- Urteil vom 13.01.2000, Az. III ZR 62/99 ZIP 2000, 355 m. Anm. Jaskulla WuB I G.1-2.00 u. Frisch EWiR § 675 BGB 3/2000, 425 (Haftung des Kapitalanlagevermittlers)

- Beschluss v. 29.11.1999, Az. XI ZR 91/99 WM 2000, 26 = ZIP 2000, 177 „Heininger I"-Vorlagebeschluss an EuGH m. Anm. Pfeifer EWiR Art. 5 RL 85/577/EWG 1/2000, S. 307

- Urteil vom 09.07.1998, Az. XI ZR 272/97 WM 1998, 1673 m. Anm. Bülow WuB I E 1.-8.98 (Lebensversicherungsentscheidung; Erfüllungsgehilfenurteil)

- Urteil vom 17.03.1998, Az. XI ZR 59/97, WM 1998, 923 m. Anm. Frings WuB I E 1.-7.98 (Verstoß gegen RBerG erfasst nicht den Kreditvertrag)

- Urteil v. 24.09.1996, Az. XI ZR 318/95, WM 1996, 2105 = ZIP 1996, 1950 = NJW-RR 1997, 116 m. Anm. Thode WuB IV A. § 278 BGB 1.97, Reif, EWiR § 278 BGB 1/97, 13 u. Streit, ZIP 1999, 477 (Erfüllungsgehilfen- bzw. Bausparkassenurteil)

- Urteil v. 17.09.1996, Az. XI ZR 197/95 NJW 1996, 3416 = WM 1996, 2103 (Anwendbarkeit des HWiG bei späterem Vertragsabschluss; Securenta IV)

- Urteil v. 17.09.1996, Az. XI ZR 164/94 BGHZ 133, 254 = NJW 1996, 3414 = WM 1996, 2100 (Anwendbarkeit des HWiG bei nahen Verwandten; Securenta III)

- Urteil v. 16.01.1996, Az. XI ZR 57/95 BGHZ 132,1, NJW 1996, 929 = WM 1996, 390 (Telefonwerbung, HWiG, Securenta II)

- Urteil v. 16.01.1996, Az. XI ZR 116/05, NJW 1996, 926 = BGHZ 131, 385 = WM 96, 387 m. Anm. Sonnenhol WuB I F 1 a.-13.96 (Securenta I); HWiG-Situation u. Kausalität

- Urteil v. 16.01.1996, Az. XI ZR 151/95 NJW 1996, 1206 = WM 1996, 475 (keine Aufklärung über bereits bekannte Risiken)

IV. Neue obergerichtliche Rechtsprechung

- Beschluss des **OLG Bamberg** v. 21.09.2006, Az. 4 U 145/06 (Verwirkung bei abgelösten Darlehen)

- Urteil des OLG Bamberg v. 20.10.2005, Az. 1 U 140/04 (Zeichnungsschein ausreichend; § 3 Abs. 2 Nr. 2 VerbrKrG; Heilung nach § 6 VerbrKrG; allgemein gegen II. Zivilsenat)

- Beschluss des OLG Bamberg v. 06.10.2005, Az. 4 U 148/05 NJW 2006, 304 (Verjährung auch in „Altfällen" erst ab Kenntnis)
- Urteil des OLG Bamberg v. 16.12.2004, Az. 4 U 144/03, BKR 2005, 108 (Leitsätze)
- Urteil des OLG Bamberg v. 27.09.2004, Az. 4 U 148/04, WM 2005, 593 (keine Zurechnung der HWiG-Situation; kein verbundenes Geschäft)
- Beschluss des OLG Bamberg v. 27.09.2004, Az. 4 U 148/04, WM 2005, 593 (Verwirkung bei HWiG – ja –; Zurechnung nur bei Kenntnis von Geschäftspraktiken; Verbundenheit nur bei arbeitsteiligem Zusammenwirken)
- Urteil des OLG Bamberg v 01.10.2003, Az. 3 U 19/03, (Verwirkung des Kündigungsrechts; Angabe eines falschen Gesamtbetrages unschädlich,; Unterbrechung der Kausalität bei HWiG bei 5 Wochen)
- Urteil des OLG Bamberg v. 31.03.2003, Az. 4 U 231/01 (RBerG-Problematik)
- Urteil des OLG Bamberg v 20.12.2002 – Az. 6 U 42/02 –; ETW; (Vollstreckungsabwehrklage; Verstoß gegen RBerG – ja –; Vollmacht nichtig; kein Gutglaubensschutz)
- Urteil des OLG Bamberg v. 20.03.2002 – Az. 3 U 82/01 Revision beim BGH unter Az. XI ZR 167/02 (§ 5 Abs. 2 HWiG nicht auslegungsfähig; im Übrigen kein Widerruf weil nach § 7 VerbrKrG belehrt. § 7 Abs. 3 VerbrKrG steht dem nicht entgegen; Verfristung bzw. Verwirkung der Kündigung des Beitritts)
- Urteil des OLG Bamberg v. 21.02.2002 – Az. 1 U 86/01 (Grundsätze der fehlerhaften Gesellschaft stehen Einwendungen nach § 9 Abs. 3 VerbrKrG entgegen)
- Urteil des OLG Bamberg v. 05.02.2002 – Az. 5 U 22/99, WM 2002, 537 m. Anm. Schwintowski, EWiR § 5 HWiG 2/02, 525 (Gutglaubensschutz auch bei Vollstreckungsgegenklage, keine richtlinienkonforme Auslegung des § 5 Abs. 2 HWiG)
- Urteil des OLG Bamberg v. 19.12.2001, Az. 4 U 220/00; umfassend zu Aufklärungs- und Hinweispflichten; Verstoß gegen RBerG; Vollmacht bleibt wirksam
- Urteil des OLG Bamberg v. 26.06.2001, Az. 7 U 13/98; Revision beim BGH Az. XI ZR 317/01 (HWiG-Fall; Haustürsituation – nein –; verbundenes Geschäft – nein –; § 56 Abs. 1 GewO – nein – Lebensversicherungsproblematik, keine Anwendung bei Immobiliengeschäft)
- Urteil des OLG Bamberg v. 29.11.2000 – Az. 8 U 40/00 –, EWiR § 9 VerbrKrG 4/01, 449 m. Anm. Reich; – rechtskräftig – (Vorinstanz LG Bayreuth, Az. 33 O 229/97; Aufklärungspflicht – nein–; Anwendung der Grundsätze über die fehlerhafte Gesellschaft; Einwendungsdurchgriff – nein –)

- Urteil des OLG Bamberg v. 28.11.2000 – Az. 5 U 39/00 –, EWiR § 1 HWiG 1/01, 79 rechtskräftig durch Nichtannahmebeschluss v. 16.10.2001, Az. XI ZR 68/01 (Verwirkung des Widerrufsrechts nach HWiG)
- Urteil des OLG Bamberg v. 25.09.2000 – Az. 4 U 16/00 (z.G. der Bank; üblicher Fall der Finanzierung von ETW; Az. der Revision VI ZR 449/00 – rechtkräftig durch Nichtannahmebeschluss v. 08.01.2002
- Urteil des OLG Bamberg v. 29.05.2000 – Az. 4 U 177/99 – (Aufklärungspflicht – nein –; Pflichtangaben nach VerbrKrG – ja – aber Heilung)
- Urteil des OLG Bamberg v. 29.01.1999 – Az. 6 U 73/98 –, EWiR § 3 HwiG 1/99, 895 m. Anm. Frisch – Revision beim BGH unter XI ZR 108/99; Revision beim BGH XI ZR 108/99 am 02.05.2000 gewonnen, WM 2000, 1247 m. Anm. Saenger WuB IV D. § 1 HWiG 5.00
- Beschluss des **OLG Brandenburg** v. 9.10.2006 Az. 3 W 38/06 WM 2006, 2168 (Nichtigkeit i.S.d. VerbrKrG nur bei fehlenden nicht auch bei falschen Angaben; keine Kausalität bei 3 Wochen u. zusätzlichen Umständen wie z.B. die Erteilung von Risikohinweisen)
- Beschluss des OLG Brandenburg v. 05.07.2006, Az. 3 W 39/06, ZGS-RR 2006, 307=ZIP 2006, 1719 (fehlende Gesamtbetragsangabe trotz Angabe für Zinsfestschreibungszeit; Zurückbehaltungsrecht bei unerfülltem Neuberechnungsanspruch)
- Urteil des OLG Brandenburg v. 08.11.2003, Az. 3 U 117/02, WM 2005, 463, bestätigt durch BGH-Beschluss v. 21.12.2004, Az. XI ZR 313/03, WM 2005, 470 (kein Verstoß gegen RBerG, wenn Geschäftsbesorger zugleich Geschäftsführer der GbR oder KG)
- Urteil des OLG Brandenburg v. 15.01.2002 – Az. 11 U 202/00 –, WM 2002, 2197, ZIP 2002, 299 = ZfIR 2002, 199 m. Anm. Volmer, ZfIR 2002, 201 (Unwirksamkeit der Zwangsvollstreckung aus einer Vollstreckungsunterwerfungserklärung wegen Verstoßes gegen das RBerG)
- Urteil des OLG Brandenburg v. 01.11.2001 – Az. 5 U 14/01 – (Vollstreckungsabwehrklage; Schuldanerkenntnis wegen §§ 3, 9 AGBG unwirksam)
- Urteil des OLG Brandenburg v. 30.06.1999 – Az. 6 U 194/97 –, WM 2000, 2191 m. Anm. Mankowski WuB I E 2. § 4 VerbrKrG 2.01 (Vermittlungsprovision als Pflichtangaben i.S. des § 4 VerbrKrG)
- Urteil des **OLG Braunschweig** v. 30.11.2005, Az. 3 U 21/03, ZIP 2006, 180; Revision BGH II ZR 4/06 (Zur Verjährung erst ab Kenntnis auch bei „früheren" Fällen)
- Urteil des OLG Braunschweig v. 01.04.2004, Az. 1 U 98/03 (Verstoß gegen RBerG bei Steuerberatungs GmbH evident)

- Urteil des OLG Braunschweig v. 03.09.2003, Az. 3 U 231/02, ZIP 2004, 28 (Anwendbarkeit der Grundsätze über die fehlerhafte Gesellschaft auf atypische stille Gesellschaft; kein Vorrang des HWiG; maßgeblicher Zeitpunkt für Sittenwidrigkeit ist der Vertragsabschluss)

- Urteil des OLG Braunschweig v. 03.09.2003, Az. 3 U 140/02 – (Anwendung der Grundsätze über die fehlerhafte Gesellschaft auf als Teilgewinnabführungsvertrag einzuordnende Unternehmensbeteiligung)

- Urteil des OLG Braunschweig v. 05.02.2003 – Az. 3 U 266/02 – ZIP 2003, 1154 (Grundsätze fehlerhafter Gesellschaft auch bei atypischer stiller Gesellschaftsbeteiligung)

- Urteil des OLG Braunschweig v. 15.09.1999 – Az. 1 RE-Miet 2/99 –, NJW-RR 2000, 63

- Urteil des OLG Braunschweig v. 13.02.1997 – Az. 2 U 117/96 – = WM 1998, 1223 m. Anm. von Heymann WuB I G 5.-2.98 – bestätigt durch Nichtannahmebeschluss des BGH v. 20.01.1998 – Az. XI ZR 105/97 – rechtskräftig

- Urteil des **OLG Bremen** v. 11.05.2006, Az. 2 U 8/2006 ZIP 2006, 1527 (Verbundbelehrung nach § 9 Abs. 2 VerbrKrG vereinbar mit HWiG-Belehrung)

- Urteil des OLG Bremen v. 02.03.2006, Az. 2 U 20/02, ZIP 2006, 654 = WM 2006, 758 (Umsetzung der Urteile des EuGH v. 25.10.2005)

- Vorlagebeschluss des OLG Bremen v. 27.05.2004, Az. 2U 20/2002; Az. 2 U 23/2002 u. 2 U 53/2002, WM 2004, 1328 = ZIP 2004, 1253 = NJW 2004, 2238 nebst Stellungnahme des Ri. Derleder zum Befangenheitsantrag wegen Anm. EWiR, Art. GG 1/04, 285 m. Anm. Paefgen, WuB I G 5.-11.04

- Urteil des OLG Bremen v. 16.01.2003, Az. 2 U 20/2002; aufgehoben d. BGH-Urteil vom 27.01.2004, Az. XI ZR 37/03

- Urteil des **OLG Celle** v. 17.05.2006 Az. 3 U 254/04 ZIP 2006, 2163 (Verjährung von Zins- u. Tilgungsanspruch in vier Jahren gem. § 197 BGB a.F. sowie in drei Jahren unabhängig von subjektiven Momenten nach § 195 BGB)

- Urteil des OLG Celle v. 24.05.2006, Az. 3 U 246/05 (kenntnisunabhängiger Verjährungsbeginn)

- Beschluss des OLG Celle v. 03.04.2006, Az. 3 W 35/06 (zu den Rechtsfolgen der EuGH-Entscheidungen v. 25.10.2005)

- Urteil des OLG Celle v. 04.05.2005, Az. 3 U 295/04; BKR 2005, 323 „Leitsatz" (keine Haftung bei Mietpool)

- Urteil des OLG Celle v. 09.03.2005, Az. 3 U 335/01 (RBerG-Problematik)

- Urteil des OLG Celle vom 08.12.2004, Az. 3 U 175/04, WM 2005, 877 (allg. zu den Aufklärungspflichten; kein Verstoß gegen RBerG, wenn Geschäftsbesorgung im Auftrag der GbR; zur Haftung nach §§ 128, 130 HGB)
- Urteil des OLG Celle v. 07.12.2004, Az. 16 U 127/04, ZIP 2005, 199 m. Anm. Grziwotz EWiR § 675 BGB 1/05, 205 (Verletzung der Beratungspflicht bei Immo, weil auf die Laufzeit der Finanzierung von 30/34 Jahren und das Disagio nicht hingewiesen wurde)
- Urteil des OLG Celle v. 29.09.2004, Az. 3 U 130/04 BKR 2005, GG (Kündigung eines Verbraucherdarlehens bei Verbund zwischen DV und LV)
- Urteil des OLG Celle v. 16.07.2004, Az. 9 U 15/04, WM 2005, 737 (zu negativen Pressemitteilungen; zur Maßgeblichkeit des Prospekts als Infogrundlage; zur Verschiebung des Fristbeginns bei Fehlverständnis über Beginn der Widerrufsfrist bei HWiG)
- Urteil des OLG Celle v. 07.07.2004, Az. 3 U 22/04, WM 2005, 691 (geringes Überschreiten der Streubreite führt nicht zum Wegfall der Realkrediteigenschaft)
- Urteil des OLG Celle v. 01.04.2004, Az. 4 U 130/03 (zulässige Rechtsbesorgung bei Wirtschaftsprüfer)
- Urteil des OLG Celle vom 24.03.2004, Az. 3 U 210/03 u. 3 U 272/03, WM 2004, 1635 m. Anm.Loritz, WuB IV A. § 171 BGB 2.04 (kein Rechtsschein einer notariellen Vollmacht, wenn Vollmacht auch zur Einlegung v. Rechtsmittel)
- Urteil des OLG Celle vom 10.03.2004, Az. 3 U 145/03 (kein Gutgläubensschutz nach §§ 172 ff BGB, wenn Nichtigkeit erkennbar, z.B. Einlegung von Rechtsmittel)
- Urteil des OLG Celle v. 30.10.2003, Az. 11 U 61/03, (keine Haftung des Anlagevermittlers/-beraters, so lange Kreditnehmer seinen Schaden wegen Widerrufs gegenüber der Bank nicht substantiiert darlegt – Anm. Berger/Ueding EWiR § 9 VerbrKrG 5/04, 885)
- Urteil des OLG Celle v. 05.02.2003 – Az. 3 U 1/01 – VuR 2003, 181 m. Anm. Nittel VuR 2003, 184, Az. beim BGH XI ZR 60/03 (Kein Vertrauensschutz bei Verstoß gegen RBerG – insbesondere wegen Mitwirkung der Bank)
- Urteil des OLG Celle v. 19.12.2002 – Az. 4 U 105/02 – (Kein Gutgläubensschutz bei Unterwerfungserklärungen u. Verstoß gegen das RBerG u.H.a. BGH NJW 87, 307)
- Beschluss des OLG Celle v. 07.08.2002 – Az. 4 W 158/02 – WM 2002, 2453 (zur Absicherung des Anspruchs nach § 812 BGB durch Grundschuld bei Widerruf des DV nach HWiG)

- Urteil des OLG Celle v. 28.12.2001, Az. 3 U 208/01 (kein verbundenes Geschäft; Gesamtbetrag bei BausparV nicht erforderlich; Verletzung der Finanzierungsberatungspflicht)
- Urteil des **Cour d'Appel de Colmar** vom 24.02.1999, WM 1999, 1209
- Urteil des **OLG Dresden** v. 11.01.2006, Az. 8 U 1373/05, BKR 2006, 122 (Leitsätze), (Genehmigung durch „Nachtragsvereinbarung" „im Übrigen gelten alle sonstigen Bestimmungen und Vereinbarungen aus dem oben genannten Vertrag unverändert fort")
- Urteil des OLG Dresden v. 23.03.2005, Az. 8 U 2262/04, WM 2005, 1792 = BKR 2005, 190 m. Anm. Assies WuB I E 2. § 6 VerbrKrG 1.05 (Die weisungsgemäße Auszahlung der Darlehensvaluta führt auch beim verbundenen Geschäft zur Heilung gem. § 6 VerbrKrG)
- Urteil des OLG Dresden v. 22.12.2004, Az. 8 U 1432/04, DB 2005, 277 (Haftung des Immoanlegers für Altverbindlichkeiten)
- Urteil des OLG Dresden v. 15.10.2003, Az. 11 U 62/03; (gegen Bereicherungsrechtsanspruch bei Verstoß gegen RBerG, Barnert EWiR § 812 BGB 1/04, 549)
- Urteil des OLG Dresden v. 15.11.2002 – Az. 8 U 2987/01 – BKR 2003, 115, rechtskräftig durch Nichtannahmebeschluss vom 03.06.2003, Az. XI ZR 400/02 (Rückabwicklung bei Realkredit nach HWiG; Gesamtsaldierung)
- Urteil des OLG Dresden v. 19.06.2002 – Az. 8 U 630/02 – WM 2002, 2334 (Grundsätze der fehlerhaften Gesellschaft gehen Verbraucherschutz grundsätzlich vor – stille Beteiligung –)
- Urteil des OLG Dresden v. 19.06.2002 – Az. 8 U 630/02, WM 2002, 2334=ZIP 2002, 1293=BB 2002, 1776 m. Anm. Wackerberth WuB IV D. § 1 HWiG 5.03 (Anwendbarkeit der Grundsätze über die fehlerhafte Gesellschaft auch im Bereich HWiG)
- Urteil des OLG Dresden v. 29.05.2002 – Az. 13 U 151/01 – (Vollstreckungsabwehrklage; keine Berufung auf Unwirksamkeit der Vollmacht nach § 242 BGB wegen Wirksamkeit des DV; kein Verstoß gegen MaBV; kein Verstoß gegen §§ 3 u. 9 AGBG)
- Urteil des OLG Dresden v. 06.06.2001 – Az. 8 U 2694/00 – WM 2003, 1802; bestätigt durch Nichtannahmebeschluss des BGH v. 12.03.2002, Az. XI ZR 248/01 m. Anm. Lange, WuB I G 5.-13.03 (Keine Aufklärungspflicht in Bezug auf die Kombi-Finanzierung; Packing-Problem – Heilung nach § 6 VerbrKrG; §§ 172, 173 BGB bei RBerG)
- Beschluss des OLG Dresden v.28.05.2001, Az. 8 U 498/01, WM 2002, 1881 m. Anm. Balzer, WuB I G5—9.03 (zu Aufklärungspflichten, fehlerhafte Gesellschaft)

- Urteil des OLG Dresden v. 04.10.2000 – Az. 8 U 3596/99 – (Grundsätze der fehlerhaften Gesellschaft)
- Urteil des OLG Dresden v. 19.09.2000 – Az. 15 U 1287/00 –, Az. des Revisionsverfahrens II ZR 384/00
- Urteil des OLG Dresden v. 03.11.1999 – Az. 8 U 1305/99 –, WM 2001, 136 m. Anm. van Look, WuB I E 2.99 VerbrKrG 2.01 (Rückforderungsdurchgriff nach VerbrKrG – ja – bei Time-Sharing-Verträgen)
- Urteil des OLG Dresden v. 03.11.1999 – Az. 8 U 1305/99 –, ZIP 2000, 180 = WM 2001, 136 m. Anm. Kessal-Wulf EWiR 200, 251 (Rückforderungsdurchgriff gegen Kreditgeber bei Nichtigkeit des Kaufvertrages wegen Sittenwidrigkeit)
- Urteil des OLG Dresden v. 02.11.1999 – Az. 23 U 1625/99; Revision beim BGH XI ZR 336/99
- Urteil des **OLG Düsseldorf** v. 17.02.2006, Az. I-16 U 134/04 (typischer Fall ETW-Finanzierung; RBerG u. Pflichtverletzung)
- Urteil des OLG Düsseldorf v. 16.12.2004, Az. I-6 U 44/04, WM 2005, 881 (RBerG-Problem)
- Urteil des OLG Düsseldorf v. 15.07.2004, Az. I 6 U 158/03, ZIP 2004, 1745 (Haftung d. Vermittlers wegen versteckter Innenprovision; Nichtanrechnung von Steuervorteilen)
- Urteil des OLG Düsseldorf v. 06.09.1999 – Az. 9 U 27/99 –, WM 2001, 269, m. Anm. Wenzel WuB I G 5.-4.01 (Haftung des Verkäufers einer Immobilie; krasses Missverhältnis bei 87, 1 % – nein)
- Urteil des OLG Düsseldorf v. 24.08.1995 – Az. 6 U 138/94-, WM 1996, 1082 (Haftung des Anlagevermittlers)
- Urteil des OLG Düsseldorf v. 21.05.1993 – Az. 17 U 74/92-, WM 1993, 2207 m. Anm. von Heymann, WuB I 2c.-1.94
- Urteil des **OLG Frankfurt** v. 21.11.2006 Az. 9 U 43/06 (kein Verstoß gegen RBerG bei zusätzlicher persönlicher Untersuchung durch den KN; keine Vermutung der Kenntnis der Bank von einer etwaigen sittenwidrigen Übersteuerung; Widerlegung der Vermutung durch Vorlage von Beleihungswertunterlagen; keine Vorlage von Urkunden gem. § 421 ZPO)
- Urteil des OLG Frankfurt v. 6.10.2006 Az. 24 U 51/06 WM 2006, 2170 (keine Haftung der Bank, wenn sie dem Kunden einen diesem nicht zustehenden Förderkredit verschafft, durch welchen die Finanzierung des unwirtschaftlichen Vorhabens erst ermöglicht wird)

- Urteil des OLG Frankfurt v. 16.08.2006, Az. 9 U 78/04 (es gibt keine tatsächliche Vermutung für den Wissensvorsprung der Bank bei objektiver Überteuerung)
- Beschluss des OLG Frankfurt v. 05.04.2006, Az. 23 U 302/05 (keine Berufung auf Nichtigkeit nach RBerG gem. § 242 BGB, wenn Widerrufsbelehrung persönlich unterzeichnet)
- Urteil des OLG Frankfurt v. 22.02.2006, Az. 9 U 37/05 DB 2006, 1371 = ZIP 2006, 2125 „Leitsatz" (keine Vermutung der Sittenwidrigkeit bei Bank)
- Urteil des OLG Frankfurt v. 25.01.2006, Az. 23 U 247/04 (RBerG-Problematik)
- Beschluss des OLG Frankfurt v. 22.02.2006, Az. 9 W 5/06 BKR 2006, 156 = WM 2006, 769 (Schadensersatz nur, wenn DV vor Kaufvertrag od. unwiderrufliche Vollmacht)
- Beschluss des OLG Frankfurt v. 04.05.2005, Az. 9 U 73/04 WM 2006, 2207 (Die Kenntnis der Bank von der sittenwidrigen Überteuerung der Wohnung kann nicht vermutet werden)
- Urteil des OLG Frankfurt v. 13.04.2005, Az. 23 U 143/04; (Duldungsvollmacht wegen aktiver Unterstützung bei Abschluss DV; Prolongation als Genehmigung und Verstoß gegen § 242 BGB)
- Urteil des OLG Frankfurt v. 02.03.2005, Az. 23 U 83/04 (Bestätigung; Genehmigung; § 242 BGB; RBerG)
- Urteil des OLG Frankfurt v. 23.09.2004, Az. 6 U 184/03, NJW 05, 1375 (unzulässige Rechtsberatung durch Wettbewerbsverband)
- Urteil des OLG Frankfurt v. 08.09.2004, Az. 23 U 231/03 (Bestätigung; Genehmigung; § 242 BGB; RBerG)
- Urteil des OLG Frankfurt v. 11.08.2004, Az. 23 U 204/03, NJW-RR 2004, 1640 (Keine Berufung auf Unwirksamkeit der durch Treuhänder geschlossenen Vereinbarung bei Festhalten an Kapitalanlage)
- Beschluss des OLG Frankfurt v. 26.07.2004, Az. 9 U 9/04 OLGR 2005, 98 (zur Rechtswirksamkeit eines Vergleichs)
- Urteil des OLG Frankfurt v. 21.10.2003, Az. 9 U 121/01, ZIP 2004, 260 = NJW-RR 04, 60 – Az. der NZ-Beschwerde XI ZR 365/03 m. Anm. Kehl EWiR § 150 BGB 1/04, 367 (fehlende Kausalität der HWiG-Situation bei verspäteter Annahme)
- Urteil des OLG Frankfurt v. 13.08.2003, Az. 9 U 112/02, BKR 2003, 831 (Genehmigung bei Verstoß gegen RBerG – ja – wenn DN eine neue Vereinbarung mit DG abschließt, auch Konditionenneuvereinbarung)
- Urteil des OLG Frankfurt v. 01.07.2003, Az. 14 U 148/02 (Anwendbarkeit der Grundsätze über die fehlerhafte Gesellschaft auf stille Beteiligung)

IV. Neue obergerichtliche Rechtsprechung 207

- Urteil des OLG Frankfurt v. 29.04.2003, Az. 9 U 93/02, EWiR § 3 HWiG a.F. 5/03, 1251 – Barnert – Rückabwicklung eines realkreditfinanzierten Immobilienerwerbs; auch kein verbundenes Geschäft nach § 242 BGB

- Urteil des OLG Frankfurt v 09.04.2003, Az. 9 U 71/02, Haftung der Bank wegen besonderer Verbindungen + Umstände zwischen Vermittler und Bankmitarbeiter; rechtskräftig

- Urteil des OLG Frankfurt v. 06.09.2002 – Az. 24 U 2/01 – BKR 2003, 59

- Urteil des OLG Frankfurt v. 28.08.2002 – Az. 9 U 25/02 (Unzulässigkeit der ZV, weil Vollmacht nur notariell beglaubigt und Kondezierbarkeit wegen Widerruf nach HWiG; Keine Anwendbarkeit von § 139 BGB i.R.d. RBerG bei Unterwerfungserklärung; kein Verstoß gegen §§ 3 u. 9 AGBG)

- Urteil des OLG Frankfurt v. 31.07.2002, Az. 13 U 91/00; Vollstreckungsabwehrklage; kein Gutglaubensschutz, weil Bank nicht Vertragspartei der notariellen Urkunde

- Urteil des OLG Frankfurt v. 03.07.2002 – Az. 9 U 262/01

- Urteil des OLG Frankfurt v. 22.03.2002 – Az. 10 U 91/01 (Widerruf des Fondsbeitritts; Durchschlagswirkung auf Darlehen)

- Urteil des OLG Frankfurt v. 20.02.2002 – Az. 9 U 187/01 – WM 2003, 332 – kein Verstoß gegen RBerG bei konkreter Aufgabenbestimmung; keine Durchschlagswirkung auf Vollmacht bei anderweitiger Parteiregelung § 139 BGB

- Urteil des OLG Frankfurt v. 23.01.2002 – Az. 17 U 213/00

- Urteil des OLG Frankfurt v. 16.01.2002 – Az. 9 U 40/2001 und v. 16.01.2002 – Az. 9 U 39/01 –; letztere Entscheidung rechtskräftig durch Nichtannahmebeschluss vom 28.01.2003 – Az. XI ZR 76/02

- Urteil des OLG Frankfurt v. 19.12.2001 – Az. 9 U 90/01 –, BKR 2002, 271, Revision Az. XI ZR 19/02 (Verpflichtung zur Angabe der Kosten d. LV im DV)

- Urteil des OLG Frankfurt v. 15.11.2001, Az. 12 U 142/00 VerbrKrG nicht auf Immofinanzierung anwendbar; keine Pflichtverletzung der Bank wegen Mietausschüttungen u. Steuervorteile; Revision, Az. II ZR 374/02

- Urteil des OLG Frankfurt v. 19.09.2001 – Az. 9 U 38/01 –; LG Hanau v. 11. Januar 2001 – Az. 7 O 58/00 – aufgehoben (Aufklärungspflicht – nein –; Kündigung der Gesellschafterstellung – nein – wegen Verspätung; Kombination LV und DV vorteilhaft)

- Urteil des OLG Frankfurt v. 23.08.2001 – Az. 16 U 190/00 – WM 2002, 545 m. Anm. Frisch, EWiR § 276 BGB 12/01, 939 und v. Rottenburg, WuB I E 1.-3.02; Urteil wurde durch BGH am 18.11.2003, Az. XI ZR 322/01, ZIP 2004, 209 aufgehoben und wegen HWiG-Problematik zurückverwiesen (Prüfungspflicht der Bank – ja –; Haftung wegen Darlehen i.V.m. KLV umfassend nach c.i.c.)

- Urteil des OLG Frankfurt v. 15.08.2001 – Az. 23 U 130/00 –, WM 2002, 1281 m. Anm. Münscher WuB I G 5.-6.02 (umfassend zu den Aufklärungspflichten/ Zurechnung)

- Urteil des OLG Frankfurt v. 23.05.2001, Az. 9 U 170/00, rechtskräftig durch Nichtannahmebeschluss v. 19.03.2002, Az. XI ZR 223/01 (ähnlich wie Urt.v. 25.04.2001)

- Urteil des OLG Frankfurt v. 25.04.2001, Az. 9 U 178/00, rechtskräftig durch Revisionsrücknahme, Az. XI ZR 203/01 (Rechtsberatungsgesetzesvorstoß – nein –; Aufklärungspflichtverletzung – nein –; umfassend zu allen Problembereichen)

- Urteil des OLG Frankfurt v. 28.02.2001, Az. 9 U 117/00, OLGR 2001, 191 ff, WM 2002, 1275 m. Anm. Faust, EWiR § 9 VerbrKrG 6/01, 975 a.f. van Look, WuB I G 5.-5.03 – rechtskräftig – (Prospekthaftung gegenüber Initiator und darauf beruhender Einwendungseingriff gegen Bank nach VerbrKrG bei Immobilienfonds – ja –)

- Urteil des OLG Frankfurt vom 25.10.2000 – Az. 9 U 59/00, Revision beim BGH unter Az. XI ZR 307/00; durch Nichtannahmebeschluss v. 08.05.2001 bestätigt, WM 2002, 545 m. Anm. Schönfelder WuB IV D. § 1 HWiG 2.02 (HWiG-Problematik; analoge Anwendung v. § 7 Abs. 2 Nr. 3 VerbrKrG – nein –; Verwirkung – nein –; § 1 Abs. 2 Nr. 3 HWIG – nein –, weil nur Vollmacht und nicht auch die auf Darlehensvertragsabschluss gerichtete Willenserklärung notariell beurkundet)

- Urteil des OLG Frankfurt v. 27.09.2000– Az. 9 U 6/00 –, WM 2001, 353 m. Anm. Sauer EwiR § 4 VerbrKrG 3/2000, 1175 u. Bülow, WuB I E 2. § 4 VerbrKrG 4.01

- Urteil des OLG Frankfurt v. 30.08.2000 – Az. 23 U 136/99 –, NJW-RR 2001, 479 (Prüfungspflichten eines Anlageberaters und Anlagevermittlers)

- Urteil des OLG Frankfurt v. 19.07.2000 – Az. 19 U 190/99 –, WM 2000, 2135 m. Anm. Westermann WuB I G 5.-1.01

- Urteil des OLG Frankfurt v. 03.03.2000 – Az. 2 U 85/99 –, MDR 2000, 1181 = OLGR 2000, 191 (Verbraucherkreditvollmacht u. Pflichtangaben – nein –)

- Beschluss des OLG Frankfurt v. 09.02.2000 – Az. 6 W 210/99 –, NJW-RR 2000, 1000

- Urteil des OLG Frankfurt v. 26.09.1995 – Az. 14 U 105/94 –, WM 1997, 27

- Beschluss des OLG Frankfurt v. 03.05.1984 – Az. 6 W 14/84, WM 1984, 1009 (Rechtsmissbräuchlichkeit des Widerrufs beim AbzG)

- Urteil des **OLG Hamm** v. 17.05.2006, Az. 5 U 215/00, WM 2006, 1477 m. Anm. Meinscher WuB I G 5.-7.06 (kenntnisunabhängige kurze Verjährung bei Schadensersatzansprüchen bei ImmoFinanzierung)
- Urteil des OLG Hamm v. 13.06.2005, Az. 5 U 34/05, WM 2005, 2378 (§ 2 Abs. 1 S. 4 HWiG greift bereits in Bezug auf die Sicherungsabrede mit Bestellung der Grundschuld ein)
- Urteil des OLG Hamm v. 30.04.2003, Az. 8 U 166/02, VuR 2003, 303 m. Anm. Wegmann u. Wertenbruch, WuB II A. § 738 BGB 1.04 (Anwendung der Grundsätze der fehlerhaften Gesellschaft bei atypisch stiller Gesellschaft und trotz § 123 BGB)
- Urteil des OLG Hamm v. 26.03.2003, Az. 8 U 170/02, BKR 2003, 807 (Haftung der Bank als Anlagevermittlerin; Beweislast für Vorlage Prospekt bei Bank; AGB-Empfangsbestätigung begrenzt ausreichend)
- Urteil des OLG Hamm v. 26.11.2002 – Az. 27 U 66/02- ZIP 2003, 1151 (Grundsätze der fehlerhaften Gesellschaft auch bei stiller Gesellschafterbeteiligung)
- Urteil des OLG Hamm v. 20.11.2002 – Az. 8 U 68/02 – (Verfahren gegen KG auf Rückabwicklung nach HWiG; Anspruch bejaht, weil Auseinandersetzungsanspruch gleich hoch wie Klageforderung war; § 2 Abs. 1 S. 4 HWiG nicht erfüllt)
- Beschluss des OLG Hamm v. 01.10.2002 – Az. 21 U 165/01 u. 21 W 36/01 – WM 2003, 1809 m. Anm. Wagner, WuB I E 2. § 9 VerbrKrG 3.03 (Kauf u. Darlehen keine verbundenen Geschäfte – Realkredit)
- Beschluss des OLG Hamm v. 11.06.2001 – Az. 31 U 134/00
- Urteil des OLG Hamm v. 19.02.2001, Az. 5 U 217/00, BKR 2002, 958; umfassend zu den Aufklärungs- und Hinweispflichten, rechtskräftig durch Nichtannahmebeschluss des BGH vom 09.10.2001, Az. XI ZR 144/01
- Urteil des OLG Hamm v. 30.11.2000 – Az. 5 U 142/00 – WM 2002, 2326 m. Anm. Freckmann WuB I G 5.-1.03 (ETW)
- Urteil des OLG Hamm v. 22.03.1999 – Az. 31 U 169/98 –, WM 2000, 2540 m. Anm. Hauptmann WuB I G 1.-2.01 (Haftung des Anlagevermittlers)
- Urteil des OLG Hamm v. 18.01.1999 – Az. 31 U 146/98 –, WM 1999, 1057 m. Anm. van Look WuB I E 3.-4.99 (analoge Anwendung der Jahresfrist nach § 7 VerbrKrG auf HWiG; beiderseitige Erfüllung i.S.d. HWiG durch Zahlung einer Nichtabnahmeentschädigung)
- Urteil des OLG Hamm v. 12.08.1998 – Az. 8 U 237/96

- Urteil des OLG Hamm v. 12.01.1998 – Az. 31 U 168/97 –, WM 1999, 1056 m. Anm. Hertel WuB I G 5.-4.99 – bestätigt durch Nichtannahmebeschluss des BGH v. 06.10.1998 – Az. XI ZR 53/98 – rechtskräftig

- Urteil des OLG Hamm v. 21.11.1996 – Az. 5 U 54/96 – = WM 1998, 1230 m. Anm. von Heymann WuB I G 5.-2.98 – bestätigt durch Nichtannahmebeschluss des BGH v. 04.11.1997 – Az. XI ZR 27/97 – rechtskräftig

- Urteil des **Hanseatischen OLG** Hamburg v. 05.06.2003, Az. 6 U 181/00 (RBerG-Problematik)

- Urteil des Hanseatischen OLG Hamburg v. 25.04.2003, Az. 11 U 140/02 (Genehmigung des DV durch Abschluss einer Prolongationsvereinbarung bei RBerG)

- Urteil des Hanseatischen OLG Hamburg v. 12.09.2001 – Az. 8 U 168/00, WM 2002, 1289 ff m. Anm. Tonner WuB IV D. § 5 HwiG 3.02 (§ 5 Abs. 2 HWiG nicht auslegungsfähig)

- Urteil des Hanseatischen OLG v. 26.05.2000 – Az. 9 U 340/99 –, Revision beim BGH – Az. II ZR 373/00 – (kein Einwendungsdurchgriff nach § 9 VerbrKrG trotz § 9 Abs. 1 S. 2; Anwendung der Grundsätze der fehlerhaften Gesellschaft bei Treuhandmodell; Haftung und Zurechnung – nein –)

- Urteil des Hanseatischen OLG Hamburg v. 28.04.2000 – Az. 11 U 65/99, WM 2001, 299 (Haftung des Anlageberaters und -vermittlers)

- Urteil des **OLG Karlsruhe** v. 18.07.2006, Az. 17 U 320/05, OLGR 2006, 755 = ZIP 2006, 1855 (kenntnisabhängiger Verjährungsbeginn)

- Urteil des OLG Karlsruhe v. 18.07.2006, Az. 17 U 259/05 ZIP 2006, 2074 = OLGR 2006, 863 (keine Indizwirkung für Kausalität bei 3 Wochen und not. Beurkundung d. Beitritts)

- Urteil des OLG Karlsruhe v. 30.06.2006, Az. 17 U 261/05 (Wegfall der Indizwirkung bei HWiG bei über 3 Wochen, insbesondere dann, wenn auch not. Beurkundung)

- Urteil des OLG Karlsruhe v. 22.06.2006, Az. 19 U 41/05 (Verjährung von Zins- und Tilgungsansprüchen bei abgelösten Darlehen in 4 Jahren § 197 BGB)

- Urteil des OLG Karlsruhe v. 21.06.2006, Az. 15 U 50/02 (Badenia-Mammuturteil)

- Urteil des OLG Karlsruhe v. 21.06.2006, Az. 15 U 64/04 (wie 15 U 50/02)

- Urteil des OLG Karlsruhe v. 23.05.2006, Az. 17 U 286/05, OLGR 2006, 631 (Heilung bei fehlender Gesamtbetragsangabe)

- Urteil des OLG Karlsruhe v. 16.05.2006 Az. 17 U 217/05 OLGR 2006, 865 (Genehmigung bei Zinsvereinbarungen im Jahr 2004)

- Urteil des OLG Karlsruhe v. 25.04.2006, Az. 17 U 188/05 (Vergleich keine Kreditvereinbarung i.S.d. VerbrKrG)

- Urteil des OLG Karlsruhe v. 28.03.2006, Az. 17 U 66/05, ZGS-RR 2006, 317 (HWiG-Rückabwicklung)

- Urteil des OLG Karlsruhe v. 21.03.2006, Az. 17 U 106/05, ZIP 2006, 1289 (Zustandekommen eines lückenhaften DV erst mit Festlegung von Zinsen etc.)

- Urteil des OLG Karlsruhe v. 21.02.2006, Az. 17 U 63/05, OLGR 2006, 526 (Zug um Zug-Verurteilung bei Rückabwicklung RBerG trotz Realkreditvertrag; Verjährungseinrede in der Berufungsinstanz)

- Urteil des OLG Karlsruhe v. 21.02.2006, Az. 17 U 151/05 OLGR 2006, 759 (LV-Vereinbarung bei Festdarlehen in der Regel nur an Erfüllung statt)

- Beschluss des OLG Karlsruhe v. 9.02.2006 Az. 9 U 154/05 WM 2006, 1247 m. Anm. Assies WuB IV A. § 364 BGB 2.06 (ähnlich Urteil v 21.02.2006)

- Urteil des OLG Karlsruhe v. 29.12.2005, Az. 17 U 43/05, ZIP 2006, 1128 – OLGR 2006, 199 – zu Lasten der Bank bei Immobilienfinanzierung

- Urteil des OLG Karlsruhe v. 23.12.2005, Az. 13 U 56/02, WM 2006, 676 (keine Verwirkung bei HWiG; Kausalität etc.)

- Beschluss des OLG Karlsruhe v. 19.12.2005, Az. 1 U 206/05 (Verjährung per 31.12.2004 nach neuem Recht unabhängig von etwaiger Kenntnis)

- Urteil des OLG Karlsruhe v. 06.12.2005, Az. 17 U 169/05 WM 2006, 397 (zur Rechtswirksamkeit von Vergleichen: Angabevorschriften nach VerbrKrG auf Vergleich nicht anwendbar)

- Urteil des OLG Karlsruhe v 23.08.2005, Az. 17 U 7/05, OLGR 2005, 886 (Verjährung von Zinsansprüchen in 4 Jahren; Anwendbarkeit der §§ 171, 172 BGB trotz Verbundenheit der Geschäfte – gegen II. Zivilsenat)

- Urteil des OLG Karlsruhe v. 04.08.2005, Az. 11 U 59/04 (Prolongationsdarlehen hilft nicht bei Verstoß gegen das RBerG)

- Urteil des OLG Karlsruhe v. 23.03.2005, Az. 6 U 244/04 (keine Heilung bei Verbundgeschäft bei Fehlen der Gesamtbetragsangabe)

- Urteil des OLG Karlsruhe v. 19.11.2004, Az. 17 U 293/03, ZIP 2004, 2423=OLGR 2005, 116 m. Anm. Barnert EWiR § 242 BGB 4/05, 457 (Keine Berufung auf die Unwirksamkeit eines DV bei nachträglicher eigenhändiger Unterzeichnung durch DN; § 3 Abs. 2 Nr. 2 VerbrKrG bei ETW-Erwerb nicht auslegungsfähig; zu den üblichen Bedingungen i.S.v. § 3 Abs. 2 Nr. 2)

- Urteil des OLG Karlsruhe v. 15.09.2004, Az. 19 U 170/03 (Beitritt zur Fondsgesellschaft unter Verstoß gegen RBerG als Einwendung)

- Urteil des OLG Karlsruhe v. 22.07.2004, Az. 9 U 207/03 (Zeichnungsschein = Vollmacht; § 3 Abs. 2 Nr. 2 VerbrKrG)

- Urteil des OLG Karlsruhe v. 14.07.2004, Az. 6 U 239/03, OLGR 2005, 59 (Bereicherungsrechtliche Rückabwicklung eines unwirksamen DV zur Finanzierung einer Kapitalanlage)

- Urteil des OLG Karlsruhe v. 06.07.2004, Az. 17 U 301/03, OLGR 04, 405 (Selbstauskunft etc. nicht ausreichend i.S.v. RBerG; 4 Jahre Verjährung; Bereicherungsrecht)

- Urteil des OLG Karlsruhe v. 18.03.2004, Az. 19 U 132/03 (Heranziehung Securenta – Rspr. ohne Eingehen auf BGH-Urteil vom 21.07.2003)

- Urteil des OLG Karlsruhe v. 20.01.2004, Az. 17 U 204/03, Az. 17 U 52/03 m. Anm. Gnamm EW.R Art. 1 § 1 RBerG 4/04, 615; Az. 17 U 90/03 u. 17 U 53/03 = ZIP 2004, 900 – WM 2004, 1135 m. Anm. Schwennicke, EWiR § 172 BGB 2/04 u. Schönfelder, WuB VIII D. Art. 1 § 1 RBerG 5.04 (umfassend zu den Grundsätzen der Duldungsvollmacht trotz Verstoßes gegen das RBerG)

- Urteil des OLG Karlsruhe v. 09.12.2003, Az. 8 U 149/03, OLGR 2004, 111, Revision, Az. X I ZR 11/04; Gesamtbetragsproblematik auch dann, wenn LV nur für Todesfall abgetreten; 4 % bis zum Ende und nicht nur bis zum Ablauf der Zinsfestschreibungszeit

- Urteil des OLG Karlsruhe v. 09.09.2003, Az. 8 U 72/03, OLGR 2004, 60 = ZIP 2004, 946 (Gesamtbetragsangabepflicht trotz Abtretung nur auf den Todesfall und trotz Verwertung bereits bestehender LV; Verwirkung des Widerrufs bei VerbrKrG-Belehrung nach 4 Jahren; § 1 Abs. 2 Nr. 3 HWiG gilt ausnahmslos)

- Urteil des OLG Karlsruhe v. 29.07.2003, Az. 1 U 26/03, OLGR 2003, 452=WM 2004, 176 (Kein Gutglaubensschutz der Bank bei Verstoß gegen RBerG, wenn Nichtigkeit aus der Vollmachtsurkunde erkennbar)

- Urteil des OLG Karlsruhe v. 22.07.2003, Az. 8 U 33/03, OLGR 2003, 494 (Kein Ausschluss des Vertrauens einer Bank auf die Wirksamkeit einer notariellen Treuhändervollmacht bei erkennbarem Verstoß gegen das RBerG; Stellungnahme zu RGZ 108, 125 ff LG Mannheim v. 23.01.2003, Az. 3 O 403/00 u. OLG Karlsruhe v. 11.10.2002, Az: 9 O 76/01; keine Anwendung der Unfallhilfefälle, keine Nachforschungs- und Überprüfungsverpflichtung; kein Widerruf wegen nicht richtlinienkonform auslegungsfähiger Norm des § 1 Abs. 2 Nr. 3 HWiG)

- Urteil des OLG Karlsruhe v. 04.04.2003 – Az. 15 U 8/02 –, BKR 2003, 752=WM 2003, 2322=OLGR 2003, 467=ZIP 2004, 67 m. Anm. van Geldern WuB I E 1.-1.04 „Unterdeckungsentscheidung" m. Anm. Wagner, EWiR § 364 BGB 1/03, 1179

- Urteil des OLG Karlsruhe v. 25.02.2003, Az. 8 U 222/02, n. rechtskräftig, Az. BGH XI ZR 150/03, OLGR 2003, 320 (Gesamtbetragsangabepflicht bei unechten Abschnittsfinanzierungen)

- Urteil des OLG Karlsruhe v. 20.11.2002 – Az. 1 U 264/01 –, WM 2003, 1223 m. Anm. Roth, WuB I G5.-10.03, (Immo-Fonds; kein Verstoß gegen RBerG bei umfassendem Aufgabenkreis im Bauträgergeschäft; Vollmacht bei Unterwerfungserklärung wirksam, weil nur prozessrechtliche Grundsätze)

- Urteil des OLG Karlsruhe v. 20.11.2002, Az. 1 U 45/02 (z.G.d. Kreditnehmers; Bank muss wegen Widerruf nach HWiG alles an KN zurückbezahlen – auch die Ausschüttungen – und erhält im Gegenzug nichts)

- Urteil des OLG Karlsruhe v. 29.10.2002 – Az. 17 U 140/01 ZIP 2003, 109=NJW-RR 2003, 185 m. Anm. Lange, EWiR § 1 HWiG a.f. 4/03, 529 (Realkredit bei ETW; doppelte Belehrung – ja –; verbundenes Geschäft – nein – wegen § 3 Abs. 2 Nr. 2 VerbrKrG u. anderen Gründen)

- Urteil des OLG Karlsruhe v. 17.09.2002 – Az. 4 U 23/02 – ZIP 2003, 163=NJW 2003, 191 m. Anm. R. Koch, WuB IV D. § 1 HWiG 4.03 u. Schweiger, EWiR § 5 HWiG a.f. 1/03, 1197 (Bejahung des Einwendungsdurchgriffs bei Realkreditvertrag trotz Ablehnung der Anwendung des § 9 VerbrKrG über HWiG)

- Urteil des OLG Karlsruhe v. 04.09.2002 – Az. 4 U 115/01 – (Belehrung nach § 7 VerbrKrG ausreichend i.S.v. HWiG; fehlende Belehrung nach § 9 VerbrKrG unschädlich wegen Fristablauf; Einwendungsdurchgriff bei ordentlicher Kündigung – ja).

- Urteil des OLG Karlsruhe v. 28.08.2002 – Az. 6 U 14/02 – ZIP 2003, 202=OLGR 2003, 75=WM 2003, 1218 (Ablehnung der Anwendbarkeit der Grundsätze über das verbundene Geschäft sowohl im VerbrKrG als auch im HWiG – Immo-Fonds –; Az. der Revision: XI ZR 362/02)

- Urteil des OLG Karlsruhe v. 02.07.2002 – Az. 8 U 170/01 – (Verstoß gegen RBerG – ja –; Durchschlagswirkung auf Vollmacht – ja – ; Rechtsschein – nein –; Anspruch gegen Fonds nicht gegen Anleger)

- Urteil des OLG Karlsruhe v. 17.05.2002 – Az. 11 U 26/01 (Widerruf des Beitrittsgeschäfts nach HWiG – ja –; Durchschlagswirkung auf DV wegen verbundenem Geschäft – ja –; Rechtsfolgen Securenta)

- Urteil des OLG Karlsruhe v. 16.05.2002 – Az. 11 U 10/01 –, OLGR 2002, 272 (wie Urteil v. 17.05.2002)

- Urteil des OLG Karlsruhe v. 24.04.2002 – Az. 6 U 192/01 – OLGR 2002, 295 Az. der Revision: XI ZR 173/02 (Immobilienfonds; keine verbundenen Geschäfte; Grundsätze der fehlerhaften Gesellschaft – ähnlich 6. Zivilsenat des OLG Stuttgart)

- Urteil des OLG Karlsruhe v. 24.04.2002 – Az. 6 U 169/01 (ähnlich wie 6 U 192/01 – Az. Revision II ZR 396/02)

- Urteil des OLG Karlsruhe v. 07.03.2002 – Az. 12 U 306/01 –; Vollstreckungsabwehrklage; kein Gutglaubensschutz bei prozessualen Erklärungen

- Urteil des OLG Karlsruhe v. 19.10.2001 – Az. 14 U 121/99 –, – rechtskräftig –, BKR 2002, 128=OLGR 2002, 453 (Grundsätze fehlerhafter Gesellschaft)

- Urteil des OLG Karlsruhe v. 31.05.2001 – Zivilsenat Freiburg – ‚Az. 9 U 173/00, OLGR 2001, 368 = ZIP 2001, 1914 m. Anm. Knops, EWiR § 607 BGB a.F. 2/02, 511 (Einwendungsdurchgriff – ja – ; Haftung wegen mangelnder Aufklärung über Finanzierungsform LV – ja –)

- Urteil des OLG Karlsruhe v. 27.03.2001 – Az. 17 U 188/99 – (Verstoß gegen das RBerG – nein – wegen § 173 BGB; kein verbundenes Geschäft; Innenprovision keine aufklärungspflichtige Tatsache)

- Urteil des OLG Karlsruhe v. 27.03.2001 – Az. 17 U 218/99 – (wie 188/99), WM 2001, 1210 m. Anm. R. Koch, WuB I G 5.-13.01

- Urteil des OLG Karlsruhe – Zivilsenat Freiburg – v. 08.03.2001, Az. 9 U 75/00, WM 2001, 2001 – rechtskräftig – (Verwirkung – ja –; notarielle Beurkundung steht HWiG entgegen)

- Urteil des OLG Karlsruhe – Zivilsenate Freiburg – v, 21.12.2000, Az. 19 U 132/99, Revision – Az. XI ZR 47/01 – (c.i.c.-Ansprüche)

- Urteil des OLG Karlsruhe v. 29.11.2000 – Az. 1 U 144/99 –, WM 2003, 182; EWiR § 276 BGB 9/01, 709 – Kulke –; rechtskräftig durch Nichtannahmebeschluss v. 12.12.2001 – Az. II ZR 255/00 – (Vorinstanz Az. 7 O 273/98; Aufklärungspflicht – nein –; Anwendung der Grundsätze über fehlerhafte Gesellschaft; Einwendungsdurchgriff – nein –; Anwendung § 9 Abs. 3 VerbrKrG – nein –)

- Urteil des OLG Karlsruhe v. 17.10.2000 – Az. 17 U 206/99 –, WM 2001, 356; bestätigt durch Nichtannahmebeschluss des BGH v. 15. Mai 2001, Az. XI ZR 312/00 m. Anm. Balzer WuB I E 2. § 4 VerbrKrG 5.01 (Vollmachts- und RBerG-Problematik)

- Urteil des OLG Karlsruhe v. 05.10.2000 – Az. 19 U 52/99, OLGR 2001, 11 (Haftung des Anlagevermittlers)

- Urteil des OLG Karlsruhe v. 21.07.2000 – Az. 10 U 118/99 –, WM 2001, 245 m. Anm. Peters/Riechert WuB I E 2. § 9 VerbrKrG 3.01 (umfassend zu den Aufklärungspflichten – im Ergebnis verneint –)

- Urteil des OLG Karlsruhe v. 05.04.2000 – Az. 7 U 294/97; rechtskräftig durch Nichtannahmebeschluss des BGH v. 07.06.2001 – Az. III ZR 121/00 – (Haftung des Anlagevermittlers)

- Urteil des OLG Karlsruhe v. 29.03.2000 – Az. 1 U 101/99 – , WM 2000, 1996, m. Anm. Peters/Riechert WuB I E 2. § 4 VerbrKrG 6.00, Revision beim BGH XI ZR 127/00 durch Nichtannahmebeschluss des BGH vom 05. Dezember 2000 nicht angenommen
- Urteil des OLG Karlsruhe v. 17.12.1998 – Az. 12 U 189/98
- Urteil des OLG Karlsruhe v. 10.11.1998 – Az. 3 U 7/98- , WM 1999, 1055 m. Anm. Hauptmann WuB I G 1 –3.99
- Urteil des OLG Karlsruhe v. 27.08.1998 – Az. 9 U 25/98 –, WM 1999, 127 m. Anm. Zeller EWiR § 9 VerbrKrG 1/98, 1003 sowie Rösler WuB I G 5-1.99
- Urteil des **KG** v. 06.06.2006, Az. 4 U 121/05 (keine Haftung analog § 128 HGB bei Verstoß gegen RBerG)
- Urteil des KG v. 08.11.2005, Az. 4 U 175/04; ZIP 2006, 605
- Urteil des KG v. 28.06.2005, Az. 4 U 77/03; ZIP 2006, 366 (Leitsätze) = WM 2005, 2218
- Urteil des KG v. 03.05.2005, Az. 4 U 128/04 (Unterbrechung der Kausalität bei HWiG – 6 Wochen –; Belehrung nach HWiG in Bezug auf Beteiligung unterbricht die Kausalität; fehlerhafte Angaben – Nichtangabe i.S.v. § 6 VerbrKrG; Empfang des Darlehens nach § 6 VerbrKrG auch bei Verbundenheit des Geschäfts)
- Beschluss des KG v. 06.01.2005, Az. 4 W 43/04
- Urteil des KG v. 24.11.2004, Az. 26 U 38/04, ZIP 2005, 1029 (Haftung der Gesellschafter einer Immo GbR analog §§ 128, 130 HGB)
- Urteil des KG v. 27.09.2004, Az. 26 U 8/04, WM 2005, 596 (Zurechnung gem. § 123 BGB bei HWiG nicht erforderlich; Realkredit steht der Anwendbarkeit von § 9 VerbrKrG bzw. § 242 BGB nicht entgegen; keine Verbundenheit von ETW-Erwerben und Finanzierung)
- Urteil des KG v. 26.09.2003, Az. 17 U 15/03 (Haftung des Vermittlers wegen falscher Liquiditätsberechnung und Nichterwähnung der fehlenden Baugenehmigung; kein Mitverschulden)
- Urteil des KG v. 11.12.2001 – Az. 4 U 8633/00 – WM 2003, 1067 m. Anm. Siol WuB I G 8.-1.03) (Prospekthaftungsansprüche gegen Bank wegen Benennung als Hausbank, kontoführendes Institut u. Darlehensgeberin)
- Urteil des KG v. 11.09.2001 – Az. 4 U 475/00, WM 2002, 493 m. Anm. Münscher WuB VIII D. Art. 1 § 1 RBerG G3.02 (Nichtigkeit des Darlehensvertrages wegen Verstoßes gegen das RBerG nur, wenn Treuhänder und Bank eng zusammenarbeiten und offensichtlich ist, dass die Tätigkeit der Bank als Beteiligung an der unerlaubten Rechtsbesorgung anzusehen ist)

- Urteil des KG v. 05.08.2001 – Az. 4 U 2293/00, WM 2001, 2244 m. Anm. Koch, WuB I G 5. – 2-02 (Warnpflicht der Bank bei Verdacht auf Vollmachtsmissbrauch durch Treuhänder)

- Urteil des KG v. 14.11.2000 – Az. 4 U 6588/99 –, WM 2001, 1859 m. Anm. Lwowski/Wunderlich WuB I E 2. § 3 VerbrKrG 3.01; aufgehoben durch BGH, ZIP 2002, 470 (Bonitätsprüfung erfolgt im eigenen Interesse; zur Abhängigmachung des Kredits vom Grundpfandrecht i.S.v. § 3 Abs. 2 Nr. 2 VerbrKrG; Kündigung als Widerruf i.S.v. § 7 VerbrKrG)

- Urteil des KG v.25.11.1999 – Az. 2 U 5227/98 –, ZIP 2000, 268 = WM 2000, 1329 m. Anm. Rösler WuB I G5.-13.00 (Haftung des pers. haft. Gesellschafter)

- Urteil des **OLG Koblenz** v. 03.07.2003 – Az. 5 U 1599/02 – WM 2003, 1811 m. Anm. Trinkhaus WuB I E 2.-1.04 (Keine Einwendung i.S.v. § 9 VerbrKrG, soweit diese aus anderen neben dem Kauf herlaufenden, mit dem Verkauf getroffenen Vereinbarungen erwachsen)

- Urteil des OLG Koblenz v. 05.09.2002, Az. 5 U 1886/01, ZIP 2002, 1979=WM 2002, 2456; m. Anm. Frisch, EWiR § 9 VerbrKrG 1/02, 1063 und Lorenz WuB I G 5.-2.03 (Hinweis auf Sonderkonstellation im Urteil vom 07.02.2002; keine Einwendungen nach § 9 VerbrKrG wegen fehlerhafter Gesellschaft; kein Rückforderungsdurchgriff)

- Urteil des OLG Koblenz v. 07.02.2002 – Az. 5 U 662/00 –, ZIP 2002, 702=WM 2003, 1228; m. Anm. Kulke, ZfIR 2002, 291; Kratzsch, BKR 2002, 728; Schäfer, BKR 2002, 730 u. van Look, WuB I G 5.-8.03, rechtskräftig durch Nichtannahmebeschluss v. 18.03.2003, Az. IV ZR 87/02 (Zurechnung der Erklärungen sowie des Verhaltens der Anleger nach § 278 BGB)

- Urteil des OLG Koblenz v. 16.06.2000 – Az. 10 U 1483/99, ZIP 2000, 1436=WM 2000, 2006 m. Anm. Kessal-Wulf EWiR § 276 BGB 9/2000, 905 (Aufklärung über LV)

- Urteil des OLG Koblenz v. 02.09.1999 – Az. 2 U 1256/98

- Urteil des OLG Koblenz v. 26.06.1998 – Az. 8 U 1760/97 –, OLG Report 1998, 429 (Koblenz, Saarbrücken, Zweibrücken)

- Urteil des **OLG Köln** v. 06.09.2006, Az. 13 U 193/03 (rechtzeitige bzw. konkludente Annahme des DV trotz ca. 6 Monate; keine grundpfandrechtliche Absicherung bei Überschreitung der Obergrenze der Bundesbankstatistik um 3,32 bzw. 4,71 Punkte sowie bei Erreichung der Streubreite für Ratenkredite/ Personalkredite; bei Pkw-Stellplätzen allein Ertrags- nicht auch Verkehrswert maßgeblich)

- Urteil des OLG Köln v. 23.03.2005, Az. 13 U 126/04 (Aufklärungspflicht bei Baufinanzierung; keine Haftung bei Veranlassung zum Mietpoolbeitritt)

- Urteil des OLG Köln v. 15.12.2004, Az. 13 U 103/03, WM 2005, 792 m. Anm. Ehricke, WuB IV A. § 172 BGB 3.05
- Urteil des OLG Köln v. 04.08.2004, Az. 13 U 32/04 (Gutglaubensschutz bei RBerG – ja – trotz Urteile des BGH vom 14.06.2004)
- Urteil des OLG Köln v. 16.06.2004, Az. 13 U 208/03, WM 2005, 789 m. Anm. Haertlein/Müller WuB VI D. § 794 ZPO 1.05 (Verstoß gegen § 242 BGB, wenn neuer, den alten ersetzenden DV persönlich unterzeichnet wurde)
- Urteil des OLG Köln v. 24.03.2004, Az. 13 U 123/03, WM 2005, 557 (allg. zu Aufklärungspflicht)
- Urteil des OLG Köln v. 31.03.2003, Az. 13 U 73/02 (keine Zurechnung der HWiG-Situation nach § 123 BGB trotz Rahmenvertrag; auch kein verbundenes Geschäft)
- Urteil des OLG Köln v. 05.03.2003 – Az. 13 U 77/02 – (Grundsätze der Duldungsvollmacht ja bei Verstoß gegen RBerG)
- Beschluss des OLG Köln v. 15.01.2003, Az. 13 U 73/02 (keine Zurechnung der HWiG-Situation nach § 123 BGB; kein verbundenes Geschäft)
- Urteil des OLG Köln v. 29.05.2002, Az. 13 U 151/01 (Eigentumswohnung; Ablehnung Befangenheit; Realkredit; RBerG; Anscheins- und Duldungsgrundsätze anwendbar; keine Berufung auf RBerG wegen 242 BGB auch bei Unterwerfungserklärung)
- Urteil des OLG Köln v. 20.02.2002 – Az. 13 U 28/01 u. 13 U 140/00, BKR 2002, 541 (Provisionsbeteiligung des Vermögensverwalters)
- Urteil des OLG Köln v. 16.01.2002 – Az. 13 U 102/01 –, ZIP 2002, 607 (trotz „Komplettangebot" u. „Hand in Hand-Arbeit" kein Einwendungsdurchgriff und kein Abweichen von Trennungstheorie)
- Urteil des OLG Köln v. 16.07.2001 – Az. 12 U 212/00, NZ G 2001, 1149; BGH-Revision – Az. II ZR 233/01 – (Prospekthaftung beim geschlossenen Immobilienfonds)
- Urteil des OLG Köln v. 21.03.2001 – Az. 13 U 124/00 –, ZIP 2001, 1808 = WM 2002, 118 m. Anm. Kulke, EWiR § 276 BGB 11/01, 903 u. R. Koch, WuB I G5.-3.02; rechtskräftig durch Nichtannahmebeschluss des Bundesgerichtshofs v. 29.01.2002 – Az. XI ZR 162/01 – (Immobilienfonds; Geschäftsunerfahrenheit kein Haftungsgrund; versteckte Innenprovision kein Haftungsgrund; wirtschaftliche Einheit – nein –)
- Urteil des OLG Köln v. 20.06.2000 – Az. 22 U 215/99 –, WM 2000, 2139 ff
- Urteil des OLG Köln v. 29.10.1999 – Az. 3 U 156/99 –, WM 2000, 127 m. Anm. Habel ZfIR 2000, 31 und Gaiser WuB I E 2. § 4 VerbrKrG 2.00

- Beschluss des OLG Köln, v. 23. 07. 1999 – Az. 13 W 32/99 –, WM 1999, 1817 = ZIP 1999, 1794
- Urteil des OLG Köln v. 24.02.1999 – Az. 26 U 11/98 –, VersR 2001, 12 (Haftung des Anlagevermittlers)
- Urteil des OLG Köln v. 27.10.1993 – Az. 13 U 91/93 –, WM 1994, 197 m. Anm. Hirth EWiR § 607 BGB 2/94, 31
- Urteil des OLG Köln v. 14.08.1989 – Az. 7 U 205/88 –, WM 1989, 1601=ZIP 89, 1267=RR 89, 1339
- Urteil des **OLG München** v. 31.08.2006 Az. 19 U 5843/05 WM 2006, 2209 = OLGR 2006, 862 (Ein den „dolo-agit" Einwand ausschließendes treuwidriges Verhalten der Bank ist gegeben, wenn deren Filialleiter die Intiatoren beim Betrug z.L. der Fondsanleger unterstützt)
- Urteil des OLG München vom 22.06.2006, Az. 19 U 1907/06, OLGR 2006, 629 (kurze Verjährung auch hinsichtlich Annuitätenzahlungen; Heilung fehlender Angaben bei Neuvereinbarung – Effektivzinssatz)
- Urteil des OLG München vom 27.04.2006, Az. 19 U 3717/04, NJW 2006, 1811 = ZGS-RR 2006, 310 (persönliche Zahlungsanweisung Duldungsvollmacht zur Verfügung über Konto; zu den Auswirkungen der EuGH-Urteile v. 25.10.2005).
- Urteil des OLG München v. 27.03.2006, Az. 19 U 5845/05, WM 2006, 1292 = BKR 2006, 413 m. Anm. Haertlein WuB IV E. § 257 HGB 2.06 (Verwirkung mit Ablauf der sechsjährigen Aufbewahrungsfrist bei RBerG + HWiG bei abgelöstem Darlehen)
- Urteil des OLG München v. 19.01.2006, Az. 19 U 4190/05 (RBerG-Problematik)
- Urteil des OLG München v. 11.01.2006, Az. 7 U 3183/05 OLGR 2006, 232 (Risikoaufklärung des Anlageberaters bei geschlossenen Immobilien-Fonds)
- Urteil des OLG München v. 07.07.2005, Az. 19 U 2039/05, WM 2005, 1986=ZIP 2005, 1591) m. Anm. Barnert EWiR § 3 VerbrKrG 3/06, § 191 (Zeichnungsschein als Vollmacht; keine Pflicht zur Gesamtbetragsangabe nach VerbrKrG für Realkredite zur Fondsanteilsfinanzierung
- Urteil des OLG München v. 10.05.2005, Az. 5 U 4975/04 (Genehmigung durch Prolongation)
- Urteil des OLG München v. 21.04.2005, Az. 19 U 4941/04, WM 2005, 2089 m. Anm. Thode WuB VIII D. Art. 1 § 1 RBerG 1.06 (Vollmacht von Käufer an Verkäufer stellt keinen Verstoß gegen RBerG dar)

- Urteil des OLG München v. 23.12.2004, Az. 19 U 4162/04, ZIP 2005, 160 (Unwirksamkeit eines VerbrKrVertrages bei verspäteter Annahme des Angebots; aufgehoben durch BGH ZIP 2006, 224)
- Urteil des OLG München v. 03.08.2004, Az. 18 U 4178, ZIP 2004, 1903=WM 2005, 800 – Az. XI ZR 312/04 – Revision; m. Anm. Ehricke WuB IV A § 172 BGB 3.05 (Keine Berufung auf RBerG wegen Vertrauensgrundsätzen)
- Urteil des OLG München v. 12.02.2003, Az. 20 U 2543/02 (z.G. KN; Die Bank muss wegen Widerruf nach HWiG alles zurückzahlen und erhält nichts)
- Urteil des OLG München v. 19.12.2002 – Az. 19 U 3598/02 – ZIP 2003, 336 m. Anm. Benedict, EWiR § 242 BGB 1/03, 455 (selbst dann kein Einwendungsdurchgriff, wenn Bank Erwerb der ETW nur allg. empfohlen hat)
- Urteil des OLG München v. 18.12.2002 – Az. 15 U 4157/02 (Verstoß gegen RBerG – ja – ; kein Schutz nach §§ 172, 173 BGB, weil Verstoß offensichtlich für Bank; keine Genehmigung; kein § 812 BGB, weil Überweisung auf eigenes Konto nicht von Kreditnehmer veranlasst)
- Urteil des OLG München v. 10.12.2002 – Az. 5 U 3335/02 – (kein verbundenes Geschäft; Haftung der Bank bei „finanziell beengtem Darlehensnehmer")
- Urteil des OLG München v. 30.07.2002 – Az. 5 U 5872/01- BKR 2003, 62 (Wirksamkeit der Vollmacht trotz Verstoßes gegen das RBerG bei besonderer AGB-Klausel; Anwendbarkeit der §§ 172, 173 BGB)
- Urteil des OLG München v. 29.07.2002 – Az. 31 U 4034/98 – BKR 2002, 912 „Heiniger Urteil", keine HWiG-Situation
- Urteil des OLG München v. 25.07.2002 – Az. 24 U 494/01 – ZIP 2002, 1940; m. Anm. Krümmel/Sauer EWiR § 5 HWiG 1/03, 169 (Widerrufsbelehrung nach § 7 VerbrKrG unzureichend wegen Jahresfrist, daher Widerruf nach HWiG)
- Urteil des OLG München v. 21.06.2002 – Az. 23 U 5875/01 – (Widerruf des Beitritts – nein – wegen § 1 Abs. 2 Nr. 3 HWiG)
- Urteil des OLG München v. 12.06.2002 – Az. 27 U 939/01 –, ZIP 2003, 338; Nichtzulassungsbeschwerde Az. XI ZR 244/02 (Verbundenes Geschäft – ja – aber keine Einwendungen nach § 9 Abs. 3 VerbrKrG – umfassende Ausführungen – ; Kündigung des Beitritts befristet bzw. verwirkt; Widerruf des Beitritts – nein – wegen notarieller Beurkundung –, Widerrufsrecht in Bezug auf Beitritt gemäß § 2 Abs. 1 S. 4 HWiG erloschen; § 5 Abs. 2 HWiG bei Personalkrediten nicht auslegungsfähig)
- Urteil des OLG München v. 26.03.2002 – Az. 5 U 4464/01 – (Innenprovision, Trennungstheorie; DV nicht wirksam wegen RBerG, weil § 139 BGB, Duldungsvollmacht u. Genehmigung)

- Urteil des OLG München v. 19.03.2002 – Az. 18 U 2654/01 – (Wirksamkeit des DV trotz Verstoß gegen RBerG wegen §§ 171, 172 BGB und u.H.a. BGHZ 132, 113 „Vertrauensgrundsatz; Beurkundung der Vollmacht genügt für § 1 Abs. 2 Nr. 3 HWiG)
- Urteil des OLG München v. 01.03.2002 – Az. 21 U 4755/01 – WM 2002, 2460 m. Anm. Hertel, WuB VIII D. Art. 1 § 1 RBerG 3.03 (Keine Durchschlagswirkung bei Verstoß gegen RBerG; Parteiwille gem. § 139 BGB u. salvatorische Klausel maßgeblich; Disagio; Kombi-Finanz.)
- Urteil des OLG München v. 16.01.2002 – Az. 20 U 2836/01 –, WM 2002, 694 m. Anm. Kulke, EWiR § 5 HWiG 1/02, 387 (EuGH-Urteil für deutsche Gerichte maßgeblich und zwar unabhängig davon, ob richtlinienkonforme Auslegung möglich)
- Urteil des OLG München v. 16.01.2002 – Az. 15 U 4465/01 (keine Haftung der Bank; kein Widerrufsrecht mehr wegen Verstoßes gegen § 242 BGB u.a. auch wegen vorbehaltsloser Unterzeichnung von Konditionsanpassungsvereinbarung)
- Urteil des OLG München v. 23.08.2001 – Az. 6 U 1982/01 –, BB 2001, 2442 (Verpflichtung zur doppelten Widerrufsbelehrung nach FernAbsG u. VerbrKrG)
- Urteil des OLG München v. 17.08.2001 – Az. 21 U 1791/01, WM 2002, 500 m. Anm. Münscher WuB VIII B. Art. 1 § 1 RBerG 3.02 (Grundsätzliche Wirksamkeit der von einem wegen Verstoßes gegen das RBerG unerlaubt tätig werdenden Rechtsbesorger; Anwendbarkeit des § 172 BGB bei Verstoß gegen RBerG)
- Urteil des OLG München v. 10.08.2001 – Az. 21 U 5224/00 –, WM 2002, 689 (Prospekthaftungsansprüche gegen Initiator – nein –)
- Urteil des OLG München v. 28.06.2001 – Az. 24 U 129/00 –, WM 2003, 1324 m. Anm. Münscher WuB I E 1.-5.03 (Auslegung einer nachträglichen Widerrufsbelehrung als Einräumung einer neuen Widerrufsmöglichkeit)
- Urteil des OLG München v. 20.02.2001 – Az. 30 U 949/99 –, WM 2003, 191; rechtskräftig durch Nichtannahmebeschluss des BGH v. 10.12.2001, Az. II ZR 327/01 (Keine Einwendungen i.S.v. § 9 VerbrKrG wegen Grundsätze fehlerhafter Gesellschaft)
- Urteil des OLG München v. 31.01.2001 – Az. 7 U 4379/00 –, WM 2001, 1218) = OLGR 2001, 148; m. Anm. Vortmann, WuB I G5. – 1.02 (Warn- und Aufklärungspflichten der Bank bei Erteilung einer Finanzierungszusage; Erstellung eines eigenen Bewertungsgutachten)

IV. Neue obergerichtliche Rechtsprechung 221

- Urteil des OLG München v. 21.12.2000 – Az. 19 U 3133/00 – rechtskräftig durch Nichtannahmebeschluss des BGH vom 23.10.2001 (keine Unwirksamkeit der Vollmacht nach RBerG wegen salvatorischer Klausel, §§ 171 – 173 BGB u. Genehmigung; Innenprovision keine Haftung)

- Urteil des OLG München v. 28.11.2000 – Az. 25 U 2313/00 (Pflichtangaben – nein –; Aufklärungspflicht – nein –; Vorinstanz LG München I – 6 O 10218/99)

- Urteil des OLG München v. 17.11.2000 – Az. 23 U 2136/99 u. 2263/99 (Prospekthaftungsansprüche gegen Initiatoren)

- Urteil des OLG München v. 06.11.2000 – Az. 31 U 1647/00; Revision beim BGH unter Az. VI ZR 365/01 (Aufklärungspflicht – nein –; Pflichtangaben in Vollmacht – nein –)

- Urteil des OLG München v. 06.11.2000 – Az. 31 U 4063/99 –; BGH-Entscheidung v. 12.11.2002, Az. XI ZR 3/01 – Zurückverweisung – (ETW; Realkredit; § 5 Abs. 2 HWiG schließt Widerruf nach HWiG aus)

- Urteil des OLG München v. 16.10.2000 – Az. 31 U 3100/00 –, WM 2001, 680 (neues Kapitalnutzungsrecht bei Umstellung von LV-Darlehen auf Annuität; HWiG – nein – bei § 3 Abs. 2 VerbrKG; Verwirkung des Widerrufs – nein – aber Verstoß gegen § 242 BGB)

- Urteil des OLG München v. 12.10.2000 – Az. 19 U 4455/99 –, WM 2001, 1215 m. Anm. v. Rottenburg, WuB I G 5.-11.01 (Innenprovision, Aufnahme der Vermittlungsprovision in den Kreditvertrag)

- Urteil des OLG München v. 04.09.2000 – Az. 17 U 2317/00 –, WM 2001, 252 m. Anm. Loritz WuB I G 5.-8.01 (umfassend zum Nichtvorliegen von Pflichtverletzungen; Geschäftsunerfahrenheit)

- Beschluss des OLG München v. 27.07.2000 – Az. 3 W 1529/00

- Urteil des OLG München v. 19.04.2000 – Az. 15 U 5324/99 –, WM 2002, 1297 mit Nichtannahmebeschluss des BGH v. 06.02.2001, Az. XI 167/00, m. Anm. Münscher WuB I G 5.-7.02 (Bestätigung der Trennungstheorie)

- Urteil des OLG München v. 11.04.2000 – Az. 5 U 5342/99 –, WM 2000, 1336 m. Anm. van Look WuB IV D. § 5 HWiG 2.00 (Abgrenzung § 5 Abs. 2 HWiG u. § 3 Abs. 2 Nr. 2 VerbrKrG)

- Urteil des OLG München v. 07.12.99 – Az. 5 U 2798/99 – ; ETW-Fall; BGH-Entscheidung vom 12.11.2002, Az. XI ZR 25/00 – Zurückverweisung

- Urteil des OLG München v. 01.10.1999 – Az. 25 U 3993/99 –, WM 2000, 291

- Urteil des OLG München v. 26.08.1999 – Az. 19 U 2173/99 –, WM 2000, 130, m. Anm. Rösler WuB I G5.-11.00, bestätigt durch Nichtannahmebeschluss des BGH vom 01.08.2000, Az. XI ZR 301/99

- Urteil des OLG München v. 06.07.1999 – Az. 5 U 1958/99 –; WM 2000, 1333 durch Nichtannahmebeschluss des BGH v. 04. April 2000 – Az. XI ZR 255/99 – bestätigt, rechtskräftig (Neufinanzierung)
- Urteil des OLG München v. 17.05.1999 – Az. 30 U 91/99 –, wurde durch BGH-Urteil v. 27. Juni 2000 – Az. XI ZR 210/99 – bestätigt, WM 2000, 1687 m. Anm. Westermann WuB I G 5.-17.00 u. Nielsen EWiR § 276 BGB 3/01, 155
- Beschluss des OLG München v. 22.04.1999 – Az. 31 W 1110/99 – WM 1999, 1456 mit Anm. Buchner DnotZ 1999, 804 ff u. Kessal-Wulf EWiR § 4 VerbrKrG 6/99, 1025 (Die in diesem Beschluss vertretene Auffassung, wonach die Pflichtangaben des § 4 VerbrKrG in die Vollmacht gehören, wurde vom Senat im Urteil v. 06.11.2000 – Az. 31 U 1647/00 – aufgegeben)
- Urteil des OLG München v. 20.04.1999 – Az. 25 U 4876/98 –, WM 1999, 1818 = ZIP 1999, 1751, m. Anm. Rösler WuB I G 5.-1.00, wurde durch BGH-Urteil vom 27. Juni 2000 XI ZR 174/99 aufgehoben, WM 2000, 1685, m. Anm. Edelmann, BB 2000, 1855; Westermann WuB I G 5.-17.00, Sauer ZfIR 2000, 702 u. Schwintowski EWiR § 9 VerbrKrG 2/01, 87
- Urteil des OLG München v. 10.03.1999 – Az. 15 U 5821/98 – , WM 1999, 1418; Vorlagebeschluss des BGH an den EuGH v. 29. Nov. 1999 – Az. XI ZR 91/99 –, WM 2000, 26
- Beschluss des OLG München v. 18.02.1997 – Az. 5 W 3408/96 –, WM 1999, 1416
- Urteil des OLG München v. 19.10.1995 – Az. 19 U 3008/95 –, WM 1997, 254 mit Anm. Christoffel WuB I G 5.-3.97
- Urteil des OLG München v. 29.11.1993 – Az. 26 U 4680/93 –, WM 1995, 289 m. Anm. von Heymann WuB I G.5.-3.95
- Urteil des OLG München – Zivilsenat Augsburg – v. 26.10.2000 – Az. 24 U 368/99 – (Einwendungsdurchgriff nach § 9 VerbrKrG/fehlerhafte Gesellschaft); vgl. zur fehlerhaften Gesellschaft noch BGH NJW 1973, 1604 u. OLG Hamm NJW 78,225; DB 2000, 2588 = ZIP 2000, 2295 m. Anm. Edelmann DB 2000, 2590 und Frisch EWiR § 9 VerbrKrG 1/01, 43; rechtskräftig durch Nichtannahmebeschluss v. 12.12.2001 – Az. II ZR 388/00
- Urteil des **OLG Naumburg** v. 09.03.2006, Az. 2 U 115/05 BKR 2006, 250 (Rechtsfolgen eines Widerrufs beim Beitritt zu einer Genossenschaft)
- Urteil des OLG Naumburg v. 29.04.2004 – Az. 2 U 45/03 – (Originalunterschriften auf Zeichnungsschein ausreichend für §§ 171, 172 BGB; kein Widerruf weil Vertreterhandeln maßgeblich; Realkredit nach § 3 Abs. 2 Nr. 2 VerbrKrG ja trotz Überschreitung der Bundesbankstatistik)
- Urteil des OLG Naumburg v. 09.01.2003 – Az. 2 U 42/02 – (ähnlich wie Urt.v. 11.07.2002)

- Urteil des OLG Naumburg v. 11.07.2002 – Az. 2 U 13/02 – (Vollstreckungsabwehrklage – Verstoß gegen RBerG – ja –; automatisch Durchschlagswirkung; keine Genehmigung; kein Gutglaubensschutz wegen prozessualer WE)

- Urteil des OLG Naumburg v. 12.07.2001 – Az. 2 U 198/00 – WM 2002, 2200 (Verstoß gegen RBerG – ja – grundsätzlich nur über § 139 BGB Durchschlagwirkung)

- Urteil des **OLG Nürnberg** v. 05.10.2005, Az. 12 U 139/05 (RBerG-Problematik)

- Urteil des OLG Nürnberg v. 06.11.2002 – Az. 12 U 1326/02 – (Kein Gutglaubensschutz bei Unterwerfungserklärung u. Verstoß gegen das RBerG)

- Urteil des OLG Nürnberg v. 31.07.2002, Az. 12 U 259/02, BKR 2002, 946; (grundsätzlich keine Zurechnung der HWiG-Situation über § 123 BGB; Innenprovision unschädlich)

- Urteil des OLG Nürnberg v. 15.05.2002 – Az. 12 U 3280/01 – (Innenprovision, Disagio, DV wirksam trotz RBerG wegen Duldungsvollmacht)

- Beschluss des OLG Nürnberg v. 16.08.1999 – Az. 12 W 2417/99 –, WM 1999, 2305 = ZIP 2000, 267 m. Anm. Balzer EWiR § 278 BGB 2/99, 1161 u. Rösler WuB I G 5.-8.00

- Urteil des OLG Nürnberg v. 14.07.1999- Az. 12 U 1472/99 –; Revision beim BGH am 02.05.2000 XI ZR 243/99 gewonnen, ZIP 2000,1158 m. Anm. Frisch, EWiR § 166 BGB 2/2000, 705

- Urteil **OLG Oldenburg** v. 09.03.2006, Az. 1 U 134/05, BB 2006, 1077=BKR 2006, 380 (Belehrung nach HWiG mit Zusatz „Datum des Poststempels" unwirksam)

- Urteil des OLG Oldenburg v. 28.08.2003 – Az. 14 U 27/03 – (Securenta-Rechtsprechung, aber ohne Eingehen auf BGH-Urteil v. 21.07.2003 sowie Grundsätze der fehlerhaften Gesellschaft)

- Urteil des OLG Oldenburg v. 19.06.2002 – Az. 2 U 65/02 – BKR 2003, 28 m. Anm. Freckmann, S. 30 f. (Widerruf bei Realkredit trotz Belehrung; trotz § 3 Abs. 2 Nr. 2 VerbrKrG verbundenes Geschäft; Zurechnung nach § 123 BGB – schlecht begründet –)

- Urteil des OLG Oldenburg v. 27.03.2002 – Az. 3 U 93/01 – Nichtzulassungsbeschwerde BGH, Az. XI ZR 158/02, (umfassend zu den Hinweis- und Aufklärungspflichten und zur Zurechnung; Belehrung nach VerbrKrG reicht trotz EuGH und BGH auch bei grundpfandrechtlich gesicherten Krediten aus)

- Urteil des **OLG Rostock** v. 01.03.2001 – Az. 1 U 122/99, BB 2001, 904=WM 2001, 1413 (Anspruch Anleger gegen Publikumsgesellschaft; Grundsätze der fehlerhaften Gesellschaft im Bereich HWiG nicht anwendbar; Verwirkung nach § 7 Abs. 2 – 3 VerbrKrG – nein)

- Urteil des OLG Rostock v. 25.06.1997, Az. 6 U 541/96, OLGR 1997, 2277 (Belehrung nach HWiG zulässig „Fristbeginn mit Aushändigung dieser Urkunde")

- Urteil des **OLG Saarbrücken** v. 25.10.1994 – Az. 7 U 448/94 –, WM 1995, 54

- Urteil des **OLG Schleswig** v. 09.02.2006, Az. 5 U 162/05, BKR 2006, 158 = WM 2006, 1384 m. Anm. Hertel WuB IV A. §779 BGB 1.06 (keine Pflichtangaben bei einem Vergleich, wenn lediglich Teilforderungsverzicht)

- Urteil des OLG Schleswig v. 15.09.2005, Az. 5 U 84/05 (Problem der Risikozuweisung bei LV als Tilgungsersatz)

- Urteil des OLG Schleswig v. 02.06.2005, Az. 5 U 162/01, WM 2005, 1173=ZIP 2005, 1127 (Zurückverweisungsurteil) m. Anm. Edelmann BKR 2005, 394 u. Berger/Ueding WuB I E 2. § 9 VerbrKrG 4.05

- Urteil des OLG Schleswig v. 02.12.2004, Az. 5 U 108/03, WM 2005, 607 (§ 3 Abs. 2 Nr. 2 VerbrKrG anwendbar – gegen II. Zivilsenat –; zur Bestellung i.S.v. § 1 Abs. 2 Nr. 1 HWiG in einer Stammkneipe)

- Urteil des OLG Schleswig v. 06.05.2004, Az. 5 U 39/03 (zum Disagioproblem: Zurechnungszusammenhang – zeitliche Distanz – keine richtlinienkonforme Auslegung des § 5 Abs. 2 HWiG)

- Urteil des OLG Schleswig v. 22.04.2004, Az. 5 U 62/03 WM 2004, 1959 (keine richtlinienkonforme Auslegung des § 5 Abs. 2 HWiG bei Personalkredit; zur Verwirkung des Kündigungsrechts)

- Urteil des OLG Schleswig v. 27.11.2003, Az. 5 U 36/03 – (verbundenes Geschäft – ja –; Einwendungen – ja –; Rückforderungsdurchgriff – ja –; teleologische Reduktion des § 9 VerbrKrG – nein –)

- Urteil des OLG Schleswig v. 05.11.2002 – Az. 5 U 28/02 – ZIP 2003, 74 (Keine Anwendung der Grundsätze der fehlerhaften Gesellschaft bei stiller Gesellschaftsbeteiligung)

- Urteil des OLG Schleswig v. 13.06.2002 – Az. 5 U 78/01 –, ZIP 2002, 1244 m. Anm. Hey BB 2002, 2035 (Sittenwidrigkeit eines Beitritts als stiller Gesellschafter zu einer Kapitalanlagegesellschaft – AG –; keine Anwendung d. Grundsätze über die fehlerhafte Gesellschaft bei schwerwiegender Disparität von Chancen und Risiken)

IV. Neue obergerichtliche Rechtsprechung

- Urteil des OLG Schleswig v. 06.06.2002, Az. 5 U 193/00 (verbundenes Geschäft – ja – wegen § 9 Abs. 1 S. 2 VerbrKrG –; Widerruf Fondsbeitritt – nein – wegen § 2 HWiG –; Grundsätze fehlerhafte Gesellschaft steht Einwendungsdurchgriff nach VerbrKrG entgegen)

- Urteil des OLG Schleswig v. 11.04.2002 – Az. 5 U 49/01 – (verbundenes Geschäft – ja –; Einwendungen – ja –)

- Urteil des OLG Schleswig v. 21.02.2002, Az. 5 U 196/00 (wie nachfolgende Entscheidung)

- Urteil des OLG Schleswig v. 30.03.2000 – Az. 5 U 181/98 –, WM 2000, 1381 ff

- Urteil des OLG Schleswig v. 23.03.2000 – Az. 5 U 80/98

- Urteil des **OLG Stuttgart** v. 02.10.2006, Az. 6 U 8/06 WM 2006, 1997 = ZIP 2006, 1943 (Vorlagebeschluss an EuGH wegen richtlinienkonformer Auslegung des § 2 HWiG bei Verbundgeschäft; vollständige Leistungserbringung auch bei Abwicklung des Verbundgeschäfts)

- Urteil des OLG Stuttgart v. 22.05.2006, Az. 6 U 208/05 (Begriff Verhandlungen i.S.d. HWiG; Kausalität – nein – bei 2 Monaten)

- Urteil des OLG Stuttgart v. 11.04.2006, Az. 6 U 172/05

- Beschluss des OLG Stuttgart v. 09.01.2006, Az. 6 U 238/05 (Voraussetzung nach EG-Richtlinie „im Namen und für Rechnung" bei Verbund gegeben)

- Urteil des OLG Stuttgart v. 30.12.2005, Az. 6 U 107/05 (umfassend zum RBerG; kein Vertrauensschutz, keine Bestätigung/Genehmigung durch Nachtrag; Zeichnungsschein nicht ausreichend)

- Urteil des OLG Stuttgart v. 21.12.2005, Az. 9 U 65/05 (Ablehnung der Kausalität bei 3 Wochen; Unterbrechung durch not. Beurk.)

- Urteil des OLG Stuttgart v. 15.12.2005, Az. 13 U 10/2005, OLGR 2006, 233=WM 2006, 1100 (Aufklärungspflichten und Prospekthaftung)

- Urteil des OLG Stuttgart v. 26.09.2005, Az. 6 U 92/05, ZIP 2005, 2152 (Rückforderungsdurchgriff ist verfassungsrechtlich zulässig; Verbund auch bei abgelösten Darlehen)

- Urteil des OLG Stuttgart v. 14.03.2005, Az. 6 U 203/04 (umfassend zu HWiG; kein Vertrauensschutz, keine Verzinsung der Ansprüche des DN bei HWiG)

- Urteil des OLG Stuttgart v. 23.11.2004, Az. 6 U 76/04 – OLGR 2005, 109 u. Az. 6 U 82/03 – OLGR 2005, 115 (umfassend zur Rückabwicklung nach HWiG)

- Urteil des OLG Stuttgart v. 23.11.2004, Az. 6 U 82/03 – WM 2005, 972=OLGR 2005, 115 u. Az. 6 U 76/04=OLGR 2005, 109 (zum Rückwirkungsverbot wegen § 5 Abs. 2 HWiG; § 123 BGB bei Verbundgeschäft nicht anwendbar; Aufgabe der Rechtsprechung zu Fondsfinanzierungen wegen Urteile d. BGH v. 14.06.2004; Verbundgeschäftbelehrung ausreichend)

- Urteil des OLG Stuttgart v.10.11.2004, Az. 9 U 124/04, OLGR 2005, 56 (Prämien für LV sind bei Berechnung des effektiven Jahreszinses nicht zu berücksichtigen)

- Urteil des OLG Stuttgart v. 18.05.2004, Az. 6 U 30/04 umfassend zur Rückabwicklung nach § 3 HWiG

- Urteil des OLG Stuttgart v. 13.04.2004, Az. 6 U 165/03 umfassend zur Rückabwicklung nach HWiG

- Urteil des OLG Stuttgart v. 09.03.2004, Az. 6 U 166/03, ZIP 2004, 891 m. Anm. Lange EWiR § 1 HWiG a.F. 3/04, 921 (Zurechnung der Haustürsituation über Verbundgeschäft; Nichtanwendung von Securenta; umfassend zur Rückabwicklung nach § 3 HWiG)

- Urteil des OLG Stuttgart v. 24.11.2003, Az. 6 U 35/2003, OLGR 2004, 202 (umfassend zur Nichthaftung der Bank wegen Pflichtverletzung; Belehrung mit § 9 VerbrKrG Inhalt ordnungsgemäß i. S. v. HWiG; keine Gesamtbetragsangabe bei Nichtverknüpfung der Rückzahlungspflicht an LV; keine Einwendungen gegen Bank wegen Täuschung durch Initiator/Vermittler)

- Urteil des OLG Stuttgart v. 30.09.2003, Az. 6 U 102/03, WM 2003, 2234=ZIP 2003, 1975=BKR 2003, 945 m. Anm. v. Westphalen WuB I E 2. § 4 VerbrKrG 1.04; Steiner EWiR § 4 VerbrKrG 1/4, 143, Revision beim BGH XI ZR 337/03 (keine Gesamtbetragsangabeverpflichtung bei LV-Darlehen, wenn LV nur auf Todesfall beschränkt)

- Urteil des OLG Stuttgart v. 14.07.2003, Az. 6 U 33/2003, (umfassend zur HWiG-Problematik)

- Urteil des OLG Stuttgart v. 30.09.2002 – Az. 6 U 57/02 –, OLGR 2003, 69; (umfassend zur Kombi-Finanzierung; kein verbundenes Geschäft)

- Beschluss des OLG Stuttgart v. 18.09.2002 – Az. 6 U 21/02 –; (Wenn Geschäftsführer einer juristischen Person Anwalt ist, scheidet Verstoß gegen RBerG aus)

- Urteil des OLG Stuttgart v. 03.11.2002 – Az. 6 U 84/02 – wie die Urteile v. 29.07.2002, a.a.O.

- Urteil des OLG Stuttgart v. 12.08.2002 – Az. 6 U 135/02 – (Keine Haustürsituation i.S.v. § 1 HWiG)

IV. Neue obergerichtliche Rechtsprechung 227

- Urteil des OLG Stuttgart v. 29.07.2002 – Az. 6 U 40/02 – (Änderung der Rechtsprechung in Bezug auf die Rechtsfolgen eines Widerrufs nach HWiG – früher Urteil vom 30.03.1999, a.a.O.), ZIP 2002, 1885; Revision Az. XI ZR 290/02 abgegeben an II. Zivilsenat; m. Anm. Schwennicke § 1 HWiG a.F. 2/03, 233
- Urteil des OLG Stuttgart v. 29.07.2002 – Az. 6 U 87/02 – wie Urteil Az. 6 U 40/02 v. selben Tag, BKR 2002, 828 m. Anm. Edelmann, BKR 2002, 801, Revision XI ZR 312/02
- Urteil des OLG Stuttgart v. 18.06.2002, Az. 6 U 77/02 (Gesamtbetragsentscheidung)
- Urteil des OLG Stuttgart v. 18.06.2002 – Az. 6 U 7/02 – (Grundsätze der fehlerhaften Gesellschaft; kein Schadensersatzanspruch gegen Fondsgesellschaft; Widerruf nach HWiG trotz Belehrung nach VerbrKrG sehr fraglich auch wegen Verwirkung)
- Urteil des OLG Stuttgart v. 27.05.2002 – Az. 6 U 163/01 – ETW-Finanzierung
- Urteil des OLG Stuttgart v. 27.05.2002 – Az. 6 U 52/02 – OLGR 2002, 317; Az. Revision XI ZR 239/02 (Keine Aufklärungspflicht der Bank wegen LV – gut begründet –; kein verbundenes Geschäft – gut begründet –; kein Einwendungsrecht; § 5 Abs. 2 HWiG bei Personalkrediten nicht auslegungsfähig; kein Widerruf wegen Belehrung nach § 7 VerbrKrG. § 7 Abs. 3 VerbrKrG steht dem nicht entgegen)
- Urteil des OLG Stuttgart v. 08.05.2002 – Az. 9 U 237/01 – Nichtzulassungsbeschwerde Az. XI ZR 203/02 (Verstoß gegen RBerG – nein – wegen Duldungsvollmacht; Haftung der Bank – nein –)
- Urteil des OLG Stuttgart v. 08.10.2001 – Az. 6 U 68/00 –, EWIR § 278 BGB 1/02, 231 – Frisch –, sog. „Skyline-Entscheidung"
- Urteil des OLG Stuttgart v. 09.07.2001 – Az. 6 U 148/00; Revision unter Az. ZR XI 300/01 (Anfechtung – nein –; Anwendbarkeit Grundsätze fehlerhafte Gesellschaft – ja –; Einwendungen n. § 9 VerbrKrG – nein –; nur Differenzschaden)
- Urteil des OLG Stuttgart v. 09.07.2001 – Az. 6 U 8/01); Revision unter Az. ZR XI 302/01 (wie Urteil vom 09.07.01 – 6 U 140/00; auch Konkurrenz HWiG/VerbrKrG
- Urteile des OLG Stuttgart v. 28.03.2001 – Az. 9 U 189/00, Az. 9 U 190/00 u. Az. 9 U 191/00 – (VerbrKrG-Fälle; auf der Linie der bisherigen Entscheidungen)
- Urteil des OLG Stuttgart v. 21.03.2001 – Az. 9 U 204/00 – WM 2003, 343=OLGR 2001, LS 72 und 222 m. Anm. Metz, EWiR § 675 BGB 6/01, 907 u.Anm. Münscher, WuB I G 5.-6.03 (keine Aufklärung über eigene Leistungsfähigkeit; Überprüfung der Werthaltigkeit begründet für sich allein keine Pflicht)

- Urteil des OLG Stuttgart v. 15.03.2001 – Az. 7 U 134/00, OLGR 2001, 274 (Haftung des Anlageberaters)
- Urteil des OLG Stuttgart v. 12.02.2001 – Az. 6 U 150/00 –, OLGR 2001, 241 (Kombination von LV und Darlehen, Aufklärungspflicht auch bei ImmoFonds)
- Urteil des OLG Stuttgart v. 15.01.2001 – Az. 6 U 35/2000 –, ZiP 2001, 322 m. Anm. Habersack ZiP 2001, 327 ff (neue HWiG-Entscheidung des 6. Zivilsenats ohne Änderung der Rechtsprechung)
- Urteil des OLG Stuttgart v. 08.01.2001 – Az. 6 U 57/00; ZiP 2001, 692 m. Anm. Frisch, EWiR § 9 VerbrKrG 3/01, 447 u. Martens, WuB I G 5. – 14.01, Revision beim BGH unter Az. XI ZR 61/01, wurde am 16.08.2001 zurückgenommen. Urteil ist daher rechtskräftig (c.i.c. Haftungsgrundsätze; Anwendbarkeit der Grundsätze über die fehlerhafte Gesellschaft; Rückforderungsdurchgriff nur bei Vorliegen eines Nichtigkeitsgrundes nicht aber bei Kündigung, Anfechtung etc.)
- Urteil des OLG Stuttgart v. 08.01.2001 – Az. 6 U 94/00, Revision wurde zurückgenommen (HWiG – nein – wegen Einschaltung eines Treuhänders)
- Urteil des OLG Stuttgart v. 08.01.2001 – Az. 6 U 54/00 (VerbrKrG-Fall; auf der Linie des 9. Zivilsenats)
- Urteil des OLG Stuttgart v. 30.10.2000 – Az. 6 U 101/00 – (wie 6 U 99/00) ZiP 2001, 285 m. Anm. Kulke, EWiR § 1 HWiG 2/01, 435
- Urteil des OLG Stuttgart v. 30.10.2000 – Az. 6 U 99/00 (Zur Zurechnung situationsbedingter Voraussetzungen in Haustürwiderrufsfällen bei Einschaltung eines Treuhänders)
- Urteil des OLG Stuttgart v. 18.10.2000 – Az. 9 U 94/00 – rechtskräftig
- Urteil des OLG Stuttgart v. 25.09.2000 – Az. 6 U 55/2000 –; weitestgehend bestätigt durch Urteil des BGH v. 02. 07. 2001 – Az. II ZR 304/00 –, WM 2001, 1464 (direkter Anspruch des Anlegers auf Rückzahlung der Anlage gegen die Fondsgesellschaft bei nur wirtschaftlicher Beteiligung über Treuhänder)
- Beschluss des OLG Stuttgart v. 04.04.2000 – Az. 9 W 57/99 –, WM 2000, 1190 m. Anm. Wulff WuB I G.5-12.00 u. Balzer EWiR § 276 BGB 10/2000, 955
- Urteil des OLG Stuttgart v. 29.03.2000 – Az. 9 U 159/99 – rechtskräftig durch Nichtannahmebeschluss des BGH v. 05.04.2001, Az. III ZR 108/00
- Urteil des OLG Stuttgart v. 22.03.2000 – Az. 9 U 186/99
- Urteil des OLG Stuttgart v. 16.02.2000 – Az. 9 U 172/99 –, WM 2000, 2146 m. Anm. Balzer WuB I G 5. – 18.00, bestätigt durch Nichtannahmebeschluss des BGH v. 05.12.2000 – Az. XI ZR 77/00

IV. Neue obergerichtliche Rechtsprechung

- Urteil des OLG Stuttgart vom 09.02.2000 – Az. 9 U 143/99 –, WM 2000, 1942 m. Anm. Hanke WuB I G 5.-5.01

- Urteil des OLG Stuttgart v. 09.02.2000 – Az. 3 U 224/97 –, OLGR 2001, 38 (Auskunfts- u. Nachforschungspflicht des Maklers)

- Urteil des OLG Stuttgart v. 09.02.2000 – Az. 9 U 143/99; OLGR 2001, 259 (Vorlage gefälschter Unterlagen zur Kreditaufnahme ohne Wissen des Kreditnehmers)

- Urteil des OLG Stuttgart v. 12.01.2000 – Az. 9 U 155/99 –, WM 2000, 292 m. Anm. Vortmann WuB I G 5.-9.00, Revision beim BGH unter dem Az. XI ZR 40/2000, am 24. April 2001, WM 2001, 1024 gewonnen

- Urteil des OLG Stuttgart v. 22.12.1999 – Az. 9 U 116/99 –, OLG-Report 2001, 12, bestätigt durch Nichtannahmebeschluss des BGH, Az. XI ZR 28/00, (Aufklärungspflichtverletzung – nein –, Zurechnung – nein –)

- Urteil des OLG Stuttgart v. 03.11.1999 – Az. 9 U 108/99 –, WM 2000, 133

- Urteil des OLG Stuttgart v. 14.09.1999 – Az. 6 U 72/99 –, OLG-Report 1999, 430 (Karlsruhe, Stuttgart)

- Urteil des OLG Stuttgart v. 08.07.1999 – Az. 1 U 25/99 – (Haftung des Notars, RechtsberatungsG)

- Urteil des OLG Stuttgart v. 29.06.1999 – Az. 6 U 169/98 – OLG-Report (Karlsruhe, Stuttgart) 1999, 349 = VuR 1999, 308=WM 1999, 2310=ZIP 1999, 2005 m. Anm. Binder VuR 99, 314 und Schönfelder WuB IV D. § 1 HWiG 2.00

- Urteil des OLG Stuttgart v. 16.06.1999 – Az. 9 U 6/99 –, OLG-Report 1999, 300 (Karlsruhe, Stuttgart)

- Urteil des OLG Stuttgart v. 4.05.1999 – Az. 6 U 23/99 –, OLG-Report (Karlsruhe, Stuttgart) 1999, 288; Revision beim BGH XI ZR 150/99 am 02.05.00 gewonnen, vgl. WM 2000, 1250 ff, m. Anm. Edelmann BB 2000, 1594 u. Büchler EwiR § 166 BGB 3/2000, S. 1097

- Urteil des OLG Stuttgart v. 30.03.1999 – Az. 6 U 141/98 –, BB 1999, 1453=WM 1999, 2305, m. Anm. Hertel EWiR § 1 HWiG 2/99, 565, Edelmann BB 1999, 1455 und Frings, BB 1999, 2366 ff – Revision bei BGH unter Az. XI ZR 116/99

- Urteil des OLG Stuttgart v. 25.02.1999 – Az. 11 U 31/98 –, OLG-Report (Karlsruhe, Stuttgart) 1999, 386, Revision beim BGH unter Az. III ZR 90/99

- Urteil des OLG Stuttgart v. 26.08.1998 – Az. 9 U 31/98 –, WM 1999, 1419

- Urteil des OLG Stuttgart v. 25.08.1998 – Az. 6 U 52/98 –, OLG-Report (Karlsruhe, Stuttgart) 1999, 9

- Urteil des OLG Stuttgart v. 22.07.1998 – Az. 9 U 55/98 – = WM 1999, 844 = ZIP 1999, 529 m. Anm. Hertel WuB I G 5.-4.99 u. Frisch EWiR § 278 BGB 1/99, 933 OLGR 2001, 234 (Haftung des Anlageberaters; Abgrenzung zum Anlagevermittler)

- Urteil des **OLG Thüringen (Jena)** v. 30.05.2006, Az. 5 U 823/05 ZIP 2006, 1526 (§ 2 Abs. 1 Satz 4 HWiG u. § 1 Abs. 1 Nr. 3 HWiG nicht auslegungsfähig),

- Urteil des OLG Thüringen (Jena) v. 28.03.2006, Az. 5 U 742/05, ZIP 2006, 946 (Unterbrechung der HWiG-Situation bei notarieller Beurkundung des Fondsbeitritts)

- Urteil des OLG Thüringen (Jena) v. 17.02.2004, Az. 5 U 654/03, ZIP 2004, 1097 m. Anm. Gnamm EWiR, Art. 1 § 1 RBerG 204, 507) (Unterzeichnung und Rücksendung der Widerrufsbelehrung durch KN begründet Rechtsscheinhaftung).

- Urteil des OLG Thüringen (Jena) v. 13.01.2004, Az. 5 U 1713/02, bestätigt durch BGH-Beschluss v. 23.11.2004, Az. XI ZR 27/04, BKR 2005, 82 (Notarielle Beurkundung des Grundstücksgeschäfts unterbricht auch die Kausalität für den in einer Haustürsituation mit angebahnten Darlehensvertrag)

- Urteil des OLG Thüringen (Jena) v. 05.08.2003 – Az. 5 U 1199/02 – (Gesamtbetragsangabe bei Abschnittsfinanzierung – ja –; keine Einwendung i.S.v. § 9 VerbrKrG gegen Fondsgesellschaft trotz Kenntnis BGH-Urteil vom 21.07.03)

- Beschluss des OLG Thüringen (Jena) v. 07.08.2002 – Az. 5 U 97/02 – ETW-Finanzierung – (Umfassend zum Nichtbestehen von Aufklärungs- und Hinweispflichten; kein Bestimmen i.S.v. HWiG wegen Fehlens eines unmittelbaren zeitlichen Zusammenhangs)

- Urteil des OLG Thüringen (Jena) v. 07.05.2002, Az. 5 U 732/01 – (Innenprovision; DV wirksam trotz RBerG wegen Duldungsvollmacht)

- Urteil des OLG Thüringen (Jena) v. 14.08.2001 – Az. 5 U 1351/00 –; Az. der Revision XI ZR 337/01 (Haftung der Bank – nein –; Grundsätze der fehlerhaften Gesellschaft – ja –; keine Einwendungen gegen Fondsgesellschaft nach § 9 VerbrKrG; keine verspätete Annahme; Nichtaufklärung über Disagio nur begrenzter Schäden)

- Urteil des OLG Thüringen (Jena) v. 03.04.2001, Az. 5 U 644/00 (Haftung der Bank – nein –)

- Urteil des OLG Thüringen (Jena) v. 08.06.1999 – Az. 5 U 1288/98 –, WM 1999, 2315 m. Anm. Frisch EWiR § 276 BGB 1/2000, 11 und Rösler WuB I G 5. – 2.00; vom BGH v. 18.04.2000 XI ZR 193/99 aufgehoben, WM 2000, 1245 m. Anm. Pfeiffer, EWiR § 3 VerbrKrG 1/2000, 699, Edelmann DB 2000, 1400 u. Bruchner WuB I G5.-14.00

- Urteil des **OLG Zweibrücken** v. 28.11.2005, Az. 7 U 149/04 (Verjährung von Zinsansprüchen, Nichtberücksichtigung von Steuervorteilen)
- Urteil des OLG Zweibrücken v. 08.07.2002 – Az. 7 U 93/00 – (Verstoß gegen RBerG – ja – bei ETW; Vollmacht u. Darlehensvertrag ebenfalls unwirksam; Genehmigung – nein –; Rechtsfolge Zug um Zug-Verurteilung, Nutzungsentgelt des Verbrauchers in Höhe von 5% über Basiszinssatz)
- Urteil des OLG Zweibrücken v. 01.07.2002 – Az. 7 U 69/01 – WM 2003, 380 (kein Gutglaubensschutz nach § 172 BGB bei Unterwerfungserklärung)
- Urteil des OLG Zweibrücken v. 21.01.2002 – Az. 7 U 70/01 – Vollstreckungsabwehrklage – bei dieser Klageform keine Rechtsscheinshaftung, WM 2002, 1927
- Urteil des OLG Zweibrücken v. 07.08.2000 – Az. 7 U 56/00 – WM 2000, 2150 m. Anm. van Look, WuB I G 5.-12.01 (Provisionszahlung begründet keine Haftung der Bank)
- Urteil des OLG Zweibrücken v. 21.06.1999 – Az. 7 U 48/99, WM 1999, 2022 durch Nichtannahmebeschluss des BGH vom 11.04.2000 – Az. XI ZR 166/99 – bestätigt, m. Anm. Rösler WuB I G 5. – 3.00

V. Neue landgerichtliche Entscheidungen

- Urteil des **LG Ansbach** v. 17.11.2003, Az. 3 O 1149/03 (Duldungs- und Anscheinsgrundsätze auch bei Verstoß gegen das RBerG)
- Beschluss des **LG Augsburg** v. 16.10.2002, Az. 3 O 2722/01, (kein Verstoß gegen RBerG wenn Geschäftsführer Rechtsanwalt)
- Urteil des LG Augsburg v. 02.08.2001 – Az. 3 O 166/01 – (verspätete Kündigung nach § 9 VerbrKrG; keine Zurechnung von Täuschungshandlungen der Initiatoren)
- Urteil des **LG Aurich** v. 24.05.2005, Az. 4 O 608/04 (Keine HWiG-Situation)
- Urteil des **LG Bayreuth** v. 10.03.2000 – Az. 33 O 229/97 (gegen Bank u.H.a. Urteil OLG München, zwischenzeitlich vom BGH aufgehoben; Entscheidung Bayreuth daher überholt)
- Urteil des **LG Berlin** v. 11.07.2006 Az. 10a O 687/06 WM 2006, 2214 (Genehmigung bei Ablösung; jedenfalls ist Berufung auf Nichtigkeit n. RBerG versagt)
- Urteil des LG Berlin v. 08.03.2006, Az. 21 a O 145/05 (gegen Rückforderungsdurchgriff; keine Kausalität bei 3 Wochen)

- Urteil des LG Berlin v. 08.09.2005, Az. 4a O 436/05, (Gesellschafter-Geschäftsbesorger nimmt „eigene" Aufgaben wahr; daher kein Verstoß gegen RBerG)
- Beschluss des LG Berlin v. 23.04.2003 – Az. 10 O 606/02 – (Rahmenvertrag genügt nicht für § 9 VerbrKrG)
- Urteil des LG Berlin v. 20.02.2003, Az. 9 O 659/01, (kein Widerruf bei notarieller Beurkundung; kein EG-Verstoß; keine Gesamtbetragsangabepflicht bei LV-Darlehen, wenn keine Abhängigkeit)
- Urteil des LG Berlin v. 25.02.2002 – Az. 11 O 287/01 –, rechtskräftig
- Urteil des LG Berlin v. 17.11.1999 – Az. 22 O 316/99 –, WM 2000, 1484 m. Anm. Hanke WuB I E 2. § 4 VerbrKrG 1.01
- Beschluss des **LG Bochum** v. 29.07.2003, Az. 1 O 795/02 – WM 2003, 1609=ZIP 2003, 1437=NJW 2003, 2612=BKR 2003, 706, m. Anm. Westermann ZfIR 2003, 680; Lange EWiR § 1 HWiG a.F. 5/03; Edelmann BKR 2003, 710; Staudinger GPR 2003, 21; Deutsch, NJW 2003, 2881 (Vorlagebeschluss an EuGH wegen der vermeintlich ungerechten Rechtsfolgen bei Widerruf eines Realkredits nach HWiG)
- Urteil des **LG Bonn** v. 12.11.2004, Az. 3 O 190/04, ZIP 2004, 2276 m. Anm. Wolf, EWiR § 4 VerbrKrG 1/05, 233 (Kosten für KapitalLV nicht in Effektivzinssatz)
- Urteil des LG Bonn v. 05.09.2003, Az. 3 O 622/02, ZfIR 2003, 941 m. Anm. Lang, ZfIR 2003, 945 u. Madaus EWiR § 134 BGB 1/04, 365 (Vollstreckung trotz Verstoßes gegen RBerG aus Grundschuld möglich wegen § 242 BGB; kein verbundenes Geschäft bei längeren Zeitspannen)
- Urteil des LG Bonn v. 17.04.2002 – Az. 1 O 370/01 –, ZIP 2002, 981=BKR 2002, 596 m. Anm. Derleder, EWiR § 2 HWiG a.F. ½, 629 u. Lange, WuB IV D. § 2 HWiG 1.03 (Erlöschen des HWiG-Widerrufsrechts nach § 2 HWiG innerhalb eines Monats trotz Verstoßes gegen EG-Recht)
- Urteil des **LG Braunschweig** v. 20.05.2005, Az. 5 O 3147/04, WM 2006, 319 (Prolongation keine Genehmigung)
- Urteil des LG Braunschweig v. 06.10.2003, Az. 2 O 950/03, BKR 2003, 984 (Verstoß gegen RBerG trotz Tätigwerdens eines RA bei SteuerGes.)
- Urteil des LG Braunschweig vom 03.05.1996 – Az. 5 O 345/95 –, *WM 1997*, 111 m. Anm. Ott WuB I G 1.-10.97 – Vorinstanz zu OLG Braunschweig WM 98, 1223
- Urteil des **LG Bremen** v. 12.09.2002, Az. 7 O 2004/01, BKR 2002, 952 wie Urt. v. 29. 07. 02.

- Urteil des LG Bremen v. 02.07.2002 – Az. 8 O 2420/00 –, WM 2002, 1450 m.zust. Anm. Lange, WuB IV D. § 1 HWiG 3.02 (Ewiger Widerruf nach HWiG bei Realkreditverträgen trotz wirksamer Widerrufsbelehrung nach VerbrKrG, Anwendbarkeit des § 9 VerbrKrG analog teleologische Reduktion von § 3 Abs. 2 Nr. 2 VerbrKrG)

- Urteil des LG Bremen v. 14.03.2000 – Az. 1 O 2761/97 – ZIP 2000, 1382 m. Anm. Wissmann, EWiR § 278 BGB 1/2000, 1003 (Haftung des Treuhänders und Kommanditisten)

- Urteil des LG Bremen v. 21.01.1999 – Az. 6 O 2766/97 –, WM 1999, 847 ff m. Anm. Martens, WuB I G 5.-5.99

- Urteil des **LG Chemnitz** v. 30.09.1998, – Az. 12 O 2670/98 –, NJW 1999, 1193 = WM 1999, 1010 m. Anm. Bydlinski, EWiR § 4 VerbrKrG 2/99, 473 u. Rösler WuB I E 2. § 4 VerbrKrG 1.99

- Urteil des **LG Coburg** v. 29.12.2005; – Az. 11 O 250/05 –, WM 2006, 1770 ff (keine Kausalität der Haustürsituation für Kreditvertragsabschluss bei eindringlicher Belehrung über das Widerrufsrecht für das Hauptgeschäft)

- Urteil des LG Coburg v. 17.12.1999 – Az. 12 O 291/99

- Urteil des **LG Cottbus** v. 13.12.2000 – Az. 5 O 292/00 (Verstoß gegen das RBerG – ja –, Auswirkungen auf Vollmacht – ja –)

- Urteil des **LG Darmstadt** v. 22.10.2002, Az. 4 O 29/02; Verstoß gegen RBerG; Nichtigkeit der Vollmacht – ja –; kein Schutz nach §§ 172, 173 BGB

- Urteil des LG Darmstadt v. 30.08.2001 – Az. 307/00 (Haftung der Bank – ja –; Zurechnung nach § 278 BGB – ja)

- Urteil des LG Darmstadt v. 21.11.2000 – Az. 8 O 351/99 (Vollstreckungsabwehrklage)

- Urteil des LG Darmstadt v. 03.05.2000 – Az. 9 O 337/99, VerbrKrG-Fall

- Beschluss des LG Darmstadt v. 10.02.2000 – Az. 2 O 64/00 – (Verwirkung des Widerrufs nach HWiG)

- Urteil des LG Darmstadt v. 20.12.1999 – Az. 10 O 120/99 –, ZfIR 2000, 115 (Haftung des Vermittlers trotz Prospektaushändigung)

- Urteil des **LG Deggendorf** v. 18.01.2006, Az. 2 O 823/04, WM 2006, 770 (Unterbrechung der Kausalität bei HWiG nach 1 Monat und vorheriger notariellen Beurkundung d. Kaufverträge; EuGH-Urteil v. 25.10.2005, lediglich Handlungsauftrag an Gesetzgeber)

- Urteil des **LG Dortmund** v. 06.01.2006, Az. 3 O 176/05 ZIP 2006, 385 – Leitsatz – (Verwirkung von Ansprüchen bei abgelösten Darlehen)

- Urteil des **LG Essen** v. 02.11.2001 – Az. 3 O 551/00 (Vollstreckungsabwehrklage; Schuldanerkenntnis wegen §§ 3, 9 AGBG unwirksam)
- Urteil des **LG Ellwangen** v. 04.05.2004 – Az. 3 O 210/03
- Urteil des LG Ellwangen v. 06.02.2001 – Az. 4 O 112/00 (Verstoß gegen RBerG – ja – aber §§ 172, 173 BGB; Verstoß gegen VerbrKrG – ja – aber § 6 VerbrKrG)
- Urteil des LG Ellwangen v. 26.01.2001 – Az. 3 O 223/00 (Verstoß gegen RBerG offengelassen wegen BGH NJW 98, 1955)
- Urteil des LG Ellwangen v. 15.05.1998 – Az. 2 O 618/97 –, WM 1999, 129 m. Anm. Bruchner WuB I G 5.-3.99
- Urteil des **LG Flensburg** v. 05.03.2003 – Az. 3 O 199/02 – (Rückforderungsdurchgriff – ja; verbundenes Geschäft – ja)
- Urteil des LG Flensburg v. 08.03.2001, Az. 3 O 235/99 (wie Urt. v. 05.03.2003)
- Urteil des **LG Frankfurt** v. 03.11.2006, Az. 2/12 O 98/96 (kenntnisunabhängige Verjährung bei Schadensersatzansprüchen bei ImmoFinanzierung)
- Urteil des LG Frankfurt v. 29.09.2006, Az. 2-27 O 356/05 (Zeichnungsscheinvollmacht wirksam; kein Widerruf der Vollmacht nach HWiG)
- Urteil des LG Frankfurt v. 13.07.2006, Az. 2/25 O 479/05 (ähnlich wie Urteil v. 29.09.2006)
- Beschluss des LG Frankfurt v. 29.06.2006, Az. 2-14 O 105/06 (ähnlich wie Urteil v. 29.09.2006)
- Urteil des LG Frankfurt v. 12.06.2006, Az. 2-26 O 346/04 (ähnlich wie Urteil v. 29.09.2006)
- Urteil des LG Frankfurt v. 02.06.2006, Az. 2-05 O 480/05 (ähnlich wie Urteil v. 29.09.2006)
- Urteil des LG Frankfurt v. 12.12.2005, Az. 2-25 O 532/04 (zur Wirksamkeit einer Nachtragsvereinbarung)
- Urteil des LG Frankfurt v. 22.09.2006, Az. 2-20 O 355/05 (Zeichnungsscheinsvollmacht wirksam; kein Widerruf der Vollmacht nach HWiG)
- Urteil des LG Frankfurt v. 16.11.2004, Az. 2-12 O 232/04
- Urteil des LG Frankfurt v. 24.10.2003, Az. 2-14 O 70/03 (Verstoß gegen RBerG – ja – aber Rechtsscheinshaftung wegen Übersendung unterschiedlicher unterzeichneter Unterlagen; Verstoß auch bei Steuerberatungsgesellschaft nicht erkennbar)

IV. Neue landgerichtliche Entscheidungen 235

- Urteil des LG Frankfurt v. 04.03.2002 – Az. 2/10 O 106/01 –, (EuGH-Entscheidung nicht anwendbar, weil nur bei enger Haustürsituation)
- Urteil des LG Frankfurt v. 09.01.2002 – Az. 2-30 O 372/00 (richtlinienkonforme Auslegung des § 5 Abs. 2 HWiG u. § 3 Abs. 2 Nr. 2 VerbrKrG – ja –; keine analoge Anwendung v. § 7 VerbrKrG; keine Verwirkung)
- Urteil des LG Frankfurt v. 20.12.2001 – Az. 2-14 O 940/00
- Urteil des LG Frankfurt v. 12.11.2001 – Az. 2-21 O 224/01
- Urteil des LG Frankfurt v. 25.10.2001 – Az. 2-14 O 788/00
- Urteil des LG Frankfurt v. 13.08.2001 – Az. 2-21 O 94/01, Berufung unter Az. 9 U 170/01 (Verstoß gegen RBerG – ja – ohne Eingehen auf §§ 172, 173 BGB; Aufklärungspflichtverletzung – ja –)
- Urteil des LG Frankfurt v. 17.05.2001 – Az. 2-14 O 798/00
- Urteil des LG Frankfurt v. 04.05.2001 – Az. 2-19 O 344/00
- Urteil des LG Frankfurt v. 22.01.2001 – Az. 2-22 O 296/00 –, WM 2003, 631 (Bei Darlehensgewährung an GbR nur Anspruch der GbR auf Schadensersatz und nicht auch der Kreditnehmer/Anleger)
- Urteil des LG Frankfurt v. 18.01.2001 – Az. 14 O 711/00, rechtskräftig, vgl. Beschluss des OLG Hamm v. 11.06.2001 – Az. 31 U 134/00
- Urteil des LG Frankfurt v. 21.12.2000 – Az. 14 O 599/00
- Urteil des LG Frankfurt v. 03.11.2000 – Az. 2-25 O 194/00 (Aufklärungspflichtverletzung – nein – , Zurechnung – nein – , Verstoß gegen § 4 VerbrKrG u. RBerG – nein, wegen §§ 172, 173 BGB u. § 6 VerbrKrG)
- Urteil des LG Frankfurt v. 30.10.2000 – Az. 14 O 66/00
- Urteil des LG Frankfurt v. 24.10.2000 – Az. 2-19 O 88/00
- Urteil des LG Frankfurt v. 29.09.2000 – Az. 2-22 O 166/99, Revision beim BGH unter Az. XI ZR 322/01 (Rückabwicklung wegen Lebensversicherungsproblematik; Haftung wegen mangelnder Aufklärung – ja –)
- Urteil des LG Frankfurt v. 04.09.2000 – Az. 2/25 O 248/99 – (Aufklärungspflicht – nein –; Pflichtangaben – nein –)
- Urteil des LG Frankfurt v. 08.08.2000 – Az. 2/25 O 263/99 –; bestätigt durch OLG Frankfurt, Urteil v. 25.04.2001 – Az. 9 U 178/00
- Urteil des LG Frankfurt v. 13.07.2000 – Az. 18 O 29/00
- Urteil des LG Frankfurt v. 08.06.2000 – Az. 2-19 O 131/99 –, WM 2001, 257 m. Anm. van Look, WuB I G 5.-9.01 (Innenprovision, Geschäftliche Unerfahrenheit; Provision als Pflichtangabe gem. VerbrKrG)

- Urteil des LG Frankfurt v. 03.04.2000 – Az. 2/140 328/99
- Urteil des LG Frankfurt v. 09.03.2000 – Az. 2/22 O 118/99 – (Aufklärungspflicht – ja – wegen Innenprovision)
- Urteil des LG Frankfurt v. 30.11.1999 – Az. 2/22 O 312/99 –, WM 2000, 301 = DB 2000, 316 m. Anm. Edelmann DB 2000, 319 u. Vortmann WuB I G 5.-9.00, aufgehoben durch Urteil des OLG Frankfurt v. 30.08.2000 – Az. 9 U 6/00 –, EWiR § 4 VerbrKrG 3/2000, 1175 m. Anm. Sauer (Pflichtangaben nach § 4 VerbrKrG – ja –)
- Urteil des LG Frankfurt v. 09.11.1999 – Az. 2/14 O 45/99
- Urteil des LG Frankfurt v. 18.10.1999 – Az. 2/14 0 85/99
- Urteil des **LG Freiburg** v. 04.08.2005, Az. 1 O 232/05, WM 2005, 2090 m. Anm. van Gelder WuB I E 1.-1.06 auch zu LG Göttingen u. LG Mainz (Rückzahlung des Darlehens allein durch Ablaufleistung LV, wenn Vereinbarung an „Erfüllung Statt" erfolgte, was regelmäßig nicht anzunehmen ist)
- Urteil des LG Freiburg v. 28.03.2002, Az. 2 O 463/99 m. Anm. Kulke, EWiR § 9 VerbrKrG 2/03, 1265 (Rückabwicklung eines realkreditfinanzierten ETW-Erwerbs – verbraucherfreundlich, jedoch überholt durch BGH-Rechtsprechung)
- Urteil des LG Freiburg v. 23.08.2001 – Az. 1 O 192/01 (Haftung – nein –)
- Urteil des LG Freiburg v. 14.03.2000 – Az. 1 O 57/99
- Beschluss des LG Freiburg v. 16.03.1999, – Az. 5 O 404/98 –, BB 1999, 1727 m. Anm. Edelmann BB 1999, 1727 u. Krüger VuR 1999, 273
- Urteil des **LG Fulda** v. 03.06.2002 – Az. 2 O 513/01 – (§ 5 Abs. 2 HWiG bei Personalkrediten nicht auslegungsfähig; jedenfalls verfristet)
- Urteil des **LG Gera** v. 28.05.2003 – Az. 2 O 400/03 – (Genehmigung bei Verstoß gegen RBerG durch nachträgliche Unterzeichnung der Widerrufsbelehrung)
- Urteil des **LG Gießen** v. 01.06.2006, Az. 4 O 548/05 (Kein Verbundgeschäft bei Kreditgewährung zur freien Verfügung und Auszahlung auf Girokonto des DN)
- Beschluss des **LG Göttingen** v. 08.06.2005, Az. 2 O 422/05, WM 2005, 2092 (Tilgung Darlehen durch LV nur ausnahmsweise bei Vereinbarung an Erfüllungs statt)
- Urteil des LG Göttingen v. 16.05.2002 – Az. 2 O 262/02 – Vollstreckungsabwehrklage – Verstoß gegen RBerG – ja –; Durchschlagwirkung der Nichtigkeit auf Vollmacht – ja –; Vertrauensschutz – nein

- Urteil des **LG Halle**, Urteil v. 13.05.2006, Az. 1 S 28/05, BB 2006, 1817 (Nichtigkeit des Musters für Widerrufsbelehrung aus BGB-Info-Verordnung)
- Urteil des **LG Hamburg** v. 27.01.2005, Az. 309 O 357/03, WM 2005, m. Anm. Bülow, WuB I E 2. § 9 VerbrKrG 3.051026 (kein verbundenes Geschäft beim Fondsbeitritt, wenn Kreditformulare für jedermann zum Herunterladen von der Bank im Internet angeboten wurden)
- Urteil des LG Hamburg v. 05.12.2002 – Az. 327 S 112/02 – (kein Gutglaubensschutz der Bank nach §§ 172, 173 BGB)
- Urteil des LG Hamburg v. 13.11.2002 – Az. 304 O 94/01 –, BKR 2003, 32 (verbundene Geschäfte trotz Realkreditvertrag)
- Urteil des LG Hamburg v. 22.08.2002, Az. 321 O 134/02; (Erwerb von Bruchteilseigentum, Treuhandvertrag nichtig wegen Verstoßes gegen RBerG; dies ist Einwand i.S.v. § 9 VerbrKrG; Rückforderungsdurchgriff)
- Urteil des LG Hamburg v. 26.03.2002, Az. 322 O 102/01, (Fehlende Schriftform nach VerbrKrG wegen verspäteter Annahme)
- Urteil des LG Hamburg v. 21.02.2002 – Az. 332 O 286/01 – KG-Beteiligung – (verbundenes Geschäft; Durchschlagwirkung des Widerrufs auf KG-Beteiligung; kein Zug um Zug)
- Urteil des LG Hamburg v. 29.08.2000 – Az. 328 O 175/99
- Urteil des LG Hamburg v. 04.07.2000 – Az. 312 O 6/00
- Urteil des LG Hamburg v. 23.06.2000 – Az. 324 O 510/99
- Urteil des LG Hamburg v. 13.01.2000 – Az. 31 O O 205/99
- Urteil des LG Hamburg v. 02.09.1997, – Az. 322 O 138/97 – (Zurechnung der Erklärungen des Vermittlers – ja –; Haftung der Bank wegen Nichtaufklärung über LV-Darlehen – ja –)
- Urteil des **LG Hanau** v. 20.07.2000 – Az. 7 O 1419/99
- Urteil des LG Hanau v. 15.04.1998, – Az. 4 O 1340/97
- Urteil des **LG Hannover** v. 04.08.2005, Az. 3 O 455/04 WM 2006, 89 (Tilgung durch LV im Zweifel nur erfüllungshalber)
- Urteile des **LG Hechingen** v. 14.11.2001 – Az. 1 O 202/00 – und vom 20.11.2001 – Az. 1 O 311/01 (Kein Verstoß gegen RBerG und im Übrigen §§ 172, 173 BGB; keine Anhaltspunkte für Haftung der Bank)
- Urteil des LG Hechingen v. 30.12.1999, – Az. 2 O 50/99 –, WM 2000, 818 m. Anm. van Look WuB I E 2.94 VerbrKrG 4.00 (Pflichtangaben nach § 4 VerbrKrG – nein –; Berufung auf Formmangel Verstoß gegen § 242 BGB)

- Urteil des **LG Heidelberg** v. 26.08.2003 – Az. 2 O 178/03 – (Verstoß gegen RBerG – ja – aber Rechtsscheinsgrundsätze Duldungs- und Anscheinsvollmacht)
- Urteil des LG Heidelberg v. 01.04.1999 – Az. 10 206/98 –, m. Anm. Streit, EWiR § 4 VerbrKrG 3/99, 573, aufgehoben durch OLG-Karlsruhe Urteil v. 29.03.2000, – Az. 1 U 101/99 –, WM 2000, 1996
- Urteil des **LG Heilbronn** v. 09.11.1999 – Az. 6 O 1035/99 – (wirtschaftliche Einheit nach HWiG – nein –)
- Urteil des LG Heilbronn v. 18.07.2002 – Az. 6 O 2170/01 – (Verstoß gegen RBerG – ja –, nicht rechtskräftig)
- Urteil des LG Heilbronn v. 06.04.2006, Az. 6 O 387/05 Ha (Kausalitätsunterbrechung – bei 5 Wochen sowie bei not. Beurk. des Fondsbeitritts; Berücksichtigung der Verjährung beim Rückforderungsdurchgriff)
- Urteil des LG Heilbronn v. 24. 07. 2003, Az. 6 O 82/03 Sc (umfassend begründetes Urteil)
- Urteil des **LG Hof** v. 02.12.2003, Az. 11 O 301/03 (Verrechnung von Nutzungsentgelt + Zinsrückzahlung)
- Urteil des **LG Koblenz** v. 26.01.2006, Az. 3 O 348/05 (§ 2 Abs. 1 S. 4 HWiG; vollständige Erfüllung bei Verbundgeschäft zwischen Kredit und Fondsbeteiligung erst bei Beendigung beider Geschäfte; daher HWiG auch bei abgelösten Darlehen)
- Urteil des LG Koblenz v. 08.02.2002 – Az. 13 O 227/00 – (Vollstreckungsabwehrklage begründet, weil Vollmacht nach RBerG nichtig u. §§ 172, 173 BGB bei prozessualer Unterwerfungserklärung nicht greift)
- Urteil des **LG Köln** v. 30.08.2005, Az. 3 O 595/04 (Anwendbarkeit § 3 Abs. 2 VerbrKrG; Heilung nach § 6 VerbrKrG; Zeichnungsscheinvollmacht ausreichend i.S.v. RBerG)
- Urteil des LG Köln v. 14.07.2005, Az. 29 O 446/01
- Urteil des LG Köln v. 24.01.2002 – Az. 2 O 99/99 (vgl. Beschluss OLG Köln v. 15. Januar 2003 – Az. 13 U 73/02)
- Urteil des LG Köln v. 25.05.2001 – Az. 16 O 219/00 (Verstoß gegen RBerG – ja –; Auswirkung auf Vollmacht – ja)
- Urteil des LG Köln v. 08.06.2000 – Az. 20530/99 – (Vollmacht)
- Urteil des LG Köln v. 14.05. 1999 – Az. 22 O 552/98
- Urteil des **LG Konstanz** v. 19.09.2006, Az. 2 O 127/06 (zur Wirksamkeit der Nachtragsvereinbarung)

IV. Neue landgerichtliche Entscheidungen

- Urteil des LG Konstanz v. 12.03.1999 – Az. 2 O 508/97
- Urteil des LG Konstanz v. 08.10. 1999 – Az. 4 O 60/99
- Urteil des LG Konstanz v. 23.06.1999 – Az. 5 O 361/98
- Urteil des LG Konstanz v. 27.02.2004, Az. 3 O 291/03 D (Bereicherungsrechtlicher Anspruch der Bank trotz Verstoßes gegen das RBerG, wenn Zahlungsanweisung gem. §§ 172, 173 BGB zurechenbar)
- Urteil des **LG Landau i.d. Pfalz** v. 23.06.2005, Az. 4 O 824/02 (Empfang des Darlehens trotz verbundenen Geschäfts)
- Urteil des **LG Landshut** v. 26.02.2003 – Az. 23 O 1123/02 – (Widerruf nach HWiG – ja –; Zurechnung – ja –; verbundenes Geschäft – ja –; Securenta-Rechtsfolge)
- Urteil des **LG Leipzig** v. 14.03.2001 – Az. 10 O 3994/00 – (keine Auswirkungen des Verstoßes gegen RBerG wegen §§ 172, 173 BGB u. konkludente Genehmigung; Aussage „bankgeprüft" irrelevant)
- Urteil des LG Leipzig v. 20.08.2000 – Az. 7 O 8490/99
- Urteil des **LG Lüneburg** v. 12.12.2002, Az. 4 O 127/02 – (Rückforderungsdurchgriff – ja; verbundenes Geschäft – ja)
- Beschluss des **LG Mainz** v. 20.05.2005, Az. 6 S 30/05, WM 2005, 2093 (Tilgung Darlehen durch LV nur bei Vereinbarung an Erfüllungs statt)
- Urteil des **LG Mannheim** v. 07.10.2005, Az. 4 O 32/05 (Fristbeginn für Verjährung errechnet sich nach altem Recht; Verjährung 31.12.2004)
- Urteil des LG Mannheim v. 30.09.2005, Az. 8 O 188/05, WM 2005, 1698/1701 (Verjährung von Zinsrückzahlungen in 4 Jahren)
- Urteil des LG Mannheim v. 18.12.2003, Az. 2 O 270/02, (Berufung auf Unwirksamkeit der Vollmacht wegen RBerG; Verstoß gegen Treu und Glauben)
- Urteil des LG Mannheim v. 24.10.2003, Az. 7 O 47/03 (Anspruch aus § 812 BGB bei Verstoß gegen das RBerG)
- Urteil des LG Mannheim v. 24.02.2003, (Verstoß gegen RBerG – ja –; keine Genehmigung durch nachträgliche Unterschrift; Verjährung des Anspruchs auf Rückzahlung gezogener Nutzungen; § 812 BGB Anspruch der Bank, weil Zahlungsanweisung dem KN zurechenbar; kein Verbundgeschäft)
- Urteil des LG Mannheim v. 14.02.2003, Az. 8 O 272/02, (Durchschlag der Nichtigkeit des Geschäftsbesorgungsvertrages auf Vollmacht; kein Wertersatz nach § 812 BGB trotz Wirksamkeit des Beitritts zur Gesellschaft)

- Urteil des LG Mannheim v. 23.01.2003, Az. 3 O 403/00, (Kein Gutglaubensschutz bei Verstoß gegen RBerG)
- Urteil des LG Mannheim v. 11.10.2002, Az. 9 O 76/01; m. Anm. Frisch, EWiR Art. 1 § 1 RBerG 2/03, 35 (Grundsätze über die Rechtsscheinshaftung bei Verstoß gegen RBerG – nein –; auch nicht §§ 172, 173 BGB)
- Urteil des LG Mannheim v. 03.07.2002 – Az. 8 O 8/02 – (§ 5 Abs. 2 HWiG bei Personalkrediten nicht auslegungsfähig; jedenfalls Verfristung)
- Urteil des LG Mannheim v. 23.05.2002 – Az. 2 O 294/01 – (Widerruf des DV nach HWiG trotz fehlerfreier Belehrung nach VerbrKrG; Rechtsfolgen Securenta-Entscheidung)
- Urteil des LG Mannheim v. 11.07.2000 – Az. 2 O 112/00
- Urteil des LG Mannheim vom 29.07.1999 – Az. 3 O 37/99 –, BB 1999, 2049 m. Anm. Edelmann, BB 1999, 2050 ff u. Balzer EWiR § 4 VerbrKrG 1/2000, 49; durch Urteil des OLG Karlsruhe v. 17.10.2000 – Az. 17 U 206/99 – aufgehoben (Vollmachtsproblematik)
- Urteil des LG Mannheim v. 11.03.1999 – Az. 3 O 323/98
- Urteil des **LG Meiningen** v. 09.05.2001 – Az. 3 O 816/99 – (Verstoß gegen das RBerG – nein – weil steuerlich orientierte Tätigkeit)
- Urteil des LG Meiningen v. 30.08.2000 – Az. 2 O 149/00 –; aufgehoben durch OLG Thüringen Urteil v. 14.08.2001 – Az. 5 U 1351/00 – (Immobilienfonds; verbundenes Geschäft – ja –)
- Urteil des LG Meiningen v. 12.04.2000 – Az. 2 O 1120/99
- Urteil des **LG Memmingen** v. 30.01.2002 – Az. 3 O 272/01 (rechtzeitige Annahme; kein verbundenes Geschäft; keine Haustürsituation; keine Zurechnung von Verhalten der Vermittler im Rahmen des HWiG; Überlassung von DV-Formularen irrelevant; kein Missverhältnis; kein Anspruch gegen Fonds im Zusammenhang mit den Grundsätzen über die fehlerhafte Gesellschaft)
- Urteile des **LG München** v. 20.04.2006, Az. 22 O 23951/05 u. 22 O 23953/05 (RBerG-Problematik)
- Urteile des LG München v. 06.04.2006, Az. 22 O 21179/05; 22 O 22267/05; 22 O 21178/05; 22 O 21180/05; 22 O 21181/05 (RBerG-Problematik)
- Urteil des LG München v. 15.05.2003, Az. 22 O 305/03, BKR 2003, 806 m. Anm. Frisch EWiR § 3 HWiG a.F. 6/03, 1253 (Widerruf von Personalkreditverträgen bei nach HWiG – ja –; großzügige Zurechnung der HWiG-Situation)
- Urteil des LG München v. 09.08.2002 – Az. 14 O 5452/00

IV. Neue landgerichtliche Entscheidungen 241

- Urteil des LG München v. 07.11.2001 – Az. 25 O 631/02 –; Az. Berufung 17 U 7580/01, BKR 2002, 230 m. Anm. v. Heymann/Annertzok BKR 2002, 234 (keine richtlinienkonforme Auslegung der § 5 Abs. 2 HWiG u. § 3 Abs. 2 Nr. 2 VerbrKrG)

- Urteil des LG München v. 29.03.2000 – Az. 25 O 3908/99

- Urteil des LG München v. 22.02.2000 – Az. 4 O 6202/99 –, WM 2000, 1101 ff

- Urteil des LG München v. 20.01.2000 – Az. 6 O 10218/99 –, WM 2000, 820 m. Anm. van Look WuB I E 2. § 4 VerbrKrG 4.00 (Vollmachtsproblem; Heilung nach § 6 Abs. 2 VerbrKrG – ja – Genehmigung möglich)

- Urteil des LG München v. 17.10.2000 – Az. 29 O 9147/00 (Pflichtangaben in Vollmacht – nein –, Verpflichtung trifft nur Darlehens G; Innenprovision nicht aufklärungsbedürftig)

- Urteil des LG München v. 08.02.1999 – Az. 29 O 15562/98 –, WM 1999, 321 m. Anm. Steinhauer EWiR 94 VerbrKrG 1/99, 277 u. Rösler WuB I E 2. § 4 VerbrKrG 1.99

- Urteil des LG München I v. 29.02.2000 – Az. 3 O 14004/99 –, WM 2000, 1488 m. Anm. Hanke WuB I E 2. § 4 VerbrKrG 1.01

- Urteil des **LG Münster** v. 17.05.2000 – Az. 4 O 496/99

- Urteil des **LG Nürnberg-Fürth** v. 23.12.2003, Az. 6 O 7168/02 (kein Verstoß gegen RBerG)

- Urteil des LG Nürnberg-Fürth v. 14.08.2003 – Az. 10 O 2220/03 – (Verstoß gegen RBerG – ja – aber Grundsätze der Duldungsvollmacht)

- Urteil des LG Nürnberg-Fürth v. 14.12.2000 – Az. 10 O 8306/99 (Aufklärungspflicht – nein –; Zurechnung – nein –)

- Urteil des LG Nürnberg-Fürth v. 30.11.2000 – Az. 10 O 1712/00 (Pflichtangaben – nein –; §§ 172, 173 BGB – ja –, Genehmigung bei VerbrKrG u. RBerG – ja –; Aufklärungspflicht – nein –)

- Urteil des LG Nürnberg-Fürth v. 09.11.2000 – Az. 10 O 2225/00 (Vollmachtsproblem, Pflichtangaben – nein – und Hinweis auf §§ 172, 173 BGB u. § 242 BGB; Einwendungsdurchgriff – nein – weil kein verbundenes Geschäft)

- Urteil des LG Nürnberg-Fürth v. 09.11.2000 – Az. 10 O 9597/99 (Aufklärungspflichtverletzung – nein – auch bei Innenprovision; Einwendungsdurchgriff – nein – weil kein verbundenes Geschäft)

- Urteil des LG Nürnberg-Fürth v. 17.08.2000 – Az. 10 O 4637/00, WM 2000, 2153

- Urteil des LG Nürnberg-Fürth v. 29.04.1999 – Az. 10 O 9840/98 –, WM 1999, 1485
- Urteil des **LG Oldenburg** v. 15.02.2006, Az. 9 O 3868/05 WM 2006, 1250 m. Anm. Assies WuB IV A. § 364 BGB 2.06 (Tilgung durch LV im Zweifel nur erfüllungshalber)
- Urteil des LG Oldenburg v. 23.01.2004, Az. 2 O 612/03 (Widerruf – ja –; Securenta – ja – ohne Begründung)
- Urteil des **LG Osnabrück** v. 12.10.2004, Az. 7 O 764/04 (RBerG-Problematik vom „Vergleich" nicht erfasst)
- Beschluss des **LG Paderborn** v. 06.02.2001 – Az. 4 O 435/00 (Verwirkung des Widerrufsrechts nach HWiG)
- Urteil des LG Paderborn v. 14.03.2001 – Az. 4 O 435/00, ZIP 2001, 1002 m. Anm. Strube, EWiR § 5 HWiG 1/01, 1059; Berufung OLG Hamm – Az. 31 U 72/2001 – mdl. Verhandlung am 17.04.2002 (Verwirkung des Widerrufsrecht in „Neufinanzierungsfällen)
- Urteil des **LG Passau** v. 19.05.2006, Az. 4 O 1229/05
- Urteil des **LG Potsdam** v. 19.11.2003, Az. 8 O 186/03, (Duldungsvollmacht wegen „Bonitätsunterlagen" trotz BGH-Urteil v. 25.03.1983; § 9 VerbrKrG auf Fonds trotz BGH-Urteil v. 21.07.2003 nicht anwendbar)
- Urteil des LG Potsdam v. 09.02.1998 – Az. 32 O 472/97 – , WM 1998, 1235 m. Anm. Peters/Scharnewski WuB I E 2. § 4 VerbrKrG 4.98 u. Vortmann E-WiR § 4 VerbrKrG 2/98, 763
- Urteil des **LG Ravensburg** v. 29.01.2004, Az. 2 O 328/03, WM 2004, 1033 m. Anm. Buck WuB IV D. § 5 HWiG 1.04 (trotz verbundenem Geschäft Widerruf nach VerbrKrG verfristet; § 7 VerbrKrG und § 5 Abs. 2 HWiG nicht richtlinienkonform auslegungsfähig)
- Urteil des LG Ravensburg v. 28.05.2003 – Az. 2 O 395/02 – (keine Zurechnung der Haustürsituation)
- Urteil des LG Ravensburg v. 13.03.2003, Az. 6 O 389/02 (§§ 172, 173 BGB nicht anwendbar bei RBerG)
- Urteil des **LG Saarbrücken** v. 08.12.2005, Az. 3 O 375/04 (Treuhänder als RA genügt; Abschluss neuer DV führt zu Verstoß gegen § 242 BGB)
- Urteil des **LG Schwerin** v. 25.02.2004, Az. 7 O 357/03 (RBerG – Anscheinsbeweis bei Dokumentation des Erhalts von Unterlagen)
- Urteil des LG Schwerin v. 14.03.2002 – Az. 7 O 60/01 –, (Gleichbehandlung von HWiG und VerbrKrG-Fällen)

- Urteil des LG Schwerin v. 25.02.2002, Az. 7 O 288/03 (Grundsätze über Anscheins- und Duldungsvollmacht auch bei RBerG-Verstoß anwendbar u. guter Glaube wegen „aktivem" Miwirken; kein Einwendungsdurchgriff bei Fondsbeteiligung mangels Austauschvertrages)
- Urteil des **LG Stuttgart** v. 27.07.2005, Az. 8 O 619/04 (kein Rückforderungsdurchgriff bei abgelösten Fällen im Hinblick auf nicht an Vertragspartner gezahlte Beträge)
- Urteil des LG Stuttgart v. 14.06.2005, Az. 8 O 627/04 (Ablehnung des Kausalzusammenhangs zwischen Prospektfehler und Anlageentscheidung)
- Urteil des LG Stuttgart v. 23.05.2005, Az. 21 O 26/05 (Kein Rückforderungsdurchgriff bei abgelösten Darlehen)
- Urteil des LG Stuttgart v. 18.05.2005, Az. 14 O 69/05 (Dynamisierungsproblem)
- Urteil des LG Stuttgart v. 19.04.2005, Az. 8 O 717/04 (Nachbelehrungsfall)
- Urteil des LG Stuttgart v. 23.04.2004, Az. 8 O 380/03
- Urteil des LG Stuttgart v. 27.02.2004, Az. 8 O 523/03
- Urteil des LG Stuttgart v. 01.08.2003, Az. 8 O 132/03, (Rückabwicklung nach Securenta)
- Urteil des LG Stuttgart v. 13.12.2002, Az. 8 O 436/02 (Novation – ja –; kein verbundenes Geschäft bei Zweiterwerb)
- Urteil des LG Stuttgart v. 12.11.2002, Az. 7 O 152/02 (Beteiligung nach § 7 VerbrKrG unzureichend; keine Verwirkung; kein verbundenes Geschäft; unvollständige Angaben)
- Urteil des LG Stuttgart v. 30.08.2002, Az. 7 O 267/02 – rechtskräftig – BKR 2002, 52 (kein verbundenes Geschäft bei Realkreditverträgen u. ETW; Sicherheiten sichern auch Anspruch aus § 3 HWiG)
- Beschluss des LG Stuttgart v. 19.12.2001 – Az. 1 T 29/01 –; bestätigt durch OLG Stuttgart, Beschluss v. 02.05.2002 – Az. 8 W 108/02 – (Versagung der Umschreibung einer Vollstreckungsklausel wegen Unwirksamkeit der Vollmacht nach dem RBerG)
- Urteil des LG Stuttgart v. 29.06.2001 – Az. 8 O 527/00, ZfIR 2001, 916 m. Anm. Nittel, EWiR § 276 BGB 14/01, 1125 (Anlagevermittlerhaftung)
- Urteil des LG Stuttgart v. 19.01.2001 – Az. 15 O 277/99 – (Haftung der Bank – nein –)
- Urteil des LG Stuttgart v. 08.01.2001 – Az. 14 O 202/00 (Verstoß gegen RBerG – nein – wegen §§ 172, 173 BGB; Pflichtangaben in Vollmacht – nein –)

- Urteil des LG Stuttgart v. 29.12.2000 – Az. 18 O 437/00 (Einwendungsdurchgriff nach § 9 VerbrKrG; Problem der fehlerhaften Gesellschaft und die hiermit verbundenen Rechtsfolgen)
- Urteil des LG Stuttgart v. 28.12.2000 – Az. 19 O 202/00 (HWiG-Fall; Verjährung von Rückforderungsansprüche wegen erbrachter Zinszahlungen)
- Urteil des LG Stuttgart v. 08.12.2000 – Az. 24 O 389/00
- Urteil des LG Stuttgart v. 14.09.2000 – Az. 25 O 51/00 –, WM 2001, 140 m. Anm. Münscher WuB I G 5.-3.01; Berufung OLG Stuttgart, Urteil v. 09.07.2001 – Az. 6 U 148/00 – Revision XI ZR 300/01) (Einwendungsdurchgriff nach § 9 VerbrKrG; Problem der fehlerhaften Gesellschaft und die hier mit verbundenen Rechtsfolgen, sog. Durchsetzungssperre)
- Urteile des LG Stuttgart v. 24.08.2000 – Az. 16 O 66/99 –, 16 O 67/99 u. 16 O 68/99
- Beschluss des LG Stuttgart v. 26.06.2000 – Az. 18 O 105/00 mit Bestätigungsbeschluss des OLG Stuttgart v. 9. August 2000 – Az. 6 W 37/2000
- Urteil des LG Stuttgart v. 30.05.2000 – Az. 17 O 669/99 – (Aufklärungspflicht – ja – wegen Finanzierungsform)
- Urteil des LG Stuttgart v. 05.05.2000 – Az. 8 O 135/99
- Urteil des LG Stuttgart v. 23.03.2000 – Az. 7 O 296/99
- Urteil des LG Stuttgart v. 16.03.2000 – Az. 7 O 315/99 –, WM 2000, 1492
- Urteil des LG Stuttgart v. 11.02.2000 – Az. 22 O 134/99 –, WM 2000, 1103, m. Anm. Schönfelder WuB I G 5.-15.00 (Aufklärungspflicht – nein –; übliche Zinsen – ja –)
- Urteil des LG Stuttgart v. 13.01.2000 – Az. 17 O 250/99 –, WM 2000, 1388
- Urteil des LG Stuttgart v. 25.11.1999 – Az. 7 O 360/99 (Einwendungsdurchgriff bejaht)
- Urteil des LG Stuttgart v. 25.10.1999 – Az. 14 O 392/99
- Urteil des LG Stuttgart v. 10.08.1999 – Az. 17 O 70/99
- Urteil des LG Stuttgart v. 15.07.1999 – Az. 17 O 29/99
- Beschluss des LG Stuttgart v. 06.05.1999 – Az. 2 O 11/99
- Urteil des LG Stuttgart v. 13.04.1999 – Az. 21 O 19/99 – (Nachbelehrung nach HWiG u. VerbrKrG)
- Beschluss des LG Stuttgart v. 24.03.1999 – Az. 24 O 79/99 –, WM 1999, 1822 mit Ergänzungsbeschluss v. 12. 07. 1999 – Az. 24 O 79/99 m. Anm. Rösler WuB I G 5.-9.99

- Urteil des LG Stuttgart v. 08.12.1998 – Az. 7 O 340/98 –, m. Anm. Pfeiffer EWiR § 3 VerbrKrG 1/99, 187

- Urteil des **LG Tübingen** v. 30.01.2004, Az. 4 O 162/02 (Rückabwicklung nach BGH-Urteil v. 21.07.2003; Vertragszins maßgeblich; Verzinsung der Zahlung des Kreditnehmers i.H.v. 3,5 %)

- Urteil des LG Tübingen v. 16.12.2002, Az. 3 O 285/02, (HwiG-Problematik zu Lasten der Bank entschieden u. zwar wie früher OLG Stuttgart)

- Urteil des **LG Ulm** v. 28.02.2003 – Az. 3 O 568/01

- Urteil des LG Ulm v. 17.12.2002, Az. 2 O 499/01

- Urteil des LG Ulm v. 19.03.2002 – Az. 2 O 465/01 – (Anwendbarkeit des § 7 VerbrKrG trotz EuGH-Urteil)

- Urteil des LG Ulm v. 27. 07. 2001 – Az. 3 O 252/01 (fremdabgelöste Darlehen, Haftung der Bank §§ 823 II, 263 StGB – ja –)

- Urteil des LG Ulm v. 11.09.2000 – Az. 4 O 190/00; Verfahren ruht beim OLG Stuttgart – Az. 6 U 4/01 (Haftung der Bank – ja – wegen divergierender Laufzeit zwischen Darlehen und LV)

- Urteil des LG Ulm v. 11.02.2000 – Az. 3 O 346/99 –, WM 2000, 825 m. Anm. Münschen WuB I G 5.-10.00

- Urteil des **LG Wiesbaden** v. 02.10.2003, Az. 2 O 253/02 (Vergleichsabschluss wirksam; keine Anfechtung des Vergleichs und kein Widerruf nach HWiG u. VerbrKrG)

- Urteil des **LG Würzburg** v. 20.03.2006, Az. 22 O 3046/05

- Urteil des LG Würzburg v. 15.03.2000 – Az. 11 O 1823/99

- Urteil des LG Würzburg v. 14.12.1999 – Az. 14 O 322/99

- Urteil des LG Würzburg v. 07. 07. 1999 – Az. 24 O 2461/98

VI. Neue amtsgerichtliche Entscheidungen

- Urteil des **AG Bad Oeynhausen** v. 29.01.2001 – Az. 18 C 215/00

- Urteil des **AG Brühl** v. 03.12.2002, Az. 21 C 487/02, (Gesamtbetragsproblematik zu Lasten der Bank)

- Urteil des AG Brühl v. 22.06.1999 – Az. 21 C 560/98 –; bestätigt durch LG Köln, Urteil v. 2. Februar 2000 – Az. 13 S 216/99 – (Vollmacht)

- Urteil des AG Brühl v. 22.06.1999 – Az. 21 C 546/98 –; bestätigt durch LG Köln, Urteil v. 2. Februar 2000 – Az. 13 S 227/99 – (Vollmacht)

- Urteil des **AG Hamburg-Altona** v. 27.06.2002 – Az. 317 C 90/02 – (kein Gutglaubenschutz nach §§ 172, 173 BGB oder Grundsätze der Rechtsscheinhaftung oder der Anscheins- und Duldungsvollmacht wegen Verstoßes gegen RBerG)

- Urteil des **AG Lehrte** v. 29.05.2001 – Az. 9 C 504/00 (keine Darlehensverpflichtung ersichtlich; Zahlungsanspruch – nein –)

- Urteil des **AG Lichtenfels** v. 28.02.2001 – Az. 1 C 422/00

- Urteil des **AG Neustadt a. Rbge** v. 16.11.2000 – Az. 50 C 903/00

- Urteil des **AG Vechta** v. 03.03.2004, Az. 11 C 1494/03 (kein Verstoß gegen RBerG, weil keine Rechtsberatung)

- Urteil des AG Vechta v. 22.01.2004, Az. 11 C 1147/03 (Anleger; Verstoß gegen RBerG – nein –, weil Steuerberatertätigkeit)

- Urteil des AG Vechta v. 15.04.2003, Az. 11 C 1642/02 (Rechtskraftdurchbrechung wegen EuGH-Urteil; Widerruf bejaht, obwohl Treuhänder unterschrieben hat und trotz § 3 Abs. 2 Nr. 2 VerbrKG – beide Gesichtspunkte wurden nicht angesprochen)

- Urteil des AG Vechta v. 06.03.2001, Az. 11 C 1582/00

- Urteil des **AG Waldbröl** v. 10.12.2001 – Az. 3 C 181/00

L. Literatur zur Bankenhaftung bei Immobilienfinanzierungen

Ahr, Zurechnung des Verhaltens von Finanz- und Immobilienvermittlern bei sogenannten Distanzgeschäften, VuR 2000, 263 ff

Althammer, Der Widerruf notariell beurkundeter Fondsbeitritte und die Modalitäten der Rückabwicklung, BKR 2003, 280 ff

Altmeppen, Die Publikums-Fonds-Gesellschaft und das Rechtsberatungsgesetz, ZIP 2006, 1 ff

Arnold/Bornemann von Loeben/Engel/Münscher/Ott/Schirp, Fehlgeschlagene Immobilien-kapitalanlagen, Finanz Colloquium 2004.

Artz/Balzer, Verbraucherkredite, insbesondere Immobilienanlagen, Forderungsübertragungen, insbesondere im Lichte von Bankgeheimnis und Datenschutz, Bericht über den Bankrechtstag am 1. 07. 2005 in Hamburg, WM 2005, 1451 ff

Artz, Die Neuregelung des Widerrufsrechts bei Verbraucherverträgen, BKR 2002, 603 ff

Artzt/Weber, Rechtsfolgen bei unzureichendem Tilgungsersatz durch Kapitallebensversicherungen bei endfälligen Darlehen, BKR 2005, 264 ff

Assmann/Wagner, Die Verjährung so genannter Altansprüche der Erwerber von Anlagen des freien Kapitalmarkts, NJW 2005, 3169 ff

Barnert, Die kreditgebende Bank in der Rechtsprechung des BGH zur Projektbeteiligungs- und Immobilienfinanzierung, WM 2004, 2002 ff

Baum/Reiter, Gesetzgeberischer Nachholbedarf für einen verbesserten Anlegerschutz, BKR 2002, 851

Becher, Zur wirtschaftlichen Einheit zwischen Realkreditvertrag und finanziertem Grundstückskauf, BKR 2002, 932 ff

Benedict, Überrumpelung beim Realkredit – Ideologie und Wirklichkeit im deutsch-europäischen Privatrecht, AcP 2006, 56 ff

Bertram, Die Anwendung des Einwendungsdurchgriffs gem. §359 BGB auf den Beitritt zu einer Publikumsgesellschaft, 2004

Böken, Aktuelle Rechtsprechung zur Gesellschafterhaftung und Fondsbeteiligung, DStR 2004, 558 ff

Brömmelmeyer, Fehlerhafte Treuhand? – Die Haftung der Treugeber bei der mehrgliedrigen Treuhand an Beteiligungen, NZG 2006, 529 ff

Bruchner, Die Bankenhaftung bei vermittelten Immobilienkrediten, ZfIR 2000, 677 ff

Bruchner, Bankenhaftung bei fremdfinanziertem Immobilienerwerb, WM 1999, 825 ff

Bülow, Einwendungsdurchgriff und Rückforderungsdurchgriff in neuer Sicht, WM 2004, 1257 ff

Bülow/Artz, Heidelberger Kommentar zum Verbraucherkreditrecht, 6. Auflage, 2006

Bülow/Artz, Handbuch Verbraucherprivatrecht, 2005

Bungeroth, Die Rückabwicklung nach dem HWiG widerrufener Immobilienkredite, WM 2004, 1505 ff

Bussmann, Bankenhaftung – Die Verjährung der Ansprüche geschlossener Immobilienfonds, MDR 2005, 1392 ff

Cartano/Edelmann, Verjährung der Rückabwicklungsansprüche bei Darlehensverträgen nach Widerruf gemäß dem Haustürwiderrufsgesetz, WM 2004, 775 ff

Derleder, Der Verbraucherschutz für Schrottimmobilienerwerber und die Umsetzung der europarechtlichen Widerrufsregelungen, ZBB 2006, 375 ff

Derleder, „Schrottimmobilien"-Aufarbeitung in Karlsruhe – Das Ende eines Schismas, NZM 2006, 449 ff

Derleder/Knops/Bamberger, Handbuch zum deutschen und europäischen Bankrecht, 2004

Derleder, Bankschaden und Bankrecht, NJW 2003, 2064 ff

Derleder, Verbrauchervollmachten bei der Beteiligung an Steuersparmodellen des Immobiliensektors, ZfIR 2002, 1 ff

Derleder, Der Widerruf des Haustürgrundpfandkredits, ZBB 2002, 202 ff

Derleder, Der Kapitalanlegerschutz durch verbraucherkreditrechtliche Formanforderungen an die Vollmachten für Kapitalsammelgesellschaften, VuR 2000, 155 ff

Derleder, Wirksamkeitsanforderungen an die vertragliche Mitverpflichtung von Ehegatten und anderen Familienangehörigen für Ratenkredite nach dem VerbrKrG, NJW 1993, 2401 ff

Doehner/Hoffmann, Kreditfinanzierter Fondsbeitritt und Anlegerschutz, ZIP 2004, 1884 ff

Dörrie, Verbraucherdarlehen und Immobilienfinanzierung nach der Schuldrechtsmodernisierung, ZfIR 2002, 89 ff

Dörrie, Änderungen des Widerrufsrechts und Neuregelungen über verbundene Geschäfte bei Verbraucherdarlehensverträgen, ZfIR 2002, 685 ff

Dorka/Losert, Garantiehaftung des Treuhänders nach § 179 Abs. 2 BGB bei Verstoß der Vollmacht gegen das Rechtsberatungsgesetz, DStR 2005, 1145 ff

Ebermann, Kreditfinanzierte Immobilienkäufe zum zweiten Mal vor dem EuGH (und im ELR) – sind die Verbraucher jetzt am Ziel?, European Law Reporter 2006, Nr. 12, S. 450 ff

Edelmann, Grenzen der Rechtsfortbildung und des Verbraucherschutzes bei Immobilienkapitalanlagen, BKR 2005, 394 ff

Edelmann, Das Rechtsberatungsgesetz und der (missverstandene) Verbraucherschutz bei den Treuhandimmobilienfällen, BKR 2004, 337 ff

Edelmann/Suchowerskyj, Festkredit mit Tilgungsaussetzung bei Kombi-Verträgen; Erfordernis der Gesamtbetragsangabe, DB 2003, 2475 ff

Edelmann/Krümmel, Zum Erfordernis einer doppelten Widerrufsbelehrung bei Personalkreditverträgen, BKR 2003, 99 ff

Edelmann, Zur Rückzahlungspflicht des Darlehensnehmers trotz Widerrufs des Darlehens bei Fondsbeteiligungen, BKR 2002, 801 ff

Edelmann, Die Haftung der Banken bei der Finanzierung von Fondsbeteiligungen im Bereich des HWiG, DB 2001, 2434 ff

Edelmann, Bankenhaftung – Aufklärungs- und Hinweispflichten bei der Finanzierung von Bauherren – und Erwerbermodellen, MDR 2000, 1172 ff

Edelmann/Hertel, Grenzen des Verbraucherschutzes und die Haftung der Banken bei Immobilienfinanzierung, DStR 2000, 331 ff

Ehricke, EG-rechtliche Probleme verbundener Verbraucherkredit- und Immobiliengeschäfte, in: Schriftenreihe der Bankrechtlichen Vereinigung, Band 25, Bankrechtstag 2005, S. 3 ff

Ehricke, Die Einbeziehung des Immobilienkaufs in die Folgen eines Widerrufs des Darlehensgeschäfts nach der Richtlinie 85/577/EWG, ZIP 2004, 1025 ff

Fischer, Ende der Rechtsprechungsdivergenz? Entwicklung der jüngsten BGH-Judikatur zur Rückabwicklung von „Schrottimmobilien"-Geschäften, DB 2006, 1415 ff

Fischer, Rückabwicklung kreditfinanzierter Fondsbeteiligungen: Rückzahlungspflicht des Anlegers gegenüber der Bank?, DB 2004, 1651 ff

Fischer, N., Widerrufsbedingte Rückabwicklung von (Real)Kreditverträgen und finanzierten Immobiliengeschäften, DB 2003, 83 ff

Fischer, N., Die aktuellen Änderungen des BGB im Recht der Verbraucherkredit-, Haustür- und Realkreditverträge, DB 2002, 1643 ff

Fischer, G., Bürgschaft und Verbraucherkreditgesetz, ZIP 2000, 828 ff

Fraga-Novelle/Gabins, Praktikerhandbuch Verbraucherdarlehen, 2006.

Franzen, Heininger und die Folgen: ein Lehrstück zum Gemeinschaftsprivatrecht, JZ 2003, 321 ff

Frisch, Haftung bei fremdfinanzierten Beteiligungen an geschlossenen Immobilienfonds, ZfIR 2001, 873 ff

Frisch, Kreditfinanzierte Immobilienanlagen und Verbraucherschutz, VuR 1999, 432 ff

Frisch/Münscher, Haftung bei Immobilienanlagen, RWS-Skript 322, 2002

Fritz, Bauträgermodelle und Rechtsscheinshaftung: Keine Divergenz der BGH-Senate?, ZfIR 2003, 803 ff

Fritz, Banken, Bauträgermodelle und das Haustürwiderrufsgesetz, ZfIR 2002, 529 ff

Fritz, Bauträgermodelle und Rechtsberatungsgesetz – Macht der Bundesgerichtshof Ernst? ZfIR 2001, 267 ff

Früh, Zur Bankenhaftung bei Immobilien-Kapitalanlagen, ZIP 1999, 701 ff

Früh, Die Aufklärungspflichten von Kreditinstituten bei der Kreditvergabe, WM 1998, 2176 ff

Fuellmich/Rieger, Treuhandmodelle als Quelle für Massenschäden in Milliardenhöhe und die Haftung der Banken für massenhaft fehlerhafte Treuhandmodellfinanzierungen, ZIP 1999, 427 ff u. 465 ff

Gallandi, Die Aufklärungspflicht bei Innenprovisionen, WM 2000, 279 ff

Ganter, Unwirksamkeit der Vollmacht eines Geschäftsbesorgers wegen Verstoßes gegen das Rechtsberatungsgesetz, WM 2001, 195 ff

Geibel, Die Lehre von der fehlerhaften Gesellschaft als Beschränkung von Schadensersatzansprüchen, BB 2005, 1009 ff

Geibel, Schadensersatz wegen verdeckter Innenprovisionen und ähnlicher Zuwendungen, ZBB 2003, 349 ff

Gerneth, Zur Auslegung des Art. 229 § 6 BGB (Verjährung), BKR 2006, 312 ff

Graf Lambsdorff/Stüsser, Bankenhaftung bei gescheiterten Immobilientreuhandmodellen – Verschuldenszurechnung externer Vertriebsmitarbeiter, VuR 2001, 3 ff

Gutmann, Immobilienanlagen, Rechtsberatungsgesetz und die Vollmachten der Geschäftsbesorger, ZBB 2003, 424 ff

Habersack, Effektiver Jahreszins und Prämien für eine Kapitallebensversicherung, WM 2006, 353 ff

Habersack, Finanzierter Grundstücks- und Anteilserwerb im Wandel, BKR 2006, 305 ff

Habersack, Besorgung von Rechtsangelegenheiten durch beauftragte Geschäftsführer – kein Problem des RBerG?, BB 2005, 1695 ff

Habersack, Widerruf notariell beurkundeter Willenserklärungen, ZIP 2001, 353 ff

Habersack, Verbraucherkredit- und Haustürgeschäfte nach der Schuldrechtsmodernisierung, BKR 2001, 72 ff

Habersack, Haustürgeschäfterichtlinie und Realkreditverträge, WM 2000, 981 ff

Habersack/Mayer, Der Widerruf von Haustürgeschäften nach der „Heininger"-Entscheidung des EuGH WM 2002, 253 ff

Hadding, Zur Rückabwicklung nach einem verbraucherschützenden Widerruf der Vertragserklärung, in: Festschrift für Hans Erich Brandner, S. 207 ff

Häublein, Rechtsfolgen unterlassener Belehrung über das Verbraucherwiderrufsrecht nach den Urteilen des EuGH v. 25.10.2005, NJW 2006, 1553 ff

Häublein, Die Umsetzungsrechtsprechung des Bundesgerichtshofs in Sachen „Heininger"- Roma locut, causa finita?, ZBB 2004, 1 ff

Heisterhagen/Kleinert, Neueste Entwicklungen und aktuelle Problemkreise im Bereich geschlossener Fonds, DStR 2004, 507 ff

Hendrik, Der Ausstieg aus Immobilienfondsbeteiligungen nach neuer Rechtsprechung – Hoffnung für Kapitalanleger, DStR 2003, 2026 ff

Herdegen, Richtlinienkonforme Auslegung im Bankrecht: Schranken nach Europa- und Verfassungsrecht, WM 2005, 1921 ff

Hochleitner/Wolf/Großerichter, Teleologische Reduktion auf Null? Zur Unzulässigkeit einer richtlinienkonformen „Auslegung" des § 5 Abs. 2 HWiG in der Folge der „Heininger"-Entscheidung des EuGH, WM 2002, 529 ff

Hoepner, Grundlagen des Verbraucherkreditrechts, insbesondere bei Immobilienanlagen, in: Schriftenreihe der Bankrechtlichen Vereinigung, Band 25, Bankrechtstag 2005, S. 61 ff

Hoffmann, Die Rechtsfolgen des Verbraucherwiderrufs und die Haustürgeschäfterichtlinie, unbeschränkter Gestaltungsspielraum des nationalen Rechts?, ZIP 2004, 49 ff

Hoffmann, Haustürwiderruf bei Realkrediten und verbundenes Grundstücksgeschäft, ZIP 2002, 1066 ff

Hoffmann, Rechtsscheinhaftung beim Widerruf notarieller Vollmachten, NJW 2001, 421 ff

Hofmann, Die Belehrungspflichten bei kreditfinanzierten Anlagemodellen: Die neue BGH-Rechtsprechung zu institutionalisiertem Zusammenwirken, WM 2006, 1847 ff

Hofmann, Aufklärungspflichten des Kreditinstituts beim vollfinanzierten Immobilienerwerb durch mittellose Kleinverdiener („Schrottimmobilien-Fälle"), ZIP 2005, 688 ff

Hofmann, Verbundene Geschäfte auch beim Realkredit; Die Auswirkungen der EuGH-Urteile „Schulte/Badenia" und „Crailsheimer Volksbank", BKR 2005, 487 ff;

Hofmann, Aufklärungspflichten der Kreditinstitute über das Finanzierungsmodell beim Immobilienerwerb unter Ausnutzung von Steuervorteilen, ZBB 2005, 174 ff

Horn/Balzer, Zur Anwendbarkeit des VerbrKrG auf Kreditvollmachten im Rahmen des Anlegerschutzes, WM 2000, 333 ff

Jork/Engel, Konsequenzen der Rechtsprechung des II. Zivilsenats des BGH zu darlehensfinanzierten Kapitalanlagen in geschlossenen Immobilienfonds, BKR 2005, 3 ff

Joswig, Unwirksamkeit der Unterwerfung unter die sofortige Zwangsvollstreckung wegen Verstoßes gegen das Rechtsberatungsgesetz, ZfIR 2003, 533 ff

Jungmann, Zukunft der Schrottimmobilienfälle und Schrottimmobilienfälle in der Zukunft, WM 2006, 2193 ff

Käseberg, Haustürwiderrufsrichtlinie und „Schrottimmobilien", EuZW 2006, 46 ff

Keßler, Zivilrechtliche Haftungsrisiken von Kreditinstituten beim Vertrieb von Immobilienanlagen, VuR 1998, 3 ff

Kiethe, Immobilienkapitalanlagen: Verjährung der Prospekthaftungsansprüche, BB 1999, 2253 ff

Kindler, Durchgriffsfragen der Bankenhaftung beim fehlerhaften finanzierten Gesellschaftsbeitritt, ZGR 2006, 167 ff

Kleine-Cosack, Restriktive Auslegung des Rechtsberatungsgesetzes, NJW 2003, 3009 ff

Kleine-Cosack, Rechtsberatungsgesetz und Treuhandauftrag – Fragwürdige Rechtsprechung zu Bauherrenmodellen, BB 2003, 1737 ff

Kleine-Cosack, Rechtsberatungsgesetz, Kommentar, 2004.

Knof/Mock, Bankrechtstag 2005 der Bankrechtlichen Vereinigung e.V. am 01.07.2005 in Hamburg, ZBB 2005, 298 ff

Knott, Die Rückabwicklung von Realkreditverträgen bei Widerruf nach dem Haustürwiderrufsgesetz, WM 2003, 49 ff

Koch, Zu den Auswirkungen des BGH in Sachen Heininger auf die Rückabwicklung von Realkreditverträgen und die Verwirkung von Sicherheiten, WM 2002, 1593 ff

Köndgen, Die Entwicklung des Bankkreditrechts in den Jahren 1991 – 1993, NJW 1994, 1508 ff; 1992- 1995, NJW 1996, 558 ff; 1995-1999, NJW 2000, 468 ff; 1999 – 2003, NJW 2004, 1288 ff

Kokott, Die Beschränkungen der zeitlichen Wirkung von EuGH-Urteilen in Steuersachen, NJW 2006, 177 ff

Krohn/Schäfer, Haustürwiderrufsgesetz und der Beitritt zur Genossenschaft – Vorrang des Verbraucherschutzes gegenüber der Lehre vom fehlerhaften Beitritt? –, WM 2000, 112 ff

Kulke, Rückabwicklung widerrufener Immobiliendarlehen und Gemeinschaftsrecht, ZfIR 2004, 138 ff

Kulke, Haustürwiderrufsrecht und Kreditvollmacht, ZBB 2000, 407 ff

Lang, Die Neuregelung über das Verbundgeschäft bei Immobiliendarlehen, ZBB 2002, 457 ff

Lang, Verbundene Geschäfte, Einwendungsdurchgriff und fehlerhafte Gesellschaft – der BGH im Spannungsfeld von Verbraucherschutz und Gesellschaftsrecht, ZfIR 2003, 852 ff

Lang/Rösler, Schadensersatz nach fehlerhafter Widerrufsbelehrung?, WM 2006, 513 ff

Lang/Karsten, Geschäftsbesorgung bei Steuersparmodellen, Rechtsberatung und das Grundgesetz, ZfIR 2004, 932 ff

Lange/Frank, Widerruflichkeit von Darlehensverträgen zur Finanzierung von Immobilienfonds nach dem Haustürwiderrufsgesetz, WM 2000, 2364 ff

Lauer, Risiken des neu geregelten verbundenen Geschäfts bei Immobilienfinanzierungen BKR 2004, 92 ff

Lechner, Der EuGH und die „Schrottimmobilien" – sind Änderungen in der BGH-Rechtsprechung zu erwarten?, NZM 2005, 921 ff

Lenenbach, Verbraucherschutzrechtliche Rückabwicklung eines kreditfinanzierten, fehlerhaften Beitritts zu einer Publikumspersonengesellschaft, WM 2004, 501 ff

Löhnig, Bedarf die Erteilung einer Vollmacht zum Abschluss eines Geschäfts nach dem VerbrKrG der Form des § 4 VerbrKrG, VuR 1999, 147 ff

Loritz, Innenprovisionen bei Kapitalanlagen, insbesondere beim Immobilienerwerb, WM 2000, 1831 ff

Loritz/Wagner, Zur Anrechnung von Steuervorteilen bei der „Rückabwicklung" von Beteiligungen an geschlossenen Immobilienfonds, ZfIR 2003, 753 ff

Lwowski/Wunderlich, Ausgewählte Rechtsfragen bei Immobilienfinanzierungen Teil I u. II, ZInsO 2005, 5 ff u. 57 ff

Martis, Aufklärungspflichten der Banken im Rechtsprechungsüberblick, MDR 2005, 788 ff

Martis/Meinhof, Voraussetzungen des Widerrufs nach § 355 BGB, MDR 2004, 4 ff

Masuch, Musterhafte Widerrufsbelehrung des Bundesjustizministeriums?, NJW 2002, 2931 ff

Masuch, Vertretereinsatz beim Abschluss von Verbraucherkreditverträgen, ZIP 2001, 143 ff

Meinhardt/Klein, Die Rückabwicklung von nach dem HWiG widerrufenen Realkreditveträgen, BKR 2003, 234 ff

Meinhof, Neuerungen im modernisierten Verbrauchervertragsrecht durch das OLG-Vertretungsänderungsgesetz, NJW 2002, 2273 ff

Münscher, Verbraucherdarlehensrecht – ein verlässlicher Rahmen für den Rechtsanwender, in: Schriftenreihe der Bankrechtlichen Vereinigung, Band 25, Bankrechtstag 2005, S. 75 ff

Münscher/Rösler/Lang, Praktikerhandbuch Baufinanzierung, Finanz Colloquium, 2004

Münscher, Ausstiegsmöglichkeiten enttäuschter Immobilienkäufer?, BKR 2003, 86 ff

Möller, Das Recht der Stellvertretung und der Verbraucherschutz, ZIP 2002, 333 ff

Mülbert/Hoger, „Schrottimmobilien" als fortfressender Mangel, WM 2004, 2281 ff

Müller-Ibold/Käseberg, Zinsen nach Darlehenswiderruf beim Haustürwiderrufsgeschäft, WM 2005, 1592 ff

Nettesheim, Ersatzansprüche nach „Heininger"? Die Aufarbeitung mitgliedstaatlicher Vertragsverstöße im EU-Privatrecht, WM 2006, 457 ff

Nittel, Am Anfang war das verbundene Geschäft, NJW 2004, 2712 ff

Nittel, Geschäftsbesorgungsvollmachten im Zusammenhang mit Immobilienerwerb, VuR 2003, 87 ff

Nittel, Nichtigkeit von Geschäftsbesorgungsvollmachten und ihre Auswirkungen auf Kreditverträge, NJW 2002, 2599 ff

Oechsler, Schadensersatzanspruch des Immobilienanlegers wegen „ institutionlisierten Zusammenwirkens" von Bank und Verkäufer beim Vertrieb, NJW 2006, 2451 ff

Oechsler, Die Entwicklung des privaten Bankrechts im Jahr 2004, NJW 2005, 1406 ff; im Jahr 2005, NJW 2006, 1399 ff

Oppermann, Das verbundene Geschäft beim Grundstückskauf, ZNotP 2002, 386 ff

Pahlow, Immobilienfonds und verbundenes Geschäft, AnwBl 2005, 413 ff

Pap/Sauer, Widerruf und Rückabwicklung von Realkreditverträgen nach der Heininger-Entscheidung des Bundesgerichtshofs, ZfIR 2002, 523 ff

Paulus, Rechtsschein der Prozessvollmacht, NJW 2003, 1692 ff

Paulus/Henkel, Rechtsschein der Prozessvollmacht, NJW 2003, 1692 ff

Peters, Zwei unterschiedliche Widerrufsbelehrungen für ein und denselben Personalkreditvertrag?, WM 2005, 456 ff

Peters, Wirksamkeitserfordernisse für Kreditvollmachten von Verbrauchern, WM 2001, 2199 ff

Peters, Formbedürftigkeit der Vollmachten für die Aufnahme von Verbraucherkrediten, WM 2000, 554 ff

Peters, Kreditvollmacht und Verbraucherkreditgesetz, in: Festschrift für Herbert Schimansky, S. 477 ff

Peters/Bräuninger, Immobilienkapitalanlagen, Darlehensvollmachten und das Rechtsberatungsgesetz, WM 2004, 2294 ff

Peters/Ivanova, Heininger und die Personalkredite, WM 2003, 55 ff

Peters/Gröpper, Wirksamkeitserfordernisse für Kreditvollmachten von Verbrauchern, WM 2001, 2199 ff

Pfeiffer, Der Einwendungsdurchgriff beim Realkredit, ZBB 1996, 304 ff

Piekenbrock/Schulze, Die Grenzen richtlinienkonformer Auslegung – autonomes Richterrecht oder horizontale Direktwirkung, WM 2002, 521 ff

Piekenbrock, Haustürwiderruf und Vertragsreue, WM 2006, 466 ff

Reifner, Abrechnung von Lebensversicherungshypotheken, VuR 2004, 367 ff

Reiter/Methner, Anwendbarkeit des Haustürwiderrufsgesetzes auf Kreditverträge – Stärkung des Verbraucherschutzes oder Rechtstheorie ? –, VuR 2002, 90 ff

Reiter/Methner, BGH-Urteil zur Unwirksamkeit der Treuhandvollmacht bei geschlossenen Immobilienfonds – Anmerkung zu BGH-Urteil v. 16.12.2002, Az. II ZR 109/01, VuR 2003, 172 ff

Reiter/Methner, Neue Rechtsprechung zu Treuhandmodellen – Anmerkung zu BGH, Urteil v. 28.09.2000, VuR 2001, 193 ff

Reiter/Methner/Müller, „Marktüblichkeit" der Hypotheken-Zinsen bei Verbraucherdarlehen, BKR 2003, 824 ff

Renner Oliver, Die Verwirkung des Widerrufsrechts nach dem Haustürwiderrufsgesetz, VuR 2000, 119 ff

Rösler/Sauer, Vertrieb von Immobilienkapitalanlagen: Zurechnung einer Haustürsituation bei Mitwirkung Dritter, ZfIR 2006, 666

Rösler, Risiken bei Darlehen mit Tilgungsaussetzung: Haftungsvermeidung durch Aufklärung, BKR 2001, 125 ff

Rösler, Aktuelle Rechtsfragen zu Verbraucherkrediten, VuR 2000, 191 ff

Rösler, Abschluss eines Verbraucherkreditvertrages durch notariell beurkundete Vollmacht, ZNotP 2000, 90 ff

Rösler, Risiken der Bank bei Finanzierung von Immobilien als Kapitalanlage, DB 1999, 2297 ff

Rösler, Formbedürftigkeit der Vollmacht, NJW 1999, 1150 ff

Rösler, Der Immobiliarkredit i.S.v. § 3 Abs. 2 Nr. 2 VerbrKrG, in: Festschrift für Herbert Schimansky, S. 263 ff

Rott, Duldungsvollmacht bei Verstoß gegen das Rechtsberatungsgesetz, NJW 2004, 2794 ff

Rott, Gemeinschaftsrechtliche Vorgaben für die Rückabwicklung von Haustürgeschäften, VuR 2003, 409 ff

Rott, „Heininger" und die Folgen für das Widerrufsrecht, VuR 2002, 49 ff

Rottenburg, Repräsentationsprinzip gegen Verbraucherschutz, Anmerkung zu den Entscheidungen des BGH v. 24.04.2001 = WM 2001, 1024 u. v. 10.07.2001 = WM 2001, 1663, WM 2001, 2194 ff

Sauer, Bundesgerichtshof bestätigt Rechtsprechung zum Haustürwiderruf bei finanzierten Immobilienkäufen, BB 2006, 1581 ff

Sauer, Die Rechtsprechung nach den EuGH-Entscheidungen vom 25.10.2005, BKR 2006, 96 ff

Sauer, Form- und Inhaltsvoraussetzungen von Treuhandvollmachten zum Abschluss von Verbraucherkreditverträgen, ZfIR 2000, 1793 ff

Sauer, Anmerkung zum BGH-Urteil v. 27.06.2000 – XI ZR 174/99, ZfIR 2000, 702 ff

Sauer/Wallner, Die Verpflichtung zur Angabe des Gesamtbetrages in Verbraucherkreditverträgen, BKR 2003, 959 ff

Sauer/Wittemann, Das Rechtsberatungsgesetz und die Wirksamkeit von Geschäftsbesorgungsverträgen, BKR 2003, 656 ff

Sauer, Schadensersatzanspruch wegen nicht ordnungsgemäßer Widerrufsbelehrung, NZM 2006, 333 ff

Schäfer, Kompromisslösung in Sachen „Schrottimmobilien" – das neue Konzept des Bankrechtssenats zum finanzierten Immobilien- und Anteilserwerb, DStR 2006, 1753 ff

Schaffelhuber, Das Schicksal des Haustürwiderrufsrechts bei von dem 01.01.2002 entstandenen Schuldverhältnissen – intertemporale und materiellrechtliche Anwendungsprobleme des § 355 Abs. 3 BGB, WM 2005, 765 ff

Schiemann, Haftungsprobleme bei der Treuhand an Gesellschaftsanteilen, in: Festschrift für Zöllner, S. 503 ff

Schimansky/Bunte/Lwowski, Bankrechtshandbuch, Band I-III, 2. Auflage 2001

Schimansky, Aufklärungs- und Beratungspflichten der Banken – praktische Schwerpunkte in: RWS-Forum 22, Bankrecht 2002, S. 49 ff

Schirp/Mosgo, Aufklärungspflichten bei internen Provisionsvereinbarungen, BKR 2002, 354 ff

Schlachter, Verbraucherschutz gegen Strukturvertriebsmodelle: gemeinschaftsrechtliche Anforderungen an ein effektives Widerrufsrecht, RIW 2004, 655 ff

Schleicher, Haustürwiderrufsrecht bei finanzierten Immobilien- und Fondsanlagen, BKR 2002, 608 ff

Schlüter, Bankenhaftung bei fehlgeschlagenen Immobilientreuhandmodellen, DZWIR 2002, 96 ff

Schmidt-Räntsch, Die aktuelle Rechtslage bei sog. Schrottimmobilien, MDR 2005, 6 ff

Schmidt-Räntsch, Gesetzliche Neuregelung des Widerrufrechts bei Verbraucherkrediten, ZIP 2002, 1110 ff

Schnauder, Der Realkreditvertrag in der Sackgasse, JZ 2006, 1049 ff

Schnauder, Rückzahlung der Darlehensvaluta bei gescheiterten Anlage- und Steuersparmodellen, OLGR 2004, K 51 ff

Schnauder, Zur Rückabwicklung der finanzierten Beteiligung an einem Immobilienfonds, OLGR Stuttgart/Karlsruhe Heft 2, 2003, K1 ff

Schramm/Pamp, Der Ausschluss des Widerrufsrechts bei Realkreditverträgen im Spannungsverhältnis von Haustürwiderrufs- und Verbraucherkreditgesetz, in: Festschrift für Herbert Schimansky, S. 545 ff

Schubert, Die Lehre von der fehlerhaften Gesellschaft und das Haustürwiderrufsrecht, WM 2006, 1328 ff

Schwab, Einwendungsdurchgriff bei kreditfinanziertem Erwerb einer Gesellschaftsbeteiligung, Besprechung des Urteils BGHZ 156/46, ZGR 2004, 861 ff

Schwesig, Neue (trügerische?) Hoffnung für Anleger, ZGS-Praxisforum 2003, 447 ff

Seidel, Aktuelle Probleme der Treuhändervollmacht beim Immobilien-Strukturvertrieb, WM 2006, 1614 ff

Singer, Widerrufsdurchgriff bei Realkreditverträgen? – Zu den Folgen der Heininger-Entscheidungen des EuGH und BGH für das deutsche Verbraucherkreditrecht, DZWiR 2003, 221 ff

Spickhoff/Petershagen, Bankenhaftung bei fehlgeschlagenen Immobilienerwerber-Treuhandmodellen, BB 1999, 165 ff

Streit, Erfüllungsgehilfenhaftung der Kreditinstitute für Vermittler von Immobilienanlagen, ZIP 1999, 477 ff

Strohn, Anlegerschutz bei geschlossenen Immobilienfonds nach der Rechtsprechung des Bundesgerichtshofs, WM 2005, 1441 ff

Strube, Zur Rückabwicklung von Haustürdarlehen, BKR 2002, 938 ff

Stüsser, Bankenhaftung bei gescheiterten Immobilientreuhandmodellen, NJW 1999, 1586 ff

Thume/Edelmann, Keine Pflicht zur systemwidrigen richtlinienkonformen Rechtsfortbildung, BKR 2005, 477 ff

Tonner, Zu den Konsequenzen der EuGH-Urteile „Schulte" und „Crailsheimer Volksbank" für das nationale Recht, WM 2006, 505 ff

Tonner, Probleme des novellierten Widerrufsrechts: Nachbelehrung, verbundene Geschäfte, Übergangsvorschriften, BKR 2002, 856 ff

Ulmer/Timman, Zur Anwendbarkeit des Verbraucherkreditgesetzes auf die Mitverpflichtung Dritter, in: Festschrift für Heinz Rowedder, S. 503 ff

Ulmer, Zur Anlagenhaftung in geschlossenen (Alt-) Immobilienfonds, ZIP 2005, 1341 ff

Ulmer, Wirksamkeitserfordernisse für Verbrauchervollmachten beim kreditfinanzierten Immobilienerwerb über Treuhänder, BB 2001, 1365 ff

Vollmer, Zur Formbedürftigkeit der Kreditvollmacht, MittBayNot 1999, 346 ff

v. Heymann/Merz, Bankenhaftung bei Immobilienanlagen, 16. Auflage, 2005

v. Heymann, Bankenhaftung bei Immobilienanlagen: Neueste Rechtsprechung, BB 2000, 1149 ff

v. Heymann, Die neuere Rechtsprechung zur Bankenhaftung bei Immobilienkapitalanlagen, NJW 1999, 1577 ff u. NJW 1990, 1137 ff

Vortmann, Aufklärungs- und Beratungspflichten der Banken, RWS-Skript 226, 8. Auflage 2006

Wagner, Ablauf von Verjährungsfristen so genannter Altansprüche für Immobilienkapitalanleger, ZfIR 2006, 321 ff

Wagner, Zivilrechtliche Folgen für ausstiegswillige Anleger notleidender geschlossener Immobilienfonds, WM 2004, 2240 ff

Wagner, Zur Anrechnung von Steuervorteilen bei der Rückabwicklung von Beteiligungen an geschlossenen Immobilienfonds, ZfIR 2003, 753 ff

Wagner, Die Pflichten von Kapitalanlegern zur eigenverantwortlichen Prüfung und sachgerechten Entscheidung, BB 2002, 172 ff

Wagner, Geschlossene Immobilienfonds: Steuerliche Notwendigkeit von gesellschaftsrechtlichem Krisenmanagement, DStR 2001, 1529 ff

Wagner, Aktuelle zivilrechtliche Entwicklungen bei steuerorientierten Kapitalanlagen 1997, WM 1998, 694 ff

Wagner/von Heymann, Umgang mit Not leidenden geschlossenen Immobilienfonds – Neuere Entwicklungen – Teil I u. II, WM 2003, 2222 ff u. 2257 ff

Wagner/Loritz, Verfassungsrechtliche Einordnung der kapitalanlagerechtlichen Rechtsprechung des BGH zum RBerG, WM 2005, 1249 ff

Wallner, Die Rückabwicklung von kreditfinanzierten Immobilienanlagen, BKR 2003, 92 ff

Weber/Kesselring, Die Entwicklung des BGB-Werkvertrags- und Bauträgerrechts in den Jahren 2001 bis 2004, NJW 2004, 3469 ff

Weiler, Die Zurechnung einer drittverursachten Haustürsituation, BB 2003, 1397 ff

Welter/Lang, Handbuch der Informationspflichten im Bankverkehr, 2005

Wertenbruch, Der Verstoß einer Vertretung beim Gesellschaftsbeitritt gegen Art. 191 RBerG, DStR 2004, 917 ff

Westermann, Gesellschaftsbeitritt als Verbraucherkreditgeschäft, ZIP 2002, 189 ff u. 240 ff

Westermann, Vertrieb von drittfinanzierten Immobiliengeschäften, in: RWS-Forum 22, Bankrecht 2002, S. 237 ff

Wittig/Wittig, Das neue Darlehensrecht im Überblick, WM 2002, 145 ff

Wolf/Großerichter, Zu rückwirkenden Umgestaltungen des Verbraucherkreditgesetzes und neuen Ungereimtheiten in der jüngsten Rechtsprechung des II. Zivilsenats des BGH, ZIP 2005, 2091 ff

Wolf/Großerichter, Rückabwicklung fehlgeschlagener Immobilien-Anlagegeschäfte nach neuester Rechtsprechung Teil 1 u. 2, ZfIR 2005, 1 ff u. 41 ff

Wolf/Großerichter, Ergebnis als Methode in der Bankenhaftung, Zur Entscheidungsserie des II. Zivilsenats des BGH vom 14.06.2004 und ihre Folgen für das finanzierte Anlagegeschäft, WM 2004, 1993 ff

Druck: Krips bv, Meppel
Verarbeitung: Stürtz, Würzburg